外国语言文学研究

（第4辑）

北京第二外国语学院 编　　邱　鸣◎主编　　谢立群◎副主编

The Study Of Foreign Language and Literature

中国传媒大学 出版社

序

作为北京第二外国语学院外国语言文学学科历年的学术刊物,《外国语言文学研究》已出版四期了。四年的时间并不漫长,但在高校恰恰是大学生从入学到毕业的一个轮回,总给人一种沧桑之感。

北二外外国语言文学一级学科建设启动至今已七年,可以说这套刊物标志着经过七年建设的学校外国语言文学学科的总体水平,同时即使从每册的变化之中也能够感受到学科的发展步伐,看到年轻学者们成长的足迹。

在这套刊物中我们只是集锦了学科中以论文形式发表的成果的一小部分。七年的建设过程中,学科共召开重要国际国内学术研讨会51场,获得国家社科基金、教育部人文社科项目等国家级及省部级项35项,发表学术专著83部,发表学术论文1200篇。在这七年中许多青年学者已成长成为学科的中坚骨干力量,同时又有更多的青年学者在队伍中不断成长。

学科建设能够取得这样的成就和学校科研处、研究生处的大力支持是分不开的,同时也应该感谢学科四个方向带头人所付出的辛勤努力。他们是,语言学方向:王明利、齐振海、刘绯绯;文学方向:张喜华、谢琼、龙云;翻译方向:程维、武光军、李焰明;文化方向:江新兴、刘学慧、梁虹。同时,在这里还要特别感谢学科秘书谢立群教授。感谢她以献身精神投入到学科建设的各项工作当中。项目管理、经费管理、成果统计、年度报告、包括此套刊物,如果没有她的这种牺牲精神及良好的学术视野,学科建设的组织工作将会艰难许多。在此,向以上各位教授,同时也向所有为学科建设作出贡献的同仁表示衷心的感谢!对长期以来给予学科建设关心和帮助的学校各相关部门表示诚挚的谢意!

又逢春光无限的大好时节。"草木知春不久归,百般红紫斗芳菲",相信北京第二外国语学院外国语言文学学科建设也必将春光无限。

邱 鸣

2015年3月31日

目　录

001 序

语言篇

001 外语篇章阅读元理解监测能力的发展及其跨语言迁移效应
　　　闫 嵘　霍健才

012 课堂即时形成性评估研究述评：思考与建议　　杨 华　文秋芳

023 基于语料库的英语逻辑结果程式语语义韵研究　　李美霞　焦璎珲

036 《牛津复合词手册》述评　R. Lieber　P. Stekauer　王 伟

042 "技能成分分析"视角下的L1与L2阅读理解模式比较研究
　　　吴建设　郎建国　何晓静　杨 磊

055 An ERP Study on Chinese Natives' Second Language Syntactic Grammaticalization
　　　Jin Xue　Jie Yang　Jie Zhang　Zhenhai Qi　Chen Bai　Yinchen Qiu

068 法律语言的模糊性及其克制　　徐 凤

075 An Investigation of Lexical Causatives from a Cross-linguistic Perspective
　　　Changyin Zhou　Yue Ma

092 日语致使句中NP2成分隐现的语义研究　　王 鹏

文学篇

101 西方文学研究的"伦理转向"
　　——功能类型及研究焦点　　龙　云

110 《拓荒者》与美国文学传统的建构　　李素杰

120 莫里森三部小说的新现实主义艺术　　滕学明

124 诗歌与沙堡——评苏珊·斯迪沃特的《诗人的自由：创作札记》　　隋　刚

129 《悠悠岁月》：女性自我书写的大气之作　　陈　静

135 论魏玛共和国时期的现代大众戏剧　　陈　燕

文化篇

146 西方的中国文化形象溯源　　张喜华

153 赛珍珠笔下中国农民形象的文化意蕴　　刘苏力

160 身份的尴尬：解读鲁迅对赛珍珠的评论　　马振涛

165 《穿越国境》：非法移民在美国的寻梦路程　　张　娟

172 美国电影中的种族主义话语　　周　春

177 瞬息万变的全球化议题：用电影呈现全球化的若干策略　　芈　岚

199 英语世界的胡适研究
　　——以北美博士论文为例　　郑　澈

215 中国软实力威胁论的缺陷
　　——以东南亚为例　　顾国平

226　从跨文化视角看针灸在法国发展概况　　王明利　刘晓飞

234　当前拉美一体化进程中的主要制约因素　　温大琳

243　美国第三次三K党运动中的女成员　　李国庆

翻译篇

254　"再叙事"视阈下的英汉新闻编译　　程　维

263　查译《唐璜》：翻译文学中的经典
　　　——兼论翻译文学的独立价值　　刘贵珍

269　跨文化传播视角下的影视翻译　　王卫红

274　英语专业大学生的翻译学习观念及其发展特点研究　　武光军

285　翻译专业学生译作语料库中的词频与词汇搭配分析实例
　　　魏子杭　廖崇骏

语言篇

外语篇章阅读元理解监测能力的发展及其跨语言迁移效应*

闫 嵘 霍健才

一、研究背景

篇章阅读不仅是一个复杂的认知过程,还是一个元认知过程。阅读中涉及的元认知活动被统称为元理解(metacomprehension),具体又分为元理解监测(monitoring)和元理解调控(regulate and control)。前者关注读者如何将自己的阅读过程与结果作为意识对象加以监测,后者是在前者的基础上采取相应对策解决阅读中所遇到的问题(Matlin, 2005)。因此,精确的监测是有效调控的前提。在实际研究中,对于元理解监测精确性的测量是通过比较读者主观的元理解判断与客观的标准测验成绩间的一致程度来获得的。如果几篇文章被评定的等级顺序与它们在标准测验中得分的高低顺序一致,说明读者能够辨别出各篇文章理解程度间的差异,即精确性高;反之,则精确性低。目前,研究者通常采用判断值与测验成绩间的 Gamma 相关系数(Goodman-Kruskal Gamma correlations)作为衡量元理解监测精确水平的指标。Gamma 系数的取值范围是[－1,1],取值越大表示元理解监测越精确(Nelson et al., 2004)。

由于读者对自身理解水平的精确判断能够帮助其调整阅读速度、弥补理解失误、提高阅读效率,因此,元理解监测能力的研究对于阅读教学具有重要意义。然而,近 20 年针对母语(L1)阅读的调查表明,元理解监测的精确水平普遍较低(Lin & Zabrucky, 1998)。有学者对母语为英语的成年读者的元理解监测水平进行了测量,发现平均值在 0.27~0.32 之间(Maki & McGuire, 2002;Maki et al., 2005;Dunlosky & Lipko, 2007),而陈启山(2011)对我国大学生汉语元理解监测精确水

---

* 本文获得教育部人文社科项目"二语阅读中元理解监测的精确性及其对阅读技能的影响" (**10YJC740117**)的资助。本文作者衷心感谢《现代外语》匿名审稿专家和编辑部提出的宝贵意见。
原文载于《现代外语》**2013** 年第 5 期。

平的测量结果更低,平均值仅在 0.11～0.13 之间,而且上述研究均未发现显著的年龄或年级差异。来自发展研究的证据显示(Svjetlana & Igor,2006;龚少英、刘华山,2003),10～16 岁是母语元理解监测能力发展的关键期,16 岁后则基本保持在一个相对稳定的水平上。总之,母语元理解监测能力发展到成年阶段后,虽然能够达到或保持一定的水平,但远不够精确。

为了揭示元理解监测水平偏低的原因,研究者从不同角度进行了探索。支持"线索通达假设(Accessibility Hypothesis)"的学者认为,元理解监测体现了读者对文章理解程度的知晓感判断,而这种判断是基于对文章主题的熟悉程度(Glenberg & Epstein,1987)、语篇难度(Weaver & Bryant,1995)和体裁(Lin et al.,2000)等各种记忆线索作出的推断,因此,通过重读、自我解释、延迟写关键词等方式强化元理解判断时读者所依据的线索,能够有效提高元理解监测的精确性(Koriat,1997;Thiede & Anderson,2003;Weaver & Kelemen,2003;Dunlosky & Rawson,2005;Anderson & Thiede,2008);而持"适当迁移监测假设(Transfer-appropriate Monitoring Hypothesis)"的学者则指出,元理解监测的精确性与监测线索的加工条件和标准化测验提取条件的一致性有关。当两种条件一致或相似时,精确性就高;反之,则会降低(Mulligan & Lozito,2006;Thomas & McDaniel,2007)。虽然"适当迁移监测假设"和"线索通达假设"存在一定的分歧,但两者都强调了元理解判断时所依据线索的重要性。

综上所述,虽然已有不少研究发现,元理解监测的精确性处于较低水平,但这些结论均是基于母语(L1)阅读提出的,能否适用于外语(L2)阅读仍有待验证。然而,目前国内有关 L2 阅读的元认知研究,倾向于采用问卷或量表等方法对静态元认知知识和阅读技能间的关系进行考察(杨小虎、张文鹏,2002;刘惠君,2004;孔文、李清华,2008),鲜有研究能够在阅读理解的过程中,从动态元认知体验的角度对元理解监测进行测量。与 L1 阅读相区别,L2 阅读不仅与学习者的目的语水平有关,还会受到先入为主的母语表达习惯、文化背景、思维方式等因素的影响(潘文国,2005)。那么,对于 L2 为英语的我国大学生而言,其英语阅读元理解监测的精确水平如何,是否存在年级或性别差异而表现出不同于母语的发展特点,目前很少有研究涉及。

其次,在揭示元理解监测精确性的机制方面,现有研究基本上围绕 L1 元理解监测展开,对于影响 L2 元理解监测的相关因素缺乏必要的探讨。特别是由于受到单一语种的限制,以往研究对于 L1 和 L2 元理解监测能力之间究竟存在怎样的联系,仍无法做出有效回答。阅读的"普遍性假设(Reading Universal Hypothesis)"认为,阅读能力具有普遍性,L1 阅读能力会自然地迁移到 L2 中(Coady,1979);但

"语言阈值假设(Linguistic Threshold Hypothesis)"则指出,包括元认知在内的 L1 阅读能力向 L2 的迁移必须以 L2 语言水平为中介,如果达不到阈值要求,迁移将不会产生(Pichette & Segalowitz,2003)。那么,L1 元理解监测能力是否会对 L2 元理解监测精确性产生影响,而这种跨语言的迁移效应是否如阅读的普遍性假设所言会自然发生,还是支持语言阈值假设而仅仅存在于高水平外语学习者中间,仍需要更多研究以深入。

基于上述分析,本研究拟回答以下三个问题:

(1)对于 L1 为汉语,L2 为英语的我国外语学习者而言,L2 阅读元理解监测精确水平如何,是否存在与 L1 不同的发展趋势和特点?(2)L2 阅读元理解监测是否会受到 L1 监测能力的影响而具有跨语言迁移效应?(3)L2 水平是否会成为影响元理解监测能力发生跨语言迁移的中介因素?

二、研究方法

1. 被试

本研究被试随机选自国内某两所高校 97 名英语专业本科生,实验后剔除无效数据,有效实验被试为 90 名,其中一、二年级各 29 名,三年级 32 名,男生 27 名,女生 63 名。

2. 实验材料

编制英、汉阅读测试短文各 5 篇[①],主题分别涉及教育、文化、社会、科技、艺术五个领域,题材均为说明文,篇幅均控制在 850 字左右。统一采用四择一单项选择题作为标准化测验对被试阅读理解程度进行测量,其中汉语 18 道题,英语 25 道题,总分分别为 18 分和 25 分,细节题与推理题比例各半。通过预实验对文章的篇幅、主题熟悉程度和难度进行匹配和修订,最终由 30 名被试(未参加实验)在阅读完上述短文后用 7 点级量表进行评定。相关样本 T 检验结果表明,被试对英、汉两类文章主题熟悉程度[$t(29)(0.01)=11.327, p>0.05$]和理解难度[$t(29)(0.01)=8.304, p>0.05$]评定间均不存在显著差异。此外,英语阅读测试的重测信度和分半信度分别为 0.931、0.883,汉语分别为 0.954、0.906。

3. 实验步骤

整个实验分为两个阶段。第一阶段,采用 2006 年托福试题对三个年级所有被

---

① 英语阅读材料改编自 2006 年英语专业四级和非专业六级阅读试题,汉语阅读材料改编自 2007 年成人高考阅读试题。

试英语综合能力进行测试①,并以此作为衡量 L2(英语)水平的指标;采用高考语文成绩作为衡量被试 L1(汉语)水平的指标。英语水平测试的分半信度为 0.919。第二阶段为阅读元理解监测实验。实验开始后,首先将短文发给被试,要求在 8 分钟内读完,时间到统一收回;接着,发给被试元理解监测评估表,要求其先对该文的理解程度进行 1~5 等级评定(1＝完全没读懂,5＝完全读懂),1 分钟后统一收回评估表,再将阅读测试题目发给被试,要求 5 分钟内完成所有四择一选择题。5 篇测试材料的呈现顺序采用拉丁方设计,即将三个年级的被试按照总人数随机分成 5 到 7 人的五个小组:第一轮:A 组做第一套题时,B 组做第二套,C、D、E 组分别做三、四、五套;第二轮:A 组做第二套题,B 组做第三套,C、D、E 组分别做第四、五和第一套;以此类推。测试后的第二节课仍然照常进行,并布置了课后干扰练习。英、汉元理解实验采取相同的程序进行,先施测英语,在被试毫不知情的情况下,间隔一周后再施测汉语。

三、研究结果

1. 外语篇章阅读元理解监测的精确性及其年级与性别差异(研究问题 1)

采用元理解自我判断与标准化阅读测验成绩间的 G 相关值作为衡量元理解监测精确水平的指标。表 1 列出了不同年级、性别大学生英、汉元理解监测精确水平的平均值和标准差:

表 1　L1、L2 篇章阅读元理解监测精确水平的描述性统计结果

年级	性别	n	汉语阅读元理解监测(G)		英语阅读元理解监测(G)	
			M	SD	M	SD
1	男	6	0.12	0.41	−0.14	0.41
	女	23	−0.13	0.46	−0.10	0.44
2	男	9	−0.34	0.42	−0.12	0.52
	女	20	0.42	0.35	0.17	0.45
3	男	12	0.09	0.50	0.34	0.38
	女	20	0.37	0.56	0.16	0.65
总计		90	0.13	0.53	0.07	0.51

由表 1 结果可知,三个年级大学生 L2 元理解监测精确水平的平均值为 0.07,略低于 L2(汉语)的 0.13。以年级和性别为被试间变量,语言类型为被试内变量,

---

① 实验前通过访谈已将做过该试题的被试剔除。

对 L2 元理解监测水平进行重复测量方差分析,结果发现:年级[$F(2,84)=3.907$,$p<0.05$]主效应达到显著水平,而且年级与性别[$F(2,84)=4.041,p<0.05$]交互作用显著。此外,年级、性别和语言类别之间的交互作用达到边际显著水平[$F(2,84)=3.103,p=0.050$],但性别[$F(1,84)=2.921,p>0.05$]和语言类别主效应均不显著[$F(1,84)=0.271,p>0.05$]。

由于年级、性别和语言类别之间交互作用的存在,但同时又考虑到三重交互作用下每个单元内男生人数比例较低,为了增加统计结果的可靠性,我们分不同语言类别对不同年级和性别被试的元理解监测水平进行两因素方差分析,结果发现:对于 L2 元理解监测水平,年级[$F(2,84)=3.384,p<0.05$]主效应显著,但性别[$F(1,84)=0.201,p>0.05$]主效应、年级和性别之间的交互作用[$F(2,84)=1.490,p>0.05$]均未达到显著水平。LSD 事后检验表明,一年级和三年级 L2 元理解监测水平之间存在显著差异,$p<0.05$,而在其他年级之间差异均不显著,$p>0.05$。采用同样方法对 L1 元理解监测水平进行测量,结果并未发现显著年级差异[$F(2,84)=1.864,p>0.05$],但性别主效应显著[$F(1,84)=5.708,p<0.05$],女生元理解监测精确水平显著高于男生。

2. 外语篇章阅读元理解监测的跨语言迁移(研究问题 2)

为了探讨元理解监测能力是否存在跨语言迁移效应,我们采用 Pearson 相关对 L1 和 L2 元理解监测精确水平以及两种语言阅读成绩间的相关系数进行计算,结果发现:L1 元理解监测与 L1 阅读之间($r=0.232,p=0.028$)、L2 元理解监测与 L2 阅读之间($r=0.314,p=0.003$)以及 L1 元理解监测与 L2 阅读之间($r=0.412,p=0.000$)相关均达到显著水平,该结果再次印证了元理解对于阅读效率的显著影响。此外,L1 和 L2 元理解监测水平间的相关达到显著水平($r=0.367,p=0.000$),说明母语元理解监测可能会向目的语发生跨语言迁移。

为此,我们又以 L2 元理解监测精确水平作为效标变量,以 L1 元理解监测精确水平和 L1 水平分数作为预测变量,采用逐步方式进行多元线性回归分析,结果显示:只有 L1 元理解监测被纳入回归模型($\beta=0.367,t=3.702,p=0.000$),并且能够解释 L2 元理解监测变异的 13.5%($R^2=0.135,F=13.702,p=0.000$),而 L1 水平未被纳入回归模型($\beta=-0.042,t=-0.379,p=0.706$)。上述结果说明,在不考虑目的语水平的前提下,母语元理解监测能力的确会向目的语发生正向迁移。

3. 目的语水平在元理解监测发生跨语言迁移中的中介效应(研究问题 3)

本研究需要探讨的另一问题是,目的语水平在上述元理解跨语言迁移中是否具有中介作用。为了检验可能存在的"阈值效应"(threshold effect),我们采用了分层强迫回归的方法(温忠麟、侯杰泰、张雷,2005)。

首先,以 L1 元理解监测、L1 水平为预测变量,以 L2 元理解监测水平为效标标量,进行第一层回归分析。结果发现:L1 元理解监测成为 L2 元理解监测水平的显著预测指标($\beta=0.382, t=3.602, p=0.001$),但 L1 水平的预测并不显著($\beta=0.117, t=1.107, p=0.271$),两个变量解释了总变异的 19.7%($R^2=0.197, F=10.692, p=0.000$)。接着,引入 L2 水平,与 L1 元理解监测和 L1 水平一起作为预测变量进行第二层回归分析,同时观察和比较 L1 元理解监测 β 值和 P 值的变化。结果表明:L2 水平成为 L2 元理解监测的显著预测指标($\beta=0.463, t=4.623, p=0.000$),但 L1 元理解监测的预测效应仅达到边际显著水平($7\beta=0.208, t=1.960, p=0.053$),而 L1 水平的预测不显著($\beta=-0.096, t=-0.963, p=0.338$),三个变量解释了总变异的 30.8%($R^2=0.308, F=12.765, p=0.000$)。

比较前后两次回归分析的结果,当 L1 元理解监测、L2 和 L1 水平同时被纳入回归模型时,只有 L2 水平的影响显著,L1 元理解监测由原先的显著水平变化为边际显著水平,而且 β 值由 0.382 下降至 0.208。由此可以推断,目的语水平在母语元理解监测能力向目的语发生迁移的过程中发挥着一定程度的中介作用(如图 1 所示)。

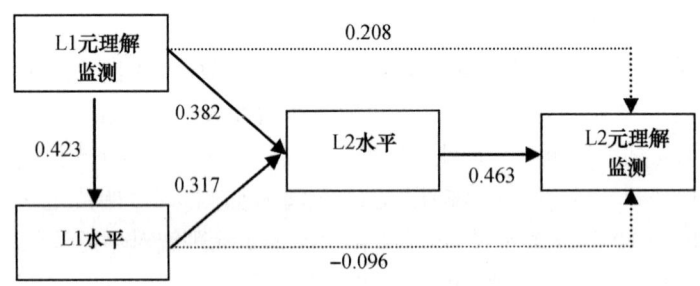

图 1　L2(英语)篇章阅读元理解监测影响路径

四、综合讨论

长期以来,有关篇章阅读元理解的研究基本上围绕 L1 阅读展开,对于 L2 元理解监测精确水平如何,具有怎样的发展趋势和特点,特别是在 L1 和 L2 元理解监测能力之间究竟存在怎样的联系,还缺乏深入的了解。基于此,本研究以我国高校大学生为对象,对英语元理解监测能力的发展特点进行了初步考察,并进一步探讨了元理解监测能力的跨语言迁移效应。

1. 外语篇章阅读元理解监测能力的发展特点

由本研究结果可知,L1 和 L2 元理解监测能力的发展存在不同的特点和趋势。

与 Maki 和陈启山等的结论一致(Maki & McGuire,2002;Dunlosky & Lipko,2007;陈启山,2011),本研究也没有发现汉语元理解监测水平存在显著年级差异。然而,三年级被试英语元理解监测的精确水平却显著高于一年级被试。该结果说明,我国大学生 L2 元理解监测能力仍然处于发展阶段,而且伴随着目的语学习时间和元认知经验的增长,其元理解监测能力也在不断提高,表现出与 L1 不同的发展特点。对于为何在一、三年级之间差异才达到显著水平,原因可能与三年级学生具备更多目的语阅读经验和元认知策略有关,而且到三年级后,学生目的语水平和一年级的差距明显拉大,进而导致对理解程度判断的精确性也相对提高。

研究结果还显示:L1 和 L2 元理解监测能力的发展并不同步。首先,被试 L1 元理解监测的精确水平略高于 L2。尽管差异并未达到统计学意义上的显著程度,但至少说明:与汉语阅读相比,大学生对英语阅读理解的监测能力相对偏低。其次,性别差异在 L1 和 L2 监测水平上也表现出不一致的特点,虽然女生汉语元理解监测的精确水平显著高于男生,但上述差异并没有表现在英语阅读中。对此,以往研究也曾得出过类似结论(Sheorey & Mokhtari,2001),但鉴于本研究中男生所占比率较低,因此,对于元理解监测的精确性是否真正受到性别因素的影响,仅凭借现有数据仍然无法定论,需要更多研究予以验证。

2. 外语篇章阅读中元理解监测能力的跨语言迁移及其"阈值效应"

到目前为止,学术界对元理解监测内部机制的探讨主要集中在监测线索、标准测验特征等方面(陈启山、常蕤,2009),对于元理解监测能力是否存在跨语言的交互影响,几乎没有研究涉及。然而,与 L1 阅读不同,L2 阅读者对元理解精确性的判断不可避免会受到先入为主 L1 元理解经验的影响,而对于这一潜在的因素,以往研究缺乏足够的重视。本研究结果显示,在不考虑目的语水平的前提下,L1 元理解监测能力的确会向 L2 发生迁移,并对 L2 阅读效率产生影响。虽然个别研究也曾对加拿大法语浸入式大学生的元理解监测能力进行过跨语言比较(Louise,2004),但该研究仅涉及同源语或字母语言,而本研究结果则进一步说明,个体关于一种语言的元认知经验和知识不仅会对其另一种语言的元认知能力产生影响,而且这种影响并不会受到语言形式或差异的制约。

本研究的另一目的是要考察目的语水平在上述元理解迁移中的作用。如前所述,针对 L1 和 L2 阅读能力间的关系,一直存在"普遍性假设"和"阈值假设"两种理论间的分歧与争议。为了检验"阈值效应"是否同样存在于元理解能力的跨语言迁移中,我们采用分层强迫回归的方法对目的语水平的中介效应进行了验证。研究结果在一定程度上支持了"阈值假设",说明只有当目的语水平达到一定程度时,读者的 L1 元理解监测能力才能够向 L2 迁移并在阅读中发挥作用。对于上述阈值效应的存在,已有不少研究提出过支持性的证据,但绝大多数是从认知角度出发的。例如,吴诗玉和王同顺的研究(2006)不仅论证了迁移的本质是心理表征建构的迁移,而且指出迁移的阈值效应是由目的语水平与抑制机制、工作记忆等诸多认知因素综合作用的结果。而本研究的启示意义在于:迁移的阈值效应不仅与认知因素有关,也同样会对读者的元认知体系造成"短路"(Clarke 1980:203—209)。

对于上述"阈值效应"的产生,我们认为存在以下两方面的原因:首先,从认知过程的角度来看,该效应可能与元理解监控所需的认知资源以及监测线索的选择密切相关。与低水平的外语学习者相比,高水平者的阅读过程更接近于一种自动化的加工状态,从而使其拥有较多的认知资源对阅读的流畅性进行及时、准确的监测与评估。而一旦这种自动化加工被打断(如遇到陌生词语、概念或文本内容与情境模型预期发生冲突时),他们会及时借助已获得的元理解调控策略弥补理解障碍,这其中很可能包括了从 L1 阅读中长期积累并逐渐发展而来的元认知技能和经验。然而,对于非熟练外语学习者而言,目的语知识的欠缺将会导致他们不得不随时调用大量的认知资源参与到整个情境模型的构建中,而这种非自动化的加工对元认知层面的类比和推理会产生连续性的负面影响,最终干扰监测线索的正确选择,降低迁移的效果。上述原因在 Thiede *et al*. (2010)的一项研究中也得到了初步的印证。他们发现:低阅读水平者由于无法建立流畅和连贯性的语篇表征,通常依据字词记忆、兴趣等表层线索进行元理解判断,从而影响了监测精确性的提高。

其次,从认知结构角度分析,低水平者阅读中所形成的不良元认知图式以及监控模式也会降低迁移发生的几率。根据布鲁纳提出的"认知结构迁移理论",迁移是学习者运用原有认知结构对新任务进行分析、总结、概括的"同化过程",一切新的有意义的学习都是在原有学习基础上产生的;而原有认知结构的清晰性、稳定性、包容性的高低都会影响迁移的质量(邵瑞珍,1996)。显然,低水平者阅读中所获得的元认知经验通常是零散、模糊和僵化的,难以在新旧知识,尤其是母语和外语学习之间建立起高效的联结(Sparks & Ganschow,1993),这有可能造成他们无法将母语阅读中的元认知能力灵活地运用到外语阅读中。此外,汉、英两种语言在文字体系、句法结构以及话语组织等方面的差异也可能会加剧元理解迁移中的困难。

上述分析促使我们对元理解的本质和语言迁移规律重新加以思考。尽管元认知对母语和外语阅读的影响已经成为不争的事实(Patricial *et al*.,1998),但对于元理解监测能力的跨语言迁移规律和发展特点却在很大程度上被学术界所忽视。本研究的初步结果说明,元认知能力的发展在母语和外语阅读中并不一致,读者通过母语阅读所获得的元认知经验与技能在向目的语发生转化时也并非是无条件的,而是会受到目的语水平的制约。联系当前我国外语教学的实际,教师在重视元认知策略训练的同时(潘黎萍,2006;刘莺,2009),对于母语元理解监测能力的转化以及目的语水平的阈值效应给予足够的重视。总而言之,成功而有效的外语阅读教学应当是在最大限度避免负迁移的前提下,调动一切积极因素和教学手段以促进正迁移的发生,而只有充分了解我国大学生母语和外语元理解监测能力的发展规律以及二者间的相互作用关系,才能有针对性地制订元认知干预计划,提高学习者的阅读能力和效率。这对于当前我国外语教学与改革具有特殊的意义。

结语

本研究得出以下主要结论:(1)L2 阅读元理解监测能力的发展存在与 L1 不同的趋势和特点。具体而言,L2 阅读元理解监测的精确水平随年级的增长而不断提高,3 年级精确水平显著高于 1 年级,但 L2 监测水平不存在显著的性别差异;相反,L1 元理解监测精确水平存在显著性别差异,但年级差异并不显著。(2)L2 水平在 L1 元理解监测能力向 L2 发生迁移的过程中发挥着一定程度的中介效应,从而支持了语言阈值假设。

由于元理解现象本身的复杂性,加之受到资金和人力条件的限制,本研究仍然存在不足,有待进一步改进。例如,在探讨影响外语元理解监测精确性的因素时,研究虽然强调了母语元理解的正迁移作用,却没有结合监测线索对上述作用给予更为深入的探讨。今后的研究可以从迁移效应和监测线索两者相结合的角度进一步揭示外语元理解监测的发生规律和内部机制。其次,在实验过程中,尽管我们采取了拉丁方设计呈现实验材料,但仍然无法避免顺序效应和滞留效应的存在。总之,鉴于上述局限性,本研究的结论只能谨慎地推广到现有范围内,仍有待今后研究在更深层次上的不断探索。

参考文献

Coady, J. 1979. "A Psycholinguistic Model of the ESL Reader". In R. Mackay, B. Barkman & R. R. Jordan (eds.). *Reading in a Second Language*. Rowley, Mass: Newbury House.

Clarke, M. A. 1980. "The Short Circuit Hypothesis of ESL Reading —or When Language Competence Interferes with Reading Performance". *Modern Language Journal* 64, 203—209.

Glenberg, A. M. & W. Epstein. 1987. "Inexpert Calibration of Comprehension". *Memory & Cognition* 15, 1:84—93.

Sparks, R. L. & L. Ganschow. 1993. "Searching for the Cognitive Locus of Foreign

Language Learning Difficulties: Linking First and Second Language Learning". *Modern Language Journal* 77: 289—302.

Weaver, C. A. & D. S. Bryant. 1995. "Monitoring of Comprehension: The Role of Text Difficulty in Metamemory for Narrative and Expository Text". *Memory & Cognition* 23, 1: 12—22.

Koriat, A. 1997. "Monitoring One's Knowledge during Study: A Cue-utilization Approach to Judgments of Learning". *Journal of Experimental Psychology: General* 126, 4:349—370.

Lin, L. M. & K. M. Zabrucky. 1998. "Calibration of Comprehension: Research and Implications for Education and Instruction". *Contemporary Educational Psychology* 23, 4: 345—391.

Patricial, L., L. G. Carrell & T. Wise. 1998. "Metacognition and EFL/ESL Reading". *Instructional Science* 26, 1:97—112.

Lin, L. M., D. Moore & K. M. Zabrucky. 2000. "Metacomprehension Knowledge and Comprehension of Expository and Narrative Texts among Younger and Older Adults". *Educational Gerontology* 26, 8:737—749.

Sheorey, R. & K. Mokhtari. 2001. "Differences in the Metacognitive Awareness of Reading Strategies among Native or Nonnative Readers". *System* 29, 4: 431—449.

Maki, R. H. & M. J. McGuire. 2002. "Metacognition for Text: Findings and Implications for Education". In T. J. Perfect & B. L. Schwartz (eds.). *Applied Metacognition*. Cambridge, U. K.: Cambridge University Press, 39—67.

Pichette, F. & N. Segalowitz. 2003. "Impact of Maintaining L1 Reading Skills on L2 Reading Skill Eevelopment in Adults : Evidence from Speakers of SerboCroatian Learning French". *Modern Language Journal* 87, 3:391—403.

Thiede, K. W. & M. C. M. Anderson. 2003. "Summarizing Can Improve Metacomprehension Accuracy". *Contemporary Educational Psychology* 28, 2:129—160.

Weaver, C. A. & W. L. Kelemen. 2003. " Processing Similarity does not Improve Metamemory: Evidence against Transfer-appropriate Monitoring". *Journal of Experimental Psychology: Learning, Memory, and Cognition* 29, 6: 1058—1065.

Louise, M. 2004. "Comprehension Monitoring in First and Second Language Reading", *The Canadian Modern Language Review* 61, 1: 77—106.

Nelson, T. O., L. Narens & J. Dunlosky. 2004. "A Revised Methodology for Research on Metamemory: Pre-judgment Recall and Monitoring". *Psychological Methods* 9, 1:53—69.

Dunlosky, J. & K. A. Rawson. 2005. "Why does Rereading Improve Metacomprehension Accuracy? Evaluating the Levels-of-disruption Hypothesis for the Re-reading Effect". *Discourse Processes* 40, 1: 37—55.

Maki, R. H., M. Shields, A. E. Wheeler & T. L. Zacchilli. 2005. "Individual Differences in

Absolute and Relative Metacomprehension Accuracy". *Journal of Educational Psychology* 97, 4:723—731.

Matlin, M. W. 2005. *Cognition* (6*th ed.*). New York: John Wiley & Sons Ltd.

Mulligan, N. W. & J. P. Lozito. 2006. "An Asymmetry between Memory Encoding and Retrieval: Revelation, Generation, and Transfer-appropriate Processing". *Psychological Science* 17, 1:7—11.

Svjetlana, K. & B. Lgor. 2006. "Metacognitive Strategies and Reading Comprehension in Elementary School Students". *European Journal of Psychology and Education* 21, 4:439—451.

Dunlosky, J. & A. Lipko. 2007. "Metacomprehension: A Brief History and How to Improve Its Accuracy". *Current Directions in Psychological Science* 16, 4:228—232.

Thomas, A. K. & M. A. McDaniel. 2007. "Meta-comprehension for Educationally Relevant Materials: Dramatic Effects of Encoding-retrieval Interactions". *Psychonomic Bulletin & Review* 14, 2:212—218.

Anderson, M. C. M. & K. W. Thiede. 2008. "Why Do Delayed Summaries Improve Metacomprehension Accuracy"? *Acta Psychologica* 128, 1:110—118.

Thiede, K. W., T. D. Griffin, J. Wiley & M. C. M. Anderson. 2010. "Poor Metacomprehension Accuracy As a Result of Inappropriate Cue Use". *Discourse Processes* 47, 4:331—362.

邵瑞珍:《教育心理学》,上海教育出版社 1996 年版。

杨小虎、张文鹏:《元认知与中国大学生英语阅读理解相关研究》,外语教学与研究出版社 2002 年版。

龚少英、刘华山:《中学生阅读理解元认知的发展研究》,《心理科学》2003 年第 6 期。

刘惠君:《元认知策略与英语阅读的关系》,外语与外语教学出版社 2004 年版。

潘文国:《汉英语对比纲要》,北京语言大学出版社 2005 年版。

温忠麟、侯杰泰、张雷:《调节效应与中介效应的比较和应用》,《心理学报》2005 年第 2 期。

潘黎萍:《元认知策略在二语阅读课堂中的可教性实验研究》,《外语教学》2006 年第 1 期。

吴诗玉、王同顺:《结构建构框架下的外语阅读技能迁移研究》,《外语教学与研究》2006 年第 2 期。

孔文、李清华:《英语专业学生元认知与认知策略使用与英语水平关系的研究》,《现代外语》2008 年第 2 期。

陈启山、常蕤:《读者的元理解监测为什么不精确》,《心理科学进展》2009 年第 4 期。

刘莺:《大学英语阅读低分者元认知策略培训的有效性研究》,《外语与外语教学》2009 年第 10 期。

陈启山:《元理解监测精确性的延迟效应及其机制》,《心理科学》2011 年第 4 期。

[**作者简介**:闫嵘,北京第二外国语学院英语学院教授,研究方向为心理语言学、第二语言习得等。]

课堂即时形成性评估研究述评：思考与建议

杨 华　文秋芳

一、引言

　　课堂即时形成性评估属于短期形成性评估，发生在课堂内教与学的相倚瞬间，具有最有效的促学作用（Wiliam & Thompson, 2007），然而国内外学者对此的关注和研究都明显不足。我们认为课堂即时形成性评估对中国的外语教育实践有着更为重要的意义。我国大、中、小不同阶段的外语教育都有统一的教学大纲，对教学目标有着明确的规定。课堂教学是完成教学目标的重要手段。课堂中的即时形成性评估能够有效帮助完成教学大纲中规定的教学目标。同时，我国的外语课堂教学有统一的高风险外语测试，形成了与国外课堂完全不同的特征。因此，很难将国外课堂的形成性评估研究成果直接应用于我国实践。鉴于此，我国学者有责任提出符合中国外语课堂实际的形成性评估理论。为了完成这一项使命，我们认为有必要首先对国外最新课堂即时形成性评估研究进行梳理与分析，理清当前相关理论的脉络，对比我国的实际情况，提出建设我国外语课堂即时形成性评估理论的设想与建议。为此，本文集中评述课堂即时形成性评估的研究。全文分为三部分，其中包括：(1)课堂即时形成性评估的定义及其主要特征；(2)课堂即时形成性评估的相关研究；(3)我们的思考与建议。

二、课堂即时形成性评估的定义及其主要特征

　　现有文献中，对课堂形成性评估的解释视角多样，定义不一，但对于新兴的课堂即时形成性评估，尚未形成与其他类型的课堂形成性评估的明确区分，并对其给予清晰界定。本部分将在评价、借鉴已有课堂形成性评估定义的基础上，尝试提出课堂即时形成性评估定义，并讨论其主要特征。

　　Black & Wiliam(2009:9)综合已有研究，依据他们自身长期的形成性评估实

---

　　* 原文载于《外语教学理论与实践》2013年第6期。

践和研究,为课堂形成性评估作出了比较全面、权威的定义:"课堂中的形成性评估实践就是教师、学习者或同伴获取学生知识状态的信息,并对其解读、用来决策下一步教学,使其比没有获得这个信息的情况下作出的教学决策更好、或者更有理据。"遗憾的是,本定义既包括教师在与学生个体或集体讨论中提供的"实时"调整,也包括教师通过评分、检查作业而给出的反馈(Black & Wiliam,2009:10)。由此可见,根据 Black & William 的定义,课堂形成性评估既可以指跨越评分期的长期形成性评估、发生在教学单元之间的中期形成性评估,也可以指课堂中每时每刻都可能发生的短期形成性评估(Wiliam & Thompson,2007)。

短期形成性评估发生在实时的教学过程当中,以即时的师生之间、学生之间的对话形式出现。这一点在一些形成性评估的定义中有所体现。如美国学术组织"学生和教师的形成性评估"(Formative Assessment for Students and Teachers)(FAST)在 2006 年经广泛回顾形成性评估文献,并与多位国际知名评测专家咨询,采取如下形成性评估的定义:"形成性评估是教师和学生在教学进行过程中,提供反馈,调整正在进行的教学,帮助学生达到既定教学目标的过程。"(Heritage,2010)。该定义强调学生信息的获取与教学调整短时内发生,这一思想也在其他形成性评估的定义中得到呼应(Cowie & Bell,1999;Erickson,2007;Buck & Trauth-Nare,2009)。人们意识到即时形成性评估能够满足学生即刻的学习需求,这种时间上的紧密性更好地保障了评测的促学作用(Black,2009;Leahy, et al.,2005)。事实上,课堂对话形式的形成性评估已成为近几年形成性评估研究的趋势(Black,2009:519;Rea-Dickins,2007:514)。问题是,这些体现课堂互动性特征的形成性评估定义没有明确提出"课堂即时形成性评估"这一概念,以区分其与其他类型形成性评估。

综合以上讨论,本文提出课堂即时形成性评估是"在课堂教学进行过程中,教师和学习者在一定的目标指导下,以互动对话的方式引出学生信息,对其现场解读,并用来即时决策下一步互动,使其比没有获得这个信息的情况下作出的互动教学决策更好、或者更有理据。"需要说明的是,在中国的外语课堂教学环境下,课堂即时形成性评估中的"互动",既可以发生在师生之间,也可以在教师的引导下,发生在学生与学生之间;既可以是一对一,也可以是教师对学生整体;既可以指他们之间言语层面的交流,也可以是教师或学习者根据学生的动作、面部表情等非言语信息判断学生的需求和状态,并对后续的教学进行调整。

根据上述定义及分析,课堂即时形成性评估的主要特征可以总结为"即时性"和"动态性"。所谓即时性指的是,评估能够每时每刻满足学生的即时需求。换句话说,这样的评估内嵌于正在进行的课堂教学当中(Rea-Dickins,2004,2006;

Buck & Trauth-Nare,2009;Popham,2011;Shepard,2005a;Erickson,2007),评和教是你中有我,我中有你;是一个学生、课堂材料和教师之间的互相密切关联的循环过程(Erickson,2007:187)。"动态性"指形成性评估的发生和发展不是一蹴而就的,而是充满了不可预测性,是一个动态、多变的过程。

"即时性"和"动态性"作为课堂即时形成性评估两个最主要的描述性特征,在复杂多变的课堂教学环境下,共同发挥作用。课堂中的即时对话,如果具有形成性的功能,必须同时具备"动态性"特征。"动态性"有两方面含义:首先是教师[①]要能够根据学生提供的信息,对下一步的互动做出动态性调整;另一方面是教师在考虑学生即时需求的同时,不断协调、平衡与教师既有计划之间的关系。在课堂即时形成性评估动态发展的过程中,教师每一次的形成性评估行为都可能具有不确定性和不可预测性。尤其是在开放性的问题中,在支持学生充分表达自己见解的课堂环境下,学生提供的信息可能会远远超出教师预测的范围。教师需要持续进行调节,不断为学生提供"楼梯台阶",引领学生逐步达到目标(Shepard,2005b)。同时为了确保课堂教学的有效性,教师必须要能够在学生需求和课堂目标之间取得平衡,既不一味迎合学生,也不死守计划目标。因此,教师对学生需求的反应程度会有所不同(Bell & Cowie,2001)。由此可见,"即时性"和"动态性"体现了课堂即时形成性评估中教师在一定原则指导下的"即兴教学"(Sawyer,2004),既体现了形成性评估更为完整、更为紧密的评、教、学结合过程(Shepard,2005a;Buck & Trauthare,2009),又有别于一般意义上的课堂互动。

三、课堂即时形成性评估的相关研究

与课堂即时形成性评估相关的研究在形成性评估文献中并不多见。本文回顾的主要是涉及课堂互动活动的形成性评估研究,并按照其研究重点分为两类:一类以静态描述为主,一类以动态描述为主。第一类研究主要通过对课堂形成性评估个别环节的分体式研究,为发生在课堂内部的形成性评估实践形式提供了较为宏观、静态的描述。第二类研究更加关注课堂即时形成性评估的动态过程,从课堂互动的视角展现形成性评估具体、动态的特征。以下将对这两方面的课堂形成性评估研究分别评述。

1. 静态描述

这部分的实证研究通过大规模调查或聚焦形成性评估的某一个环节来呈现课

---

① 在我国外语课堂教学环境下,学生在课堂即时形成性评估中的作用多是通过教师行为为中介。因此,以下将主要使用"教师"作为即时形成性评估的施行者。

堂形成性评估的静态特征。Cheng et al. (2004)的研究通过问卷调查的方法,比较了加拿大及我国北京、香港三地267名高校二语/外语教师的课堂形成性评估。该研究报告了三地教师在课堂形成性评估目标、方法和程序上的异同,呈现了不同地区课堂形成性评估的宏观样貌。研究指出课堂形成性评估行为的复杂性体现在:评估目的包括以学生为中心、以教学为中心和教学管理;评估方法包括教师出题、学生出题或英语各项技能的标准化测试;评估程序包括评估来源、反馈、记录及时间比例。虽然三地的课堂形成性评估在教学中处于中心地位,但是受教育环境和教师因素影响,其方法和程序还存在较大差异。Colby-Kelly & Turner(2007)研究了加拿大一所大学预科二语EAP课堂中的形成性评估,涉及9名英语本族语教师和45名二语学习者。该研究采用定性与定量相结合的方法,通过大纲分析、教师问卷、学生访谈和课堂观察,描述了二语EAP课堂形成性评估中的会话任务及其相关的反馈。该研究发现课堂形成性评估有五种形式:自我评估、同伴评估、教师对学生、对小组和对全班的反馈;并且报告了各种形式在课堂中的频数分布。研究说明,教师还不能对课堂形成性评估完全认可,但是课堂中大量的师生反馈已经很好地体现形成性评估的功能,并且成为课堂实践中连接评测与教学的"评估桥"(assessment bridge)。

有些研究更偏重对课堂形成性评估单独环节的考察,主要集中在"获取学生信息"和"后续教学调节"两个主要环节。偏重"获取学生信息"的研究主要关注如何评测学生信息或评测过程中的影响因素。Tomanek et al. (2008)以质性研究方法探究了美国有经验和职前教师在形成性评估任务选择过程中的思考(reasoning)。研究发现,影响教师选择评估任务的因素包括三个维度:(1)任务特征与学生或大纲特征;(2)对学习者的期待与对任务的期待;(3)教师经验的影响。Furtak & Ruiz-Primo (2008)探究了用于获取学生信息的形成性评估问题(prompts)。该研究比较了学生对形成性评估问题的书面反馈和课堂讨论中的口头反馈。研究结论是具有开放性和熟悉度的问题更有利于获取学生的信息,开放性问题有助于教师获得学生多样的想法;而用于获取学生科学知识和全班讨论,封闭性问题更为适宜;与讨论问题相比,书面问题更能够获取学生多样化的信息。

也有研究偏重课堂形成性评估的反馈环节。Tunstall & Gipps(1996)的研究通过对伦敦六所小学8名教师49名儿童为期一个学年的田野调查(包括教师访谈、学生访谈、课堂观察和录像等方法),为教师课堂形成性评估的反馈做出分类。研究发现,教师反馈有两种主要类型:一种与社会化相关,一种与评估相关。社会化反馈是儿童教师行为的基础,与价值观、态度和课堂程序有关;评估反馈又分为评价和描述两个子类。Warring(2008)利用话语分析的方法,探究了二语课堂形成性评估中的教师反馈形式对学生学习的影响。该研究分析了课堂"三段式对话"(triadic dialog)中教师使用的明示化正面评价(Explicit Positive Assessment),说明教师在这种课堂形成性评估中使用的正面评价起到的作用是终结当前对话,因而阻碍了学生对潜在问题的进一步探索,降低学生参与,剥夺学生学习的机会。

2. 动态描述

这类研究关注的是课堂形成性评估的互动过程。研究者通过构建形成性评估模型或呈现课堂形成性互动的具体案例来体现课堂形成性评估的动态特征。有两批研究者(Pryor & Torrance, 1996 & 1998; Torrance & Pryor, 2001; Cowie & Bell, 1999; Bell & Cowie, 2001)以从事课堂形成性评估的教师为研究对象,构建形成性评估模型。例如 Pryor 和 Torrance 的系列研究主要通过研究者与小学科学教师合作行动研究项目,通过教师访谈、课堂观察和课堂录像,描述了师生之间的形成性互动,以及教师对形成性评估概念的应用。研究发现课堂中的形成性评估根植于,并通过师生的互动来实现。形成性评估的目标和标准是在互动中不断被追求和重新建立的过程。Cowie 和 Bell 的系列研究依托为期两年的合作型行动研究项目,对 10 名小学科学教师进行课堂观察、录像,并收集大量教师反思及访谈数据。他们研究的结论是,教师计划的程度和类型决定了两种课堂形成性评估类型——计划型和互动型的本质区别;两种形成性评估类型相互转换的动因是形成性评估计划目标的改变。

除此以外,也有部分研究者着重通过互动数据呈现课堂即时形成性评估的特征。例如,Rea-Dickins(2001)对小学二语教师课堂评估的研究呈现了师生之间非正式的、以对话为形式的评测过程。她将课堂评估过程分为计划、实施、监控、记录和发布几个阶段,但是没有细化到具体互动的言语层面。该作者 2006 年的研究是小学 ESL 课堂中以师生互动为形式的评测,对互动数据的分析着重教师的反馈、学生对反馈的反应和学习者启动的互动,以此来论证"评测对话"如何成为语言学习的资源。作者通过五个课堂评测片段说明教师不同的计划倾向可以发挥不同的形成性潜力。Leung & Mohan (2004)的研究通过展示多民族、多语种小学课堂评测的实际过程,说明课堂形成性评估与传统测试的区别。在课堂互动数据的分析上使用了系统功能语法中的"提供"(offer)、"理由"(reason)和"回应"(response)作为话步标签呈现师生的互动,为分析课堂形成性互动做出有益的尝试。Ruiz-Primo & Furtak (2006)的研究描述了小学科学课堂互动形式的形成性评估。该研究呈现了四名教师课堂互动的真实片段,并根据"评估对话"中引出(Eliciting)、学生反应(Student)、教师认可(Recognize)、教师使用学生信息(Use)(ESRU)四个环节编码互动数据。研究结果显示,教师在日常互动中并不能够实现以上四个环节的顺序执行,尤其是"教师使用学生信息"环节大量缺失。Meskill(2010)的研究通过师生互动话语和叙述的方式描述了 ESL 课堂两种形成性评估的具体方法和过程:一种是学生在从事任务过程中与教师的互动,一种是通过学生"身份文本"(identity text)来与教师实时互动。

四、思考与建议

　　1. 对现有研究不足之处的思考

　　上述实证研究,从宏观样貌到具体形式,从量化的趋势到个别的案例,对理解与推动课堂即时形成性评估作出了重要贡献,但该领域的研究才刚刚起步,还有许多问题未进行深入探讨。下面列出的三个重要问题只是其中的一部分。

　　(1)如何从课堂即时形成性评估研究的静态描述过渡到动态描述?

　　大多数课堂形成性评估文献关注的是静态描述,而对于发生在课堂教学进行过程中的以互动为形式的形成性评估,文献中仍缺少相关研究(Erickson,2007;Rea-Dickins,2007)。已有的静态描述研究,虽然呈现了课堂形成性评估较为宏观的特征,或探讨了即时形成性评估的单独环节,但是无法提供课堂即时形成性评估具体、完整的过程和其动态变化的轨迹;而已有的动态描述,虽然展示了课堂即时形成性评估多样的、具体的过程细节,但缺乏体现即时形成性评估的本质特征和内在机制。课堂即时形成性评估应该融入教学过程之中,课堂评估事件应该是教学事件,但不是所有的教学事件都能冠以评估事件。而已有动态描述的研究尚未对课堂评估事件与非评估的教学事件做出概念上的区分(Rea-Dickins,2006)。

　　(2)课堂即时形成性评估目标的本质和作用机制是什么?

　　已有形成性评估的理论研究中,目标的重要性已经得到较为广泛的认可(Black & Wiliam,2009;Torrance & Pryor,2001;Cowie & Bell,1999;文秋芳,2011)。有研究者明确指出目标对课堂形成性评估中教师获取、解读学生信息,作出教学决策都起到重要的导向作用(Black & Wiliam,2009),但基于课堂互动的研究并未对此深入探讨。而少数关注目标的研究,对目标的本质和作用机制仍旧观点不一。有的研究倾向认为目标是既定不变的,是可以向学生一次性传递的构念(Black & Wiliam,2009);而有的研究认为目标和标准是形成性评估过程中不断调整和改变的构念,向学生传递的过程也是整个形成性评估行进的过程,而不是事先规定的(Torrance & Pryor,2001;Cowie & Bell,1999;Rea-Dickins,2001,2006)。

　　(3)课堂即时形成性评估环节之间如何"联系"在一起?

　　已有课堂形成性评估研究对各个环节之间的"联系"关注不够。课堂即时形成性评估不论在概念层面,还是操作层面,都具有一定的程序。厘清各个环节之间的关系是课堂即时形成性评估整体性研究的需要,也是其理论构建的基本内容。尽管环节之间"联系"的思想已在课堂形成性评估模型(Black & Wiliam, 2009; Torrance & Pryor, 2001; Cowie & Bell, 1999)、课堂互动分析编码(Leung & Mohan, 2004; Ruiz-Primo & Furtak, 2006)中间接体现,但已有的实证研究并未对此作出明示化阐释。Black & Wiliam(2009)首次提出形成性评估的"相倚性"概念,即课堂教师根据学生信息做出的教学调整。他们指出"相倚时刻"(moments of contingency, Black & Wiliam, 2009:10)是课堂形成性评估最为突出的特征,是形成性评估理论区别于一般教学理论的根本。相倚性概念的提出,为解决即时形成性评估环节之间的"联系"问题提供了理论思路。但是相倚性很难发现,至今还没有得到系统的关注和研究(Leung, 2011)。什么是课堂形成性评估的相倚性?如何发挥作用?这些问题有待探讨。

以上提出的三个问题,其实质在于课堂即时形成性评估的"形成性",即如何从外在形式和内在机制两方面体现其"形成性"功能。形成性评估的重要功能是要能够为学习者带来积极的变化(Black & Wiliam, 2009:13; Rea-Dickins, 2006:168)。理论上,这个变化是学习者从目前状态向目标状态前进的过程(Black & Wiliam, 2009; Sadler, 1989)。Wiliam(2010)指出,具有形成性功能的评估必须要在监控并诊断学生学习的基础上,为学习者提供下一步的学习进程。这个过程发生的条件是教师和学生具有明确的目标终点。由此可见,课堂即时形成性评估研究需要在对其动态过程做出概念化描述的基础上,从目标和各环节之间"联系"的角度解释其形成性机制。而已有研究尚未对此讨论。

2. 对今后研究的建议

为了解决上述三个重要问题,我们对未来的课堂即时形成性评估研究提出以下三点建议。

第一,一线课堂将成为课堂即时形成性评估研究和实践的主战场。已有研究在静态描述和动态描述上的断层,终归需要通过总结、概括并概念化课堂即时形成性评估实践而得以解决。形成性评估已经明确写入我国最新的《大学英语教学课程大纲》,但是在目前高风险外语水平测试仍旧盛行的情况下,怎样有效地实现课堂形成性评估一直是摆在政策决策者、研究者和一线教师面前的问题。现有研究结果表明,课堂即时形成性评估已经是一些教师的无意识行为(Bell & Cowie, 2001; Buck & Trauth-Nare, 2009; Rea-Dickins, 2006),广泛存在于优秀教师日常的课堂实践当中(Erickson, 2007)。从一线优秀教师已经无意识实践了的课堂即时形成性评估出发,在此基础上挖掘、提炼背后的"实践智慧",不仅可以帮助其他教师理解、实践即时形成性评估,促进它的推广,解决我国课堂形成性评估的实际问题,而且为其理论构建提供了取之不尽的研究资源。

第二,目标将在课堂即时形成性评估理论构建中起到至关重要的作用,尤其是在我国外语教育环境下,课堂即时形成性评估的目标具有特别重要的意义。我国的教育体系中,从大的培养目标到课程目标再到具体的教学目标,每一层级都有相对统一的规定,是有层次结构的系统(王延龄、吕宪军,2004)。目标可以处在不同的颗粒度层级(Schoenfeld,1998,2010),课堂即时形成性评估的目标处于教育目标系统中更具体的操作层级,肩负着课堂教学目标,乃至整个培养目标的具体实现。

研究课堂即时形成性评估目标本质和作用机制,能够帮助我们了解各个层级教育目标的具体实现情况,同时也可以为形成性评估的理论构建提供研究路径。确定的目标是课堂形成性评估是否具有"形成性"的基本保障,而多变复杂的课堂教学中,教师的计划目标也可能被学生突发的意外信息所打断、延缓甚至放弃(Richards,1998)。即时形成性评估目标是一个复杂的概念,牵系着形成性评估的外在形式和内在本质。对目标确定性和动态性的综合考察是课堂即时形成性评估理论构建的必由之路。

第三,相倚性是课堂即时形成性评估理论构建的核心。课堂形成性评估研究需要理论基础来"帮助把这些有效但是分散的课堂行为连接在一起"(Shepard,2005a:9)。相倚性概念的提出为这种理论连接提供了希望。从连接课堂形成性评估各个环节之间的"相倚性"入手研究课堂即时形成性评估,有利于我国外语教育研究者和一线教师从联系的、整体的、情境化的眼光看待课堂即时形成性评估,而不是各个步骤、程序的简单叠加。对于课堂形成性评估"形成性"的考察,也要从教师如何获取、解读学生信息,如何即时决策、做出教学调节之间的逻辑关系来论证。

以上三点建议,针对已有研究不足,体现了课堂即时形成性评估研究的未来发展趋势。今后的形成性评估研究,首先需要为其动态、多样的课堂形式做出概念化描述,进而探究其内在的形成性机制。本文建议,自然状态下的外语课堂是描述并解释课堂即时形成性评估的源泉和基础;目标和"相倚性"是形成性评估理论构建的有力工具。课堂即时形成性评估研究对提高我国外语课堂教学有效性具有重要的指导意义和实践意义。尤其是在我国外语教学面临新需求、新挑战的时代背景下(文秋芳,2012),扎根外语课堂实践,构建以目标和相倚性为抓手的课堂即时形成性评估理论,有利于更好地实现新时期外语课堂教学要求。

参考文献

Bell, B. & B. Cowie. 2001. "The Characteristics of Formative Assessment in Science Education". *Science Education* 85. pp. 536—553.

Black, P. & D. Wiliam 2009. "Developing the Theory of Formative Assessment". *Educational Assessment, Evaluation and Accountability* 21. pp. 5—31.

Black, P. 2009. "Formative Assessment Issues across the Curriculum: The Theory and the Practice". *TESOL Quarterly* 43. pp. 519—524.

Buck, G. A. & A. E. Trauth-Nare 2009. "Preparing Teachers to Make the Formative Assessment Process Integral to Science Teaching and Learning". *Journal of Science Teacher Education* 20. pp. 475—494.

Cheng, L., T. Rogers & H. Hu. 2004. "ESL/EFL Instructors' Classroom Assessment Practices: Purposes, Methods, and Procedures". *Language Testing* 21. pp. 360—389.

Colby-Kelly, C. & C. E. Turner. 2007. "AFL Research in the L2 Classroom and Evidence of Usefulness: Taking Formative Assessment to the Next Level". *The Canadian Modern Language Review* 64. pp. 9—37.

Cowie, B. & B. Bell. 1999. "A Model of Formative Assessment in Science Education". *Assessment in Education* 6. pp. 101—116.

Erickson, F. 2007. "Some Thoughts on 'Proximal' Formative Assessment of Student Learning". *Yearbook of the National Society for the Study of Education* 106. pp. 186—216.

Furtak, E. M. & M. A. Ruiz-Primo. 2008. "Making Students' Thinking Explicit in Writing and Discussion: An Analysis of Formative Assessment Prompts". *Science Education* 92. pp. 799—824.

Heritage, M., J. Kim, T. Vendlinski, & J. Herman. 2009. "From Evidence to Action: A Seamless Process in Formative Assessment?" *Educational Measurement: Issues and Practice* 28. pp. 24—31.

Leahy, S., C. Lyon, M. Thompson & D. Wiliam. 2005. "Classroom Assessment: Minute-by-Minute and day-by-day". *Educational Leadership* 63. pp. 18—24.

Leung, C. & B. Mohan. 2004. "Teacher Formative Assessment and Talk in Classroom Contexts: Assessment as Discourse and Assessment of Discourse". *Language Testing* 21. pp. 335—359.

Leung, C. 2011. "Formative Assessment: Uncharted Territories for Applied Linguistics". Presented at invited colloquia of AAAL. Chicago.

Meskill, C. 2010. "Moment-by-moment Formative Assessment of Second Language Development". In H. Andrade & G. J. Cizek (eds.). *Handbook of Formative Assessment*. New York: Routledge.

Popham, W. J. 2011. *Classroom Assessment: What Teachers Need to Know*. New Jersey: Pearson.

Pryor, J. & H. Torrance. 1996. "Teacher-pupil Interaction in Formative Assessment: Assessing the Work or Protecting the Child?" *Curriculum Journal* 7. pp. 205—226.

Pryor, J. & H. Torrance. 1998. "Formative Assessment in the Classroom: Where Psychological Theory Meets Social Practice?" *Social Psychology of Education* 2. pp. 151—176.

Rea-Dickins, P. 2001. "Mirror, Mirror on the Wall: Identifying Processes of Classroom Assessment". *Language Testing* 18. pp. 429—462.

Rea-Dickins, P. 2004. "Understanding Teachers As Agents of Assessment." *Language Testing* 21. pp. 249—258.

Rea-Dickins, P. 2006. "Currents and Eddies in the Discourse of Assessment: A Learning-focused Interpretation". *International Journal of Applied Linguistics* 16. pp. 163—188.

Rea-Dickins, P. 2007. "Classroom-based Assessment: Possibilities and Pitfalls." In J. Cummins & C. Davison (eds.). *International Handbook of English Language Teaching: Part One*. New York: Springer.

Ruiz-Primo, M. A. & E. M. Furtak. 2006. "Informal Formative Assessment and Scientific Inquiry: Exploring Teachers' Practices and Student Learning". *Educational Assessment* 11. pp. 205—235.

Sadler, R. 1989. "Formative Assessment and the Design of Instructional Systems". *Instructional Science* 18. pp. 119—144.

Schoenfeld, A. H. 1998. "Toward a Theory of Teaching-in-context". *Issues in Education* 4. pp. 1—94.

Schoenfeld, A. H. 2010. *How We Think: A Theory of Goal-oriented Decision Making and Its Educational Applications*. New York: Routledge.

Shepard, L. A. 2005a. "Formative Assessment: Caveat Emptor". Presented at the ETS Invitational Conference, New York.

Shepard, L. A. 2005b. "Linking Formative Assessment to Scaffolding". *Educational Leadership* 63. pp. 66—70.

Tomanek, D., V. Talanquer & I. Novodvorsky. 2008. "What Do Science Teachers Consider When Selecting Formative Assessment Tasks?" *Journal of Research in Science Teaching* 45. pp. 1113—1130.

Torrance, H. & J. Pryor. 2001. "Developing Formative Assessment in the Classroom: Using Action Research to Explore and Modify Theory". *British Educational Research Journal* 26. pp. 615—631.

Tunstall, P. & C. Gipps. 1996. "Teacher Feedback to Young Children in Formative Assessment: A Typology". *British Educational Research Journal* 22. pp. 389—416.

Warring, H. Z. 2008. "Using Explicit Positive Assessment in the Language Classroom: IRF, Feedback, and Learning Opportunities". *The Modern Language Journal* 92. pp. 577—594.

Wiliam, D. 2010. "An Integrative Summary of the Research Literature and Implications for a New Theory of Formative Assessment". In H. Andrade & G. J. Cizek (eds.). *Handbook of*

Formative Assessment. New York: Routledge.

Wiliam, D & M. Thompson. 2007. "Integrating Assessment with Learning: What Will It Take to Make It Work?" In C. A. Dwyer (ed.). *In the Future of Assessment: Shaping Teaching and Learning*. New York: Erlbaum.

王延玲、吕宪军:《论教学目标设计理论与实践的应用研究》,《东北师范大学学报(哲学社会科学版)》2004年第1期。

文秋芳:《大学英语面临的挑战与对策——课程论视角》,《外语教学与研究》2012年第2期。

文秋芳:《〈文献阅读与评价〉课程的形成性评估:理论与实践》,《外语测试与教学》2011年第3期。

[作者简介:杨华,北京第二外国语学院应用英语学院副教授;文秋芳,北京外国语大学中国外语教育研究中心。]

基于语料库的英语逻辑结果程式语语义韵研究[*]

李美霞 焦瑷珲

一、引论

逻辑结果程式语是指表达两个情景或事件之间逻辑上存在因果关系的程式化语言(Li & Jiao,2012:155)。交际中,它总是趋向于与某一类具有相同或相近语义特征的词项搭配,从而隐含了交际者的态度意义,又称为语义韵。然而,迄今,有关逻辑结果词语、程式语及其概念意义的研究成果丰硕。但将逻辑结果与程式语结合起来,并探讨其承载的语义韵较少受到学者关注。因此,本研究提出"逻辑结果程式语"概念,并通过大量数据统计分析,力图找出英语语言中常用的逻辑结果程式语以及它们所具有的语义韵。

二、研究方法论

1. 研究方法

首先,采用基于语料库方法,筛选出合意的逻辑结果程式语。其次,采用基于语料库与语料库驱动相结合的方法,抽取一定数量的索引,通过界定跨距、提取搭配词、建立类连接、计算搭配强度、分析价值极,最终得出逻辑结果程式语的语义韵。

2. 语料来源

语料选自于《当代美语在线语料库》[②]。该语料库共计 410,000,000 个词,共 160,000 个语篇,分属 5 种体裁:口语、小说、流行期刊、报纸以及学术期刊。

3. 语料提取

第一,运用直选法与互补法找出英语中的逻辑结果表达式。首先,采用直选法

---

[*] 原文载于《外语教学》2013 年第 3 期。

② 语料来自于 http://corpus.byu.edu/coca/,词数为 2012 年前的统计数。由于该研究是在 2012 年前完成的,因此,依然采用以前的数据。

从《现代汉语》(黄伯荣、廖序东,2007:130)、《现代汉语大辞典》及"汉典"①网站中找出汉语逻辑结果表达式。其次,通过互补法在《牛津高级英汉双解词典》、《朗文当代英语大辞典》、《英汉大辞典》、"有道"②在线英语词典网站中找出汉语逻辑结果表达式的英语对译,从而得到所要研究的英语逻辑结果表达式。第二,依据词长与词频确定所得到的逻辑结果表达式是否为程式语。词长指英语逻辑结果程式语一般要由两个或两个以上的单词组成。频率的计算基于 Biber (1999:992-993)等人设定的"每百万词中至少出现十次以上的词项才能算作是程式语"的标准。英语语料库共计 410,000,000 个词,换算后词频需高于 4100 次的才能算为程式语。因此,本课题研究的对象必须是词长大于或等于2,词频高于 4100 次的英语逻辑结果程式语。根据以上标准,本研究从语料库中获得如表1所示的合意的英语逻辑结果程式语。

表1 合意的英语逻辑结果程式语

英语逻辑结果程式语	频率	每百万词中的频率	比率	位置
because of	80774	197.01	25.41%	1
so that	50452	123.05	15.87%	2
lead to	48827	119.09	15.36%	3
result in	25832	69.59	8.13%	4
due to	24326	59.33	7.65%	5
now that	15303	37.32	4.81%	6
so...that	14821	36.15	4.66%	7
thanks to	12042	29.37	3.79%	8
as a result of	10954	26.72	3.45%	9
as a result	10585	25.82	3.33%	10
caused by	9888	24.12	3.11%	11
result from	9657	23.55	3.04%	12
bring about	4392	10.71	1.38%	13
总数	260335	641.54	≈100%	

4. 语料分析工具

除了在线语料库网站自带的语料分析功能以外,本研究还采用 AntConc3.2.1 语料分析工具和 Office2003 版中 EXCEL 软件。

---

① http://www.zdic.net.
② http://dict.youdao.com/?keyfrom=fanyi.top.

三、英语逻辑结果程式语语义韵考察

1. 语义韵

1987年,Sinclair借用Firth(1957)的"phonological prosody"概念创造了语义韵(semantic prosody)术语,但直到1993年Louv才首次将该术语引入公众视野,此后,该术语得到了研究者的广泛应用,如Sinclair(1991,1996),Stubbs(1995,2001),Partington(1998,2004),Tribble(2000),Tognini-Bonelli(2001),Hunston(2002,2007),Stewart(2010)等。现在,该术语已经成为语料库语言学中重要的概念(Whitsitt,2005)。简单地说,语义韵分为积极语义韵、消极语义韵以及中性语义韵(Stubbs,1996:176)。积极语义韵指语义韵载体所传递的态度意义是有利的、合意的。消极语义韵指语义韵的载体所传递的态度意义是不利的、不合意的。中性语义韵指语义韵的载体所传递的态度意义既不是合意的,也不是不合意的,而是中性的。然而,在语料分析中发现,有的表达式既带有积极语义韵,也带有消极语义韵,甚至还带有中性语义韵。因此,本研究将语义韵分为四类:(1)积极语义韵;(2)消极语义韵;(3)中性语义韵;(4)糅杂型语义韵。语义韵是评价意义的一种,它是隐藏的,需要通过整个单位(包括词汇项+环境)实现。语义韵的获得离不开搭配、类连接和价值极等变量的分析。

2. 英语逻辑结果程式语搭配词语及类连接研究

(1)搭配词语及类连接的提取方法

本研究采用常用词搭配研究方法 KWIC (key word in context) 考察与每个英语逻辑结果程式语共现的所有搭配词语。13个英语逻辑结果程式语是关键词(或节点词)。在语料库中逐一输入这些节点词,语料库在线网站就会按照编好的程序,用KWIC的方法显示出词语索引。每一行词语索引中节点词都居于正中,与左右搭配词一起构成一个新的小型文本。分别出现在节点词左右(用"+/-"表示)的词所在的语境称为跨距。在跨距为+4/-4的范围内,搭配词的分布与语法结构紧密相关,节点词对其搭配吸引力最大(Sinclair,1991:175)。所以,本研究将跨距设定为+4/-4。

事实上,并不是所有索引节点词都能逐一被考察,但建立语义韵的结构至少需要100行索引(卫乃兴,2002:303-307)。因此,对于每个英语逻辑结果程式语而言,本研究任意选取了150个节点词,共选取了1950个节点词。节点词选好后,搭配词项也就出现了。接下来要进行搭配词与节点词之间类连接(即语法结构)的建立。

(2)英语逻辑结果程式语类连接的建立

通过分析语料,13个英语逻辑结果程式语的类连接总结如下(见表2):

表 2　13 个英语逻辑结果程式语的类连接

节点	类连接	%	实例
as a result of	＋(限定词/形容词/代词/名词＋)名词	83%	discriminatory / practices / heatstroke
	＋(代词＋)动词现在分词＋名词	13%	granting permanent benefits / his mincing foray
	＋(BEING/HAVING＋)动词过去分词	4%	having survived influenza infection / being kept in the dark
because of	＋(代词/形容词/代词/名词＋)名词/代词	98%	a campaign contribution / her fame
	＋(代词＋)动词现在分词＋名词	2%	its lacking of grant support / missing data
[bring] about	＋(限定词/形容词/代词/名词＋)名词	79%	a sea change / peace and ability
	＋介词＋(限定词/形容词/代词/副词＋)名词	12%	through a carefully designed plan / by a desegregation remedy
	＋数量词/限定词/代词＋(名词＋of＋)名词	6%	8 cups of salted water / the kind of a change
caused by	＋(限定词/形容词/代词/名词＋)名词	88%	a designer halogen / my great shame
	＋(代词＋)动词现在分词＋名词	3%	their moving on / braiding or pulling the hair
	＋(代词/名词/形容词＋of＋)名词	9%	a multitude of physical insults / a variety of zoophilic
due to	＋(限定词/形容词/代词/名词＋)名词	97%	a positive interaction / gender differences
	＋(限定词/名词/形容词＋of＋)名词	3%	a lack of procedures / the loss of blood
[lead] to	＋(限定词/形容词/代词/名词＋)名词	88%	school experiments / the two-story building
	＋(限定词/数量词/名词＋of＋)名词	12%	the middle of the room / this kind of tragedy
[result] from	＋(代词＋)动词的现在分词＋名词	8%	trying to capture the essence / using the average C/E
	＋(限定词/形容词/代词/名词＋)名词	91%	these performance scores / permanent differences
	＋代词	1%	it
[result] in	＋(限定词/形容词/代词/名词/数量词＋)名词	82%	many deaths / an extended fight
	＋(代词＋)动词现在分词＋名词	3%	studying the fatigue / motivating an individual
	＋(限定词/名词/形容词＋of＋)名词	15%	the placement of dioxin / the creation of new structures

续表 2

节点	类连接	%	实 例
so that	＋动词＋(限定词/形容词/代词/名词/数量词＋)名词	1%	becomes a very easy way
	＋(限定词/形容词/代词/名词/数量词＋)名词/代词＋(助动词＋)动词	85%	they can dole out they don't rhyme
	＋(限定词/形容词/代词/名词/数量词＋)名词/代词＋(助动词＋)be＋动词的过去分词	14%	We aren't buried growth can be tested
thanks to	＋(限定词/名词/形容词＋of＋)名词	7%	an upgrading of the industry / all of you
	＋(限定词/形容词/代词/名词/数量词＋)名词	93%	a hundred invited suggestions / a dial-up connection
so... that	so＋形容词/副词＋that＋(限定词/形容词/代词/名词/数量词＋)名词/代词＋(助动词＋)动词	95%	so stunned that he told me so vast that it has departments
	so＋形容词/副词＋that＋(限定词/形容词/代词/名词/数量词＋)名词/代词＋(助动词＋)be＋(副词＋)动词过去分词	3%	so low that farmers were urged so flimsy that they were easily dismissed
	so＋形容词/副词＋that＋(限定词/数量词／名词＋of＋)名词＋(助动词＋)动词	2%	so negligible that all of its air could fit so protracted that any notion of identity could
as a result	＋(限定词/形容词/代词/名词/数量词＋)名词/代词＋(助动词＋)动词/动词的过去分词	86%	both institutions lacked credibility Alexander enjoyed several firsts
	＋(限定词/名词/形容词/数量词＋of＋)名词＋(助动词＋)动词/动词的过去分词	7%	eight of the entities sanctioned a group of leaders emerged
	＋(限定词/形容词/代词/名词/数量词＋)名词/代词＋(助动词＋)be/been＋动词过去分词	7%	he was barred from I was sent to
now that	＋(限定词/形容词/代词/名词/数量词＋)名词/代词＋(助动词＋)be/been/being＋动词过去分词	17%	light can be separated identities are being shaken
	＋(限定词/形容词/代词/名词/数量词＋)名词/代词＋(助动词＋)be＋动词的现在分词	10%	you are moving back he is asking for
	＋(限定词/形容词/代词/名词/数量词＋)名词/代词＋(助动词＋)动词/动词的过去分词	73%	We don't use chemicals My brain is empty

根据节点后跟的是句子还是短语，13 个英语逻辑结果程式语可分为两类：一类是句子类，包括 so that, so... that, as a result, now that；另一类是短语类，包括 as a result of, because of, bring about, caused by, due to, lead to, result from, result in, thanks to。

表 2 表明，在所选取的 1950 个索引关键词中，短语类有共同的类连接——"节点＋(限定词/形容词/代词/名词)名词"(如 caused by my great shame)，该结构占了最大的比例，平均比率是 88.8%。仅次于该类的是"节点＋(代词)动词的现在分词＋名词"的类连接(如 because of its lacking of grant support)。接下来是"节点＋(限定词/名词/形容词＋of ＋)名词"(如[lead]① to this kind of tragedy)。句子类中最常见的类连接是"节点＋(限定词/形容词/代词/名词/数量词＋)名词/代词＋(助动词＋)动词"(如 now that my brain is empty)。其他的类连接主要表现在动词的变化上。所以，类连接表明节点后的名词或动词是本研究重点关注的关键搭配。

3. 英语逻辑结果程式语有意义的搭配调查

建立了类连接，确定了节点词后的名词或动词是关键搭配。这并非意味着所有落入跨距的名词或动词都是节点词的搭配，只有达到一定搭配强度的搭配词才能列入研究范围。本研究拟采用 Z 值来计算搭配强度，通常 Z－值越高，搭配强度越强，分析表明有意义搭配的 Z 值必须超过 2。所以，Z 值超过 2 的搭配是有意义的搭配，也是本研究要考察的对象。关于 Z 值的计算公式和计算步骤，参照杨(2002：156－159)。

用 EXCEL 软件统计分析表明，在随机选取的 1950 个节点词中有 1404 个词是有意义的搭配(占 72%)，而 546 个词是偶然搭配(占 28%)。所有有意义的搭配按照 Z 值顺序进行排列，1404 个节点词是考察的目标。每个英语逻辑结果程式语前 10 位最有意义的搭配列举如下(见表 3)：

表 3　语料库中英语逻辑结果程式语前 10 位最有意义的搭配

节点	搭配	观察频率	搭配频率	Z-值	搭配	观察频率	搭配频率	Z-值
as a result of	changes	59,257	126	29.61	pressure	47,474	56	13.20
	efforts	44,033	74	19.49	surgery	20,373	34	13.15
	experience	94,928	93	14.69	incursion	419	4	12.28
	invasion	9361	24	14.50	decision	59,110	58	11.62
	war	157,783	124	13.97	activity	38,356	43	11.12

---

① 文中动词外加[ ]，表明包括动词的各种变体。以[lead to]为例，指 leads to, led to, leading to 等。

续表 3

节点	搭配	观察频率	搭配频率	Z-值	搭配	观察频率	搭配频率	Z-值
because of	lack	40,841	1077	118.06	inability	5160	112	34.00
	concerns	30,224	465	56.20	fear	46,889	329	26.97
	problems	103,486	829	47.66	costs	48,607	311	24.22
	size	48,352	490	43.66	failure	25,469	194	22.15
	difficulties	10,406	191	40.17	concern	37,055	241	21.63
[bring] about	change	131,052	512	140.51	collapse	10,333	22	21.04
	changes	59,257	341	140.29	monetization	31	1	18.24
	revolution	16,881	53	40.27	solution	22,843	29	18.06
	destruction	13,064	37	31.85	downfall	21,566	25	15.90
	reforms	9884	30	29.76	make-over	45	1	15.12
due to	lack	40,841	745	154.87	injury	14,965	123	40.69
	differences	39,610	307	62.16	changes	59,257	232	35.62
	limitations	9385	117	50.03	variability	2496	39	32.63
	loss	41,747	237	45.48	weather	25,803	120	28.62
	error	10,692	107	42.39	effect	62,147	174	24.45
[lead] to	development	90,197	539	44.99	failure	25,469	194	31.91
	resignation	3771	88	41.76	conclusions	8253	91	27.62
	reduction	13,130	165	40.23	crisis	33,238	193	26.37
	deaths	11,423	131	33.94	inflammation	1980	39	25.31
	establishment	10,888	123	32.59	decrease	6941	74	24.40
[result] from	study	133,296	315	53.95	analyses	10,717	46	29.01
	studies	73,969	183	42.26	loss	41,747	86	25.94
	changes	59,257	125	31.73	experiments	8636	33	23.04
	exposure	15,860	61	31.44	interactions	8203	29	20.67
	analysis	49,688	112	31.27	pollution	12,123	31	17.73
[result] in	loss	41,747	475	92.77	changes	59,257	237	35.09
	deaths	11,423	194	73.68	formation	9739	73	28.71
	reduction	13,130	184	64.71	convictions	3336	39	26.98
	decrease	6941	110	53.46	performance	56,917	169	24.07
	increase	55,364	264	41.52	creation	16,827	76	21.52

续表 3

节点	搭配	观察频率	搭配频率	Z-值	搭配	观察频率	搭配频率	Z-值
thanks to	deregulation	2037	8	10.17	subsidy	1839	4	5.04
	panel	18,846	27	9.87	work	340,291	137	4.96
	vigilance	896	5	9.79	surge	5767	7	4.43
	audience	33,057	28	6.52	influence	36,312	22	4.00
	funding	19,971	20	6.41	innovation	6158	6	3.43
caused by	damage	25,598	432	180.92	inflammation	1980	36	54.26
	problems	103,486	365	72.28	suffering	16,724	78	39.03
	disease	45,222	234	71.56	stress	25,417	96	38.52
	viruses	3073	50	60.41	friction	2607	25	32.48
	infection	9158	82	56.75	lack	40,841	96	29.27
so...that	badly	10,470	290	155.29	hard	128,699	590	84.72
	fast	39,842	567	153.89	quickly	61,284	339	71.46
	intense	15,649	267	116.08	low	70,694	365	71.32
	bad	93,974	588	100.82	long	262,642	732	69.97
	severe	15,705	224	96.84	tightly	7246	106	67.50
now that	that	5,613,132	23056	490.91	she	1,609,166	1229	29.67
	we	1,974,334	1903	48.26	war	157,783	191	18.96
	I	4,559,302	3362	47.03	it	4,212,551	2103	18.38
	he	3,139,905	2265	37.41	there	1,207,787	670	13.14
	you	3,352,576	2273	34.31	prices	37,600	34	6.01
so that	they	2,015,855	5682	73.19	becomes	31,522	163	21.68
	we	1,974,334	4250	44.23	you	3,352,576	4363	10.71
	it	4,212,551	6700	29.94	children	238,132	376	6.92
	each	270,258	708	23.63	she	1,609,166	2067	6.76
	students	207,596	580	23.09	consumers	20,315	49	5.59
as a result	government	191,101	97	7.90	leaders	52,433	26	3.96
	students	207,596	96	6.88	individuals	39,995	20	3.51
	communities	29,323	20	5.05	pastels	1157	2	3.34
	courts	17,028	13	4.55	institutions	29,222	15	3.15
	teachers	70,781	34	4.33	nations	37,656	16	2.45

4. 英语逻辑结果程式语语义韵分析

英语逻辑结果程式语语义韵的确立要通过计算与英语逻辑结果程式语共现的积极的、消极的及中性的搭配词的分布来进行。通过的门槛是50％,即哪个价值极占的比例高于50％,它就支配着语义韵。如果三个价值极(即积极、消极和中性)都低于50％,它就被归入糅杂型语义韵。表4呈现了每类逻辑结果程式语语义韵的分布。

表4揭示,13个英语逻辑结果程式语可以分为三类:一类主要以消极语义韵为主,中性语义韵和积极语义韵为辅;另一类主要以中性语义韵为主;第三类以糅杂型语义韵为趋向。

表4 英语逻辑结果程式语语义韵分布

英语逻辑结果程式语	积极(％)	中性(％)	消极(％)	语义韵
as a result of	10.87％	34.78％	54.35％	消极(＋中性＋积极)
caused by	4.69％	37.50％	57.81％	消极(＋中性＋积极)
[lead] to	16.67％	33.33％	50％	消极(＋中性＋积极)
[result] from	3.44％	77.59％	18.97％	中性
thanks to	30.43％	65.22％	4.35％	中性
so that	0％	100％	0％	中性
now that	1.12％	96.35％	2.53％	中性
as a result	0％	98.12％	1.88％	中性
so...that	25％	45.59％	29.41％	糅杂
because of	15.79％	40.35％	43.86％	糅杂
[bring] about	31.71％	36.58％	31.71％	糅杂
due to	13.30％	46.70％	40％	糅杂
[result] in	17.24％	48.28％	34.48％	糅杂

(1)以消极语义韵为主,中性语义韵和积极语义韵为辅的逻辑结果程式语

As a result of, caused by, lead to 属于这一类。大多数情况下,它们习惯性地与不合意的,即表达消极意义的词语共现。例如,as a result of 经常与表示"灾难"(如 war, invasion, massacres 等)、"疾病"(如 disease, infection, heatstroke 等)、"不幸"(如 tragedy, pressure, drought, crises, wrongdoings, errors 等)词语共

现;caused by 通常与表示"疾病"(如 suffering, disease, viruses 等),"事故"(collision, accident, explosion 等),"紧张"(如 stress, fear, pressure 等)词语搭配;lead to 常常与表达"不幸"(如 tragedy, failure, risk, troubles 等),"伤害"(如 disease, deaths, injury, murder 等),"不好的情绪"(如 despair, tension, rampage 等),"腐败"(如 corruption 等)词语一起出现。所以,它们典型的语义韵是消极语义韵。

但同时,这三个逻辑结果程式语又都有和一定数量的表达中性意义的词语共现的趋向。语料分析发现,它们三者都有与表达"行动"(如 experience, decision, activity, practice 等),"变化"(如 changes, shifts, variation 等),"结论"(如 conclusion, results 等)意义的词语共现的趋势,caused by 还会和一些指称事物(如 tobacco, smoking, gas 等)的词语搭配。由于所搭配词语的意义是中性的,故可以说,这三个逻辑结果程式语次典型的语义韵是中性语义韵。

分析中还发现,这三个逻辑结果程式语中,lead to 后跟表示积极态度意义的词语的比例最高,占 16.67%,接下来是 as a result of,占 10.87%,比例最低的是 caused by,仅占 4.69%。这说明,在某些情况下,与 caused by 相比,lead to 和 as a result of 更有表达积极语义韵的或然性。

(2)以中性语义韵为主的逻辑结果程式语

[Result] from, thanks to, so that, now that, as a result 属于这一类。这 5 个中有 3 个(包括 so that, now that, as a result)其后紧跟的是句子,与它们共现的搭配通常是句子的主语如 they, we, it, you 和指称人的名词如 students, children 等。同时,数据统计揭示,so that 与表示中性意义的词语共现比率是 100%,now that 是 96.35%,as a result 是 98.12%。因此,可以断定这三个逻辑结果程式语承载着中性语义韵。其他两个逻辑结果程式语 [result] from, thanks to 的中性价值极分别占 77.59% 和 65.22%,这说明这两个逻辑结果程式语也趋向于表达中性语义韵。此外,与 thanks to 相比,[result from] 表达消极语义韵的比率要高,表达积极语义韵的比率要低。总之,这 5 个逻辑结果程式语主要与中性事物相关联,承载中性语义韵的趋向更明显。

(3)以糅杂型语义韵为趋向的逻辑结果程式语

统计分析表明,so... that, because of, [bring] about, due to, [result] in 这 5 个逻辑结果程式语携带糅杂型语义韵,因为它们共现的对象可以表示积极价值极,也可以表示消极价值极,甚至还可以表示中性价值极,并且积极、消极以及中性价值极在数量上的分布基本均匀。例如,bring about 经常与表示"增加"(如 increase, boost 等),"地位稳固"(如 balance, stability 等),"改变"(如 progress, reform 等)意义的词语连用。同时,它也常和表达"变化"(如 changes, shifts 等),"行动"(如 grouping 等)意义的词语搭配。此外,它还和表示"减少"(如 loss,decrease 等),"危难"(如 crisis, collapse, destruction 等)意义的词语共现。这三种情况分别属于积极语义韵、中性语义韵以及消极语义韵。所以,bring about 就是典型的携带糅杂型语义韵的逻辑结果程式语。其余 4 个逻辑结果程式语,包括 because of,so…that, due to 和[result] in 也都分别能与表达积极意义、中性意义以及消极意义的词语搭配,因而,也都是典型的具有糅杂型语义韵的逻辑结果程式语。

这 5 个逻辑结果程式语之间有一个共同特点,即它们都能指同一个事件的两极,如[bring] about 既可以用来指"增加"也可以用来指"减少"。此外,这些程式语与表示消极意义的词语共现,通常指"灾难"、"不愉快的情感"、"身体不适"等。当它们与表示积极意义的词语搭配,通常表示令人愉快的事情以及"进步"、"改革"、"问题解决"等好的活动结果。当它们与表示中性意义的词语一起出现时,主要指"天气"、"变化"、"事件"、"大小"等事件或活动。

四、余论

通过大量数据统计分析发现:合意的 13 个英语逻辑结果程式语,按其承载的语义韵,分为三类:as a result of,caused by 以及 [lead] to,大多数情况下趋向于与表示不合意的事物如灾难、不适以及不幸等的词语搭配,有表达消极语义韵的趋向,但在有些情况下,它们也有表达中性语义韵,甚至积极语义韵的趋势;so that,now that,as a result,[result] from 和 thanks to 虽然也有被用来既指愉快的结果也指不愉快的结果,但它们主要用在中性语义场中,表示中性语义韵的趋向明显;so... that,[bring] about,because of,[result] in 和 due to 既可以携带积极语义韵,也可以携带消极语义韵,还可以携带中性语义韵,因而表现糅杂型语义韵的趋向突显。

尽管逻辑结果关系属于人类的一种共性认知,逻辑结果程式语有确定的概念意义,但它们所承载的语义韵不尽相同。交际中要选用与语境相符的逻辑结果程式语,以避免语义韵冲突,导致交际失败。

参考文献

Biber, D., Johanssons, S., Leech, G., Conrad, S. & Finegan, E. *Longman Grammar of Spoken and Written English*. Harlow: Longman, 1999.

Firth, J. *Papers in Linguistics*, 1934—1951. London: Oxford University Press, 1957.

Hunston, S. *Corpora in Applied Linguistics*. Cambridge: Cambridge University Press, 2002.

Hunston, S. Semantic Prosody Revisited. *International Journal of Corpus Linguistics*, 2007 (2): 249—268.

Li, Meixia & Jiao, Aihui. "A Corpus-based Study to Semantic Prosodies of Chinese Logical Resultative Formulae. *Proceedings of the 1st Annual International Conference on Language, Literature & Linguistics* (L3 2012). Global Science and Technology Forum, 2012: 155—161.

Louw, B. "Irony in the Text or Insincerity in the Writer? The Diagnostic Potential of Semantic Prosodies". In M. Backer, G. Francis and E. Tognini-Bonelli (eds.), *Text and Technology: In Honour of John Sinclair*. Amsterdam: John Benjamins, 1993:157—175.

Partington, A. *Patterns and Meanings: Using Corpora for English Language Research and Teaching*. Amsterdam: John Benjamins, 1998.

Partington, A. "Utterly Content in Each Other's Company: Semantic Prosody and Semantic Preference". *International Journal of Corpus Linguistics*, 2004 (1): 131—156.

Sinclair, J. *Looking up: An Account of the COBUILD Project in Lexical Computing and the Development of the Collins COBUILD English Language Dictionary*. London/Glasgow: Collins, 1987.

Sinclair, J. *Corpus, Concordance, Collocation*. Oxford: Oxford University Press, 1991.

Sinclair, J. "The Search for Units of Meaning". *Textus*, 1996(9): 75—106.

Stewart, D. *Semantic Prosody: A Critical Evaluation*. London and New York: Routledge, 2010.

Stubbs, M. "Collocations and Semantic Profiles: On the Cause of Trouble with Quantitative Studies". *Functions of Language*, 1995, 2(1): 23—55.

Stubbs, M. *Text and Corpus Analysis: Computer-assisted Studies of Language and Culture*. Oxford and Cambridge, Mass: Blackwell, 1996.

Stubbs, M. *Words and Phrases: Corpus Studies of Lexical Semantics*. Oxford: Blackwell, 2001.

Tognini-Bonelli, E. *Corpus Linguistics At Work*. Amsterdam: John Benjamins, 2001.

Tribble, C. Genres, "Keywords, Teaching: Towards a Pedagogic Account of the Language of Project Proposals". In L. Burnard & T. McEnery (eds.), *Rethinking Language Pedagogy from A Corpus Perspective: Papers from the Third International Conference on Teaching and Language Corpora*. New York: Peter Lang, 2000:74—90.

Whitsitt, S. "A Critique of the Concept of Semantic Prosody". *International Journal of Corpus Linguistics*, 2005 (3): 283—305.

黄伯荣、廖序东:《现代汉语》(下册),高等教育出版社2007年版。

卫乃兴:《语义韵研究的一般方法》,《外语教学与研究》2002年第7期。
杨惠中:《语料库语言学导论》,上海外语教育出版社2002年版。

[**作者简介**:李美霞,北京第二外国语学院英语学院教授,主要研究方向为语义学、语篇语言学、语料库语言学、功能语言学、认知语言学及外语教育;焦瑷珲,昆明理工大学城市学院助教,主要研究方向为理论语言学与应用语言学。]

《牛津复合词手册》述评

R. Lieber P. Stekauer 王 伟

《牛津复合词手册》(*The Oxford Handbook of Compounding*)2009年由牛津大学出版社出版，全书分为两部分，共34章。第一部分侧重于从理论视角考察复合词，共16章，集中介绍了不同理论框架对复合词的解释。第二部分则采用类型学研究方法，共18章，考察了17种不同语系的语言中复合词的情况。

一、第一部分

第1章　引言：复合词的地位与定义。作者是本书编者 Rochelle Lieber 和 Pavol Stekauer。作者首先讨论了复合词的各种定义。判断复合词最重要的三条标准是：(1)重音和其他音位手段；(2)句法不可插入性、不可分割性，以及不可改变性；(3)复合项在屈折方面的表现方式。据此，作者分析了音位标准、句法标准，以及屈折变化等标准，但几乎没有可靠的标准来把复合词同短语和其他派生词区分开。因此，一个可能的结论是：复合词不存在。另一个可能的结论是：存在一个这样的斜坡，一端是更像复合词的复合体，一端则是不太像复合词的复合体，而它们之间不存在明显的范畴差异。第1章的三个主题始终贯穿其中，即：定义问题、释义问题、成分问题。

第2章　复合词和习语。作者是 Stanislav Kavka。作者讨论了复合词同习语的关系，在特征和属性等方面，复合词和习惯表达法有许多相似之处，例如"它们生成的方式、存在方式，以及释义"。Kavka 倾向于把"复合词"这一术语定义为一种表达式，该表达式是由两个或几个单纯词(成分)经过合并而产生的，最终代表在当前语境中的一个句法和意义都具有不变性的单位。复合词不应被严格地视为(语法或词汇)孤立的现象。如果把复合词视为具体的、基于语境的语言片段的组成部分，则更容易理解其地位。

第3章　复合词的分类。作者是 Sergio Scalise 和 Antonietta Bisetto。作者认

---

* 原文载于《当代语言学》2013年第1期。

为,从属、属性、并列是三个复合词分类的宏观层面标准,而第二层面的分类标准需要考虑语义/释义关系,第三个层面把复合词分为向心结构和离心结构(如图1所示)。

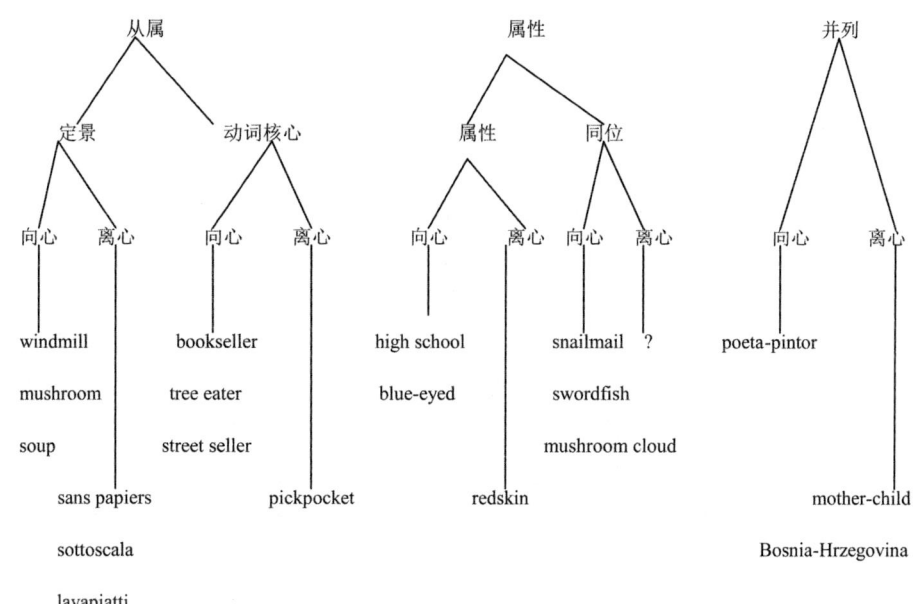

图 1

第4章　早期生成语言学研究方法。作者是 Piusten Hacken。生成学派的具体研究问题包括:(1)复合词是如何与底层句子相关的?(2)如何把复合词的构成同语义分类联系起来?生成学派对这两个问题的回答是:(1)复合词与底层句子无关联;(2)无法把复合词的构成同语义分类联系起来。

第5章　复合词的词汇语义研究法。作者是 Rochelle Lieber。本章深入探讨了离心复合词。语素的语义表征可以分为两部分,即:语义/语法骨架以及语义/语用躯体,语义躯体并不完全是百科全书知识片段的随意选择,而至少具有某些系统性和结构。骨架是由一种特定语言中一切以及唯一与其句法相关的特征构成的。

第6章　平行建构和概念语义学框架下的复合词研究。作者是 Ray Jackendoff。平行建构的基本前提是音系、句法以及语义,它们是语言中的独立生成成分,每部分都有其自身的元素和组合原则。主流生成语法认为,音系和语义的结合属性派生自句法。认知语法认为,所有(至少是大部分)句法结构是语义驱动的。语言可以清晰地分为词库和语法两部分,而严格区分词库和语法,则难以确认复合词的地位。Jackendoff 则认为,复合词位于语法和词库的过渡位置,复合词是递归的,经常以新形式出现,同时又显示出一些内部句法结构的特点,它可以是完全或部分词汇化,或者是完全的新形式。尽管复合模式的确是能产的,但是依照常规的句法标准来看,其能产性非常弱,复合词并非遵循句法规则,而应当是原型语言(Bickerton,1990)的残存。复合词语义学包括许多不同的要素,Jackendoff 论述了其中三个涉及名词联合语义学的要素,即:概述(profiling)、动作情态(action modality)、同构(cocomposition)。

第 7 章 分布形态学框架下的复合词研究。作者是 Heidi Harley。分布形态学(DM)框架试图为构词法提供全面清晰、彻底句法理论的解释。Harley 首先定义了复合词:具有词的规模且包含两个或两个以上词根的单位。在 DM 中,所有可确定的语素都是一个等级(形态)句法结构中的各个终端节点的实现。只要存在语素,便会存在一个终端节点,该语素便是这个节点的实现。终端节点以两种变体运作:特征集和词根,即"f-语素"和"l-语素"。特征集终端节点总体而言具有语义内容,而词根则承载特定信息的非语法性的、百科全书式的语义内容。词根是非范畴性的,需要在句法上与产生范畴的特征集 n^0,a^0,或 v^0 融合。复合构词过程是"词法即句法"(morphology-as-syntax)的最理想的例证。当词根(或包含词根)中心词合并时,复合词便形成了。在一个词根本身与范畴化终端节点合并之前,短语成分首先与该词根合并,因此,truck driver 是由〔[truck drive] er〕结构形成的,而不是由(truck [drive r])结构形成的(如图 2 所示)。

词根√DRIVE 的补语首先是这样产生的,即通过合并√TRUCK 和一个名词化的 n°中心语。中心语从其补语中移入 n°,这个结构再作为√DRIVE 的论元合并,进而与√DRIVE 合并。

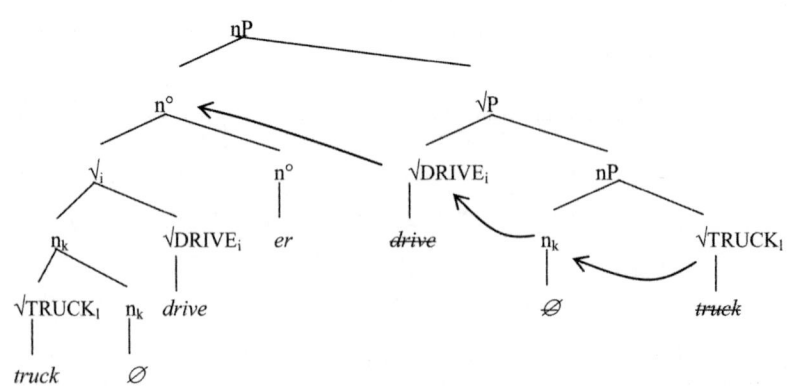

图 2

第 8 章　复合词为何是人类语言的组成部分？不对称理论视角。作者是 Anna Maria Di Sciullo。本章试图用不对称理论（Asymmetry Theory，简称 AT）为复合词提供解释。不对称性，是从语法中推导出的各种关系的形式属性，它是句法关系、语音关系以及形态关系的属性。不对称理论认为，复合词是通过形态的递归操作，由形态工作空间推导出的。不对称理论认为，不对称的（即方向性）关系是语言机制的核心关系。在形态中，不对称性是硬赋码的。句法和形态（派生和屈折）是平行的。存在一种功能投射，即 F，把复合词各部分联系起来，复合词的中心语是 F 的补语，而复合词中的修饰性成分则位于 F 的修饰语位置，因此这两个成分呈现出不对称关系。复合词源于语法的一种特殊的形态成分，与句法平行运作，工作原理与最简句法相同。

第 9 章　复合词与词汇主义。作者是 Heinz Giegerich。Giegerich 认为，在复合词分析中，重音标准和语义标准是不可靠的（例如 toy factory）。在英语中，离心形状复合词不具备能产性。英语复合词的结构特点表明，词汇主义关于严格模块化的论断是不成立的。通过讨论英语名词复合词，Giegerich 证明了句法－词汇连续统的存在。句法中依赖中心词的句式在词汇中的对应项就是复合词。

第 10 章　复合词与构式形态学。作者是 Geert Booij。本章尝试将构式语法（Goldberg，2006）理论应用于普遍的形态过程中，特别是复合词的成词过程中。Booij 认为，[X Yi]y＝Yi 类型的模板能够为复合词提供最佳解释。该模板中，R 与 X 有关联，而对于每一对 X 和 Y 而言，R 都是独特的。在 Booij 看来，除了句法和语音以外，还存在一个形态组成部分。Booij 还讨论了中心词的位置问题。Booij 列举了诸如 *aandacht-trekk-er*（attention drawer），*brand-bluss-er*（fire extinguisher），*gif-meng-er*（poison mixer，poisoner）等荷兰语复合词，复合与派生似乎都出现在其构词过程中，因此被称为综合（synthetic）复合词，并运用"论元结构继承"理论解释了[NV-*er*]$_N$ 类型的复合词：由动词派生出来的名词继承动词的论元，而左侧的成分接受受事角色。

第 11 章　复合词的名称学研究法。作者是 Joachim Grzega。Adolf Zauner 于 1902 年创造了"名称学"（onomasiology）这一术语。Grzega 回顾了 Stekauer，Andreas Blank，Peter Koch 的模式，并提出了"语言符号模式"。语言符号模式包括先前提出的名称模式以及心理语言观测的理念，在几个类型的过程中存在一种选择，包括：(1)承袭(a，语义变化；b，借词)；(2)句法重新范畴化（例如转化）；(3)合成；(4)澄清式复合词（类语叠用复合词）。

第 12 章　认知语言学框架下的复合词研究。作者是 Liesbet Heyvaert。作者认为，认知语言学能够为复合词提供连贯且系统的解释。语言系统的共时形式属性以及它的历时变化,在根本上都是由语言使用者的认知能力决定的,这就是认知语言学的基本原则。对于语言使用而言,最基本的心理能力是:(1)象征化;(2)构成;(3)比较/范畴化;(4)图示化。语言结构包括三种类型的单位:(1)语音单位(例如),语义单位(例如[MOTHER]),象征单位,即把语义单位和语音单位联系起来的单位(例如[[MOTHER]/[mother]]);(2)图示象征结构或语法表达式;(3)详细说明/实例说明,扩展以及交互相似性的范畴化关系。

第13章 心理语言学视角。作者是 Christina Gagne。Gagne 首先分析了三个心理语言学研究中的主要理论问题,即:(1)复合词是如何被表征的? (2)拆解(decomposition)是否/何时发生? 构词成分的表征在何时形成? (3)形态是否有明确的表征? 心理词库(mental lexicon)在很大程度上是由多层次表征构成的。

第14章 新产生的不依赖语境的复合词的意义推测。作者是 Pavol Stekauer。复合词解释理论的基本问题是:"一个新生复合词应当如何解释?"意义推测理论的基本问题则是:"哪些常见的多数可能的意义是最具有预测性的?"复合词可以分为4种名称学类型(OT):(1)OT1 主要生成综合(synthetic)复合词,动词性复合词,或以动词为核心的复合词。(2)OT2 主要生成的复合词的特点是,语义结构的动作成分及其宾语同时存在。(3)在分析 OT3 之前,作者首先分析了 OT4。OT4 中,代表动作的中心词和代表宾语的非结构性标记之间有直接的语义联系。(4)OT3 生成的复合词里没有标记的决定性成分(传统上称为基本或根复合词)。语言外的因素在意义推测过程中起中心作用,解释者的语言能力和直觉也同时起作用。

第15章 儿童对复合结构的习得。作者是 Ruth Berman。在过去20年左右的时间里,关于儿童对(主要是名词+名词)复合词结构的理解与输出一直是实证研究的课题。相关研究涉及多种问题,例如复合词的复数化、韵律因素。复合词在儿童使用过程中会出现大量变异,儿童使用复合词受目标语中复合词的普通频率以及文体层次所支配。

第16章 历时视角。作者是 Dieter Kastovsky。Kastovsky 区分了三种形态系统:(1)基于单词的形态(基本的形态实体可以充当语言中的单词);(2)基于词干的形态(若无附加形态,词干不能单独成词);(3)基于词根的复合词(词根需要更多的形态信息才能变为词干)。一种语言绝少只属于一种类型,但总体而言,会是某一种类型占优势。例如,在印欧语中,有两个复合词层面:(1)"echte Komposita"("首要复合词");(2)"unechte Komposita"("次要复合词")。

二、第二部分

第 17 章 复合词的类型学研究。作者是 Laurie Bauer。由于语言类型不同，复合词的定义也随之不同。语言学家们在不同的参数上发现了类型学差异。有的观点认为，复合词并非语言共性；但是，复合词的定义问题使得该观点难以评估。例如，某些语言允许宾语合并，但不允许复合词合并（Kwakwala, Stekauer et al. 2007），但是根据某种定义，合并就是复合成词过程的次范畴。由于类型差异，很难找到适用于所有语言复合词的普遍规律。第 18 至 34 章分别对不同语系语言中的复合词进行了类型学研究。

三、结语

本手册汇集了各学派的语言学家对于复合词的多角度研究，为我们提供了研究复合词的不同理论和研究方法。对于复合词的研究意义深远。近年来，语言学家致力于研究语言各个层面的接口，例如：句法—语义接口、句法—形态接口以及句法—语用接口等。复合词同时具备句法和词汇的某些特征，无疑为研究句法和形态接口提供了语言事实。但书中也有尚需商榷之处，例如第 26 章（汉藏语系：汉语普通话）中，Antonella Ceccagno & Bianca Bascian 将"地价"解释为"bottom price"，似为谬误。

参考文献

Lieber, Rochelle and Pavol Stekauer ed. *The Oxford Handbook of Compounding*. Oxford: Oxford University Press, 2009.

[**作者简介**：王伟，北京第二外国语学院英语学院副教授，主要研究方向为外国语言学及应用语言学、对比语言学与翻译学。]

"技能成分分析"视角下的 L1 与 L2 阅读理解模式比较研究*

吴建设　郎建国　何晓静　杨　磊

引言

学者们多从"技能成分分析"(Component Skill Analysis)视角来审视 L1 阅读理解所涉及的复杂过程(如 Carr & Levy,1990;Just & Carpenter,1992;Rapp, et al.,2007;van Gelderen, et al.,2007)。在"技能成分分析"中,阅读理解过程被视为由多个技能成分构成,其中单词辨认、音位加工、正字法加工等被视为"低层次加工"技能,而推理、注意、策略加工等则被视为"高层次加工"技能。与此同时,在"技能成分分析"视角下针对 L2 的研究也日益增多(Bernhardt & Kamil,1995;Nassaji,2003;Schoonen, et al.,1998;Shiotsu,2010;van Gelderen, et al.,2007)。

虽然从"技能成分分析"视角开展的阅读理解研究取得了许多令人振奋的结果,但目前一个悬而未决的重大理论问题是:L2 阅读理解过程与 L1 阅读理解过程有何不同? 具体而言,影响 L2 阅读理解的那些技能成分是否与影响 L1 的技能成分有所不同? 为回答这一问题,学者们沿着两个方向进行了研究与探索:

(1)不同学习者在相同 L1 与 L2(如英语)阅读理解模式上有何不同? 有研究表明,L1 与 L2 的阅读过程似乎相同或相似。Chiappeg & Siegel(1999)以 88 名母语分别为英语与旁遮普语(Punjabi)的一年级儿童为被试,发现单词辨认能力、音位意识与句法意识并不能区分 L1 与 L2 阅读技能,但单词辨认能力与音位意识却能很好地区分成绩高低两组儿童的阅读技能。Verhoeven(2000)则比较了 1812 名以荷兰语为母语、331 名非荷兰语本族语的少数民族儿童在荷兰语阅读理解与拼写上的差异,其结论是:L1 与 L2 阅读理解过程较为相似,一年级结束时,儿童的阅读理解可以在很大程度上由其单词辨认能力及词汇知识来解释;相对而言,词汇知识对少数民族儿童的影响比对母语儿童的影响要更大。Verhoeven 的研究结果也分别被以年纪稍大的小学生(Droop & Verhoeven,1998)、高中生(Hacquebord,

---

* 原文载于《解放军外国语学院学报》2013 年第 11 期。

1989)、大学生(Bossers,1992)为对象的实验所证实。van Gelderen, et al.(2003)比较了281名以荷兰语为母语(L2为英语)、57名非荷兰语本族语(L3为英语)的八年级学生在荷兰语及英语阅读理解上的异同,结果发现:就荷兰语而言,L1与L2在阅读理解模式上相同,其变异更多可通过词汇知识、语法知识及元认知知识得到解释;而就英语而言,L2与L3在阅读理解模式上也相同,其变异更多可通过语法知识、元认知知识来解释,词汇知识的贡献不显著。虽然总体上以荷兰语为L1的被试在多项技能上要优于以荷兰语为L2的被试,但在荷兰语L1、L2以及英语L2、L3的阅读理解模式上,各技能成分的贡献是相同的。

但以上结论并非毫无争议,即使相同学者的研究结果也存在差异。Droop & Verhoeven(2003)以163名以荷兰语为母语、139名非荷兰语本族语的少数民族三、四年级学生为被试,发现:对于前者,其阅读理解能力的变异更多由形态句法知识所致,而后者的变异则大部分可通过词汇知识与形态句法知识得到解释。而Jongejan,et al.(2007)在以加拿大212名一至四年级小学生为被试(42%以英语为L1,58%以英语为L2)的研究中发现:音位意识与快速命名对L1与L2儿童的单词朗读有相同的预测作用,但语言工作记忆与句法意识可以预测L1儿童的单词朗读,但却不能预测L2儿童的单词朗读。

(2)相同学习者在不同L1与L2(如荷兰语与英语)阅读理解模式上有何不同? Van Gelderen等试图回答这个问题,但他们的两次研究结论并不一致。van Gelderen, et al.(2004)以281名以荷兰语为母语的八年级学生为被试,测量了他们英语与荷兰语的语言知识(词汇知识、语法知识)、速度变量(词汇提取、句子识别)、元认知知识(未区分语言)与阅读理解的关系,结果发现:上述技能成分分别解释了L1、L2阅读理解74%与83%的变异,其中元认知知识对L1及L2阅读理解的贡献最大(β分别为.73与.70),而且词汇知识对L2阅读理解也有显著贡献(β=.26)。而Van Gelderen, et al.(2007)基于发展的视角,以389名八到十年级的学生(L1为荷兰语,L2为英语)为被试,以类似的测试方式(用于高年级测试的内容部分与低年级相同)进行了再次研究,结果表明:在八年级,除元认知知识外(对于L1,β=.66;对于L2,β=.64),词汇知识、语法知识、句子识别速度都能显著解释L1阅读理解中的变异,而语法知识、词汇提取速度、句子识别速度则能显著解释L2阅读理解中的变异;但在八年级之后,除元认知知识能显著解释L1与L2阅读理解的变异外,仅词汇知识仍能显著解释L1阅读理解的变异;而在九年级,能解释L2阅读理解变异的只有句子识别速度。

以上两方面研究具有较多的共同点:多数研究的对象为以荷兰语为母语的儿童;除Van Gelderen等的研究外,所有研究都为被试间设计,主要比较了荷兰语或英语作为 L1 及 L2 在阅读理解模式之间的差异。虽然 Van Gelderen 等的研究比较了荷兰语(L1)与英语(L2)之间阅读理解模式的差异,但在他们的研究中,词汇知识对 L2 阅读理解的贡献总是摇摆不定(参见 Van Gelderen, et al., 2003;2004;2007),同时也与其他多数 L2 阅读理解的研究结论相悖(如:Bossers,1992;Droop & Verhoeven,1998;2003;Shiotsu,2010;Verhoeven,2000)。此外,在他们的研究中,元认知知识在 L1 与 L2 阅读理解模式中所解释的变异过大。Schoonen, et al. (1998)以相同量表考察了 685 名以荷兰语为母语的八年级学生,元认知知识仅能解释 L1 阅读理解变异的 17%,L2 英语阅读理解变异的 5%。由此,Van Gelderen 等的研究结论仍有待进一步的验证。

总体而言,现有研究多数以英语或荷兰语为研究对象,研究结论仍众说纷纭,对句法知识与词汇知识在 L1 与 L2 阅读理解中的地位尚未达成一致。此外,仍缺乏以成年人为对象、比较汉语与英语阅读模式的研究。有鉴于此,本研究将以被试内设计,以外语专业大学生为被试,探讨以汉语为 L1、以英语为 L2 的中国外语学习者在 L1 与 L2 阅读理解模式上的异同,由此进一步讨论各种技能成分对 L1 与 L2 阅读理解是否存在着不同影响。

一、研究问题

本研究的主要目的在于比较工作记忆、快速命名、语言技能成分(包括音位/正字法/句法/语义加工能力)在解释汉语(L1)及英语(L2)阅读流利性与阅读理解的变异上有何异同,具体探讨以下三个问题:

(1)上述几种技能成分中哪些可以预测中国外语学习者的汉语及英语的阅读流利性?

(2)上述几种技能成分中哪些可以预测中国外语学习者的汉语及英语的阅读理解?

(3)上述几种技能成分对于汉语及英语阅读流利性及阅读理解的贡献是否存在差异?

二、研究方法

1. 被试

北京某高校英语、韩语、西班牙语专业共 277 名学生参加了实验,因测试项目较多,剔除无效数据后,有效被试为 225 名。其中男生 53 名,女生 172 名,年龄区间为 17—23 岁。所有被试的母语皆为汉语,无任何阅读或学习障碍。

2. 实验设计

本实验为被试内准实验设计。以工作记忆、快速命名、音位/正字法/句法/语义加工能力为自变量，以阅读流利性、阅读技能为因变量进行结构方程模型(SEM)分析。

3. 实验材料

实验材料共 16 种量表。每项测试任务都进行了先导实验，依据先导实验的数据，对每项测量任务进行项目分析、因子分析、信度分析后，再对各项测量任务中的题项做删除与调整。在正式测试开始前，所有被试都进行了三次适应性测试，其得分不计入各项总分。

(1) 工作记忆

工作记忆采用计算广度(computation span)实验范式，而未采用阅读广度(reading span)范式，主要是因为后者会较多地受到外语学习者语言水平的影响。被试被要求在完成 2 个 1 位数加减(答案也为 1 位数)的同时记住答案，在完成规定题数后将各题答案按顺序凭记忆回答出来。测验由 2 道题开始，每次测验各 3 次，题数逐级增加直至被试算错或记错 2 次终止。记录测验中被试最后正确回忆题数作为工作记忆广度。

(2) 快速命名

快速命名采用经典范式：5 种不同物体图片随机排列，分布在 5×10 矩阵中；测试前，先确认被试能够正确识别上述 5 种物体，然后要求被试以母语尽可能正确、快速命名。由于测试中被试命名错误极少，因此，被试所犯个别错误不作考虑。最后以每个被试的完成时间(以秒为单位)作为快速命名的观察变量。

(3) 音位加工能力

音位加工能力通过音位删除和首字母互换两个任务来测量，二者相加后的复合分数作为音位加工能力的观测值。

a. 音位删除任务。参考 Durgunoglu, et al. (1993)使用的音位删除任务，测试者将预先录制的 18 个目标词播放给被试，请被试按要求在删除词首、词中或词尾的某个音位后正确快速朗读出来。每正确朗读一次计 1 分，总计 18 分。

b. 首字母互换任务。参考 Perin(1983)的设计，将 10 对单音节词(如 poor teddy)呈现给被试，要求他们将首个音位互换后正确快速朗读出来(即 toor peddy)。每正确朗读一次计 2 分，总计 20 分。

(4) 正字法加工能力

参考 Cunningham & Stanovich(1990)的研究，正字法加工能力测试采用"词汇决策"任务。被试被要求按单词拼写形式判断 30 个单词(由低频词与假词组成)

是否为真词或假词。每正确判断一次计 1 分,总计 30 分。

(5)句法加工能力

参考 Gottardo,et al.(1996)的研究,句法加工能力测试采用"句法错误判断"任务。要求被试判断 20 个句子在句法上正确与否,每正确判断一次计 1 分,总计 20 分。

(6)语义加工能力

参考 Laufer & Nation(1999)的设计,语义加工能力测试采用"完形填空"任务。要求被试在阅读完 16 个句子后,填写出句子中给定词首的单词。每正确完成一次计 1 分,总计 16 分。

(7)阅读流利性

参考 Fuchs,et al.(1988)的设计,阅读流利性测试采用"口头朗读速度"(oral reading rate)任务。每位被试被要求正确快速大声朗读一段难度较低的文章(鉴于中英文所占篇幅大小不一致,且为了控制任务完成时间,中英文测试段落分别设定为 350 字、150 词左右),同时记录被试的跳读、重读、换读、误读单词作为错误单词,最后以每个被试每分钟正确朗读的单词数为观测变量。

(8)阅读理解

阅读理解测试采用"多项选择"任务,材料来自 Nelson-Denny Reading Test 模拟试题,每次测试各 4 篇短文,15 道问题。要求被试在 35 分钟内完成答题。每次正确答题计 2 分,总计 30 分。

4. 实验程序

所有测试分 2 次在 2 周内完成。其中工作记忆、快速命名、音位加工能力及阅读流利性为个体测试,由经过培训的专业教师及研究生对每位被试单独实施,每项测试时间在 4 分钟左右;而正字法加工能力、句法加工能力、语义加工能力、阅读理解则为书面集体测试,时间总计约 55 分钟。

5. 数据处理与分析

数据处理时剔除缺失数据,同时按研究惯例将超过 3 个标准差的极端数据剔除。数据分析采用 SPSS 13.0 及 AMOS 18.0。

三、研究结果

表 1 总结了实验中各测试任务的平均值、标准差及信度系数(α)。总体看来,各测试内部信度较佳[其中句法加工测试量表的信度稍低,但鉴于"句法错误判断"任务的信度一贯偏低(参见 Gottardo, et al.,1996;Nassaji,2003)],且 SEM 分析可以有效减少测量误差,此信度仍适合进行后续统计分析。根据各项测试的 Q—Q 图、偏度(Skewness)、峰度(Kurtosis)来判断,数据分布情况较好。

表 1 各项变量的描述性数据

变量	L1(汉语)			L2(英语)			总分
	均值	标准差	α	均值	标准差	α	
年龄	20.29	0.99	—				—
工作记忆	3.90	1.35	—				—
RAN	28.68	5.17	—				—
音位加工	32.55	6.83	0.754	25.46	7.65	0.828	38
正字法加工	18.32	4.88	0.813	17.24	4.52	0.735	30
句法加工	15.98	2.42	0.678	11.97	2.68	0.668	20
语义加工	7.24	2.87	0.737	4.05	2.90	0.783	16
阅读流利性	124.80	23.48	—	322.13	48.83	—	
阅读理解	20.26	3.58	0.740	23.94	5.65	0.813	30

1. 初始结构方程模型

图 1 为初始结构方程模型。在此模型中,首先进行参数估计的是汉语(L1)各语言技能成分对汉语阅读流利性与阅读理解的回归系数;其次是英语(L2)各语言技能成分对英语阅读流利性与阅读理解的回归系数;最后进行参数估计的是年龄、

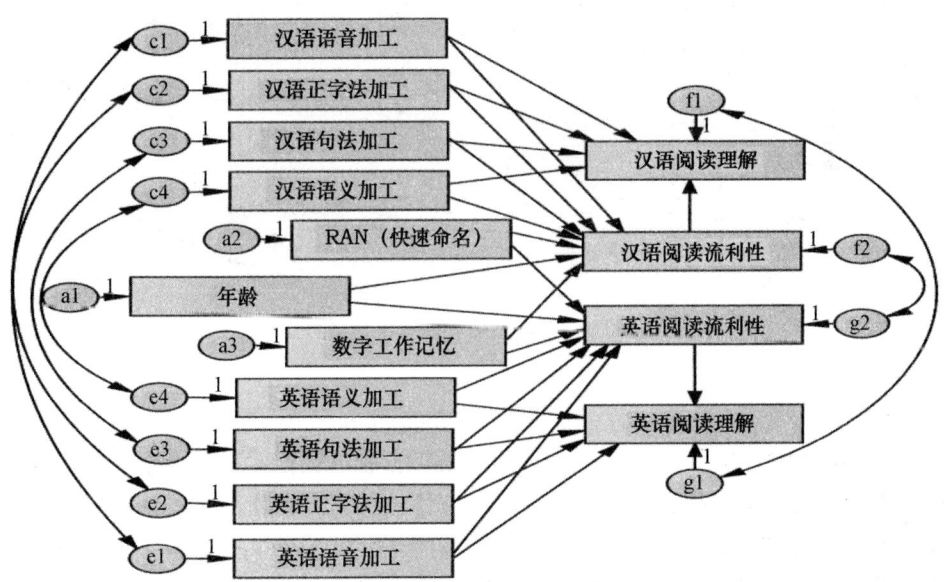

图 1 初始结构方程模型

快速命名以及工作记忆对 L1、L2 阅读流利性的回归系数。各残差之间的双向箭头表明允许模型中两个变量的残差之间存在相关。

分析结果表明,对初始模型($\chi^2(75)=174.843$,$p<0.05$,CMIN/df$=2.331$)应予以拒绝,且按照模型拟合指数(GFI$=0.903$,AGFI$=0.844$,CFI$=0.744$,RMSEA$=0.077$),初始模型与测量数据之间的拟合度不是很好。

2. 修改后的结构方程模型

根据 AMOS 中修正指数提示,增加"年龄"到 L1、L2 语义加工能力的路径可以有效降低模型中的卡方值。鉴于本项研究中被试分别来自各外语专业一、二、三年级,总体而言,年龄的增长在一定程度上反映了年级差异。因而在修改模型中删除了回归系数不显著的路径,同时采纳了 AMOS 修正指数的建议,增加了两条从年龄到汉语语义加工与英语语义加工的路径。修改后的模型见下图 2:

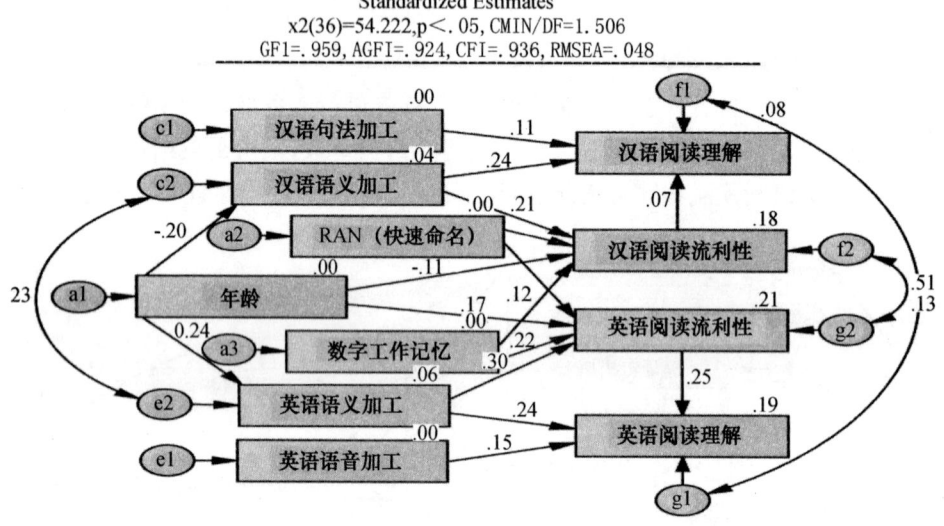

图 2　修改后的结构方程模型

对修改模型重新进行计算,修改模型的卡方值稍高($\chi^2(36)=54.222$,$p=0.026$,CMIN/df$=1.506$),但数据之间的拟合程度较佳。鉴于卡方检验统计量与样本量的大小密切相关,样本量越大,卡方值也越大。为减小样本量对拟合检验的影响,按统计学惯例,一般采用卡方值与自由度之比。如果比值小于 2,则可以认为模型拟合较好。此外,由于修改模型的拟合指数较佳(GFI$=0.959$,AGFI$=0.924$,CFI$=0.936$,RMSEA$=0.048$),因而可以认为修改模型与观测数据之间的拟合很好。

3. 相关系数与修改模型的回归权重

预测变量同L1与L2阅读流利性的相关系数及其在修改模型中的回归权重见下表：

表2　自变量与因变量(阅读流利性)之间的相关系数与标准回归权重

因变量		预测变量							
阅读流利性		年龄	快速命名	工作记忆	音位加工	正字法加工	句法加工	语义加工	R^2
L1	r	−.15*	−.36*	.13?	.13?	.15*	.07	.21*	18.4%
	β	−.11?	−.32*	.13*	ns	ns	ns	.21*	
L2	r	.25*	−.17*	.30*	.03	.12?	−.07	.40*	21.1%
	β	.17*	−.15*	.22*	ns	ns	ns	.30*	

注：*表示$p<0.05$，?表示具有边际效应，ns表示无显著性，下同。

可以看出，快速命名、工作记忆及语义加工能力都对L1与L2阅读流利性有显著的预测作用；而年龄对L2阅读流利性有显著的预测作用，但对L1阅读流利性仅有边际效应。而音位、正字法、句法加工能力对L1与L2阅读流利性的贡献不显著。

预测变量同L1与L2阅读理解的相关系数及其在修改模型中的回归权重见下表：

表3　自变量与因变量(阅读理解)之间的相关系数与标准回归权重

因变量		预测变量								
阅读理解		年龄	快速命名	工作记忆	音位加工	正字法加工	句法加工	语义加工	阅读流利性	R^2
L1	r	−.12?	−.03	−.07	.06	.13?	.14*	.26*	.12?	8%
	β	ns	ns	ns	ns	ns	.11?	.24*	ns	
L2	r	.15*	−.02	.11	.20*	.15*	−.01	.36*	.35*	18.7%
	β	ns	ns	ns	.15*	ns	ns	.24*	.25*	

可以看出，就L1阅读理解而言，语义加工能力对其有显著预测作用，而句法加工能力则仅有边际效应；就L2阅读理解而言，语义加工能力、音位加工能力与阅读流利性都对其有显著预测作用。

四、讨论与分析

以下我们结合上述研究结果，就各个研究问题进行具体分析。

1. 研究问题一

总体而言,预测 L1 与 L2 阅读流利性的各项技能成分大致相同。但具体就 L1 阅读流利性而言,快速命名的预测作用最大($\beta=.32$),语义加工次之,然后是工作记忆,年龄仅对 L1 阅读流利性有边际效应;就 L2 阅读流利性而言,语义加工能力的贡献最大($\beta=.30$),工作记忆次之,然后才是年龄与快速命名。这似乎表明:以快速命名与工作记忆为代表的认知加工技能与以语义加工为代表的语言加工技能对 L1 与 L2 阅读流利性的预测作用不尽相同。认知加工技能是 L1 阅读流利性最重要的预测变量,而语言加工技能则是 L2 阅读流利性最重要的预测变量。这一结论部分回应了 Clarke(1980)提出的论断:第二语言阅读究竟是语言的问题还是阅读的问题。且此结论也与 Bernhardt & Kamil(1995)及 Pichette, et al.(2003)等学者的研究结论相一致。尽管本研究的这一结论有其他研究的支持,但仍需将来更多研究的证实。

此外,研究结果中比较有趣的一点是:年龄对汉语阅读理解有负向的边际效应预测作用,却对英语有正向的显著预测作用。这似乎从侧面证明了语言的磨蚀理论(attrition theory):随着 L2 语言水平的提高(鉴于本研究的被试来自本科一、二、三年级,年龄的增长可看作是语言水平的提高),L2 对 L1 产生语言磨蚀作用(就阅读流利性而言,参见蔡寒松、周榕,2004)。

2. 研究问题二

总体而言,语义加工能力对 L1 与 L2 阅读理解的贡献都最大($\beta=.24$),句法加工能力仅对 L1 有边际效应($\beta=.11$),而音位加工能力与阅读流利性则对 L2 有显著贡献。此研究结果与先前研究较为一致:在以汉语为 L1 的阅读理解研究中,句法、语义加工对阅读理解有显著预测贡献(如 Chen, et al., 1993; So & Siegel, 1997);而在以英语为 L1 的阅读理解研究中,也有类似的结论(如 Demont & Gombert, 1996; Muter, et al., 2004; Van Gelderen, et al., 2003);但就 L2 阅读理解而言,除阅读流利性是一个显著预测变量外,音位加工能力取代句法加工能力,成为一个重要的预测变量。虽然这一结论与 Van Gelderen, et al.(2007)的结论相悖,却与 Chiappe, et al.(2002); Lefrancois & Armand(2003); Jongejan, et al.(2007)的研究结论相一致,即音位知识是预测 L2 阅读的一个重要变量,而句法知识却不是。

一种可能的解释来自 Clahsen & Felser(2006)的"浅层结构假设"(Shallow Structure Hypothesis)。据此假设,二语句子加工在根本上不同于母语加工。二语学习者在对句子进行分析加工的过程中,并不使用句法或结构信息,而仅依赖于各类词汇、语义及语用信息。虽然此假设似乎较好地解释了为什么句法加工能力仅对 L1 阅读理解有显著贡献,且得到了相关神经语言学研究的支持(见 Ullman, 2001;Papadopoulou & Clahsen,2003;Van Hell & Tokowicz,2010),但它仍需要更多的实验来验证。

值得注意的是,年龄虽与 L1 与 L2 阅读理解分别呈边际效应相关及显著相关(相关系数分别为 -.12、.15),但在 SEM 分析中,其预测作用已不再显著。一个可能的原因是:相比于阅读流利性,阅读理解对快速命名、工作记忆这些认知加工技能的依赖程度总体上要低一些,而对语义加工这类语言加工技能的依赖程度要高一些。而相对于认知加工技能,语言加工技能的磨蚀会慢一些,因而在短期内磨蚀作用在阅读理解上的体现不会如在阅读流利性上那样明显。当然,由于目前仍缺乏此方面的对比研究,以上设想仍需经过实证数据的验证。

3. 研究问题三

根据修改模型对上述几种技能成分在解释汉语及英语阅读流利性及阅读理解的总效果进行分析,可以发现:快速命名、语义加工能力对汉语的阅读流利性贡献最大(分别为 $\beta=-.323,\beta=.206$),而语义加工能力则对英语的阅读流利性贡献最大($\beta=.296$),年龄次之($\beta=.206$);而就阅读理解而言,语义加工能力对 L1 与 L2 的影响都最大(分别为 $\beta=.252,\beta=.317$)。这说明无论是阅读流利性还是阅读理解,语义加工能力都是一个重要的预测变量,且它对 L2 的影响明显要强于对 L1 的影响,这也与先前研究结论一致(Bossers,1992;Droop & Verhoeven,1998;Van Gelderen, et al. ,2004;Verhoeven,2000)。

此外,在 SEM 分析过程中,我们还发现:虽然 L1 与 L2 在音位、正字法、句法、语义加工能力上存在着不同程度的相关,但 L1 与 L2 语言各自的加工能力对对方的阅读流利性与阅读理解都不存在显著的预测作用。而先前研究表明,在以儿童为被试的研究中,汉语音位加工能力可预测英语阅读能力,而文字加工能力则具有语言特异性(参见钟毅平等,2002)。因而,儿童与成人在第二语言阅读理解过程上,是否有着显著差异,且这种差异表现在什么方面,仍需学者们去进一步思索与求证。

结语

本研究比较了不同技能成分对汉语(L1)与英语(L2)阅读流利性与阅读理解的预测作用,发现:就阅读流利性而言,各种不同技能成分对 L1 与 L2 的预测作用相似,但语义加工能力对 L2 的预测作用更大;就阅读理解而言,L1 与 L2 的预测变量有较大的不同。预测 L1 阅读理解变异的为语义加工能力与句法加工能力,而预测 L2 阅读理解变异的则是阅读流利性、语义加工能力与音位加工能力。总体而言,语义加工能力对 L2 阅读技能的影响明显要强于它对 L1 的影响。

本研究还有以下改进的余地:首先句法量表的信度稍微偏低,虽然在分析中采用了结构方程模型,有效地减少了测量误差,但在以后的研究中可通过增加题项数等改进措施来获得更高的信度;其次,可以以两种或多种方式来测量各项技能成分,这样将有利于建立各个变量的测量模型;此外,被试分别来自英语专业、韩语专业、西班牙语专业,被试间的个体差异较大,使得各预测变量的实际效果可能被低估。

尽管如此,本研究的结论仍具有一定的理论意义与实践意义。在理论层面,它提醒我们在阅读理解研究中,需注意 L1 与 L2 阅读理解同阅读流利性在加工过程上的异同,并进而思考如何在实证研究的支撑下为 L1 与 L2 分别构建不同的理论模型;在实践层面,它提醒我们在日常对外汉语与外语教学中,不仅应了解 L1 与 L2 在阅读技能上的相通之处,也应关注某个具体的语言加工技能,以便对学习者进行有针对性的培养。

参考文献

蔡寒松,周榕:《语言耗损研究述评》,《心理科学》2004 年第 4 期。

钟毅平,C. Mcbride—Chang,C. S. Ho. :《中国香港双语儿童初步阅读能力与语音、文字加工关系的研究》,《心理科学》2002 年第 2 期。

Bernhardt, E. B. & M. L. Kamil. "Interpreting Relationships between L1 and L2 Reading: Consolidating the Linguistic Threshold and the Linguistic Interdependence Hypotheses". *Applied Linguistics*, 1995, 16: 15—34.

Bossers, B. "Reading in Two Languages: A Study of Reading Comprehension in Dutch as a Second Language and Turkish as a First Language". Rotterdam: Van Driel, 1992.

Carr, T. H. & B. Levy. "Reading and Its Development: Component Skills Approaches". San Diego: Academic Press, 1990.

Chen, M. J., L. L. Lau & Y. F. Yung. "Development of Component Skills in Reading Chinese". *International Journal of Psychology*, 1993, 28(4): 481—507.

Chiappe, P. & L. S. Siegel. "Phonological Awareness and Reading Acquisition in English and Punjabi-speaking Canadian Children". *Journal of Educational Psychology*, 1999, 91(1): 20—28.

Chiappe, P. , L. Siegel & L. Wade-Woolley. "Linguistic Diversity and the Development of Reading Skills: A Longitudinal Study". *Scientific Studies of Reading*, 2002, 6(4): 369—400.

Clahsen, H. & C. Felser. "Grammatical Processing in Language Learners". *Applied Psycholinguistics*, 2006, 27(1): 3—42.

Clarke, M. "The Short Circuit Hypothesis of ESL Reading: Or When Language Competence Interferes with Reading Performance". *Modern Language Journal*, 1980, 64: 203—209.

Cunningham, A. E. , & Stanovich, K. E. "Assessing Print Exposure and Orthographic

Processing Skill in Children: A Quick Measure of Reading Experience". *Journal of Educational Psychology*, 82(4), 1990: 733—740.

Demont, E. & J. E. Gombert. "Phonological Awareness As a Predictor of Recoding Skills and Syntactic Awareness as a Predictor of Comprehension Skills". *British Journal of Educational Psychology*, 1996, 66: 315—332.

Droop, M. & L. Verhoeven. "Background Knowledge, Linguistic Complexity and Second Language Reading Comprehension". *Journal of Literacy Research*, 1998, 30(2): 253—271.

Droop, M. & L. Verhoeven. "Language Proficiency and Reading Ability in First-and Second-language Learners". *Reading Research Quarterly*, 2003, 38: 78—103.

Durgunoglu, A. Y., Nagy, W. E., & Hancin-Bhatt, B. J. "Cross-language Transfer of Phonological Awareness". *Journal of Educational Psychology*, 85(3), 1993: 453—465.

Fuchs, I. S., D. Fuchs & L. Maxwell. "The Validity of Informal Measures of Reading Comprehension". *Remedial and Special Education*, 1988, 9(2): 20—28.

Gottardo, A., K. E. Stanovich & L. Siegel. "The Relationships between Phonological Sensitivity, Syntactic Processing, and Verbal Working Memory in the Reading Performance of Third-grade Children". *Journal of Experimental Child Psychology*, 1996, 63: 563—582.

Hacquebord, H. *Reading Comprehension of Turkish and Dutch Students Attending Secondary Schools*. Groningen, The Netherlands: RUG, 1989.

Jongejan, W., L. Verhoeven & L. S. Siegel. "Predictors of Reading & Spelling in First and Second Language Learners". *Journal of Educational Psychology*, 2007, 99(4): 835—851.

Just, M. A. & P. A. Carpenter. "A Capacity Theory of Comprehension: Individual Differences in Working Memory". *Psychological Review*, 1992, 99: 122—149.

Laufer, B. & P. Nation. "A Vocabulary Size Test of Controlled Productive Ability". *Language Testing*, 1999, 16(1): 33—51.

Lefrancois, P. & F. Armand. "The Role of Phonological and Syntactic Awareness in Second-language Reading: The Case of Spanish-speaking Learners of French". *Reading and Writing*, 2003, 16: 219—246.

Muter, V., C. Hulme, M. J. Snowling & J. Stevenson. "Phonemes, Rimes, Vocabulary, and Grammatical Skills As Foundations of Early Reading Development: Evidence from a Longitudinal Study". *Developmental Psychology*, 2004, 40(5): 665—681.

Nassaji, H. "Higher-level and Lower-level Text Processing Skills in Advanced ESL Reading Comprehension". *Modern Language Journal*, 2003, 87(2): 261—276.

Papadopoulou, D. & H. Clahsen. "Parsing Strategies in L1 and L2 Sentence Processing: A Study of Relative Clause Attachment in Greek". *Studies in Second Language Acquisition*, 2003, 25: 501—528.

Perin, D. "Phonemic Segmentation and Spelling". *British Journal of Psychology*, 1983,

74：129—144.

Pichette, F. , N. Segalowitz & K. Connors. "Impact of Maintaining L1 Reading Skills on L2 Reading Skill Development in Adults：Evidence from Speakers of Serbo-Croatian Learning French". *Modern Language Journal*, 2003, 87：391—403.

Rapp, D. , et al. "Higher-order Comprehension Processes in Struggling Readers：A Perspective for Research and Intervention". *Scientific Studies of Reading*, 2007, 11：289—312.

Schoonen, R. , J. Hulstijn & B. Bossers. "Language-dependent and Language-independent Knowledge in Native and Foreign Language Reading Comprehension：An Empirical Study among Dutch Students in Grades 6, 8 and 10". *Language Learning*, 1998, 48：71—106.

Shiotsu, T. "Components of L2 Reading：Linguistic and Processing Factors in the Reading Test Performances of Japanese EFL Learners". New York：Cambridge University Press, 2010.

So, D. & L. S. Siegel. "Learning to Read Chinese：Semantic, Syntactic, Phonological and Working Memory Skills in Normally Achieving and Poor Chinese Readers". *Reading and Writing：An Interdisciplinary Journal*, 1997, 9：1—21.

Ullman, M. "The Neural Basis of Lexicon and Grammar in First and Second Language：The Declarative/Procedural Model". *Bilingualism：Language and Cognition*, 2001, 4：105—122.

Van Gelderen, A. , et al. "Roles of Linguistic Knowledge, Metacognitive Knowledge and Processing Speed in L3, L2 and L1 Reading Comprehension：A Structural Equation Modelling Approach". *International Journal of Bilingualism*, 2003, 7(1)：7—25.

Van Gelderen, A. , et al. "Linguistic Knowledge, Processing Speed and Metacognitive Knowledge in First and Second Language Reading Comprehension：A Componential Analysis". *Journal of Educational Psychology*, 2004, 96：19—30.

Van Gelderen, A. , et al. "Development of Adolescent Reading Comprehension in Language 1 and Language 2：A Longitudinal Analysis of Constituent Components". *Journal of Educational Psychology*, 2007, 99：477—91.

Van Hell, J. G. & N. Tokowicz. "Event-related Brain Potentials and Second Language Learning：Syntactic Processing in Late L2 Learners at Different L2 Proficiency Levels". *Second Language Research*, 2010, 26：43—74.

Verhoeven, L. "Components in Early Second Language Reading and Spelling". *Scientific Studies of Reading*, 2000, 4：313—330.

[作者简介：吴建设，北京第二外国语学院英语学院教授，研究方向为应用语言学及心理语言学；郎建国，北京第二外国语学院英语学院副教授，研究方向为英语教育、英语词汇学习及词典学；何晓静，北京外国语大学西葡语系副教授，研究方向为西班牙语语言学；杨磊，北京第二外国语学院韩国语系副教授，研究方向为韩中翻译。]

An ERP Study on Chinese Natives' Second Language Syntactic Grammaticalization*

Jin Xue   Jie Yang   Jie Zhang   Zhenhai Qi   Chen Bai   Yinchen Qiu

1. Introduction

Traditionally, age of exposure and language proficiency are regarded as the two most important factors explaining the distinct processing patterns between the native language (L1) and the second language (L2) [9]. Recent studies indicate L1-L2 similarity determines the possibility of transfer and thus facilitates the learning at the grammatical aspects of an L2, including on-line computation of morphosyntactic information [7, 12, 13, 17, 18, 21]. But there are fewer consensuses for features that are present in the L2 but absent in the L1. Some argue the novel L2 rules are not acquirable after puberty [3, 8]. Others claim that these features could be acquired, although more slowly. The present study concerns how the Chinese learners of English grammaticalize different L2 English syntactic rules.

Grammaticalization is "the instantiation of rule-based knowledge into the learner's real-time language processing system" [12]. The grammaticalization processes should be accompanied by concomitant changes in learners' neural systems. The sensitivity of ERPs (event-related potentials) to syntactic processes makes them appealing for examining the stages of grammaticalization. In the context of an L2 grammaticalization, two ERP components are observed robust: (1) The P600, a positive-going deflection elicited during 500 to 700 ms period, is attributed to processes of syntactic integration, reanalysis, and repair[6]. The P600 effect has been used with great success to study the degree to which individuals are sensitive

---

* 英语母语者二语句法语法化的电脑研究。
原文载于 *Neuroscience Leytters* 2013 年第 5 期。

to syntactic anomalies, and hence is regarded as an indicator for the grammaticalization process [21]. In an L2, the P600 effect has been reported to be delayed[6], reduced[17], or altogether absent in the beginning learners[7]. (2) The N400, the negativity often elicited in middle-posterior sites approximately 400 ms after stimulus onset, is attributed to the integration of semantic and morphosyntactic information. The N400 observed in L2 syntactic anomalies are interpreted as weaker or slower morphosyntactic processes in beginning stages of grammaticalization [22] or increased semantic integration (wrap-up) demands in L2 [15]. Longitudinal studies revealed that learners' brain response varied systematically along the N400/P600 continuum [12]. Generally, P600 is thought to replace N400 in reasonably fluent bilingual years following the onset of L2 learning. On the other, those who showed faster learning of the syntactic rule would be quicker to progress from the N400 to the P600 stage.

An intriguing neuroimaging outcome from Chinese/English bilingual studies are the different patterns of developmental change between Chinese learners of English as a foreign language and English learners of Chinese as a foreign language in sentence processing transfer. [10, 11, 19, 20]. The asymmetrical hypothesis proposes that, "alphabetic readers have a neural network that accommodates the demands of Chinese by recruiting neural structures less needed for alphabetic reading. Chinese readers have a neural network that partly assimilates English into the Chinese system, especially in the visual stages of word identification"[16]. Accordingly, no matter whether the language rules are shared or conflicting or unique in the two languages, Chinese natives are expected to transfer L1 neurological patterns during processing L2 English.

It is well established that the N400 (not P600) is elicited in L1 Chinese morphosyntactic violation for structures that mismatch in English [1, 2]. The robust N400 effect in L1 Chinese is conflicting with the divergent findings in an L2. There is no consensus, especially for properties that exist in an L2 but are absent in Chinese. Some reported an N400 effect in L2 English morphosyntactic violation [1, 5], while some found an P600 effect in Chinese learners of Spanish when processing gender and number (the two Spanish structures are absent in L1 Chinese)[2]. The former argues for the transfer effect, while the latter indicates an accommodation effect. Thus, the effect of the asymmetrical hypothesis on

Chinese natives' L2 grammaticalization is far from clear.

Focusing on the comparison between L1 Chinese and L2 English, the present study examined three structures: first, different structures (subject verb agreement, SV) for which the L2 pattern directly conflicts with or competes against the L1 pattern; second, similar structures (subject-number-verb agreement, SN) for which the L1 pattern supports and matches the L2 pattern; and third, unique structures (auxiliary omission, AO) that differ between the two languages without any direct competition or mismatch. Samples for these three structure types were shown in Table 1.

Table 1 Examples of the three experimental conditions

Condition (similarity)	Type	Example
SV (different)	Acceptable	The cats <u>eat</u> the food that Mary gives them.
	Unacceptable	The cat <u>eat</u> the food that Mary gives them.
SN (similar)	Acceptable	Several rules <u>were</u> difficult to understand.
	Unacceptable	One rule <u>were</u> difficult to understand.
AO (unique)	Acceptable	These grapevines <u>grow</u> well in sandy regions.
	Unacceptable	These grapevines <u>growing</u> well in sandy regions.

Note: The underlined parts are the critical words.

1.1 Subject-verb Agreement (SV)

Chinese and English are different in the situation of subject-verb agreement. English verbs must always agree with the number of the subject. Chinese verbs do not have grammatical morphology for marking number, gender, and case. The same verb is used for different tenses and for both plural and singular nominal subject. Learning to apply the subject-verb agreement system is a challenge for Chinese native learners of English.

1.2 Subject-number-verb Agreement (SN)

In the case of some collective verbs such as "讨论"(discuss), Chinese and English are similar. Because the collective verb provides information regarding the number of subject, Chinese natives learn to activate the expectations that the subject noun should be in plural forms. In this perspective, the subject-verb agreement rule in Chinese is identical to that in English.

1.3 *Auxiliary omission* (*AO*)

Generally speaking, the using of auxiliary is unique in English. English forms the progressive tenses by placing the auxiliary before the participle. For most Chinese sentences, they make no grammatical use of the auxiliary verbs. Chinese native learners of English should learn the grammatical rule explicitly.

Numerous studies proved the P600 effect in syntactic violations for SV, SN and AO structures in English natives [11, 12, 14, 15]. In order to maximize the comparison between English natives and L2 English, we adapted the materials from the above mentioned studies and examined only L2 English processing patterns by following Tokowicz & MacWhinney's study [21]. From the perspective of the language similarity effect and transfer hypothesis, we predict a significant P600 for SN or AO but not for SV. Alternatively, according to the asymmetrical hypothesis, we predict an N400 effect (with or without P600) will be elicited across the three structures.

2. Method

2.1 *Participants*

The present study included nineteen English majors (seven men, average age 22.5 years, range 20 to 26 years) from Beijing International Studies University of China. All reported Chinese as L1 and English as L2. They were exposed to L2 English after age 9.5 and had history of English learning for an average of 14 years. They had English Immersion classes for more than 2 years (range from 2 to 5 years) and all passed the national test for English majors, Level 4. According to a 10-point self-rating scale, the means for their English reading, writing, speaking and speech comprehension were respectively 7.75, 7.06, 6.56, and 6.94. All participants had normal or corrected to normal vision and got compensation for their participation.

2.2 *Procedure*

By following the similar procedure used in Tokowicz and MacWhinney's (2005) [21], the sentences were presented in a random order determined by the computer program E-Prime, which also recorded the accuracy and reaction times and sent critical word onset information to the ERP acquisition software. The block of English sentences was counterbalanced. Participants read sentences on a computer screen; half the sentences were well formed and half were not. The participants responded by pressing buttons on a computer keyboard; they pressed a button marked "1" with their left hand to indicate if they thought the sentence was acceptable and a button marked "2" with their right hand if they thought the sentence was unacceptable. During a trial prior to each sentence, a fixation cross appeared at the center of the computer screen. Participants were asked to blink when the fixation was on the screen. Sentences were presented words by words, at the center of the computer screen. Each stimulus remained on the screen for 300 ms with a blank screen appearing for 350 ms between words. After the offset of the final word of the sentence, a blank screen appeared for 200 ms, followed by a question mark "?" that served as a prompt. When the prompt appeared, participants were supposed to respond by pressing either "1" or "2".

2.3 *Stimuli*

The English syntactic stimuli include three experimental structures (Table 1). The subject-verb agreement sentences and the auxiliary omissions were adapted from Osterhout & Nicol (1999) [15]. The subject-number-verb agreement sentences were adapted from previous research. A total of 180 English sentences were presented; all were experimental items, with 60 items for each experimental condition. Half of the sentences were in their acceptable form and half in unacceptable form. There were 10 instances of each structure type. The sentences were randomly assigned to two versions of the stimuli, with right hand and left hand response types counterbalanced. The critical word in each sentence was at the violation point. As shown in Table 1, in unacceptable sentences, the critical word was defined as the word at which a violation was noticeable, for instance, the word "*eat*" in "*The cat eat the food that Mary gives them*". In acceptable sentences, the critical word was in the same position as the critical word in the corresponding unacceptable sentence, e.g., the word "*eat*" in "*The cats eat the food that Mary gives them*".

2.4 *Data acquisition*

Continuous EEG was recorded from 64 active electrodes (ActiCap, Brain Products GmbH, Munich) at standard international 10-20 system, referenced to bilateral mastoids and grounded to forehead. To control for vertical eye movements, a vertical electro-oculogram (VEOG) was recorded from Ag/AgCl electrodes placed closely above and below the left eye. Horizontal eye movements were measured by a horizontal electro-oculogram (HEOG) recorded from Ag/AgCl electrodes that placed at the outer canthus of each eye. All impedances were kept below 20 kΩ during the experiment. EEG signals were bandpass filtered between 0.01 and 100 Hz, and amplified and digitized at a rate of 500 Hz using a BrainAmp amplifier (Brain Products GmbH, Munich). All EEG data were collected using Brain Vision Recorder software from Brain Products.

2.5 *Data Analyses*

The analyses were conducted on data from the 15 participants, excluding three subjects who have the overall behavioral accuracy below chance level and the other one due to equipment failure. Our analysis of the ERP data included both correct and incorrect trials because past studies indicate that the ERPs produced by beginning L2 learners show sensitivity to grammaticality [21]. The EEG data were processed offline using Brain Vision Analyzer 2. They were re-referenced to the mean of the left and right mastoid, and filtered with a 0.2 Hz high-pass filter to remove drifts and a 30 Hz filter to eliminate line noise. Electrode sites from midline site (3 levels-corresponding to Fz, Cz, Pz), medial site (with 2 levels of hemisphere—left and right—and 5 anterior-posterior levels—F1/F2, FC1/FC2, C1/C2, CP1/CP2, P1/P2), and from lateral sites (with 2 levels of Hemisphere—left and right—and 5 anterior-posterior levels- F3/F4, FC3/FC4, C3/C4, CP3/CP4, P3/P4) were selected for analysis.

Effects of anomalies were assessed by measuring the mean amplitude (average of non-rejected epochs from 0 to 1000 ms after the onset of the key words, calculated relative to a baseline from -200 to 0 ms) of ERPs for each participant. Since the materials across the three conditions are not comparable and sentence type is of great interest in the present study, we performed three sets of repeated-measures ANOVAs with within-subject factor of sentence type. For all analyses, original degrees of freedom were reported. A Greenhouse-Geisser correction for sphericity was applied to P values when more than two levels of a factor were present [4]. Any main effects not reported below were all non-significant (all Ps > 0.05).

3. Results

3.1 *Behavioral Results*

Accuracy for each condition was calculated for each participant. These data were analyzed with ANOVA using sentence type and similarity condition as factors. Overall, the acceptability ratio of sentences in different structures (SV), similar (SN), and unique (AO) were 0.69, 0.91, and 0.77, respectively. Individuals did not respond equally well to acceptable and unacceptable structures, $t(14) = 2.47$, $p < 0.05$. Individuals responded more accurately to the acceptable than the unacceptable structures in the three structures. Specifically, the means for acceptable and unacceptable sentence are 0.82 vs. 0.56 for SV, 0.94 vs. 0.88 for SN and 0.82 vs. 0.72 for AO. Results from ANOVAs showed that incorrect sentences were more acceptable than correct sentences for SV, $F(1, 14) = 2.99$, $p = 0.065$, indicating the subjects are not liable to reject the incorrect sentences; however, there was no difference between acceptable and unacceptable for SN, $F(1, 14) = 0.078$, $p = 0.78$ and for AO, $F(1, 14) = 2.01$, $p = 0.18$.

3.2 *ERP Results*

On average, only a few segments were affected by artifacts, and there were 86.7% artifact-free segments in SV sentences, 90% in SN and 86% in AO. The grand averages across participants for each condition were then calculated. The grand-average waveforms for acceptable and unacceptable sentences for the three similarity conditions were shown in Figure 1, 2 and 3 respectively.

The mean latency and amplitudes around peak of the ERP components are shown in Table 2. To evaluate those predictions, we ran two sets of ANOVAs, the first corresponding to the early N400 time window (330 to 430 ms poststimulus) and the second corresponding to a P600 time window (528 to 628 ms poststimulus).

Table 2 Mean Latencies and Peak Amplitudes across Conditions

Sentence	Type	N400 Latency		N400 Amplitude		P600 Latency		P600 Amplitude	
		Mean	SD	Mean	SD	Mean	SD	Mean	SD
SV	Acceptable	384.80	14.76	−2.15	1.53	560.93	16.88	3.13	1.18
	Unacceptable	388.00	15.95	−2.35	1.65	611.07	18.12	3.13	1.49
SN	Acceptable	372.00	14.76	−1.20	1.14	558.27	16.88	3.24	2.01
	Unacceptable	374.80	15.95	−0.88	1.37	569.73	18.12	4.64	2.79
AO	Acceptable	386.13	14.76	−2.26	2.06	593.60	16.88	3.10	1.69
	Unacceptable	375.33	15.95	−2.10	1.99	576.53	18.12	3.85	2.21

3.2.1 *Anomaly Effect in the Different Structure* (SV)

In the N400 time window, ANOVA showed that unacceptable sentences elicited larger negative effect than the acceptable sentences in C3 [$F(1, 14) = 4.23$, $P = 0.059$], indicating the N400 effect revealed in the violation in SV. In the P600 time window, the positive-going waves in the unacceptable sentences were not larger than the acceptable sentences. The results indicate that grammaticalization responses to SN are not found.

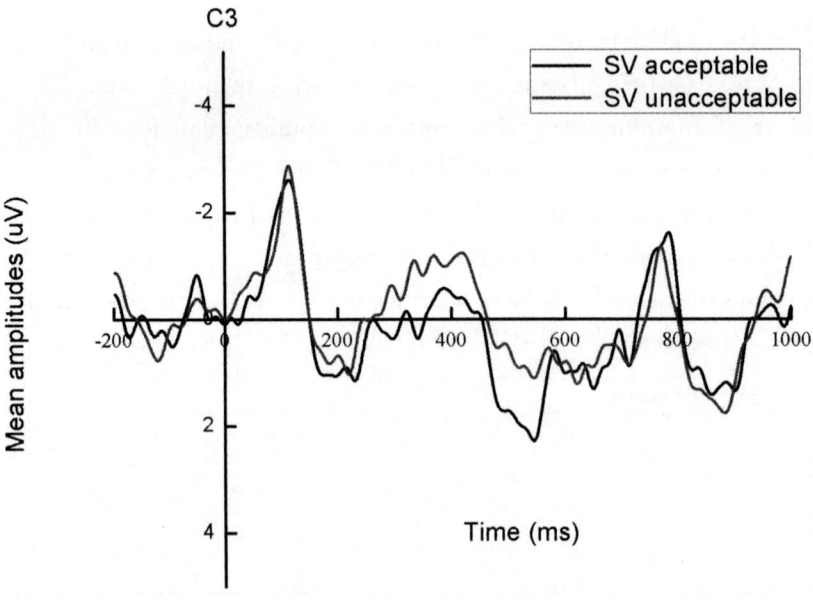

Figure 1 Grand Average Waveforms for SV

3.2.2 Anomaly Effect in the Similar Structure (SN)

In the N400 time window, ANOVA showed that there was no effect of sentence type. In the P600 time window, unacceptable structures elicited more positive going ERP responses than the acceptable structures in Pz, F3, C1, C3, CP1, CP3, P1, P3 (all Ps < .05). The widely-distributed significant main effect indicates that learners are sensitive to syntactic violations, which is revealed in the P600 effect.

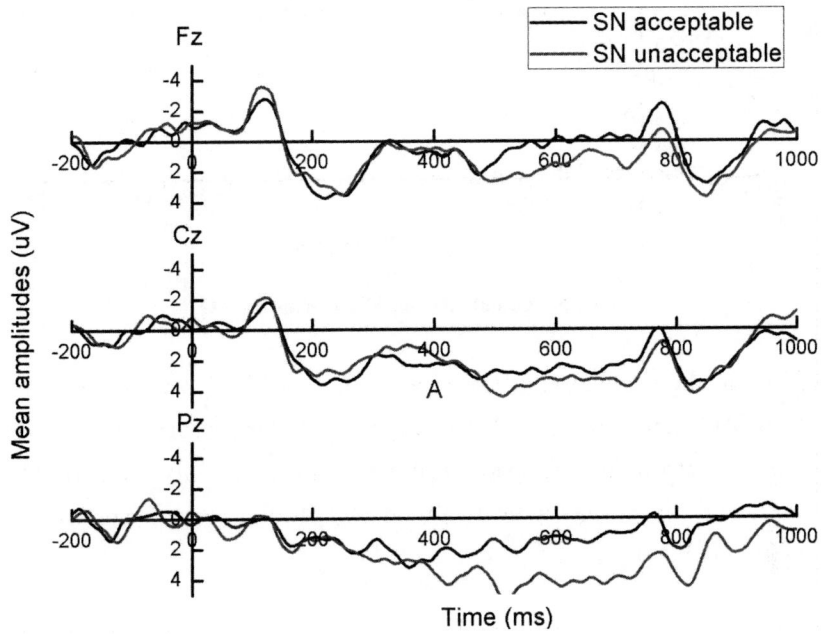

Figure 2 Grand Average Waveforms for Sn

3.2.3 Anomaly Effect in the Unique Structure (AO)

No main effect related to sentence type was found in the N400 time window. In the P600 time window, there was a marginal main effect of sentence type in Cz [$F=4.71$], Pz[$F=6.88$], C1[$F=7.28$], CP1[$F=7.07$], P1[$F=10.72$], P3 [$F=9.19$], P2[$F=7.25$], all Ps<0.05. To explore whether the presence of the P600 effect in the syntactic violation was a result of English proficiency, the correlation analysis was conducted between the behavioral accuracies and the P600 effects across the three conditions. Interestingly, the correlations between the

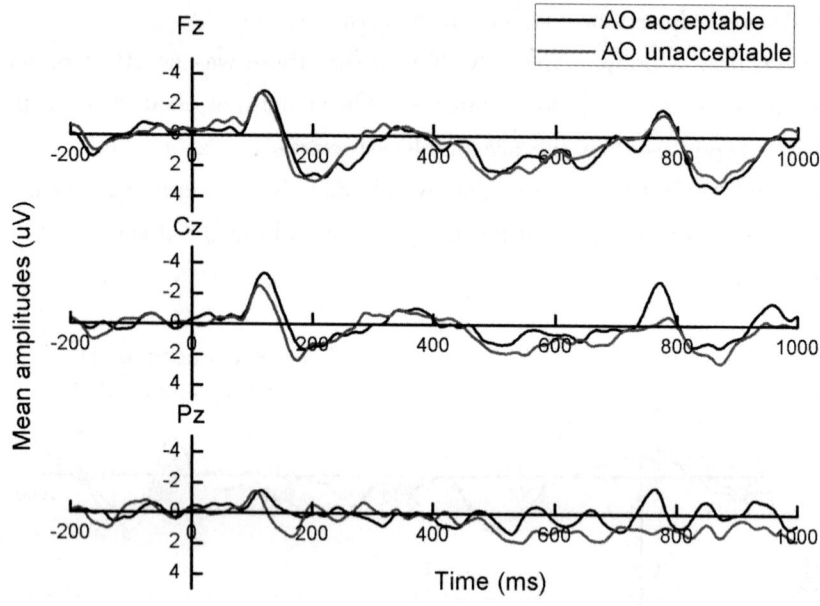

Figure 3　Grand Average Waveforms for AO

P600 effect and the behavioral accuracy were 0.04 (p = 0.88) for SV, 0.34 (p = 0.22) for AO, and 0.63 (p = 0.01) for SN. The larger correlation coefficients seem to couple with higher behavior accuracies. Although only the correlation for SN is significant, the results indicate a tendency of higher accuracies accompanied by more obvious P600 effect.

4. Discussion

The present study examined how the Chinese learners of English grammaticalize different L2 English syntactic properties. By manipulating the L1-L2 similarity, we found that stronger behavioral and neural responses were elicited in violations of L2 syntactic contrasts that were expressed in the L1 than those that mismatch between the L1 and L2. Overall, the results show that the distribution of the effect varies as a function of sentence structure. L1-L2 similarity plays an important role in the speed of L2 grammaticalization.

The asymmetrical hypothesis posited that Chinese natives have the neural networks that are likely to assimilate English into Chinese system. Accordingly, the violations in the three syntactic rules are supposed to elicit an N400 effect, which was found robust in L1 Chinese subject-verb agreement violations [2]. However, the present findings indicate the N400 effect only for the SV structure. The results dispute the assimilation effect. Coupling the behavioral data with syntactic violation effects on the neural system across the three grammatical structures, we tentatively propose that Chinese natives are likely to accommodate the neural systems on the demands during L2 syntactic grammaticalizing.

When comparing across different studies on Chinese-English bilinguals [1, 5], we found that language proficiency is a possible factor for the accommodation processes. There was a tendency of shifting from N400 in non-English majors [1] and to P600 in L2 majors (English majors in the current study and Spanish majors in Dowens et al. (2011) [2]. Non-L2 majors v. s. L2 majors may result in whether the P600 was evoked. The contrasting view attaches great importance to language experience. Theoretically, the neurocognitive model posits that learners rely first on declarative knowledge, revealing the N400 during processing L2 grammar, and then on the procedural knowledge, thus eliciting the P600 [22].

Further, the accuracy rates for SV (0.69), AO (0.77) and SN (0.91) are increasing. This pattern corresponds with the shift from the no P600 effect (in Figure 1) to the P600 effect (in Figure 2 and 3). L2 grammatical rule acquisition level, indexed by the accuracy in the behavior data, devotes to the shift from semantic processing (the N400) to syntactic processing (the P600) during L2 grammaticalization. Semantic versus syntactic difference is related to how fast L2 learners can grammaticalize the non-native patterns. The results indicate that the P600 could be an ERP marker that might help language learners identify what they learn. Even though learners might not show the sensitivity to a novel structure in behavioral judgment, the P600 might assist the learners in harnessing the sensitivity.

5. Conclusion

L2 proficiency and L1-L2 similarity interact in complex ways in shaping patterns of neural responses in L2 grammaticalization. Nevertheless, a novel structure in the L2 is acquirable, which could be observed from the neural processing patterns and the accuracy data. Despite, in order to determine whether the different processing patterns across the three structures are qualitative or quantitative, a longitudinal study is necessary. Besides, a larger number of L2 learners should be evaluated their language proficiency to identify possible individual differences.

Acknowledgements

This work was supported by a grant from National Social Science Foundation of China (12CYY027).

References:

L. Chen, et al.. "ERP Signatures of Subject-verb Agreement in L2 Learning", *Bilingualism: Language and Cognition*. 10(2007)161—174.

M. G. Dowens, et al., "Gender and Number Processing in Chinese Learners of Spanish-Evidence from Event Related Potentials", *Neuropsychologia*. 49(2011)1651—1659.

F. Franceschina, *Fossilized Second Language Grammars: The Acquisition of Grammatical Gender*, Benjamins, Amsterdam, 2005.

S. W. Greenhouse, S. Geisser, "On Methods in the Analysis of Profile Data", *Psychometrika*. 24(1959)95—112.

J. Guo, et al., "ERP Evidence for Different Strategies Employed by Native Speakers and L2 Learners in Sentence Processing", *Journal of Neurolinguistics*. 22(2009):123—134.

A. Hahne, "What's Different in Second-Language Processing? Evidence from Event-Related Brain Potentials", *Journal of Psycholinguistic Research*. 30(2001) 251—266.

A. Hahne, A. D. "Friederici, Processing a Second Language: Late Learners' Comprehension Mechanisms As Revealed by Event-related Brain Potentials", *Bilingualism: Language and Cognition*. 4(2001)123—141.

N. Jiang, "Selective Integration of Linguistic Knowledge in Adult Second Language Learning", *Language Learning*. 57(2007)1—33.

S. A. Kotz, "A Critical Review of ERP and fMRI Evidence on L2 Syntactic Processing", *Brain and Language*. 109(2009) 68—74.

P. Li, et al., "Neural Representations of Nouns and Verbs in Chinese: An fMRI Study", *NeuroImage*. 21(2004)1533—1541.

Y. Liu, C. A. Perfetti, "The Time Course of Brain Activity in Reading English and Chinese: An ERP Study of Chinese Bilinguals", *Human Brain Mapping*. 18(2003)167—175.

J. D. Mclaughlin, et al. "Brain Potentials Reveal Discrete Stages of L2 Grammatical Learning". *Language Learning*. 60(2010)123—150.

L. Osterhout, et al. "Novice Learners, Longitudinal Designs, and Event-related Potentials:

A Means for Exploring the Neurocognition of Second Language Processing", *Language Learning*. 56(2006)199—203.

L. Osterhout, L. Mobley, "Event-related Brain Potentials Elicited by Failure to Agree", *Journal of Memory and Language*. 34(1995)739—773.

L. Osterhout, J. Nicol, "On the Distinctiveness, Independence, and Time Course of the Brain Responses to Syntactic and Semantic Anomalies", *Language and Cognitive Processes*. 14(1999)283—317.

C. A. Perfetti, et al., "Reading in Two Writing Systems: Accommodation and Assimilation of the Brain's Reading Network", *Bilingualism: Language and Cognition*. 10(2007)131—146.

S. Rossi, et al., "The Impact of Proficiency on Syntactic Second-language Processing of German and Italian: Evidence from Event-related Potentials". *Journal of Cognitive Neuroscience*. 18(2006)2030—2048.

L. Sabourin, "Grammatical Gender and Second Language Processing: an ERP Study, Unpublished Doctoral Dissertation", *University of Groningen*, 2003.

W. T. Siok, et al., "Biological Abnormality of Impaired Reading is Constrained by Culture", *Nature*. 431(2004)71—76.

I-R. Su, "Transfer of Sentence Processing Strategies: A Comparison of L2 Learners of Chinese and English", *Applied Psycholinguistics*. 22(2001)83—112.

N. Tokowicz, B. MacWhinney, "Measures of Sensitivity to Violations in Second Language Grammar", *Studies in Second Language Acquisition*. 27(2005)173—204.

M. T. Ullman, "The Neural Basis of Lexicon and Grammar in First and Second Language: The Declarative/Procedural Model", *Bilingualism: Language and Cognition*. 4(2001)105—122.

[**作者简介**:薛锦,北京第二外国语学院副教授,研究方向为理论语言学与应用语言学。]

法律语言的模糊性及其克制*

徐 凤

一、法律语言是精确性语言与模糊性语言的集合

正如小说源于生活但又高于生活一样,法律语言亦来源于自然语言但又高于自然语言。"法律的语言是一种愈来愈远离'自然语言'的专业语言,是只有少数人才能解释和操作的语言。"我们常说"法言法语",即要求法律文本要使用规范的专业术语,语言的整体表达要符合法律行业的表达习惯。例如,法律语言不允许夸张、诙谐、讽刺、戏谑的表达,不允许一语双关,制造错觉。

语言是法律的载体,法律对人们行为的指引是通过语言来实现的。法律作为一国公民普遍遵循的行为准则,在理论上要求遵守者和适用者不因职业、经历、性别、教育程度的不同而对其产生不同的认识和理解。因此,立法语言中的同一词语、同一语言结构都应当向接受者传递特定的无歧义性的信息(1:268)。在法律实践中,法言法语的严谨性要求是实现司法公正的重要前提。立法语言是司法和执法的依据,因此,必须具有确定性。法律条文用以处理具体的社会行为,针对性强,必须做到准确无误(2:3)。准确性可谓是法律语言的灵魂和生命。只有准确、肯定的立法语言,才能充分有效地表达立法者的观念和要求,使所制定的法律为人们正确理解和认识,并保证法律的有效实施。

但不可否认的是,法律语言中还是采纳了大量的自然语言(或称日常语言、一般语言)。日常用语是多义的、不准确的。词语的含义是约定俗成的结果并经历了历史变迁。由于法律语言采纳了大量的日常用语,因此也必然继承了其不准确性及含义的变化性(3:96)。是故,"在法律中,绝对确定的概念是罕见的。"(4:133)大多数法律概念至少是部分地不确定。这是因为,法律调整的生活事实是多种多样、无法穷尽的。出于各种原因,法律条文和法律信条的数量则尽可能精简而且具备条理性。法律所调整的事实的无限性与法律规范数量的有限性要求之间的辩证关

---

* 原文载于《首都师范大学学报》(社会科学版)2013 年第 2 期。

系或者说矛盾必然在语言上产生如下结果:成文法规范必须包含普遍的、一般化的评价标准。尤其是在需要调整大范围的生活事实或者案件类型时,上述矛盾就更加明显。解决上述矛盾的手段有很多,使用不确定性的法律概念(Unbestimmte Rechtsbegriffe,如"适当的""相应的""过失""重大疏忽")即是其一。可见,在立法中必须有计划地使用不确定的法律概念,从而为相应的法律规则确立比较大的适用范围和裁量空间,法律也因此具备了灵活性。借助法律概念的这种开放性和不确定性,既可以将法律适用于新的事实,又可以适用于新的社会与政治的价值观。(3;85)

法律语言是精确性语言和模糊性语言的集合。而精确性和模糊性是人类自然语言的两个重要特征,反映了人类的思维特点。在法律语言中,精确词语的使用无疑保证了法律语言的准确性,但在特定情况下,使用模糊词语不仅可以起到精确词语不可替代的作用,还会使法律语言更加准确。反之,模糊词语用之失当,则会影响法律语言准确的铁定原则。[1] 换言之,法律语言正是在准确性和模糊性之间求得平衡。[2] 因此,研究法律语言的精确性,必须研究法律语言的模糊性;而研究法律语言的模糊性,也必然要研究法律语言的精确性。

二、法律语言的模糊性及其分类

所谓模糊性,就是人们认识中关于对象类属边界和性态的不确定性(5;12)。换言之,模糊性是事物在性态和类属方面的亦此亦彼性,亦即中介过渡性(6;84)。因此,语言的模糊性是指语言所表达的对象在类属边界和性态方面的不确定性。例如,"美"这个词,究竟何为"美",每个人心目中的标准是不一样的;人的"美"和花儿的"美"是不一样的,男人的"美"和女人的"美"也是不一样的。

英国哲学家罗素指出:"整个语言或多或少是模糊的。"[3]例如,颜色是一个连续体,因此我们很难判断有些色彩是否属于红色。语言具有模糊性,法律语言作为语言中的分支,自然也具有模糊性。

有学者根据模糊词性的不同,将法律语言的模糊性分为名词模糊、动词模糊、形容词模糊、副词模糊等。[4] 这里以《公司法》为例进行说明。模糊名词,比如《公司法》第18条规定:"公司职工依照《中华人民共和国工会法》组织工会,开展工会活动,维护职工合法权益。公司应当为本公司工会提供必要的活动条件。公司工会代表职工

---

[1] 贾蕴菁:《法律语言精确性与模糊性相应相异析》,《北京市政法管理干部学院学报》2002年第3期。
[2] 杜金榜:《从法律语言的模糊性到司法结果的确定性》,《现代外语》2001年第3期。
[3] 〔英〕贝特兰·罗素:《论模糊性》,《大洋洲心理学和哲学杂志》1923年第1期。
[4] 卢秋帆:《法律语言的模糊性分析》,《法学评论》2010年第2期。

就职工的劳动报酬、工作时间、福利、保险和劳动安全卫生等事项依法与公司签订集体合同。公司依照宪法和有关法律的规定,通过职工代表大会或者其他形式,实行民主管理。公司研究决定改制以及经营方面的重大问题、制定重要的规章制度时,应当听取公司工会的意见,并通过职工代表大会或者其他形式听取职工的意见和建议。"这里的"职工"就是一个模糊名词。德国学者黑克(Heck)将不确定性法律概念区分为"概念核"和"概念晕"(7:133)。"概念核"是确定的,而"概念晕"则是不确定的。例如,"物"这个法律概念,地产、家具是"物"是毋庸置疑的,但电力是不是"物"则是不确定的。同样,"职工"这个词,签订劳动合同的长期工人就是"概念核",无疑属于职工,但企业博士后流动站中的"在站博士后"则是"概念晕",他们算不算"职工"呢?这则是不确定的。如果说他们不是职工,但不少企业的博士后和其他职工一样每周五天、每天八小时在企业上班,工作的内容与其他员工基本没有区别,也按月领取工资。如果说他们是职工,但企业的博士后与一般员工的招收方式不同,与企业签订的协议不同,服务的期限不同。那么,企业的博士后是否应该加入企业的"工会"呢?企业的博士后是否有权参加"职工代表大会"呢?这则是不明确的。《工会法》对此也没有规定。模糊动词,比如《公司法》第36条规定:"公司成立后,股东不得抽逃出资。"何谓"抽逃"出资?"抽逃"出资有哪些表现形式?这则是模糊的,不确定的。需要有权机关根据个案来权衡。模糊形容词,比如《公司法》第52条规定:"有限责任公司设监事会,其成员不得少于三人。股东人数较少或者规模较小的有限责任公司,可以设一至二名监事,不设监事会。监事会应当包括股东代表和适当比例的公司职工代表,其中职工代表的比例不得低于三分之一,具体比例由公司章程规定。监事会中的职工代表由公司职工通过职工代表大会、职工大会或者其他形式民主选举产生。"在这里,"人数较少"中的"较少"、"规模较小"中的"较小"以及"适当比例"中的"适当"均是模糊概念。按说,人数、规模和比例都是可以量化的,但《公司法》却在此没有量化。模糊副词,比如,《公司法》第31条规定:"有限责任公司成立后,发现作为设立公司出资的非货币财产的实际价额显著低于公司章程所定价额的,应当由交付该出资的股东补足其差额;公司设立时的其他股东承担连带责任。"这里的"显著低于"也是模糊概念。它也是可以量化的,但在此却没有量化。

上述分类是按照词性的不同所做的分类,没有任何价值判断。因此,也难以判断法律概念的模糊性的正当与否。为此,需要引入另一种分类方式,即按照立法者意图的不同,法律语言的模糊可以分为:故意模糊、疏忽模糊和无意模糊。

故意模糊是立法者在立法时故意将法律语言模糊。这又分为两种情况,一种是为了节约立法资源而形成的具有正当性的模糊。例如,法律条文中经常出现的诸如"数额较大""情节严重""酌情处理"等没有十分确切、直观的含义,意义张力较大的"弹性法律语言"在不少情况下都是立法者的故意模糊,以使法律具有更大的适用性和生命力。还有一种是为了"设租"而导致的不具有正当性的模糊。即某些"立法者"在立法时故意将条文抽象化、原则化,留下较大的解释空间,等到适用时再利用保留的解释权实现其不当利益。媒体称之为"立法腐败"。

疏忽模糊是指立法者在立法时由于疏忽而导致的模糊。由于我国的立法习惯是"宜粗不宜细",因此,立法擅长模糊而不擅精确。例如,上述《公司法》第52条,如不想使"人数较少""规模较小"模糊,可以做如下规定:"下列有限责任公司,可以设一至二名监事,不设监事会:(一)股东人数低于5人的;(二)公司实收资本低于100万元的。"尽管其中的具体数字还可调整,但做到精确并不难。如不想使"适当比例"模糊,直接删去"适当比例"也无妨,即可以做如下规定:"监事会应当包括股东代表和职工代表,其中职工代表的比例不得低于三分之一,具体比例由公司章程规定。"

无意模糊是指立法者在立法时由于预见不能而导致的模糊。这是因为世界是无限的,而语言是有限的,有限的语言难以涵盖无限的世界。哈特在其《法律的概念》指出的法律的"空缺结构"(open texture)即属于此。哈特认为,由于语言本身的开放结构,任何选择用来传递行为标准的工具——判例或立法,无论它们怎样顺利地适用于大多数普通案件,都会在某一点上发生适用上的问题,将表现出不确定性,法律的空缺结构由此而成为法律的特征之一(8:127)。例如,在"禁止车辆进入公园"这一规则中,"车辆"的种类是一个开放结构,公共汽车、小汽车、摩托车是肯定不能进入公园的,这是确定的。但是,电动汽车玩具、婴儿车、滑轮车是否属于"车辆",能否进入公园呢?这又是不确定的。哈特认为,由于人类对事实的相对无知,以及对目的的相对模糊,无论何时,我们试图不给官员留下特殊情况下的自由裁量权的一般标准,而是清晰地、预先地调整某些行为领域,预先用规则加以规定,这些规则适用于特殊案件时无须进一步选择,这种概念法学、机械法学、法律形式主义的逻辑,在现实中必将陷入困境。

还有一种情况是立法时本来不模糊,而后来有关机构通过"法律解释"曲解立法原意而使法律看起来好像是模糊的。对此,我们应予以警惕。例如,《公司法》第142条第2款规定:"公司董事、监事、高级管理人员应当向公司申报所持有的本公司的股份及其变动情况,在任职期间每年转让的股份不得超过其所持有本公司股份总数的百分之二十五。"如此量化的规定本意是说公司董事、监事、高级管理人员所持有的本公司的股份可以至少分四年转让完毕,每年最多可转让百分之二十五。但中国证监会《上市公司董事、监事和高级管理人员所持本公司股票及其变动管理规则》和上海证券交易所《关于重申上市公司董监高管转让所持本公司股份的通知》、《上市公司董事、监事、高级管理人员、股东股份交易行为规范问答》却将这一规定解释为：上市公司董事、监事和高级管理人员每年可转让股份数量的基本计算公式为：在当年没有新增股份的情况下，按照"可减持股份数量＝上年末持有股份数量×25％"的公式计算；不超过 1000 股的，可一次全部转让，不受 25％比例之限制。以此推算，一个高管如持股 100 万股，则需要 25 年以上才能转让完毕。换言之，在中国证监会和上海证券交易所的上述法律解释（这里暂不讨论其是否有法律解释的权力）出台之前，《公司法》第 142 条第 2 款的规定是清晰的、确定的，但上述解释的出现使得《公司法》第 142 条第 2 款规定"模糊"了。

三、法律语言模糊性的弊端

法律语言适当的模糊具有正当性，但不加区分的、不加克制的模糊则有损法律的尊严和权威，从而也有损于法治建设。法律语言尽管是精确性语言和模糊性语言的集合，但精确性语言还是应占绝对优势地位的。人们之所以强调和追求法律的精确性，是因为法律语言的模糊会导致法律的模糊和不确定性，而法律的模糊和不确定性的局限和危害甚多。对此，我国长期从事立法工作的前国务院法制局副局长李培传则认为："立法用语不宜太原则。"(9:374) 这里的"原则化"即法律的模糊。对此，李培传指出，法律的文字表述应当具体明确，具有可操作性和实际可行。这样才能做到有法可依，并能解决实践问题。法律的规定如果太原则，不仅容易造成有法难依，难以解决社会生活中需要依法解决的实际问题，而且还会损害法制的尊严和权威。再者，由于法律比较原则，不同的人往往会对法律产生歧义，有不同的理解和解释，甚至有人会钻法律的空子，违反立法的原意和初衷。

法律语言的模糊所导致的结果就是将"剩余立法权"或"剩余立法解释权"授予了司法机关或立法机关，即间接的授权立法。这种授权立法在没有任何约束和控制的情况下，无疑是极为危险的，它极易导致行政权的专断和随意，甚至会有暴政的危险。在历史上，曾经出现过这样的教训。由于德国魏玛宪法时期，立法机关事实上几乎把自己的权力和职权转让予行政机关，不仅无限制地授权行政机关制定普通法律，而且也授权行政机关修改宪法，这一规定使法律和行政法规之间的分际从此泯灭，最终造成了希特勒的独裁(10:49)。因此在德国，鉴于这一教训，一直对授权立法非常慎重，以至于衍生出"授权立法的明确性原则"，并且，在德国的法律渊源中，没有像我国这样有"司法解释"和"部门规章"的概念。但在我国，在不少人的眼中，立法机关、司法机关和行政机关之间的关系，分工合作重于分权制衡。因此，对法律语言的模糊性所导致的间接授权立法问题没有足够的警惕。不但如此，他们反而认为，在我国由"法律—行政法规—部门规章"所组成的法律渊源结构中，法律的模糊，即不具体、不具有可操作性是法律富有弹性和生命力的表现，是正常的。具体、明确、具有可操作性是行政法规和部门规章甚至是规范性文件的任务，而不是法律的任务。这是一种非常有害的错误观念。

"立法腐败"中的个别官员就是利用这一盛行的错误观念在立法中隐蔽地植入其个人利益，宛如在别人的电脑中植入"木马"一样。既然立法的模糊是正常的，那么，规章的模糊也是无可厚非的，因为可以留待解释时由规范性文件甚至是口头解释予以明确。由于他们一方面是规章的制定者和解释者，另一方面又是审批者，集"国际足联"、"裁判员"与"运动员"的三重职责于一身。在制定规章时，他们故意将"游戏规则"模糊化，不具有明确的预期，令当事人无所适从。而当事人又不得不加入"游戏"中来，否则就会因未经审批而遭受严厉处罚。"游戏"开始，规则解释者随时都有可能通过解释权来改变"游戏规则"。而当事人要想通过"审批"，就必须向"裁判员""寻租"，以期使规则解释（尤其是口头的、不透明的规则解释）朝着有利于自己的方向发展。就这样，个别官员就可以顺理成章地通过规章制定时的"故意模糊"来"设租"了。这实际上是人治而不是法治。

最早崇尚法治的古希腊学者亚里士多德在反驳人治论时指出法律具有"稳定性、明确性"。美国学者埃尔金也说："法律必须精确表达立法者希望做到的事，以及履行的方式（1:30）。"德国学者魏德士认为，"只有具备语言上的精确性，法学才完成其在国家和社会中的使命（3:87）。"法律工作者总是不断地试图用尽可能精确的语言表述法律问题，希望借此来限制或排除可能出现的误解和错误含义。"法律工作者必须将其表达的精确性（Prözision）铭记在心（3:95）。"这些真知灼见在我国当下具有特别深刻的启发意义。

四、法律语言模糊性应予克制

我国在法制建设之初所遵循的立法原则是"宜粗不宜细"，这一原则反映了立法者希望法律简单明了、便于普及的良好愿望。对此，魏德士指出，法律语言应该简单明了，这种要求无疑是合理的。但是，它不能消除现代法律制度对非法律工作者而言无法理解的现象。发达的法律制度使得普通人更少有机会能够独立地获得可靠的评价或者在出现法律问题的时候，"靠自己（do it yourself）"采取措施。所以采用简略的法律语言反而可能加剧法律的不可理解性（3:95）。

"宜粗不宜细"的初衷本来是为了法律的普及，但实践证明，事实往往事与愿违。由于法律很粗糙，而有关机关在司法和执法时为了有章可循，因此，不得不出台大量的司法解释、"实施细则"和规范性文件予以细化，这样就造成了法律（狭义）的粗糙和司法解释、规章以及规范性文件的细致，人们在执法、司法和守法时，不得不援引这些司法解释、规章以及规范性文件,而不再援引法律(狭义),长此以往,法律(狭义)就会被悬空,变得空洞无物。

"宜粗不宜细"是一种良好的但不切合实际的愿望。由于现代社会的复杂性,法律也必然是复杂的,而不可能是简单明了的。"由于法律必须以切实可行的、符合法律系统的方式回应大量的、不断变化的问题和冲突,法就只能变得更加复杂并且捉摸不透。高度发展的法律制度难以理解并且'疏远人民',其本质的原因就在这里,而不在于语言问题。法的复杂性因此是现代国家的社会复杂性的镜子(3:95)。"因此,这一美好的愿望必须抛弃。而这,就要求对法律语言的模糊性予以克制,而不是大量地、不加节制地使用模糊性语言。

参考文献

朱力宇、张曙光:《立法学》(第三版),中国人民大学出版社 2009 年版。
杜金榜:《法律语言学》,上海外语教育出版社 2004 年版。
〔德〕魏德士:《法理学》,丁晓春、吴越译,法律出版社 2005 年版。
〔德〕卡尔·恩吉施:《法律思维导论》,郑永流译,法律出版社 2004 年版。
李晓明:《模糊性:人类认识之谜》,人民出版社 1985 年版。
苗东升:《模糊学导引》,中国人民大学出版社 1987 年版。
〔德〕卡尔·恩吉施:《法律思维导论》,郑永流译,法律出版社 2004 年版。
〔英〕哈特:《法律的概念》,张文显、郑成良、杜景义、宋金娜译,中国大百科全书出版社 1996 年版。
李培传:《立法论》,中国法制出版社 2004 年版。
〔印〕M. P. 赛夫:《德国行政法——普通法的分析》,周伟译,五南图书出版公司 1980 年版。
〔美〕斯蒂芬·L. 埃尔金、卡罗尔·爱德华·索乌坦:《新宪政论》,周叶谦译,生活·读书·新知三联书店 1997 年版。

[作者简介:徐凤,北京第二外国语学院应用英语学院副教授,研究方向为法律语言学。]

An Investigation of Lexical Causatives from a Cross-linguistic Perspective*

Changyin Zhou　Yue Ma

1. Introduction: Causative Types in the Three Languages

According to Wikipedia, in linguistics, a causative is a form that indicates that a subject causes someone or something else to do or be something, or causes a change in state of a non-volitional event. Comrie (1989) generalizes causative constructions into three types, namely analytic causatives, morphological causatives, and lexical causatives. Analytical causatives can be recognized as causatives with overt causative markers. For example, in the sentence I caused *John to go*, the causative event and the result are denoted *by cause* and *go* respectively. Morphological causatives are those in which non-causative predicates can be transferred into causative predicates via morphological devices such as adding affixes. For example, *red* can be causativised by being added suffix *en* to become a causative verb *redden*. Lexical causatives are those in which the alternation between the non-causative sentence and its causative counterpart is irregular. They can only be generalized lexically as indicated by the pair *kill/die*. Similar to Comrie (1989), Huang (2004) also categorizes Chinese causatives into three types, namely morphological, lexical and analytical causatives. Morphological causatives are very rare in Chinese. But we still can find instances like *lühua* in modern Chinese in which hua is a causative suffix. Typical causative markers in analytical causatives in Chinese are *shi*, *ling*, *jiao*, *rang* and so on. For example:
(1) Beijing yewan de shenghuo shizai ling tamen fachou.
"The night life in Beijing really makes them worry."

---

* 原文载于 *ISTP* 2013 年第 9 期。

In Chinese, accusative causatives belong to lexical causatives. They are constituted not by a causative marker but by a verb bearing causative meaning. For example:

(2) Yi zhi ququ fa le liang hu renjia.
"A cricket made two families get rich."

Another kind of lexical causatives are V-R compounds. For examples, *gexin*, *gailiang*, *zengqiang*, *jianshao* and so on. Besides, *de*-constructions, *ba*-constructions, verb-copy constructions, and ditransitive constructions are also included in the causative constructions.

Japanese causatives, according to Shibatani (1976), can be classified as follows:

(3)

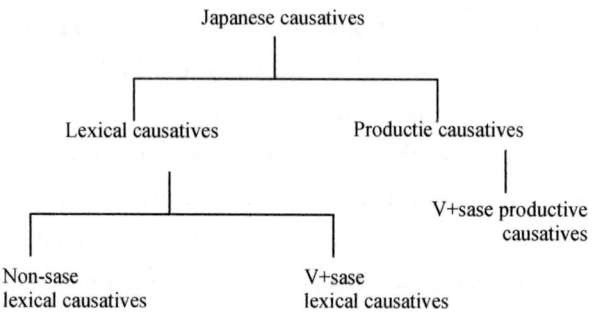

Shibatani (1976) classifies Japanese causatives into lexical causatives and productive causatives. He first takes causative verbs which denote causative meaning and have non-causative counterparts as lexical causatives and those which get causative meaning by combining with *sase* as productive causatives. However, the literature, over time, has identified that not all causatives where *sase* presents are productive causatives. V-*sase* sequences can be further divided into lexical causatives and productive causatives. For instances:

(4) Lexical causative

Taroo ga zisyoku-o niow-ase-ta.

"Taroo hinted at resignation."(Lit: "Taroo made resignation smell.")

(5) Productive causative

Taroo-wa niku-o koge-sase ta.

"Taroo caused the meat to scorch."

The lexical causatives and morphological causatives in Comrie's (1989) classification correspond to lexical causatives in Shibatani's (1976) classification because there is a verb which has a causative meaning inherently making the construction a causative in these types. Analytical causatives are actually productive causatives, both of which exhibit bi-clausal features and have overt causative markers. In this paper, we will analyze typical lexical causatives and productive causatives in English, Chinese and Japanese. Other causatives including resultative constructions, Chinese ba causatives and so on are not in our study scope.

2. Pylkkänen's (2008) Syntactic Model for Analyzing Causatives

Pylkkänen (2008) holds the view that causation is a relation between two events. In her framework, the functional head v_{CAUSE} is responsible for the introduction of causation while another functional head Voice is assumed to introduce the agent of the causing event. She employs the interaction between v_{CAUSE} and Voice to explain variations in causatives. Pylkkänen (2008) claims that two sources are key to the variations. The first source is the property of Voice-bundling. If v_{CAUSE} and Voice are independently realized as separate functional heads with each of them heading its own projection, then v_{CAUSE} is Non-Voice-bundling. If, however, v_{CAUSE} is syntactically realized as the bundle Voice-Cause, heading a unique causativizing Voice-Cause projection, then it will be Voice-bundling. She proposes the following structures to represent different realizations of v_{CAUSE} (Pylkkänen, 2008:84):

(6) a. Non-Voice-bundling causative

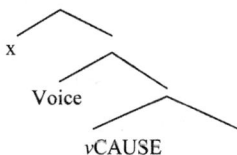

b. Voice-bundling causative

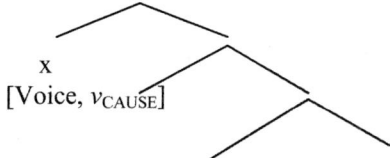

The other source for cross-language variations of causatives in Pylkkänen's (2008) framework is selection. Selection is about which kind of complement the functional v_{CAUSE} selects. Marantz (1997) proposes that "words" can be decomposed into category-neutral roots and category-defining functional heads, such as v (deriving verbs), n (deriving nouns) and a (deriving adjectives) and so on. Based on this proposal, Pylkkänen (2008) hypothesizes three kinds of complements which v_{CAUSE} can choose from, namely a category-neutral root, a verb or a phase:

(7) a. root-selecting causative

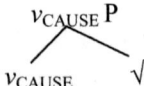

b. verb-selecting causative

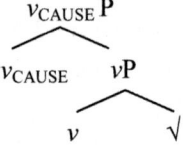

c. phase-selecting causative

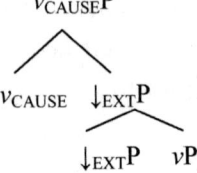

Combining Voice-bundling parameter and selection parameter, Pylkkänen (2008: 87) makes predictions as Table Ⅰ shows. These predictions provide diagnoses to test the Voice-bundling and selection possibilities of causatives in different languages. Next, we will adopt Pylkkänen's (2008) framework and these predictions to test and compare causatives in English, Japanese and Chinese.

3. Comparison of Lexical Causatives in English Japanese and Chinese

In this section, we shall make comparative analysis among English, Japanese and Chinese lexical causatives. Particularly, we shall specify whether Chinese is a

Voice-bundling or Non-Voice-bundling language and whether Chinese lexical causatives are root-selecting, verb-selecting or phase-selecting.

A. *Diagnoses on Voice-bundling*

1) *Possibility of causativizing unergative roots and transitive roots*

Chinese causatives share similarities with English causatives on impossibility of causativizing unergative roots and transitive roots while it is possible to causativize unergative roots and transitive roots in Japanese lexical causatives. This can be illustrated by the following examples:

(8) Chinese
    a. Unergative root:
      * Zhangsan ku le haizi.
      (Intended meaning: Zhangsan made the baby cry.)
    b. Transitive root:
      * Zhangsan xue le Lisi yingyu.
      (Intended meaning: Zhangsan made Lisi learn English.)

(9) English
    a. Unergative root:
      * John cried the baby.
    b. Transitive root:
      * John learned Mary Finnish.

(10) Japanese
    a. Unergative root:
      John-ga kodomo-o nak-asi-ta.
      "John made the child cry"
    b. Transitive root:
      John-ga Taroo-ni Eigo-o os-hie-ta.
      "John taught Taro English." (Lit: John made Taro learn English.)

So far, if investigated merely from the perspective of possibility of causativizing unergative roots and transitive roots, Chinese lexical causatives which display the same behaviors with English lexical causatives seem to be Voice-bundling and root-selecting. Next, we shall examine the possibility of causativizing unaccusative verbs to see whether Chinese lexical causatives are really Voice-bundling and root-selecting or not.

2) *Possibility of causativizing unergative roots and transitive roots*

Levin and Rappaport (1995) recognize four classes of unaccusative verbs, that is, verbs of existence, verbs of appearance, verbs of change of state, verbs of inherently directed motion. They also point out that, among these unaccusative verbs, verbs of change of state can undergo causative alternation while the rest three types cannot. However, it is found that all these four types of unaccusative verbs can undergo causative alternation in Japanese. As for Chinese, only change-of-state verbs and action-result compounds (resultative unaccusatives) can undergo causative alternation. First see the following examples:

a) *Change-of-state*

(11) English

    a. The chair broke.

    b. Mary broke the chair.

(12) Japanese

    a. Isu-ga kow-are-ta.

      "The chair broke."

    b. Taroo-ga isu-o kow-ashi-ta.

      "Taroo broke the chair."

(13) Chinese

    a. Chuan chen le.

      "The ship sank."

    b. Shuishoumen chen le chuan.

      "The sailors sank the ship."

b) *Verbs of Appearance*

(14) English

    a. A picture appeared on the screen.

    b. *The programmer appeared a picture on the screen.

(15) Japanese

    a. Eizo-ga gamen-ni raw-are-ta.

      "A picture appeared on the screen."

    b. Purogurama-ga gamen-ni eizo-o araw-ashi-ta.

      "Programmer made a picture appear on the screen."

(16) Chinese

    a. Pingmushang chuxian le yi fu hua.

       "A picture appeared on the screen."

    b. * Fangyingyuan chuxian le yi fu hua pingmu shang. (Intended meaning:

    "The programmer made a picture appear on the screen.")

c) *Verbs of Existence*

(17) English

    a. One hundred million yen remained in the bank account.

    b. * My father remained one-hundred million-yen in the bank account.

(18) Japanese

    a. Ichioku-en ginko koza-ni nok-ot-ta.

       "One hundred million yen remained on the bank account."

    b. Otosan-ga gubko koza-ni ichioku-en-o nok-oshi-ta.

       "My father made one-hundred million-yen remain on the bank account."

(19) Chinese

    a. Tai shang zuo zhe zhuxituan.

       "On the stage sit the presidium."

    b. * Gongzuorenyuan zuo zhuxituan tai shang.

       Intended meaning: "The staff made the presidium sit on the stage."

d) *Inherently Directed Motion*

(20) English

    a. The ship arrived at the Port of Hakata.

    b. * The captain arrived the ship at the Port of Hakata.

(21) Japanese

    a. Fune-ga Hakata foto-ni tsui-ta.

       "The ship arrived at the Port of Hakata."

    b. Sencho-ga Hakata foto-ni fune-o tsuk-e-ta.

       "The captain made the ship arrived at the Port of Hakata."

Table 1 The Interaction of Voice-bundling and Selection in Determining the Typological Properties of Causatives

	Voice-bundling	Non-Voice-bundling
Root-selecting	1. Unaccusative causatives are impossible. 2. Causatives based on unergatives or transitives are impossible. 3. No category-defining morphology can intervene between the root and v_{CAUSE}. 4. Adverbial modification below v_{CAUSE} must be root modification. *Example*: *English zero-causative*	1. Unaccusative causatives are possible. 2. Causatives based on unergatives or transitives are impossible. 3. No category-defining morphology can intervene between the root and v_{CAUSE}. 4. Adverbial modification below v_{CAUSE} must be root modification. *Example*: *Japanese lexical causative*
Verb-selecting *Example*: *Bemba eshya-causative*	1. Unaccusative causatives are impossible. 2. Causatives based on unergatives or transitives are possible. 3. Non-external-argument introducing can intervene between the root and v_{CAUSE}. 4. Adverbial modification below v_{CAUSE} (except agent-oriented) is possible.	1. Unaccusative causatives are possible. 2. Causatives based on unergatives or transitives are possible. 3. Non-external-argument introducing can intervene between the root and v_{CAUSE}. 4. Adverbial modification below v_{CAUSE} (except agent-oriented) is possible. *Example*: *Finnish -tta causative*
Phase-selecting *Example*: *Luganda and Venda causative*	1. Unaccusative causatives are impossible. 2. Causatives based on unergatives or transitives are possible. 3. All types of verbal morphology can intervene between the root and v_{CAUSE}. 4. All types of adverbial modification below v_{CAUSE} are possible.	1. Unaccusative causatives are possible. 2. Causatives based on unergatives or transitives are possible. 3. All types of verbal morphology can intervene between the root and v_{CAUSE}. 4. All types of adverbial modification below v_{CAUSE} are possible.

(22) Chinese

　　a. Zheli pa-lai yi-zhi wugui.

　　"A tortoise crawled here."

　　b. * Lisi pa-lai zheli yi zhi wugui.

　　　Intended meaning: "Lisi made a tortoise crawl towards here."

Pylkkänen (2008) admits the alternation between intransitive and causative break but disapproves the possibility of unaccusative causatives in English. Pylkkänen (2008) claims that unaccusative causatives are impossible in English lexical causatives but possible in Japanese lexical causatives. Japanese lexical causatives are always associated with an adversity meaning. In adversitivity causatives, the nominal argument is not interpreted as a causer of the event described by the

noncausative verb. In the adversity causative (23ii), Taro is not the causer of the event that His son died.
(23) Japanese
    Taroo-ga musuko-o sin-ase-ta.
    (i) "Taro caused his son to die."
    (ii) "Taro"s son died on him." (the adversity causative)
We find similar constructions in Chinese, for instances:
(24) a. Shuishoumen chen le chuan.
    (i) "The sailors sank the ship." (the ship is not the sailors")
    (ii) "The sailors were adversely affected by the event that their ship was sank."
    b. Lao Wang shi le yifu.
    (i) "Lao Wang caused the coat be wet."
    (ii) "Lao Wang was adversely affected by the event that his coat is wetted."

(25) a. Wang Mian si le fuqin.
    "Wang Mian"s father died on him."
    b. Kanshou pao le yi ge fan ren.
    "The guard is adversely affected by the event that a prisoner escaped."
Sentences in (24) are ambiguous as Japanese lexical causatives. Sentence (24a) has two kinds of interpretations. One is that "the sailors did something to the ship and as a result the ship sank". This interpretation is possible when the verb chen is used transitively. The other interpretation is that "something caused the ship to sink, and the sailors are adversely affected by the sinking of their ship." The adversity interpretation is available when the verb chen is used as an unaccusative verb. Unlike unaccusatives in (23), which can undergo alternation between intransitive and causative, verbs in (24) only have unaccusative use. Thus, sentences in (24) are unambiguously interpreted with an adversative meaning.
When Pylkkänen (2008) demonstrates the Non-Voice-bundling property of Japanese by analyzing Japanese adversity causatives, she firstly shows that the preverbal argument in the Japanese adversity causative is not an external argument. Then, she provides evidences for the causativity of Japanese adversity causatives. Finally, she shows that Japanese adversity causatives do not involve

an implicit external argument. We will follow these procedures to test if unaccusative causatives exist in Chinese. Pylkkänen (2008) proposes that passivization is an effective way to test whether the preverbal argument in the adversity causative is an external argument or not. As is shown by the following examples, passivizing sentences in (24) and (25) makes the adversity meaning lost:

(26) a. Chuan bei shuishoumen nong-chen le.

(i) "The ship was caused to sink by the sailors."

*(ii) "The sailors were adversely affected by the event that their ship was sank." (implicit affected argument)

b. Yifu bei Lao Wang nong shi le.

(i) "The coat was caused to be wet by Lao Wang."

*(ii) "Lao Wang was adversely affected by the event that his coat was wet."

(27) a. Fuqin bei Wang Mian nong si le.

(i) "Wang Mian's father was caused to die by Wang Mian."

*(ii) "Wang Mian's father died on him." (implicit affected argument)

b. Fanren bei kanshou nong pao le.

(i) "The criminal was caused to escape by the guard."

*(ii) "The guard was adversely affected by the event that the criminal escape."

Therefore, the subject shuishoumen "sailors" in the adversity construction of (26a) is not an external argument of the verb chen, but a derived subject. So do Laowang in (26b), Wangmian in (27a), and Kanshou in (27b).

The next step is to demonstrate that even though the adversity construction lacks an external argument, it has a causative meaning. This can be illustrated through the transformation relation between the adversity construction and the ba construction in Chinese. In Chinese, if a sentence has a corresponding ba construction, it is a causative since ba is the phonetic realization of v_{CAUSE} (Xiong 2004, Ye 2004). The adversity constructions indeed have their corresponding ba constructions:

(28) a. Shuishoumen ba chuan chen le.

(i) "The sailors made the ship sink."

(ii) "The sailors are adversely affected by the event that the ship sank."

b. Lao Wang ba yifu shi le.
(i) "Lao Wang made the clothes wet."
(ii) "Lao Wang was adversely affected by the event that the coat is wetted."
c. Wang Mian ba fuqin si le.
"Wang Mian"s father died on him."
d. Kanshou ba fanren pao le.
"The prisoner escaped and the guard was adversely affected by this event."

The above examples show that the adversity constructions we discussed are causatives. But the above adversity causatives in (28) are different from the regular ba-causatives where the subjects are causers. In (28a) and (28b), the regular causative meanings of the above ba constructions in which *shuishoumen* and *Laowang* are causers that are available when the verbs chen and shi are transitives while the adversity meanings in which *shuishoumen* and *Laowang* are experiencers that are got when they are unaccusatives. For verbs like *si* and *pao* which only have intransitive use but no transitive use, their corresponding *ba* constructions unambiguously have adversative interpretation. Thus, the key to distinguish regular *ba* causatives and adversative ba causatives is the transitivity of the verb they co-occur with. If the verb is transitive, the subject of its corresponding *ba* causative is a causer but it is an experiencer when the verb is intransitive.

Shen & Sybesma (2012) adopts *ba* constructions as the diagnostic of unaccusatives. According them, the real unaccusatives are Action-Result compounds. And they regard the lexical unaccusative verbs like *si*, *chen*, *bing* and so on as action-result compounds whose result-denoting part is incorporated with the action-denoting part within one word. Both these two types of unaccusatives have corresponding *ba* constructions. However, as they point out, the argument introduced by the causative head ba is a causer or cause in the corresponding *ba* construction of action-result compounds. But in the corresponding *ba* construction of lexical unaccusatives, the introduced external force is more circumstantial. For instances, in (29), the external argument *Mama* introduced by *ba* is the direct causer of the caused event "the food got overcooked". However, in (28a), *Wangmian* is not the causer of his father's death. He is an indirect causer. In another word, the functional head introduces an agent of the causing event in (29), but there is no such an agent in (28a). The reasons behind this difference are discussed by Shen & Sybesma (2012) and Shen & Sima (2010). First, the sole argument of lexical unaccusative is an internal argument whose thematic role is a theme, rather than an agentive external argument. Besides, lexical unaccusatives like *si*, *chen*, *bing* and so on have a semantic feature of [+voluntary]. That is, there is no agentive cause relation to the action described by the verb. Accordingly, the causative head *ba* is only able to introduce a circumstantial external force to lexical unaccusatives. By contrast, action-result compounds are derived syntactically. The action-denoting verb in the compound has an external argument. When we add *ba* into this construction, the external argument is transferred into a causer or cause. And since action-result compounds are [-voluntary], the external force introduced by the causative head should be a causer or cause.

(29) Mama ba fan zhuhu le.

"My mother made the food be overcooked."

Thus, in lexical unaccusatives, there is a causative meaning but no causer or cause while there are both the causer/cause and the causative meaning in action-result compounds unaccusatives. In another word, the causative head in lexical unaccusatives is Non-Voice-bundling while it is Voice-bundling in action-result compound unaccusatives. Moreover, parallel with what we discussed previously, some unaccusative constructions do not have corresponding *ba* constructions, therefore they are not unaccusative causatives. For instances:

(30) a. Verbs of Appearance

  * Zhangsan ba keren lai le.

  Intended meaning: "Zhangsan made the guest come."

 b. Existence

  * Zhangsan ba shui li you zhe yi tiao yu.

  Intended meaning: "Zhangsan made a fish swim in the water."

 c. Inherently Directed Motion

  * Zhangsan ba yi zhi wugui pai lai le.

  Intended meaning: "Zhangsan made a tortoise crawl towards here."

B. Diagnoses on Selection

1) Possibility on VP-modification of Caused Event
Pylkkänen (2008) has demonstrated that English and Japanese lexical causatives are root-selecting. In root-selecting causatives, VP-modification of caused event is impossible since there is only one place for VP-modifiers to attach to. This is proved in Japanese lexical causatives. The adversity interpretations diagnosing lexical causatives will disappear when a VP-modification modifies the caused event, for instance (Pylkkänen 2008: 108):
(31) Taroo-ga musuko-o isagiyoku sin-ase-ta.
　　(i) Taro bravely caused his son to die.
　　(ii) * "Something caused Taro to be adversely affected by his son dying bravely."
Similarly, VP-modifiers cannot attach below the causative head. Therefore, the following sentence is false if the agent John doesn't act in the manners described by the adverb grumpily (Pylkkänen 2008: 110):
(32) John awoke Bill grumpily.
In Chinese lexical causatives, we find that the adverbial scope is also unambiguous. The VP-modifier always modifies the agent of the causing event. For instances:
(33) Zhangsan canrende shahai le Lisi.
　　Zhangsan cruelly killed Lisi.
In sentence (33), the adverb canrende modifies the causer which is above v_{CAUSE} but not the causee which is embedded below v_{CAUSE}. Moreover, we also find that in the following causatives, adverbs can only modify the action of the agent but not the resultant state, for instances:
(34) Ta chadianer da le wan.
　　(i) "He almost performed the action of breaking the bowl."
　　(ii) * "He did something and as a result the bowl was almost broke."
(35) Ta qinqingdi guan le men.
　　(i) "He performed the action of closing the door gently."
　　(ii) * "He did something and as a result the door closed gently."
As the following diagram shows, there are two possible places for adverbs to attach to in a root-selecting causative. If the adverb is a verbal modifier, it must attach above v_{CAUSE}, that is, after the root turned into a verb. In this situation,

the verbal modifiers only modify the causing event unambiguously, such as grumpily in sentence (35). The other possible place for the modifier is the position of root. In this case, the modifier must be a root-modifier and it unambiguously modifies the resultant state.

To sum up, the adverbial scope of verbal modifiers in Chinese, English and Japanese lexical causatives is unambiguous, that is, VP-modification of caused event is impossible.

2) Possibility on Verbal Morphology Intervening between the Root and v_{CAUSE}

The next diagnostic is to test if verbal morphology between the root and v_{CAUSE} is possible. It is impossible in root-selecting causatives since any verbal morphology intervening between root and v_{CAUSE} would turn the root into a verb with which the root-selecting causative head cannot be combined. In verb-selecting causatives, a verbal morphology is required since the root has to be verbalized before being combined with the causative head. However, this verbal morphology should not be able to introduce an external argument, or it will form a phase with which a verb-selecting causative head cannot combine. In phase-selecting causatives, all types of verbal morphology are allowed between the root and v_{CAUSE}.

In Japanese lexical causatives, verbal morphology between the root and v_{CAUSE} is impossible. Pylkkänen (2008) proves this from two sources.

At first, as the following example shows, attaching a desiderative morpheme tai between the root and sase makes the adversity interpretation which diagnoses lexical causatives disappear:

(36) Taroo-ga musuko-o sini -taku-sase-ta.

  (i) "Taroo made his son want to die"

  (ii) * "Taro was adversely affected by his son wanting to die."

Secondly, even morphology indicating intransitivity is not allowed between the root and v_{CAUSE} in lexical causatives. She takes kogeru/kogasu "burn (intr.)/burn (tr.)" as an example. The intransitive form of the verb is derived by adding -e- to the root while the transitive form is derived by adding -as-. Pylkkänen (2008) argues that v_{CAUSE} is pronounced as when combining immediately with the root, as the following diagram shows:

(37)
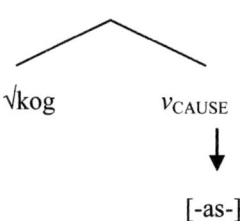

However, when v_{CAUSE} is not in a local relation with the root, it must be pronounced as sase. Such a nonlocal relationship is formed by merging the intransitive morpheme -e- to the root before merging v_{CAUSE}, as the diagram shows:
(38)
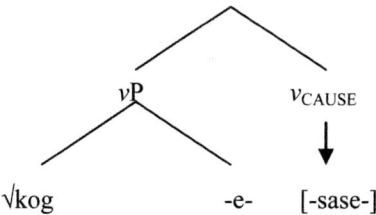

As a result, the complement of v_{CAUSE} in the above diagram is a vP, which is impossible for a root-selecting causative head to combine with. Pylkkänen (2008) proves verb-selecting causatives as shown in the above diagram is not lexical causatives. Thus, she proves that no verbal morphology can intervene between the root and v_{CAUSE} in Japanese lexical causatives which are root-selecting.

Further, she proves that English zero-causatives also disallow verbal morphology between the root and v_{CAUSE}. She shows that it is possible to causativize an intransitive verb that has some verbal morphology on it. For example:
(39) a. The metal hardened.
   b. John hardened the metal.

She assumes that en is homophonous between the intransitive and causative morphology as the following diagram shows:

(40)

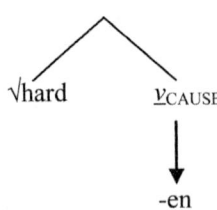

As to Chinese lexical causatives, the causative head is often with no overt pronunciation. And because Chinese is a language which lacks morphological derivations, it is difficult to find verbal morphology in Chinese. We only find one such a morphology, namely, -hua. An adjective can be derived into a verb by adding the verbal morphology -hua, for instances, chouhua, meihua, lühua and so on. Accordingly, these verbs also have a causative meaning. Thus, we can say that -hua is homophonous between the verbalizing morphology and causative morphology.

4. Conclusion

In this paper, we compare the Voice-bundling property and selection of complement of the causative head in Chinese, English and Japanese lexical causatives. English lexical causatives are Voice-bundling and root-selecting. Japanese is Non-Voice-bundling and root-selecting. However, it is difficult to classify Chinese lexical causatives into any group. On one hand, Chinese lexical causative share some similarities with English lexical causatives in that they both disallow an ungergative root embedded below v_{CAUSE}, but it indeed has some unaccusative causatives where v_{CAUSE} is present without Voice. On the other hand, unlike Japanese lexical causatives in which all unaccusatives can be causativized, not all unaccusative constructions are causatives in Chinese. This indicates that causatives in these three languages are typologically different. Chinese may stand as the third type of languages as far as Voice-bundling is concerned. We may call it Semi-Voice-bundling language. Causative heads of lexical causatives in Chinese, just like those in English and Japanese, are root-selecting as neither VP-modification nor the verbal morphology between the root and v_{CAUSE} is possible are possible in these three languages.

Acknowledgment

This paper is sponsored by the national social science fund of China (12BYY089) and the research base grant of theoretic and applied linguistics of BISU.

References:

L. Pylkkänen, *Introducing Arguments*, Cambridge, Massachusetts: MIT Press, 2008.

B. Comrie, *Language Universals and Linguistic Typology*, Chicago: University of Chicago Press.

S. P. Huang, and L. I. Su. "Iconicity As Evidenced in Saisiyat Linguistic Coding of Causative Events", Oceanic Linguistics, Vol. 44, No. 2. pp. 341−356, 2004.

M. Shibatani, "Causativization", in *Syntax and Semantics*, Vol. 5, M. Shibatani Eds. New York: Academic Press, 1976, pp. 239−294.

A. Marantz, "No Escape from Syntax: Don't Try Morphological Analysis in the Privacy of Your Own Lexicon". In A. Dimitriadis, L. Siegel, et. al. , Eds. Proceedings of the 21st Annual Penn Linguistics Colloquium 4. University of Pennsylvania Working Papers in Linguistics, Philadelphia: University of Pennsylvania, pp. 201−225, 1997.

B. Levin, & M. Rappaport H. *Unaccusativity: At the Syntax—Lexical Semantics Interface*. Cambridge, Massachusetts: MIT Press, 1995.

Z. R. Xiong, *Causatives in Mandarin Chinese*, Hefei: Anhui University Press, 2004.

X. Y. Ye, "Causative interpretations of the Ba construction", *Chinese Teaching in the World*, No. 2, pp. 25−39, 2004.

Y. Shen and R. Sybesma, "The Nature of Unaccusative Verbs and the Structure of Unaacusative Constructions", *Chinese Teaching in the World*, Vol. 26, No. 3, pp. 306−321, 2012.

Y. Shen and L. Sima, "Gei As a Syntactic Structure Marker and Its Transformational Relations with Verbal Structures", *Chinese Philology*, No. 3, pp. 222−237, 2010.

[**作者简介**:周长银(Changyin Zhou),北京第二外国语学院英语学院教授,研究方向为句法学、认知语义学。]

日语致使句中 NP2 成分隐现的语义研究[*]

王 鹏

引言

致使(causitive)是人类语言中普遍存在的重要语言概念。表达致使概念的句式叫致使句式,「サセル」句是日语典型的致使句式。一个完整的致使句包括:致使者＝NP1、被致使者＝NP2、原动词短语＝VP、致使动词四部分。以(1)(2)为例,原动词由自动词(2)和他动词(1)构成的致使句式,都包含这四个部分。

(1) お母さんは 太郎に 部屋を掃除させた。
(2) 　　　　 花子は 次郎を 泳がせた。
　　　　　　 NP1   NP2   VP＋(サ)セル

NP2 作为致使行为的承受者及 VP 主体是承上启下的环节,是句子的必有论元。但现实使用中存在(3)这种不出现 NP2 的句子。

(3)アレクサンドロス大王は、征服した東方世界に自分の名をとどめた都市を幾つも建設させた。　　　　　　　　　　　　　　　　　　　　　『死の思索』

(3)句中作为「アレクスサンドロス大王」命令的接受者和「建設する」的主体 NP2 没有出现,但(3)依然可以自足,是完整的句子。该类 NP2 隐现现象是在什么条件下产生的? 受到何种语义的影响? 本文以此为课题,通过考察大量语料,描写、分析 NP2 隐现与致使句语义类型及动词之间的语义关系,以求找到有效的答案。

一、相关研究的不足及本文的研究课题

现有研究中,涉及此类不存在必有论元 NP2 致使句的主要是在对不规则共现致使句式研究范畴下进行讨论的,其代表有:森田(1988)、定延(2000)、郑(2006)等。定延(2000)认为不规则共现致使句式的产生原因是"人对结果的焦点化"所

---

[*] 项目基金:"本论文系教育部人文社会科学研究青年基金项目"(项目批准号:11YJC740105)资助的阶段成果。

致。并通过所谓"霉变过程"(かび生)加以解释;而郑(2006)指出该现象的产生与人的 ICM 理想认知模式相关,句子中其他成分所带语义信息量已可自足,从而导致部分成分或过程"脱焦点化",不出现。讨论都是在不规则共现致使句式的大背景下展开的,因此未区分(4)类句与(3)类句。

(4)総隊長は瑠璃家との関係を修復させた。　　　『ブリーチ』

(4)与(3)不同,其动作「関係を修復する」的执行者就是「総隊長」,与对应的他动词句「総隊長は瑠璃家との関係を修復する」表达相同的事态。可以说,句子原本就不存在 NP1,而是「NP2＋VP＋(サ)セル」结构,是一种"致使动词的冗余(原文:使役の余剰)"(定延,2000)。而(3)中,根据「都市を建設する」的特征可以推断存在直接执行者 NP2,不会是 NP1 独立完成的,是 NP2"隐现"的致使句,构成「NP1＋(新信息)＋VP＋(サ)セル」结构。可见,"隐现"与"冗余"虽然都是不规则共现致使句,但是两者属于不同的形成过程和结构,因此有必要将"隐现"独立出来单独讨论。

其次,现有不规则共现致使句研究都是围绕在 NP1 由有生名词构成的致使句展开的。而致使句中还存在由表达原因的无生事件名词充当 NP1 的句子,此类致使句中 NP2 是否存在隐现现象,现行研究对此未做涉及。由此可见,有必要对日语致使句进行全面考察以求整体把握致使句中 NP2 隐现问题。

为此,本文通过调查大量 NP2 隐现实例,从以下三个方面对「サセル」句中 NP2 隐现问题进行分析。

① NP2 隐现现象与致使句语义类型的关系。
② 各类型中 NP2 隐现与原动词的语义关系。
③ 不同语义类型中隐现 NP2 的语义特征。

二、NP2 隐现与致使句语义类型的关系

一般认为致使句式「サセル」句具有多义性,其语义类型包括如下几种类型:
(5)お母さんが子供に部屋を掃除させた。　　　　　使令义 A
(6)両親は子供を望みの学校へ行かせた。　　　　　许可义 B
(7)女房に勝手にしゃべらせた。　　　　　　　　　任凭义 C
(8)なぜ、娘を自殺させることになったのか、夫婦は今も分からない。
　　　　　　　　　　　　　　　　　　　　　　　后悔义 D
(9)赤ちゃんに靴を履かせた。　　　　　　　　　　他动化 E
(10)先生の話しぶりの穏やかさが緊張しているみんなを和ませた。
　　　　　　　　　　　　　　　　　　　　　　　因果义 F

通过分析发现，NP2 隐现句的表达类型只包括使令义(A)和因果义(F)两类，不具有其他类型的表达特征。NP2 隐现句之所以不具有其他类型表达特征，笔者认为，这主要是因为 NP2 在"BCDE"中所起的作用更为重要，更为突出。如：(B)中必须以 NP2 有想要实现 VP 的意愿为前提、(C)(D)必须以 NP2 为主体的行为已经或即将发生为前提，而(E)中的 NP2 是动词的直接对象，与动词的语义更加紧密。与此相对，(A)和(F)则更加凸显 NP1 对 VP 的影响，NP1 可以越过 NP2，直接理解为是 NP1 触发了 VP。尽管客观上 VP 仍然是 NP2 直接发出的。

1. 使令义中的 NP2 隐现

使令义是「サセル」句的典型用法，NP2 是 NP1 指令的接受者同时也是 VP 的直接施事，起到承上启下的关键作用，是必有成分。如例(11)的「生徒たち」。

(11) 先生は生徒たちに本を読ませた。（自作例）

当 VP 结果成为焦点，且 NP2 为人所共知的一般常识性存在时，NP2 处于弱势地位，不出现更符合句子常态。如例(12)中 NP2 虽然未出现，但是句义并无不足，仍然是完整的句子。

(12) 建築家バルタールが最初に建てた中央市場は(中略)。ナポレオン三世はこれが気に食わず、取り壊させた。

『第二帝政全史』

例(12)中 NP2 虽然隐现，但我们能根据 VP 的语义推断出其存在。同时，NP2 隐现后，句子的表述类型也发生了变化。从原有"NP1 指示某人实现 VP"的"NP1 间接地导致 VP 实现"向表达"NP1 更直接地参与并促成 VP 实现"转变，与其原动词表达的他动词句的语义相似。如例(12)中，将致使动词换为原动词(「取り壊させる」→「取り壊す」)，句子依然成立，并且基本句义不变。这也可以证明 NP2 的弱势地位及其隐现必然性。

2. 因果义中的 NP2 隐现

「サセル」句的因果义概念包括所有由无生事件名词充当 NP1 的句子。典型 NP2 为表人名词充当的感事，还包括 VP 变化主体和"受某种诱因的影响实施 VP"的施事，如：

(13) 先生の話しぶりの穏やかさが緊張しているみんなを和ませた。（同引例 10）

(14) 雨期でもないのに降り続く雨は、大気を冷やして農作物を腐らせる。

『妖面伝説』

(15) 長引く不況が人々に買い物を控えさせてる。　　　（引自早津 2005）

上述三例因果义句中，NP2 分别为感事(13)「みんな」；变化主体(14)「農作物」；

施事(15)「人々」。只有 NP2 充当感事或施事时存在 NP2 隐现问题。如：

(16) こういう力強いリーダーシップを感じさせる言葉に、相手は信頼を寄せるものなのです。

『営業のトッププロが教える「その一言」で相手の気持ちを動かす技術』

(17) 下り酒専門の酒屋で、階下にはちょっと腰掛けて酒を飲ませる席も設けてあった。『冬萌え』

(16)(17)两例中「感じさせる→感じる」和「飲ませる→のむ」的行为主体 NP2 都发生了隐现。虽然根据动词语义可以判断出原本应存在 NP2，但我们很难明确地特定隐现 NP2 所指具体为谁，这一点与使令义句中的 NP2 隐现有所不同。同时，NP2 隐现后的因果义句不同于 NP2 隐现的使令义句，与原动词句存在表达同一相近事态的相似性，将(16)(17)中「感じさせる」「読ませる」换成原动词「感じる」「読む」后，句子不成立。这是因为此时的 NP1 是表示内心变化的原因(16)或动作的场所(17)，无法代替 NP2 充当 VP 的感事或施事。同时，NP2 隐现后的因果句与存在 NP2 的因果句比较，在表达类型上存在差异。如：

(18)a. 血の海が広がる場面は、生命の危機を感じさせる。

『ワンダーランドとしての人体』

　　　b. 血の海が広がる場面は、太郎に生命の危機を感じさせる。

(18)中的 a 与 b 相比，NP2 隐现后的 a 句带有一种超出个体感受、恒常性的性质状态的表达，超出了一般因果句所表达的致使事件特征；而添加 NP2 的 b 句，又恢复了作为事件性表达的特征。

三、NP2 隐现与 VP 动词的语义关系

NP2 隐现的使令义句和因果义句中，VP 动词的语义特征各有特点。

1. 使令义中 NP2 隐现与动词语义之间的关系

一般使令义句中的 VP 动词要求具有[+ 自主性]"原文：意志性"(佐藤，1986；89—169)]的语义特征。而 NP2 隐现与 VP 中动词的其他语义特征有关。

我们发现 NP2 隐现只出现在"主体动作客体变化类"他动词中。此外，同样为"主体动作客体变化类"的"所有关系变化动词"即授受动词类没有 NP2 隐现。发生 NP2 隐现的动词可细分为三类："客体状态变化类他动词"(取り壊す、連結する等)、"客体位移类动词"(運ぶ、引っ越す等)以及"生产类动词"(造る、築く等)。

(19) 建築家バルタールが最初に建てた中央市場は(中略)。ナポレオン三世はこれが気に食わず、取り壊させた。(沿用例12)

(20) 幕府は(中略)銀一万貫を江戸へ運ばせている。　『仇討ちの収支決算』

(21) 世継ぎは(中略)、陽の目も通わぬ山ふところの岩間に塔を造らせておいた。　　　　　　　　　　　　　　　　　　　　『スペイン中世・黄金世紀文学選集』

不仅动词，VP 整体也具有："需要复数施事者参与的大规模活动"语义特征。如上例中的「中央市場を取り壊す」(例 19)、「銀一万貫を江戸へ運ぶ」(例 20)、「塔を造る」(例 21)均为大型的、复杂的活动，常为人个人之力很难完成，往往需要群体即复数的直接施事才可以实施的事态。

2. 因果义中 NP2 隐现与动词语义之间的关系

因果义句 NP2 隐现时动词语义可以归纳为"与人的认知、感知密切相关的动词"。其中包括由部分"心理动词"和部分与人的心理和生理密切相关的动作动词类。具体包括以下几种类型动词。

(1) 心理动词类

A. 感觉感知类动词

表达"触觉、味觉"等与人的感知相关的动词，包括「感じる、味わう」等。其中尤其以「感じさせる」最为典型，用例最多。在本文所调查语料之一的"青空文库"网络版的检索中分别检索到了 388 条用例，其中，242 例为 NP2 隐现句。

(22) このことは、社会的リスクをきちんと制御できる社会が実現するのではないか、という希望を感じさせます。　　　　　　『社会を変える会計と投資』

(23) 孤独は不安を感じさせることに恐怖がある。『夫と妻のための老年学』

B. 思考类动词

描写人类思维认知活动的动词，其代表有「思う、想像する」等。其中「思わせる」用例数量最多，NP2 隐现频率也最高。在对"青空文库"网络版的检索中，共找到 385 条用例，其中 296 例都为 NP2 隐现例。

(24) 湖面を想像させる冷い硝子の発散気を透して、ほの青く照り出された大きな官庁の建物がある。　　　　　　　　　　　　　　　　　　『母子叙情』

(25) 序盤戦は苦手を連破し、「殻を破ったか」と思わせながら、6日目から4連敗。
(http://www.asahi.com/sports/spo/TKY201001190139.html)

(2) 与人的心理和生理密切相关的动作动词类

C. 理解认知类动作动词

理解认知类动作动词指的是表达人类具体认知活动的动作动词。如：「読む、聞く」等。该类动词虽然具有较强的动作性，同时兼顾表达人类认识感知世界的行为。NP2 隐现的句中，VP 都是以一般现在时态出现。

(26)しかしこれがなかなか読ませるのだね。『小説道場』
(27)…風車　風船・音を聞かせる玩具…ガラガラ　笛・眺めて音を聞く玩具…
　　　　　　　　　　　　　　　　　　　　　　『新・乳児の発達と保育』

另外,由动词「読む」构成的「読ませる」还有一个特殊用法,即用「(内容:字)～を(读音)～と読ませる」表达"某某字读作某某"之意,用于说明字的读音的用法。比如:

(28)南阿弥陀仏と無の字が抜けて、南をナムと読ませた(○読んだ)四、三メートルもある大きな一枚岩の碑だ。　　　　　　　　　　　　『甲州道中を行く』

『大辞林第二版』中对「読む/訓む」一词有「漢字に訓を当てる(给汉字标音)」这一释义。「読ませる」的这一用法与此比较接近,常可与之互换。并且,此类固定用法中,NP2 隐现时,VP 有时也以非一般现在时态出现,如(28)中的「読ませた」。

D. 意志性生理动作动词

意志性生理动作动词指的是「食う、飲む」等与饮食相关的动作类动词。在笔者的调查中,这类动词中出现 NP2 隐现的都是与人的味觉相关的动作类动词。

(29)そこにはメキシコ料理というものがあって、そのメキシコ料理を食わせるメキシコ料理店はあまたある。　　　　　　『強者の平和弱者の反戦』

E. 无意志生理动作动词

无意志生理动作动词指的是「笑う、泣く」等描写人的无意志的生理动作的动词。此类动作多与人的心理密切相关,因此其主体具有感事特征,并且日语中一般认为该类动作是自发的生理行为,人的意志很难控制。由于原本都为自动词,因此在 NP2 隐现后所剩的 VP 部分只有动词本身,并且句子均为一般现在时。

(30)被害者は誰れか。姓は伏せるが、その名前が泣かせる。「ジロウ」ってんだもんね。　　　　　　　　　　　『プロ野球を20倍楽しく見る方法』

F. 意志性动作动词

在我们的调查中还有一些意志性动作动词,如例(31)中的「走る」等也出现了 NP2 隐现的现象。这类动词表达的是可受人意志控制的行为,与 D 类动词不同的是它与生理无直接关系。但也表达了人的某种经验。在由这类动词构成的发生 NP2 隐现的因果义致使句中,VP 在形态上均为"セル・サセル"的一般现在时态。如:

(31)酒を飲ませる店であったり女を抱かせる店だったりするが、それは博多でも長崎でも変わることはない。　　　　　　　　　　　　　　　『波濤剣』

NP2 隐现的 CDEF 类句中,NP1 具有"VP 行为的载体、提供者和拥有者"的特征。如:(29)「メキシコ料理を食わせるメキシコ料理店」中,NP1「メキシコ料理店」是「メキシコ料理を食わせる」的提供者和拥有者,(27)「音を聞かせる玩具」中的

"玩具"也是「音を聞かせる」的载体,(30)的「その名前が泣かせる」中的 NP1「その名前」也同样可以理解为「泣かせる」的提供者或特征的拥有者。这种 NP1 与导致 VP 结果的拥有者和被拥有的关系,可以理解为 NP1 自身所具有的一种能力,NP1 与 VP 构成了"能力的拥有者—某种特定能力"的结构关系。这种"某一事物所具有的某种能力"是属于可能范畴。因此我们说"能力拥有者—某种特定能力"结构的 NP2 隐现 CDEF 类句子带有表达可能语义的色彩。事实上,我们将句中的「(サ)セル」换成原动词的可能态后,句义基本相同。如:

(32) メキシコ料理を食わせるメキシコ料理店→メキシコ料理が食えるメキシコ料理店

音を聞かせる玩具→音が聞ける玩具

その名前が泣かせる→その名前が泣ける

四、使令义中隐现的 NP2 与因果义中隐现的 NP2 的差别

使令义与因果义虽然都存在 NP2 的隐现,但是两者隐现的 NP2 语义特征上有所不同。即:使令义中隐现的 NP2 是具体存在的,具有明确指称性的特指成分。而因果义中的 NP2 不是具体的存在,没有明确指称性的泛指成分。

就使令义句中 NP2 隐现而言,如例(19)(20)的 NP2 虽然没有出现在句中,但是根据前后成分的语义特征,可以推断出分别为「兵士たち」和「運ぶ人」。所以可以说使令义中隐现的 NP2 都是一个具有特指特征的具体成分。只不过它作为一般共识不是文中的活跃成分,而是一个脱焦点成分。这是 NP2 隐现的最重要的语义特征。但同时还有一些因素会影响 NP2 隐现的难易度。比如当 NP2 具有群体性(即复数概念)时,较单数更容易隐现。这一点如果和 NP2 隐现句中 VP 及 NP1 的语义特征结合考虑的话非常容易理解。如在例(12)、(33)等典型 NP2 隐现的例子中,NP2 都具有这一特征。

(33) 井上は、銀行の裏にテニス・コートをつくらせ、自分も毎日のように、コートに下りた。　　　　　　　　　　　　　　　『城山三郎全集』

(34) 信子が来て、女一人の部屋がなくては困るので、洋之介は書斎を仕切って四畳半の部屋を<u>大工</u>に造らせた。　　　　　　　　　　『蕁麻の家』

例(34)中的"大工"与例(33)相比,更倾向于做单数理解(即使不是做一个人理解,至少人数也是非常少的),因此相对较易出现在句中。

另外,当 NP2"专业性"较强时,相对于该方面特征不明显的或者是非专业的 NP2,更容易隐现。比如:

(35) a.洋之介は四畳半の部屋を<u>大工</u>に造らせた。

b.洋之介は四畳半の部屋を隣人に頼んで造らせた。

相比而言，(35)a 中的 NP2「大工」较(35)b 中的 NP2「隣人」更容易隐现。这是因为在人的大脑知识库中，「大工」与「部屋を造る」具有一般默认的紧密关系，由「部屋を造る」这一信息激活「大工」要比激活「隣人」更为省力。相反地，由于「隣人」与「部屋を造る」关系只是临时性的新信息，不会自发地被大脑知识库激活。因此，「大工」要比「隣人」更容易根据句子结构表达目的需要被隐现。

而与使令义致使句不同，因果义致使句中隐现的 NP2 虽然也是脱焦点化成分，但是其所指并非一个具有特指特征的具体对象，而泛指的是"人类整体、所有人"，是一个泛指成分。如：

(36)このことは、社会的リスクをきちんと制御できる社会が実現するのではないか、という希望を感じさせます。　　　　　　　　　　　　　　（沿用例 22）

句中隐现的 NP2 并不特指任何一个人或任何一类人，而是指的是所有人都能够从原因「このこと」中得出「～という希望を感じる」的结论。

另外，从 4.2 中可以看到，因果义句中 NP2 隐现出现最多的是 VP 由感觉感知类动词或思考类动词构成的情况，可以说隐现的 NP2 大多都是感事。这也是与使令义句中 NP2 不同的特征之一。

总结

本文通过对日语语料的考察，对 NP2 隐现现象进行了较全面的分析。指出 NP1+（新信息）+ VP+ サセル结构的 NP2 隐现现象存在于使令义和因果义中。进而着重考察了 NP2 隐现与动词语义类型及 VP 语义特征之间的关系。指出使令义中 NP2 隐现发生在动词为"主体动作客体变化类"的句中，并且 VP 具有"需要复数施事者参加的大规模活动"时，最容易发生隐现；因果义中 NP2 隐现时动词具有"与人类认知、感知密切相关"的语义特征，隐现后的因果句事件表达类型特征淡化，进而带有了"超出个体感受、恒常性的性质状态"表述的句子类型上的特征。

最后对使令义和因果义中隐现 NP2 加以区分，指出使令义中隐现的 NP2 是现实存在的特指成分，一般具有群体性和专业性；而因果义中隐现的 NP2 并不是一个具体的存在，而是泛指成分，泛指所有人、人类整体。

NP2 隐现因果句所呈现出的"超出个体感受、恒常性的性质状态"的属性表述类型的特征是否存在程度上的差别？受何种语义特征的影响？这种从事件表述向属性表述的转化致使句式是否存在于其他语言中？这些都是本文尚未解决的问题，有必要进一步研究。此外，语义分析只是对 NP2 隐现提供了可能性。而何时需要隐现还要通过新的视角加以分析。

参考文献

　　Comrie.Bernard 1981(1989)松本克己他（訳：）Language Universals and Linguistic Typology.『言語普遍性と言語類型論』、ひつじ書房
　　工藤真由美(1995)：『アスペクト・テンス体系とテクスト―現代日本語の時間の表現―』、ひつじ書房
　　定延利之(2000)：『認知言語論』、大修館書店
　　佐藤里美(1986)：「使役構造の文(1)―」言語学研究会編『ことばの科学1』、むぎ書房
　　佐藤里美(1990)：「使役構造の文(2)―因果関係を表現するばあい」、言語学研究会編『ことばの科学4』、むぎ書房
　　外崎淑子(2005)：『日本語述語の統語構造と語形成―意味役割の表示と常態述語、心理述語、使役構文からの提言―』、ひつじ書房
　　早津恵美子(2005)：「第5章　使役表現」、尾上圭介編：『朝倉日本語講座6　文法Ⅱ』、朝倉書店
　　鄭聖汝(2006)：『韓日使役構文の機能的類型論研究―動詞基盤の文法から名詞基盤の文法へ―』、くろしお出版
　　森田良行(1988)：『日本語の類義表現』、創拓社
　　王鹏(2010)：《日汉使役句的对比研究——以被使役者论元隐现问题为课题》，北京外国语大学。

［**作者简介**：王鹏，北京第二外国语学院日语学院副教授，研究方向为语义学、汉日对比语言学。］

文学篇

西方文学研究的"伦理转向"[*]
——功能类型及研究焦点

龙　云

　　从20世纪中期起，人们在关注国家间、民族间与阶级间的关系之余，开始更多地思考个人和社会的关系。西方思想界在苏格拉底之后，哲学的核心问题也由对宇宙自然本原的探讨转变为对人世间道德伦理、科学知识的研究。1996年威尔士大学（University of Wales）召开"文学与伦理"（Literature and Ethics）国际研讨会，正式拉开了文学研究"伦理转向"的序幕。与会学者各抒己见的同时，纷纷开始思考为何长久以来伦理视角并没有被作为一个实质性要素列入文学批评方法中来。美国当代著名哲学家、社会批评家马萨·努斯鲍姆（Martha Nussbaum）分析了文学批评理论中"伦理缺场"的原因，她认为当下从哲学层面展开的文学研究仅仅是将研究视野局限在认识论和本体论上，依据的哲学理论往往集中在尼采和海德格尔的思想观点上。马萨·努斯鲍姆感慨斯图尔特·密尔（John Stuart Mill）的时代之后人类生活中的伦理思索趋于衰微，文本逐渐陷入一种自满自足的封闭状态，她指出文学研究"伦理转向"的核心应该转向道德哲学，提议人们将关注焦点转向约翰·罗尔斯（John Rawls）、伯纳德·威廉姆斯（Bernard Williams）以及托马斯·内格尔（Thomas Nagel）的哲学思想，因为处于现代精神困境羁绊中的人们唯有通过道德哲学才能实现自我拯救。

一、文学研究"伦理转向"的两个发展阶段

　　20世纪七八十年代文学批评的"伦理转向"在美国学界出现并迅速发展，当时许多学者纷纷在《伦理学》（*Ethics*）和《新文学史》（*New Literary History*）等期刊撰文论述文学和伦理之间的关系，这预示了文学伦理学研究的兴起。安尼特·拜尔（Annette C. Baier）、玛莎·努斯鲍姆（Martha Nussbaum）、科拉·戴蒙特（Cora

---

[*] 原文载于《外国文学》2013年第11期。

Diamond)、韦恩·布斯(Wayne Booth)、查尔斯·阿尔提艾瑞(Charles Altieri)、理查德·艾尔德瑞支(Richard Eldridge)、默瑞·克里格(Murray Krieger)等都是开启西方文学伦理研究的领军人物,这一时期的文学伦理研究主要在文学的范畴内探讨伦理与艺术形式的关系和表征。90 年代相继加入到文学伦理研究大潮中的学者包括理查德·罗蒂(Richard Rorty)、斯坦利·卡维尔(Stanley Cavell)、阿拉斯代尔·麦金泰尔(Alasdair MacIntyre)等,这一时期的研究特点是文学研究的疆域得以扩大,文学伦理研究推进了文学研究融合文化研究的新范式。值得关注的是,掀起文学研究"伦理转向"浪潮的学者中绝大多数人的研究领域并非是文学,而是哲学或社会学,这有力地推动了文学研究的跨学科视野,同时深化了文学研究的思想内涵。

1. 艺术层面:伦理推进一种"复调艺术形式"

文学研究"伦理转向"的初期,学者主要是在艺术层面来界定伦理在文学中发挥的作用。当代道德哲学家安尼特·拜尔认为伦理是一种"复调艺术形式"(polyphonic art form),这一观点借用了复调音乐的概念。复调音乐是指一个多声部的音乐,复调艺术形式则是由于人们对于伦理道德的判断立场不尽相同,因此对于文本中的伦理道德内涵的理解和评价也呈现出差异性。虽然复调音乐中各个音部的音乐都有其自身独特的旋律,但和声却是和谐动听的。安尼特·拜尔的复调艺术形式和复调音乐一样,追求的是个性形式下的一致效果,也就是说虽然伦理道德内涵的理解会因个体差异存在不同意见,但文本的伦理功能却是不置可否的。例如安尼特·拜尔提出的"信任伦理学"(ethics of trust),主张打破现今社会中女性在选择和自尊方面所遭受的种种限制,提倡人际间的相互鼓励和宽容,并为女性自由选择的正当性进行了辩护。拜尔同时指出,选择自由不可能是在孤立的境况下的自发行为,强调了人与人之间以及社会结构间的关联。拜尔的"信任伦理学"旨在关注女性在社会中各种关系的本质,这一思想拓展了女性主义研究的维度,从女性主义伦理学视角重新审视了女性的身份和地位问题,明确了女性理想的社会价值的实现路径,即现代女性需要在伦理道德价值的基础上更加关注责任,强化自身在社会中的使命感(Baier:59)。女性主义伦理学研究其实是一种深层次的女性主义分析,因为从女性主义伦理学视角提出的问题必须从问题产生的社会和政治现实背景中来进行解答,女性主义伦理学并不是仅仅关注个体道德的一种理论,它同时也强调一种具有相互关联性的社会结构。由此可见,伦理推进一种"复调艺术形式"的内涵是指文本从伦理层面上更加贴近社会现实的思考,从而推动读者深入理解文本的主题内涵。

美国当代杰出的哲学家玛莎·努斯鲍姆坚定地指出文学是承载道德哲学的必

要介质,她主要从文学体裁的层面论证了小说是表述伦理观点的有效途径,并围绕小说形式及其如何展现道德哲学的思想内容展开了探讨。在努斯鲍姆看来,研究文本中伦理道德问题的焦点在于关注作品所反映的"如何生活"的伦理态度,以及作品是通过何种途径和手段来表现这种态度的。努斯鲍姆认为小说是一种具有生命力的艺术形式,只有通过小说的事件叙述,指导人们如何生活的道德原则才有可能被充分地传达出来,因此文学研究应当关注小说形式本身呈现了怎样的人生意识,以及读者从文本中产生了怎样的感受与想象(1990:24—25)。她在后来的《诗性正义:文学想象与公共生活》中特别强调人们对于"灵魂的敬重"也是通过小说这种文学体裁加以传递的,强调了文学具有道德指引的功能(1996:242)。简言之,文本特别是小说具有培养人们生活态度、同情心和道德判断的能力。

2. 文化层面:伦理推进一种范式的改变

随着文学研究"伦理转向"的不断发展,以理查德·罗蒂为代表的一批哲学家认为伦理扩展了人们的道德想象力,实现了文学研究范式从文化实证主义(the culture of positivism)向文化实用主义(the culture of pragmatism)的转变。作为美国自詹姆斯和杜威以来最著名的哲学家,罗蒂曾在弗吉尼亚大学文学系授课,后来在斯坦福大学的比较文学系任教,他将哲学理论与文学研究有机地结合起来。罗蒂认为文学中的伦理思想具有教化功能,教化的结果是指导人们实现自我创造与自我完善。罗蒂把"人类将如何发展"作为一项人类共同反思和追问的论题,主张建立一种自由、民主、宽容的社会。他认为只有在这种伦理诉求的激励下,文学和科学才有可能取得长足的进步,个性才能够得以充分地发扬。他指出,对于实用主义者来说,"启蒙运动的种种理想的价值就是由它们创造出来某些制度和实践的价值。"(114)这一论断意味着他希望超越个体伦理情感和伦理直觉,立足社会层面来对伦理价值作出评判,这其实表明了一种寻找秩序的努力。在罗蒂的理想社会中,人人都有追求自由的权利,但一个人的道德价值的实现还取决于与他人和社会的关系联结。罗蒂将小说进行分类,分为社会主义小说,如厄普顿·辛克莱、辛克莱·刘易斯、詹姆斯·法雷尔、埃弥尔·左拉、西奥多·德莱赛以及道德成长小说,如普鲁斯特和托马斯·曼迪,并且对这些作家进行了领域划分,如左拉属于公共道德领域,而普鲁斯特则倾向于个体道德领域。罗蒂的文化实用主义表现在文学兼具自我精神启迪和社会利益导向的功能,并且能够将社会传统的伦理思想和道德良知内在化。也就是说,现代伦理道德思想依旧带有传统价值观念中道德理想和伦理精神的判断标准的痕迹,文本承载着将道德向大众传播和影响的功能。基于道德传承的相似文化和相似经历能够促进道德实践在个体间的伦理向心力,通过提升个体的道德自律来推动社会整体的进步。

二、文学伦理功能的类型

事实上,文学研究的"伦理转向"自出现以来,许多文学理论批评方法都对文学伦理批评采取一种缄默的态度,有的甚至对文学研究采取伦理立场的可行性表示怀疑。例如马克思主义批评就对文学伦理批评持有矛盾态度,伊格尔顿(Terry Eagleton)在《批评与意识形态:马克思主义文学理论研究》(1976)中,借助评价阿尔都塞和马舍雷二者艺术的意识形态性指出艺术文本并非反映历史的真实,它是通过意识形态的作用来生成一种真实,这表明意识形态参与构建了文学作品意义的生产。然而,他在《意识形态导论》中又将意识形态形容成一个狭隘的概念,"是符号、意义和价值观用以表现一种支配性社会权力的方式。"(1991:221)此时伊格尔顿削弱了意识形态的地位,坚持社会存在对意识形态起决定作用。后来伊格尔顿在《文学理论导论》中又直接将文学视为一种意识形态,旨在揭示文学判断背后的深层决定性因素,并利用意识形态来分析文学艺术和社会历史的关系,指出文学可以"对社会权力提出质疑"(2004:19-20)。另外,即使在同一种批评方法内部也存在对文学伦理批评的分歧,例如同为马克思主义学派的弗雷泽·詹姆逊(Fredric Jameson)在《政治无意识》中先是声称"他所在时代的主导性批评模式是伦理批评。"(59)随后却又认为马克思主义叙事才是主导性叙事,詹姆逊虽然承认阅读的传统阐释功能,但却否认政治主题与伦理之间存在关联,而是坚称探讨政治主题的同时恰恰是对伦理的解构。詹姆逊的观点将二元对立普遍化,认为伦理无非是霸权积极权力意志(will-to-power)的一种意识形态面具,从这一点来看,伦理最终沦为政治背后的隐含所指,伦理的特质在于对政治立场的判断性。

女性主义批评和新马克思主义一样都侧重文学伦理的政治功能,而对其关涉人际关系间的生命存在而有所贬损。其实无论哪一种伦理,政治反思后的最终归旨都是"人类应该如何生活"。事实上,任何时期都不可能出现伦理关注彻底匮乏的状况,只不过在其他主导性批评的遮蔽下,文学伦理呈现出一种含蓄性的显现方式。正如韦恩·布斯在《我们所交的朋友:小说伦理学》中所言,无论是女性主义批评、马克思主义批评、结构或是解构批评中,都需要在"头脑中进行伦理层面的思索。"(1988:5)

由此可见,虽然各派学者对文学伦理批评持有的态度不一而足,但一般来说主要概括为两派观点。一派是马克思主义学派为代表的伦理政治论,一派是韦恩·布斯为代表的伦理普遍论。换句话说,文学的伦理功能一般分为政治伦理和生活伦理两种。政治伦理通常以种族、性别、阶级以及性行为等作为主要研究对象,生活伦理则是关于我们应该如何生活的探讨,即文本对人们道德感的培养。无论两种功能存在怎样的差异,"政治思想和社会生活在整体上紧密联系在一起。"(卡尔·曼海姆:127)因此在文学伦理批评面对分歧和质疑时,采取一种"既—又或两者都"(both-and)包容式的处理方式远远胜过在"政治为导向"还是"文学为导向"之间进行的无休止的争执。

三、文学伦理研究的焦点

　　基于文学伦理功能具有政治和生活的双重属性,文学伦理批评研究的焦点一般分为两类。一类是以"政治为导向"的批评实践,立足于当时的社会背景,从分析和批判中总结伦理观念的变迁,同时也以现今的眼光进行重新审视,从以往的伦理观念和伦理精神中有所借鉴。换句话说,就是将文本放置在当时的背景中加以审视和判断,并分析其在当今时代是否仍具有适用性和影响性。这种文学伦理批评的文本实践包含三个层面:(1)确立和把握不同阶段文学作品中的伦理主题,如婚姻自主、人性解放等,并用当时的社会规范来审视文本中的伦理道德现象,从而进一步了解当时的人文风俗,这种文学批评的最终落脚点还是当时的社会规范和准则;(2)如果历经历史的演变,古今的伦理标准保持基本一致,研究的意义在于对伦理规律的探索和挖掘;(3)如果伦理价值标准发生了变化,则可以从中追溯造成伦理观念变迁的原因和意义。同一事实在不同伦理环境和道德条件下有可能具有不同的意义,通过比较不同的伦理价值我们可以从中获得启发和思考,并且有所借鉴。对于文学研究者来说,需要遵循的原则是:首先注意不能混淆社会的真实和艺术的真实,而是要将两者分开对待;其次要在历史的客观环境中去分析、理解和阐释文学中的各种道德现象;再次各个时期的伦理标准虽然不是一成不变的,但仍具有相对稳定性。这类文学伦理批评需要设定在一个历史范畴中进行。

　　另一类是以"生活为导向"的批评实践,立足于文本的道德思想如何指导人们的精神性生活。玛莎·努斯鲍姆在明确了文学伦理功能的两种类型之后,特别指出文学伦理研究的侧重点在于作者的道德思考。事实上,围绕文学创作活动和道德生活之间关联的探讨一直在文学伦理研究中占据主导地位,也是西方文学伦理研究的热点。例如利维斯(F. R. Levi)认为文学创作和道德生活的关联的源头最早可以追溯到布莱克的思想——"人类对于创造力认识的过程同时也是对人类责任的认识过程。"(59)约瑟夫·哥尔德(Joseph Gold)以狄更斯作品为例分析了文学创作活动与道德生活的关联,即文学的道德表现力。韦恩·布斯在《我们所交的朋友:小说伦理学》中强调"艺术家具有一种道德义务","作者对非人格化、不确定的技巧选择有着一个道德尺度。"(1988:433)玛莎·努斯鲍姆在《诗性正义》(1996)中同样以狄更斯的作品为例辩证地论述了狄更斯作品对于指导人们道德生活的积极意义和局限性,她以狄更斯的《艰难时代》为例,指出虽然这部作品成功地唤起了我们的同情心,但是却没有明确地指明我们社会曾经通过哪些途径阻止我们去同情不同种族、不同性别或性取向的人们,也没有指明社会不公和仇恨究竟通过何种方式来扭曲被憎恨者的情感生活。努斯鲍姆的此番言论是综合了文学伦理的两种功能后的总结,虽然文学伦理的政治功能对生活功能依然具有牵制作用,但努斯鲍姆这种兼顾二者的视角无疑拓宽了文学伦理研究的广度和深度。

在上述两种文学伦理批评实践的基础上,西方学者从20世纪90年代开始从理论层面将文学伦理研究进一步推向深入。他们并不满足挖掘文本作者的创作活动和人们的道德生活之间所建构的具体关联,鉴于"文学作品展现的并非是某个个体的经历"(Hare:310),文本的道德判断反映了经验的普遍性,为人们的行为方式提供普遍性指导,他们希望总结出一套抽象的作者"讲故事的策略",以此来推导作者如何通过讲述日常生活的故事来探讨伦理问题,由此文学伦理研究走向了叙事伦理的研究之路。如韦恩·布斯的《小说修辞学》(1987)探讨了小说创作伦理,并把小说的修辞问题归结为"决定作者应该为谁写作";亚当·桑查瑞·纽顿(Adam Zachary Newton)的《叙事伦理》(1995)探讨了叙事话语的伦理形态、文学伦理的历史转换以及叙事故事和虚构人物的伦理后果;詹姆斯·费伦(James Phelan)在《作为修辞的叙事》(1996)考察了形式、伦理和意识形态的关联;沃尔夫冈·韦尔施(Wolfgang Welsch)在《重构美学》(1997)中提出"伦理—美学"概念,谈论了蕴含于审美自身的伦理并指出美学才是各个领域、各个学科关注的根本所在。从上述学者的研究来看,文学叙事伦理展现了文学、文化和审美的综合分析的研究路径,避免了文学单一的历史道德批评、社会批评或者审美批评的封闭而狭隘的研究视域。这样看来,文学伦理批评的范畴与形态可以这样来界定:"文学伦理学批评理论基础有这样三个构成维度——社会学批评、历史学批评和艺术学批评。"(邹建军:31)

除此之外,文学的伦理道德分析,不仅体现在强调文学的道德教化功能,同时也强调伦理的普遍性意义,表现对具有一定恒定性的美和善的追索。教化只是一种外在的力量的推动,美、善则是教化的一个至高境界,启示人们去自主寻求美和善的光辉和力量,从而在社会的和谐化进程中自觉地发挥个人的力量并实现具有真正人性的自我。无论是浪漫主义时期还是现实主义时期,自由和完善都是人们在各个时期追求的目标。因此,无论是以"政治为导向"的批评实践,以"生活为导向"的批评实践还是理论层面上的文学伦理研究,围绕美、善的永恒性的讨论其实一直都未间断过,也涌现出一批关于文学伦理精神的永恒性和普世性的力作,例如美国杜克大学英文系芭芭拉·赫恩斯坦·史密斯(Barbara Herrnstein Smith)的《价值的可能性:批评理论的可替换式前景》(1988),理查德·弗里德曼和谢默斯·

米勒(Richard Freadman, and Seumas Miller)的《理论的再思考》(1992)，汉斯·昆(Hans Kung)的《全球化时代的全球伦理》(1997)，伊多·盖格(Ido Geiger)的《现代伦理生活的建立》(2007)等都表明人类生活在物化之后对道德伦理的迫切要求，以及重塑自身的道德理想和道德责任。需要提醒的是，在探讨文学伦理精神的普世性时，有必要考虑各国或各民族文化之间存在的差异，也就是说应该做到"同时兼顾其普遍性和相对性，否则我们就不可能有所创新和建树。"(王宁：221)

结语

在当今文学价值被娱乐化的时代，努斯鲍姆坚持认为文学绝不仅仅是一种生活的装饰，"文学有足够的潜力为我们的公共生活作出卓越的贡献。"(1991: 879)努斯鲍姆所说的贡献就是伴随着文学研究的"伦理化转向"的两个阶段，文学所承载的"政治导向"和"生活导向"的伦理功能，文学承担了生活改造或文化批判的重任，是展现人文精神的一个重要媒介。文学叙事伦理彰显了文学伦理立场的筛选和文学修辞的技巧，利用文字来解释某些伦理行为，并激励读者在类似情境下作出明智的评估和判断，从而对公共理性规范进行虚拟建构。当然"文学伦理学批评不仅要研究虚拟化的社会，而且要对虚拟化的社会同现实社会的关系进行研究"(聂珍钊：28)，从而为人们的思想和行为提供正确的指导。追求普世性的伦理精神既是人们对于完美生活的追寻，同时也反映了一种包容异质性的态度，从共同或相似的道德洞识中建立道德关联性。

从伦理学的视角来批评、研究、理解文学，进而探讨作家的伦理思想、解读作品的伦理内涵、揭示作品中伦理现象所发生的社会背景，为文学阐释提供了多种可能性。虽然目前尚未形成完整的文学伦理研究的系统理论和批评范式，但文学研究的"伦理转向"已然为思考和解决现代精神困境和价值危机提供了参照的视角，文学的伦理功能能够有效地促进社会中人们对于美、善、良知的认同，强化个体与社会间关系的维系，以及推动良好社会秩序的确立。可以预见，随着现代化建设进程中人们对于伦理道德问题的思考力度不断加大，文学伦理学研究将会吸引更多的学者对其不断创新与完善。

参考文献

Baier, Annette. "What Do Women Want in a Moral Theory?" *Noûs* Vol. 19, No. 1, (Mar., 1985): 53—63.

Booth, Wayne C. *The Rhetoric of Fiction*. (2nd Edition) New York: Penguin Books, 1987.

——. *The Company We Keep: An Ethics of Fiction*. Berkeley: U of California P, 1988.

Eagleton, Terry. *Criticism and Ideology: A Study in Marxist Literary Theory*. London: New Left Books, 1976.

——. *Ideology: An Introduction*. London: Verso, 1991.

——. *Literary Theory: An Introduction*. (2nd Edition) Beijing: Foreign Language Teaching and Research P, 2004.

Freadman, Richard, and Seumas Miller. *Re-thinking Theory: A Critique of Contemporary Literary Theory and an Alternative Account*. Cambridge: Cambridge UP, 1992.

Geiger, Ido. *The Founding Act of Modern Ethical Life: Hegel's Critique of Kant's Moral and Political Philosophy*. Stanford: Stanford UP, 2007.

Gold, Joseph. *Charles Dickens: Radical Moralist*. Minneapolis: U of Minnesota P, 1972.

Hare, R. M. "Universalisability", *Proceedings of the Aristotelian Society* 55, 1954/5: 295—312.

Jameson, Fredric. *The Political Unconscious: Narrative as a Socially Symbolic Act*. Ithaca: Cornell UP, 1981.

Kung, Hans. "A Global Ethic in an Age of Globalization", *Business Ethics Quarterly*, Vol 7, No. 3 (July 1997): 17—31.

Levis, F. R.. "Justifying One's Valuation of Blake", *Human World*, 7 (May 1972): 42—64.

Newton, Adam Zachary. *Narrative Ethics*. FCambridge: Harvard UP, 1995.

Nussbaum, Martha. *Love's Knowledge: Essays on Philosophy and Literature*. New York: Oxford UP, 1990.

——. "The Literary Imagination in Public Life", *New Literary History*, Vol. 22, No. 4, (Autumn, 1991): 877—910.

——. *Poetic Justice: Literary Imagination and Public Life*. Boston: Beacon, 1996.

Parker, David. *Ethics, Theory and the Novel*. New York: Cambridge UP, 1994.

Phelan, James. *Narrative As Rhetoric: Technique, Audiences, Ethics, Ideology*. Columbus: Ohio State UP, 1996.

Smith, Barbara Herrnstein. *Contingencies of Value: Alternative Perspectives for Critical Theory*. Cambridge: Harvard UP, 1988.

Welsch, Wolfgang. *Undoing Aesthetics*. Trans. Andrew Inkpin. London: Sage, 1997.

〔德〕卡尔·曼海姆:《意识形态与乌托邦》,黎鸣、李书崇译,商务印书馆 2000 年版。

〔美〕理查德·罗蒂:《实用主义哲学》,林南译,上海译文出版社 2009 年版。

聂珍钊:《英国文学的伦理批评》,华中师范大学出版社 2007 年版。

王宁:《世界文学的普世性与相对性》,《学习与探索》2011 年第 3 期。

〔美〕韦恩·布斯:《小说修辞学》,华明、胡苏晓、周宪译,北京大学出版社 1987 年版。

邹建军:《文学伦理学批评的实用性与有效性问题》,载《文学伦理学批评:文学研究方法新探讨》,华中师范大学出版社 2006 年版。

项目基金:本文获"北京市属高等学校高层次人才引进与培养计划项目(The Importation and Development of High-Caliber Talents Project of Beijing Municipal Institutions)"资助(项目编号 CIT&TCD201304011)和 2013 年北京市教委社科计划面上项目资助(项目编号 SM201310031003)。

[**作者简介**:龙云,北京第二外国语学院英语学院副教授,从事英美文学、比较文学、西方文论研究。]

《拓荒者》与美国文学传统的建构

李素杰

19世纪美国作家詹姆斯·费尼莫尔·库柏(James Fenimore Cooper, 1789—1851)在当代美国文学研究中的地位有些尴尬。尽管他依然享有"美国文学先驱""美国小说之父"等称谓,但这些荣誉基本上已经成为教科书上僵死的符号,失去了鲜活的意义。马克·吐温等人的尖刻批评似乎令他元气大伤,一下子沉寂了大半个世纪。虽然20世纪60年代以后库柏研究有所回暖,但远未形成热潮。即使在倡导经典重读的今天,人们似乎依然对他提不起兴趣。与欧文、爱默生、梭罗、霍桑、梅尔维尔等同时代作家相比,库柏的处境可谓"门前冷落鞍马稀"。

这样的冷遇显然有失公允。虽然马克·吐温等人所嘲讽的文字冗赘、风格粗糙、人物呆板等不足在库柏的小说中确有体现,我们仍然不能忘记,作为美国第一位获得国际声誉的小说家,库柏在美国民族文学乃至民族文化的建构中贡献巨大。正如蔡斯(Richard Chase)所言,"库柏也许只是二流的艺术家,但他作为文化创造者和批评者的重要性是一流的。"(46)发表于1823年的《拓荒者》(The Pioneers)正是这样一部文化创造和文化批判的代表作。小说在荒野主题、文明与自然的冲突、"美国亚当"形象、印第安人形象、边疆地方色彩,以及早期多元文化等多个方面开疆辟土,为美国文学的发展奠定了基础。与此同时,作品对白人殖民者掠夺印第安人土地的历史和边疆居民滥用自然资源的行为进行了深刻的反思和尖锐的批判,闪现出超越时代的思想火花。作为美国早期边疆生活的体验者、观察者、记录者、思考者,库柏以文学的形式再现历史,同时也创造历史、预言未来。从很大程度上讲,包括马克·吐温在内的众多美国作家其实都是库柏的后裔。

鉴于纳蒂·班波作为"美国亚当"的原型形象已经得到广泛讨论,成为学界共识,本文不拟就此再加赘述,而将笔墨放在另外几个方面。

---

* 《外国文学》2013年第5期。

一、荒野主题

"荒野是美国文明的基本要素。"(Nash：i)从第一批欧洲移民踏上北美大陆那一刻起,他们便和荒野结下了不解之缘。从最初的震惊、欣喜,到紧随其后的恐惧、厌恶,再到征服、改造的决心,可以说,早期殖民者对荒野的复杂情感变化构成北美殖民史的主旋律。直到建国之后,美国人才开始真正满含热情地凝望这片苍茫大地。迫切需要文化独立的美国人惊喜地发现,深沉壮美的荒野可以帮助他们克服在欧洲古老文明面前的身份焦虑和历史性匮乏。哈德逊派画家科尔(Thomas Cole)的话颇具代表性:"尽管美国风景中缺乏那些带给欧洲崇高价值的场景,但它依然拥有自己的特色,而且是光辉灿烂的,是欧洲人所无从知晓的。最独特,可能也是最打动人心的美国景观的特征,就是它的荒野。"(转引自 Nash：67)于是,原本在清教徒眼中象征无序、野蛮、邪恶与危险的荒野,在 19 世纪变成了文人墨客竞相讴歌赞美的民族瑰宝。

对荒野有着亲身体验的库柏充分发挥了他的优势。在《拓荒者》的前言中,他把小说定位为"描述性故事",意在解释作品中大量的自然风物描写。已经因《间谍》(*The Spy*, 1821)获得巨大成功的库柏,决定把第三部小说"献给自己",以父亲和他创建的库柏镇为原型,如实记录自己熟悉、热爱的边疆生活(Cooper：v—ix)。在小说中,荒野的壮美绮丽随处可见。松林、山峦、湖泊、峡谷、溪流,处处都张扬着野性、原始、纯净的美,使我们仿佛置身于浓墨重彩的山水画卷。在第 19 章,当伊丽莎白(Elizabeth Temple)在圣诞清晨打开窗户的一刹那,我们同她一样被眼前的美景惊呆了。经历了一夜暴风雪的洗礼,大地一片银装素裹,山川湖泊、松林房舍都覆盖上一层洁白的冰雪。在初升的太阳的照耀下,屋檐下,树枝上悬挂着的冰凌,晶莹剔透、异彩纷呈,与不远处结冰的湖面反射的光芒交相辉映,幻化出令人炫目的光辉,把我们带入流光溢彩的童话世界。更远处一望无际的松林披着厚厚的白雪,高耸入云,在湛蓝天空的映衬下,清丽耀目。(203)

对比华盛顿·欧文(Washington Irving)和库柏·斯皮勒(Robert Spiller)说:"在创建美国民族文学的共同任务中,他们毫无共同之处。"(Spiller,1964:442)然而,斯皮勒忽略了一点。两位美国文学之父至少有一点相通之处,那就是,像他们的哈德逊画派朋友一样,他们也在作品中挥毫泼墨,大力描摹美国的壮美山川,这也是二者参与 19 世纪初美国文化身份建构的重要贡献。然而,在这一点上,库柏比欧文走得更远。欧文仅仅是把美国的自然风景当作使欧洲传说本土化的故事背景,而库柏则赋予美国荒野独立的品格和丰满的形象。在《拓荒者》中,荒野不仅仅是静态的背景,而且是具有能动性的主人公之一,是推动情节发展的核心力量。坦普尔顿(Templeton)居民的生活、劳作、娱乐无不取决于周围的莽林、湖泊、崇山峻岭以及活动于其间的飞禽走兽,依四季更迭而变化。坦普尔法官(Marmaduke Temple)视自己的责任为"驯服这片蛮荒之地",把荒野变成花园。老猎手纳蒂·班波(Natty Bumppo)则与荒野结为同盟,竭力抵制现代文明的入侵,誓死捍卫丛林中的自由。年轻猎手爱德华兹(Oliver Edwards)对坦普尔法官怀恨在心,因为他认为法官夺走了属于自己父亲的土地所有权,印第安人约翰(Indian John)更是在为失去自己部落世代生息的土地的悲愤中死去。此外,林中巨树的轰然倒下,山间猛兽的出没,崎岖山路一侧深不见底的峡谷、不可预知的森林大火,这些都是大自然力量的体现,随时影响着边疆居民的生活。可以说,荒野是《拓荒者》的灵魂,是其生命力之所在。

不仅如此,荒野在《拓荒者》中并不是单一刻板的形象。在不同人的眼中,它具有不同的特质,充分再现了 19 世纪初美国人面对荒野的各种复杂心理。比利·科比(Billy Kirby)代表粗俗的物质主义者,他认为人是大自然的征服者,荒野是人类可任意开发利用的物质资源,毫无瞻前顾后的必要。伊丽莎白则发现了荒野的审美价值。我们所看到的一幅幅令人惊叹的画卷多是经她的视角所得,代表了浪漫主义者对大自然的挚爱。坦普尔法官的态度则更加复杂。集清教思想与启蒙精神于一身的他认为,野性自然固然雄伟壮观,"美若梦境",然而没有人迹的荒野"冷清荒凉",且蕴含危险,时刻威胁着人类的生存和发展,是人类前进道路上需要征服的障碍。(224)老猎手班波则又不同。在他眼中,荒野象征着自由、快乐与希望,是他的"第二伊甸园",更是充满神性与道德力量的精神殿堂。这位森林之子在描绘大自然时表现出浪漫主义诗人的语言力量和哲学深度。"我从未读过一本书……一个生活在市井与学校的人又怎么知道林中的奇妙呢?……只有经年徜徉于大自然之中的人,方知上帝之手隐现于荒野之中。"(281)这其中的哲理比华兹华斯"让大自然做我们的老师"的呼吁更加深刻,更是比爱默生"自然是精神之象征"的宣言早了十年。

无论是物质主义的自然观,还是审美主义的自然观,无论是从功利角度开发和保护荒野,还是把荒野视为神性的化身、自由的庇护所,《拓荒者》所表现的荒野思想都已成为贯穿整个美国文学史的重要传统。其中各种思想之间的矛盾斗争也成为推动美国文学以及美国文化不断发展的主要动力之一。

二、文明与自然的冲突

历史学家约翰·欧皮(John Opie)在《大自然的国度》(*Nature's Nation*,1998)中指出,美国的历史从本质上讲是一部"美国必胜主义史",而这种必胜主义又有赖于一种"环境帝国主义":"我们学会了任意扭曲大自然,把世界变成我们的艺术品。"(2)换言之,美国的文明史实际上建立于文明对自然的不断斗争之中,并以文明的获胜为终极目标。正是这种必胜主义在快速地榨干美国乃至全世界有限的自然资源。

令人钦佩的是,早在19世纪初期,当大多数美国人都在为美国独立后的国土扩张和西进运动击节相庆之时,库柏便敏锐地捕捉到了这样的思想冲动,并意识到它潜在的危害。在《拓荒者》中,库柏用了大量篇幅描写边疆开发造成的环境破坏,并借人物之口发出生态警示。因此,早在生态批评尚未形成热潮的20世纪80年代,《哥伦比亚美国文学史》便注意到它的生态价值,称之为"最早表达现代生态意识的重要作品之一"。(埃利奥特:195)生态批评的领军学者劳伦斯·布伊尔(Lawrence Buell)也认为,与库柏的另外四部《皮袜子故事》相比,《拓荒者》是"更忠实的环境文本"。(8)

小说开篇便对人类开发对原始荒野带来的变化进行了描述。重峦叠嶂之间,人烟变得越来越稠密,森林不断被砍伐燃烧,野生动物大量减少,荒野正在被一片片开垦地所蚕食。面对这种变化,库柏呈现出四种态度。伊丽莎白依然是观察者。她发现,在她离开的短短四年时间里,她所熟悉的景象已经"在人类的手下"变得难以辨认了,不觉感叹于"文明的脚步何等迅速地踏着自然的足迹前进"。(202)这些变化使伊丽莎白感到些许不安,但她更多的是对父亲所代表的文明的力量发出赞叹,对在荒野中创造一个新世界的成就欣喜不已。对她来说,"这片神奇的土地上所有的一切都接近奇迹,……演员与风景同样与众不同。"(204)

职业伐木工科比和治安官琼斯(Richard Jones)则代表了人类世界的破坏力量。小说中破坏自然的场景总以他们为主角:科比挥舞斧头砍倒成片的百年古树,用最粗暴的方式在枫树上炼糖;琼斯张开巨网竭泽而渔,用大炮疯狂地射杀迁徙中的鸽群。二者虽然身份不同,但本质上都是愚昧短视的莽夫。他们对大自然的馈赠毫无感恩、敬畏之情,恣意妄为,盲目地相信人是自然的主宰,自然资源是取之不尽的。他们既没有反思能力,又缺乏远见,更不会内省,眼睛只看到眼前的利益,是狂妄自大的大自然征服者的典型代表。

坦普尔法官和纳蒂·班波与这些人形成对比。二者都敬畏自然,懂得节制。然而,他们的出发点和自然观却又有着本质的不同。坦普尔法官代表社会文明。对他来说,大自然是提供舒适与财富的宝藏,对大自然的开发利用是人类进步的必经之路,无可指摘。不过,当他看到开垦地居民大肆浪费的行为时,他痛心疾首,意识到教育民众有节制地合理利用自然资源的重要性,并且制定法律保护林木和野生动物。他对琼斯和科比的批评表现出强烈的忧患意识和超前的生态警示。比如,对用枫树做燃料的琼斯他斥责道:"我跟你说过多少次不要在我的居所燃用枫树!看到树液在火里流淌让我心痛。……如果继续这样下去,再过 20 年我们就会燃料短缺。"(100)在美国历史上,麦迪逊总统发出过最早的环境问题警告。他在 1818 年就指出,对木材和燃料的过度破坏会危及以农业为主的美国的健康发展(Opie:65)。坦普尔法官的批判几乎同时出现。根据史料,截止到 1850 年,康涅狄格和罗得岛两州已经消耗掉全部森林面积的百分之七十,另有多个州消耗的森林面积达到一半以上(Opie:65)。可见库柏借坦普尔之口发出的生态预警绝非杞人忧天。

然而,坦普尔法官代表的毕竟是社会文明的力量。他以立法的方式禁止乱砍滥伐和无节制的狩猎,并非出自对大自然内在价值的珍惜,而是从长远的经济利益考虑。正如他自己说的,"我看重的不是这些大树的装饰性,而是它们的可利用性。"(219)也就是说,不存在经济价值的,或者眼下看不到利用价值的自然存在物,他不会考虑给予保护。在全镇出动、近乎狂欢的射杀候鸽的活动中,法官就没有采取任何制止措施,只是事后对着遍地的死鸽遗憾地摇摇头。而据史料记载,这些惨遭射杀的北美候鸽到 1900 年便完全灭绝了(埃利奥特:195)。这里,我们不难看出以实用价值为出发点的环境保护主义的局限性。

在这一点上,班波表现出更高的道德准则。虽然以渔猎为生,但他严格地遵循"使用,但不浪费"的原则,绝不猎杀自己不需要的动物,也不在动物哺乳期和繁殖期捕猎。而且为了减少动物的痛苦,他尽量一枪射中要害。当他目睹村民们疯狂射杀迁徙中的鸽群时,他无法掩饰心中的愤怒。"这就是开发边疆带来的好处",他说。

我在这里看着鸽群飞过四十年了。直到你们的开垦地出现之前,没有人会去吓唬或者伤害它们。我喜欢看它们飞进林子,因为它们是人类的朋友,从不伤害任何人。……啊,上帝不会眼睁睁看着他的造物被滥杀坐视不管的! 鸽子的仇一定会报的,其他的仇也一样,会有那一天的。(235)

当坦普尔法官对他的愤慨表示赞同时,老猎人毫不客气地回敬了他:"还是停止你的开垦地吧! 难道这些林子不像鸽子一样也是他的造物吗? 使用,但不要浪费。难道这些森林不是上帝为野兽和鸟儿提供的栖息之所吗?"(237)老猎人的质问可谓一针见血。他无情地指出了造成生态破坏的真正元凶,即人类文明的入侵。正是坦普尔带领的拓荒大军永久打破了大自然的安宁,使森林中的生灵遭受灭顶之灾。同时,班波从宗教和道德的高度谴责了拓荒大军无视自然界其他生命的傲慢态度,指出了西进运动内在的伦理缺陷。这正是欧皮所说的"环境帝国主义"。在人类文明前进的步伐中遭受侵害的,除了林木和动物,还有被视为野人的印第安人。这也就是班波在以上引言中所暗示的"其他的仇也一样"的含义。他深信这种扩张行为的非正义性,而且相信上帝会惩罚这一罪行。

因此,虽然与科比和琼斯等普通拓荒者相比,坦普尔法官和班波都表现出积极的生态意识,但他们实际上代表了两种截然不同的生态观。坦普尔法官保护环境的出发点始终是功利主义的。大自然在他眼中是物化了的商品,是只有使用价值的物质对象。他基于经济利益的环保思想可能延缓环境危机的发生,但是不能阻止它的最终出现,甚至是导致其发生的推动力,因为他已经在考虑开发矿产、修建道路、开辟市场等资本主义工商业行为,而这些行为带来的必然后果是自然的消亡、环境的破坏。从这点上讲,他与科比等人实际上本质上是一致的,都是相信"自然为我所用"的人类中心主义者。纳蒂·班波则不同。在他朴素的世界观中,他意识到大自然中所有造物在上帝面前的平等,懂得尊重自然万物,尊重自然法则,在常年的丛林生活中形成了与大自然休戚与共的生态智慧。可以说,班波代表了美国精神中的理想主义倾向,蕴含了朴素的生态整体主义思想萌芽,是当之无愧的"林中哲人"(Bryant:xi)。

库柏在19世纪初便如此深刻地体察出自然与文明的矛盾问题,足见其卓越的洞察力。同时,他也认识到这一问题的复杂性。虽然库柏热爱荒野,热爱班波所代表的自在自足的田园式生活方式,然而,他不得不承认,历史进步的车轮无法阻挡;坦普尔法官所代表的社会法则最终会战胜自然法则。"荒野的消逝是可悲的,但这是必要的悲剧;文明才是更大的善。"(Nash:77)于是,故事的结尾,老猎人默默离开了自己生活的四十年的地方,向西部走去。在他的背影中,我们不难感受到几分悲凉和无奈。

库柏之后,这种逃离文明、回归荒野的冲动将不断重现在伊什梅尔、哈克贝利·费恩、霍尔顿等人身上,成为回荡在美国文学史中经久不息的律音。

三、印第安人形象

同荒野一样,印第安历史也成为新生的美国获得文学素材和创作灵感的源泉。但是,正如斯皮勒指出的,"欧洲人一般并无兴趣研究印第安人及其文化,……他们后来成为美国文学史上可资利用的一个重要部分,与其说他们是历史事实中的印第安人,毋宁说是白人臆想中的印第安人。"(斯皮勒,1996:4)在大多数早期白人作家的笔下,印第安人或者被美化成希腊式英雄,或者被妖魔化为撒旦,却很难拥有自己的声音。

库柏笔下的印第安人也难免带有想象的成分,因为在他生活的时代,讨伐印第安人的战争已成为历史,印第安人已被驱逐到荒凉的边远地区,库柏在生活中是否见过印第安人一直是个谜。然而,《哥伦比亚美国文学史》的编者坚持认为,库柏对印第安素材的处理是认真谨慎的。"他有意识地查阅和利用他所能找到的关于印第安人的最有价值的资料,尤其是传教士约翰·赫克韦尔德的著述;而且访问了他那个时代几位最伟大的印第安人首领。"(埃利奥特:193)因此,我们至少可以相信,库柏在塑造印第安人形象时是严肃负责的,并非像马克·吐温等人所讲,是纯粹夸张的虚构。更为重要的是,库柏对印第安人表现出尊重、同情、哀悼的态度,对白人殖民者的残暴、狡诈、虚伪进行了无情的谴责。从这一点上讲,库柏可算是美国文学史上正面处理北美印第安人被掠夺历史的第一人。

在《拓荒者》中,印第安问题主要透过印第安人约翰这一形象体现。通过追溯约翰的部落及其家族的衰亡史,库柏向我们展示了印第安人被驱逐、杀戮的悲惨历史。约翰原名钦加哥(Chingachgook),是德拉瓦人(也称莫希干人)的最后一个幸存者。为了能把尸骨埋葬在自己的父辈曾经生活、管理的土地上,他接受了基督教洗礼,取教名约翰,生活在坦普尔顿的社会边缘,过着委曲求全的屈辱生活。在第14章,作者描述了约翰在酒馆里烂醉如泥,手舞足蹈的窘态。他的朋友纳蒂忍不住骂道:"这些野蛮人就是这个样子——给他们酒,他们就把自己变成狗。"(158)纳蒂的气话使我们想到富兰克林在《自传》里描述印第安人酒后狂欢时表现出的强烈白人沙文主义。这位美国历史上著名的人道主义者甚至说,"如果真的是上帝的旨意要把这些野蛮人赶尽杀绝,从而给大地的耕种者腾出地方,那么最合适的手段可能就是朗姆酒。"(富兰克林:139—140)

库柏显然并不赞同这样的看法,因为很快纳蒂又加上意味深长的一句:"好吧,好吧,总会有那么一天,正义将会得以伸张,我们一定要有耐心。"(158)当年轻猎人爱德华兹也在事后指责约翰"因为烈酒丧失了高贵的天性,把自己变成了畜生"时,昔日的印第安战士发出了抗议:

"畜生!约翰是畜生吗?……曾经这些山上没有这么多的浓烟(注:指白人开荒时对林木的燃烧)。鹿儿会去舔白人的手掌,鸟儿会落在他们的头上……那时约翰是条汉子。但是浅颜色眼睛的武士和商人来了,一个拿来了长刀,一个带来了兰姆酒。他们比山上的松树还多;他们冲散了我们的议事会,抢走了土地。邪恶的精神就在他们的酒桶里,是他们使他意志涣散。"(177)

这可以说是对富兰克林们的有力回击,戳穿了白人殖民主义者虚伪的面具。他们一边用烈酒麻痹印第安人的精神,从而顺利骗取他们的土地;另一边却以文明人的身份居高临下、道貌岸然地谴责他们道德败坏,野性难改。对那些不受烈酒诱惑的人,他们便以长刀相向。正是这"武力加骗术"的双重压迫使得印第安民族丧失了自己的家园,最终走向灭亡。这一思想在《最后的莫希干人》(*The Last of Mohicans*)里通过反面形象马古亚(Magua,一译麦格亚)得到了重申,可见库柏对白人以烈酒为诱饵欺骗、掠夺印第安人土地的做法深恶痛绝。

约翰的最后一次出场是伊丽莎白在山顶上与他偶遇。这一次,他一反平日颓废、懦弱的神情,换上了印第安战士的服饰和衣着,原来散乱地遮盖在脸上的长发整齐地编在脑后,露出了高贵的前额和深邃的目光。我们在他身上终于看到一个印第安酋长的尊严和气魄,也意识到他作为一个失去家园的末代首领所承受的痛苦和屈辱。在对伊丽莎白的一番话中,他不仅追忆了自己曾经的辉煌和勇猛,而且揭穿了白人敬上帝、爱和平的虚伪本质。他一次次质问伊丽莎白:把斧头埋进自己白人兄弟的脑袋的人害怕上帝吗?从别人手里夺走土地的人热爱和平吗?"他们从他(印第安人)手里抢走了土地,就像从敌人头上剥去头皮。而且,他们这样做时都没有回头看一眼他是死了还是活着。这样的人难道热爱和平,害怕上帝?"(382—383)

麦克威廉斯(John P. McWilliams)指出,在内战前的整个时期,白人的基督教行为或者人道主义行为是为白人掠夺印第安人土地开脱的主要说辞;只要能确保白人的优越道德地位,文人可以任意对印第安民族的灭亡发表感怀。(155)然而,我们看到,库柏并没有遵守这样的规则。他首先让印第安人开口说话,令其发出自己的声音,把压抑已久的愤怒尽情宣泄。同时,印第安人的控诉撕破了白人信奉基督的伪善面纱,使他们冷血刽子手的面貌暴露无遗。通过这种做法,库柏似乎在忏悔自己民族的罪孽。他在之后描写钦加哥之死时所表现的典仪般的神圣与悲怆则更表明他对印第安民族的敬仰和哀悼。在一片大火中,钦加哥正襟危坐在一块巨石之上,拒绝赶来营救的纳蒂的劝说,神情凝重决然地迎接死亡。这位最后的莫希干人,宁肯葬身火海也不愿再苟且求生。

由此可见,库柏对印第安人形象的塑造是正面的、真诚的,甚至带有赎罪的意味。有评论者认为库柏歪曲了印第安人形象,是使印第安人遭受文化失声的典型白人作家,是"美国白人殖民主义话语的一个有机构成"。(邹惠玲:47)这一认识值得商榷。虽然在《最后的莫希干人》中他塑造了马古亚这样的印第安"坏人"形象,但他并没有陷入简单的"好人"/"坏人"两分法,而是从历史的角度为恶棍马古亚的背信弃义做了令人信服的辩护,即马古亚的堕落是与欧洲军队的往来导致的(埃利奥特:193)。而且,从《拓荒者》中对钦加哥之死的挽歌式描写可以看出,库柏并不赞同"当时美国公众中普遍存在的对印第安人赶尽杀绝的仇视心理",而是对印第安民族的灭亡表示了深切的同情。他在印第安问题上表现出的局限性或许是劳伦斯所说的过分理想化,即"臆想的实现",因为他粉饰了白人和印第安人之间的关系,希望通过纳蒂和钦加哥之间的友谊来实现两个民族的和解。历史证明,这一愿望是难以实现的。

四、地方色彩及多元文化的萌芽

美国文学史中一般把乡土文学的源起追溯至华盛顿·欧文,认为他对哈德逊河谷地区的风俗描写具有强烈的地方色彩。此言固然不错,然而,读过《拓荒者》的人会发现,库柏笔下关于纽约州北部奥特赛格湖区(Otsego Lake)的边疆生活的描写同样具有浓郁的地域特色。而且,因为是长篇小说,作品中的描述更加翔实生动,情趣盎然。此外,正如库柏在小说前言中所讲,他在创作中秉承忠实性原则,意欲如实地记录他孩提时代耳熟能详的情景和人物。因此,虽然小说的情节具有浪漫主义色彩,在风物描写部分作者却采用了现实主义手法,生动呈现了美国早期边疆生活的原貌,足以称为美国乡土文学的早期代表。

  小说中所描述的很多场景、人物和活动都散发着浓郁的边疆气息,令我们耳目一新。如同豪威尔斯(William D. Howells)在评价马克·吐温的《密西西比河上》(*Life on the Mississippi*)时所说的,"从书中可以闻到泥土的清香",我们也可以从《拓荒者》中感受到山区独有的浓浓的松香,清冽的空气,阵阵的松涛声。冬夜清亮的月光下坦普尔顿未经修整、坑洼不平的街道,街道两旁简陋的木制房屋里透出的炉火,小酒馆里各色人等围坐一桌,喧闹着共饮一碗酒的豪情,仓促搭建的教堂里对牧师的布道无动于衷的人群,还有圣诞节射火鸡的赌博游戏、月夜驾舟湖心捕鱼、林间山路骑马散步以及遭遇山豹、山林大火等等,这些都为我们展示出一幅幅边疆风俗画,使我们身临其境地感受到北美边疆那简单、粗糙、艰苦,同时也充满冒险与情趣的生活。斯皮勒称赞《拓荒者》是"最早,也是迄今为止最优秀的描写美国边疆的小说之一"(Spiller, 1964: 438),劳伦斯(D. H. Lawrence)更是对书中景物描写赞不绝口:"也许我的口味有些孩子气,但是《拓荒者》中的这些场景对我来说美得不可思议。……画面!它们是所有文学中最可爱、最了不起的画面!"(61)

  库柏所记载的边疆生活的另一特点是它的民族多元性。坦普尔顿可以说是一个微缩版的国际村的雏形。在这里,我们看到操着不同口音的德国人、法国人、西班牙人、英国人、苏格兰人,还有自由黑人和印第安人。在描述教堂集会时,叙述者做了这样的概括:"简而言之,在这个集会中北欧一半的国家都有各自的代表,尽管他们在服饰和表情上全都和美国人同化了……"(118)可以说,《拓荒者》戏剧性地再现了克雷夫科尔(Crevecoeur)关于"什么是美国人"的论断,把美国民族的多元性在初建时期的萌芽状态真实记录下来。

  值得一提的是,库柏不仅展现了美国早期多民族文化的历史现实,而且意识到这一现实背后的潜在张力,那就是社会公平问题。圣诞节射火鸡赌博游戏的黑人小贩不断吆喝的"给黑鬼一次公平竞争吧!"实际上暗示了贯穿整部作品的这一重要主题。在这片倡导自由、平等、人人享有同等权利的土地上,所有权问题从一开始便成为不可回避的矛盾。土著印第安人、埃芬厄姆家族、坦普尔法官,究竟谁是这片土地的合法主人? 来自不同文化、族裔背景的美国人是否真正能够享有公平竞争的机会？坚信民主政治的库柏在忠实记录美国早期边疆开发这一特定时期的历史现实时，没有像克雷夫科尔那样一味热情洋溢地赞美，而是准确有力地呈现了这个多民族文化的新兴国家所蕴藏的社会危机，也为美国文学开创了又一个重要母题。

参考文献

Bryant, W. Cullen. "Discourse on the Life, Genius, and Writings of J. Fenimore Cooper." Introduction. *Precaution: A Novel* by James F. Cooper. New York: D. Appleton & Co., 1881. v—xli.

Buell, Lawrence. *The Environmental Imagination: Thoreau, Nature Writing, and the Formation of American Culture*. Cambridge: Belknap P of Harvard UP, 1995.

Chase, Richard. *The American Novel and Its Tradition*. London: G. Bell and Sons, 1958.

Cooper, James Fenimore. *The Pioneers or the Sources of the Susquehanna*. New York: New American Library, 1964.

Franklin, Benjamin. *The Autobiography of Benjamin Franklin*. Beijing: Central Compilation & Translation P, 2008.

McWilliams, John P.. "Red Satan: Cooper and the American Indian Epic." *James Fenimore Cooper: New Critical Essays*. Ed. Robert Clark. New York: Rowman & Littlefield, 1985. 143—61.

Nash, Roderick. *Wilderness and the American Mind*. New Haven: Yale UP, 1973 [1967].

Lawrence, D. H.. *Studies in Classic American Literature*. London: Heinemann, 1964.

Opie, John. *Nature's Nation: An Environmental History of the United States*. Fort Worth: Harcourt Brace College Publishers, 1998.

Spiller, Robert. Afterword. *The Pioneers*. By J. Fenimore Cooper. New York: New American Library, 1964. 437—444.

Twain, Mark. "Fenimore Cooper's Literary Offenses." *The Norton Anthology of American Literature*. Ed. Nina Baym. Vol. 2. New York: Norton, 1979. 266—276.

埃利奥特：《哥伦比亚美国文学史》，朱伯通等译，四川辞书出版社1994年版。

斯皮勒：《美国文学的周期——历史评论专著》，王长荣译，上海外语教育出版社1996年版。

邹惠玲：《19世纪美国白人文学经典中的印第安形象》，载《外国文学研究》2006年第5期。

项目资助：本项研究获2012年北京市教委社科计划面上项目《美国文艺复兴特性研究》资助（项目编号：SM201210031004）；获北京第二外国语学院专著类重点项目《生态视域中美国文学史的反思与重构》资助（项目编号：12Aa002）。

[作者简介：李素杰，北京第二外国语学院英语学院副教授，主要从事英美文学教学与研究，研究方向为美国小说和生态批评。]

莫里森三部小说的新现实主义艺术

滕学明

自上世纪 70 年代起,世界文学领域内的后现代主义小说创作虽仍呈强劲之势,但其疲弱的一面已开始呈现。很多欧美当代作家在借鉴后现代、现代的文学表现技巧、思想和灵感的同时,开始更多地把注意力投向社会现实。关注当代社会伦理、道德、政治、经济、文化等问题的创作倾向日益明显。这股带有现实主义特征的文学潮流,由于其与 19 世纪传统现实主义的显著区别,批评界一般称之为"新现实主义"或"后现代现实主义"。本文以托尼·莫里森的三部代表作品《最蓝的眼睛》《秀拉》《所罗门之歌》为分析对象,管窥其卓越的小说艺术。

一、关注黑人女性的道德伦理

《最蓝的眼睛》和《秀拉》讲述的都是贫穷的黑人女性在男权统治的白人中产阶级社会里的成长历程。《最》中,美国儿童读物中的故事"迪克和简"被分解为不同前言,置于小说各章节的前面,令小说中白人理想经验与黑人实际经验对比突出。正如该儿童故事所教诲的那样,"整个世界都赞同一个蓝眼睛、金头发、粉皮肤的洋娃娃是每个女孩的珍爱"(1:20),既如此,一个黑人女孩又如何才能成长为形象端正的受到社会尊重的妇女?答案不言而喻。《秀拉》中,莫里森以更为诗意的语言展示了主人公秀拉从姑娘到成年妇女的成长经历,也以更丰满的人物形象诠释了主人公矛盾的道德心态。小说中秀拉和奈尔的友谊和相似的道德价值观颇引人注目。"因为她们多年来发现,她们既不是白人也不是男人,一切的自由和成功都与她们无关,所以她们开始将自己塑造成另一种新东西。"(2:65)为了反对母亲强加给自己的中产阶级价值观,奈尔宣布:"我就是我。我不是他们的女儿。我不是奈尔。我就是我。"[2](97) 秀拉在拒绝婚姻时宣称:"我不想成为其他什么人。我只想成为自己。"(2:152)虽然她俩都是解放了的现代黑人妇女的典型,但其行为却有不道德的一面。她们都对一个叫"小鸡"的小男孩溺水身亡负有责任。秀拉把自己的外

---

* 原文载于《芒种》2013 年第 3 期。

祖母投到养老院。因为没有感受母爱,她冷漠地看着自己的母亲被火烧死。她把祖德从奈尔身边夺走,又与别的白人男人睡觉。在居民们的眼中,秀拉是邪恶的代名词。小说的最后,秀拉在同胞中像弃儿一样地死去,奈尔则在恐怖和悲剧中幸存下来,并逐渐适应了底层的社会生活。但周围其他人身上却发生了奇特现象:他们吸取了秀拉的教训,妻子开始疼爱丈夫,丈夫开始眷恋妻子,父母开始注意保护子女。对于这样一幅人类道德图景,读者不由得发自内心地感叹并陷入深思。

《所罗门之歌》是三部小说中最有哥特式特征的一部。故事开始的时间是1931年,地点是苏比利尔湖畔的一个小镇。一开篇,故事就讲述了一个叫罗伯特·史密斯的黑人保险代理人穿着有丝绸飘逸的蓝色服装,从一所医院楼顶跳下,做自杀式飞行。接着,故事以层层倒叙的方式展开,谜底逐渐显现。其中,怪异的事情不断出现:主人公的母亲鲁思在他上学很久后仍继续在一间绿色小屋里给他喂奶;他的曾祖父所罗门是个非洲奴隶,在弗吉尼亚养了21个孩子,传说他一跃飞回了老家;她的姑姑派拉特是个邋遢人物,贩卖私酒,在她母亲死后竟奇迹般降生,没有肚脐;派拉特能同死人对话,尤其是她的父亲,等等。到小说第6章,读者才了解到史密斯自杀的原因是由于他再也无法忍受作为"七天"成员的压力。该组织是一个秘密的黑人联防维持会,专为被白人杀死的黑人复仇。而直到小说第12章,读者才知道史密斯死亡时派拉特唱的和小说结尾处奶人在纵身跃向死亡时所唱的《所罗门之歌》的传说含义。故事就这样在一种令人恐怖和不安的气氛中展开。

小说中,派拉特是道德的中心,她有着超自然的力量,并"学会了对人际关系的深深担心"。(3:77)但这个道德中心最后却死在了奶人的朋友吉塔手中〔吉塔是联防维持会成员,深信"白人是无人性的",认为"如果不是现实杀手的话,他们至少都是潜在的黑人杀手"(3:177)〕,极度悲伤中,奶人自杀性地扑向了吉塔,完成了他的道德救赎。

综上所述,托尼·莫里森十分关注其作品中个体人物的道德伦理,努力探究他们令人敬畏的生活意志,致力于展现给读者一个客观、逼真、矛盾的人类心灵图谱。这个图谱中有人性邪恶的、猥琐的一面,也有美好、令人赞许的一面,充分反映了社会中人类内心的复杂。

二、叙事风格与后现代表现

莫里森的小说作品不仅强烈地关注黑人女性的社会伦理,其独特的叙事风格与后现代表现同样值得人们深入探讨。托尼·莫里森的这三部小说全部追求感觉和环境的真实,而非事实的真实,侧重于现在与过去的超自然联系,偏重于使用心理学概念和社会学概念来描绘那些在神秘和非自然事件中的伦理行为形象。因而,其描写常带有怪诞、魔幻的特征。作家非常擅长利用这种现代、后现代意象来探讨生命的魔力、神秘和恐怖,并让人物矛盾的道德心态以及生命的美好、真实和潜在价值在这种描绘里得到充分展现。

叙事上,《最蓝的眼睛》采用了第一人称和第三人称双重叙事视角。既有克劳迪亚·麦克蒂尔回忆自己童年生活的第一人称叙事,也有作者型的以第三人称形式出现的全知叙事,两种视角交错转换,有力地加强了故事的全景性和客观性。作者对现代文学和后现代文学的借鉴体现在多处,仅从序言中读者就可见一斑。序言中有一段是美国启蒙读物"狄克和简"的课文选段。该段一共出现了三次,第一次出现时用的是正常的传统方式,语法、标点符号、大小写、空格等齐全规整,但第二次出现时却成了语法错乱的意识流式的单词串列,而第三次出现时则取消了所有标点和空格,全部字母连成一片,让人无法辨认,懵懂不知所云。然而这种现代和后现代手法的借鉴却清楚地表达了作者的观点,表现了"理想与现实的矛盾并象征性地表明了白人文化带给黑人的迷惑与幻觉"。(4:33)

莫里森的另一部作品《秀拉》打破了传统现实主义小说平铺直叙的结构,带有强烈的后现代"反情节"特征。书中各种荒诞的事件、多重不确定的人物性格、畸形怪异的人物与行为、神秘的黑人宗教传说与神话、各种离奇的夸张、象征与隐喻的使用,使得整部作品充满了后现代魔幻色彩。如小说中描绘干热的天气、两个坟头似的土堆、狂风、嘶嘶响的瓦片、火焰般的红色嫁衣等如巫术般的奇特事物有力地烘托了事件不祥的气氛和死亡的即将到来。这些超自然的细节刻画一方面表现了黑人丰富的民间文化,另一方面也表达了作者对生命和死亡的独特思考。

《所罗门之歌》综合使用了零聚焦、内聚焦和外聚焦的方法,充分拓展了小说的叙事空间与范围。如小说开始一段描绘奶人出生地的场景就是以第三人称视角表现的零聚焦叙事模式。这种作者型的全知叙事有利于读者了解事情的全貌,但在客观性上存在欠缺。莫里森深知这一点,故而穿插使用了内聚焦的模式,如小说中奶人突然听到自己喊道:"我就是个'戴德'!,我妈妈也是,还有我的姐姐们,不光是你们俩!"(5:38)外聚焦的例子小说中也不鲜见,如奶人表达对父亲不满时,小说这样描写:"梅肯的领带是蝴蝶结式的,奶人则戴活结的长领带。梅肯的头发不分缝,奶人则把自己的头发分开。梅肯讨厌吸烟,奶人则十五分钟就吸上一支。"(5:62—63)这里,作者虽然没有描述奶人的语言或心理,但通过一系列外聚焦的动作,读者已能明白他的思想活动了。

从叙事时间看,小说也带有明显的碎片化特征。全书一共由 15 章组成,前 9 章讲述奶人 32 岁前的生活,后 6 章则是其找寻之旅。前 9 章中作者不断插入各种人物的追忆与叙述,将时空倒回,以便读者能更全景地了解整个事件。如通过姑妈的回忆,奶人了解了父亲的过去。后 6 章中,作者使用了同样的手法,如通过不同人物的讲述,奶人了解了自己的历史,使自己由"一个文化孤儿变成黑人传统文化的继承者"。(6:209)

结语

纵观托尼·莫里森的三部作品,可以说,她的作品充满了对美国当代社会黑人女性的关怀,尤其对黑人女性的道德思考,充满了作家对这一特殊群体遭遇各种社会、历史不公的深刻同情。她的作品不仅具有传统现实主义的批判性,抨击美国社会中根深蒂固的种族歧视,同时还具有后现代的一些叙事特征和表现技巧,体现了鲜明的时代性,因而她的作品是新现实主义作品,具有独特的艺术风格,值得读者与批评界的深思与探讨。

* 本文得到北京第二外国语学院英语学院 2012 年度科研基金资助。

参考文献

Morrison, Toni. *The Bluest Eyes*. N. Y. : Pocket Books, 1972:p. 20.
Morrison, Toni. *Sula*. New York: Knopf, 1973:p. 65.
Morrison, Toni. *Song of Solomon*. New York: Knopf, 1977:p. 177.
张良红:《托尼·莫里森笔下的风景——评小说〈最蓝的眼睛〉的叙事艺术》,《文教资料》2008 年第 27 期。
托尼·莫里森:《所罗门之歌》,胡允恒译,人民文学出版社 2003 年版。
刘丹:《思想的追寻,语言的飞翔——论托妮莫里森在〈所罗门之歌〉中的叙事策略及艺术魅力》,《黑龙江科技信息》2010 年第 31 期。

[作者简介:滕学明,北京第二外国语学院英语学院副教授,主要从事美国文学与文化研究。]

诗歌与沙堡*
——评苏珊·斯迪沃特的《诗人的自由:创作札记》

隋 刚

苏珊·斯迪沃特(Susan Stewart,1952 生人)是美国著名诗人和文评家,现任普林斯顿大学教授、美国艺术与科学院院士,曾获多项诗作奖和学术奖。新世纪以来,她不但出版了个人诗集《骨灰龛》(*Columbarium*,2003)和《红闯将》(*Red Rover*,2008),而且出版了文评专著《诗歌与感官的命运》(*Poetry and the Fate of the Senses*,2002)、《开放的文艺创作室:艺术与美学论文集》(*The Open Studio: Essays on Art and Aesthetics*,2005)和《诗人的自由:创作札记》(*The Poet's Freedom: A Notebook on Making*,2011)。《霍林斯文评》(*The Hollins Critic*)期刊赞誉道:"在众多美国诗人中,苏珊·斯迪沃特书写的是我们时代的最重要的诗篇"(《诗人的自由:创作札记》封底);同为美国艺术与科学院院士的玛乔瑞·佩洛弗教授(Marjorie Perloff)断言:"苏珊·斯迪沃特不愧为当代最杰出、最博学的诗评家之一"(《诗人的自由:创作札记》封底)。苏珊·斯迪沃特的诗学新著《诗人的自由:创作札记》内容丰富而又深刻、结构精巧而又紧凑。从狭义上来说,它是一部关于诗歌创作论的力作;从广义上来说,它是一部关于艺术创作论的精品。本文试图运用归纳法和分类法,评述专著作者的诗人自由观的复杂内涵,解析"创作"(making)、"逆创作"(unmaking)、"消极的自由"(negative freedom)、"积极的自由"(positive freedom)、"诗歌"(poetry)、"语言"(language)等重要概念,论及书中所展示的与诗歌本体、诗人的自由和创作密切相关的多种元素,进而在几个特定的层面揭示诗歌的本质、艺术创作的奥秘以及艺术与人生的关联性。

在《诗人的自由:创作札记》一书中,苏珊·斯迪沃特旁征博引,借古喻今,探讨了诗学经典话语的深层内涵和理论价值,阐释了传统诗学思想和当代艺术实践之间的复杂关系和恒久张力,分析了艺术创作的根本属性和诗歌构思的具体要素,介绍了诗歌等艺术形式的精神起源、审美标准、历史发展和相互影响,强调了提升自

---

* 《外国文学研究》2013 年第 4 期。

由意识和创造意识的必要性和可行性，充分揭示了因与果的联系、精神与物质的联系、无形与有形的联系、整体与部分的联系、过程与目标的联系、自由与创作的联系、诗歌与语言的联系、传统与现实的联系、自然与人的联系以及神性与人性的联系。全书正文共有八章：起始(Beginning)、赞美(Praising)、情绪的自由(Freedom from Mood)、想象的自由(Freedom from Imagination)、建构(Forming)、押韵(Rhyming)、相遇(Meeting)、作为创作者的人(Persons as Makers)。全书共有346个尾注，引用文史哲各类文献297部。这些文献源自世界文化史上多个时代的重要的"创作者"，包括：柏拉图、亚里士多德、荷马、康德、黑格尔、席勒、马克思、歌德、但丁、斯宾塞、西德尼、布莱克、华兹华斯、柯尔律治、雪莱、济慈、爱默生、惠特曼、谢林、尼采、萨特、海德格尔、庞德、艾略特、阿伦特、阿赫玛托娃、奥登、金斯堡、佩洛弗等人。

"我不记得是在哪里，在哪条海岸上，在哪片海域旁……"(Stewart 1)，苏珊·斯迪沃特在《诗人的自由：创作札记》的开头，以散文体的形式，舒缓地讲述了一件小事：一个夏日的黄昏时分，她自己在海滩阳伞下读书，无意中抬头看见一个八九岁的小男孩在近处用沙精心构筑一座城堡，费时颇久。天色渐暗，小男孩要离开海滩了。他跑开几步，又转身折返，使劲把沙堡踢倒踩平后才兴高采烈地离去。在苏珊·斯迪沃特看来，那个小男孩的行为体现了我们人类与创作之间的某种关系——如果没有在逆创作行为或潜能中表现出的反向自由，我们就不能赋予创作以价值。那个小男孩经历或享受了建造沙堡的过程，掌握或内化了建造沙堡的技能；至此，沙堡本身对他而言便不再是最重要的。这件小事同时也表现了人性的一个阴暗面——我们具有盲目的、狂暴的破坏冲动，缺乏对有限的被造之物的尊重意识。"我不记得是在哪里。"这也是全书正文的最后一句。全书首尾呼应。苏珊·斯迪沃特运用诗歌的形式，在结尾部分几乎一字不差地复述了小男孩构筑沙堡继而摧毁沙堡的故事——但所有句子的正常顺序被彻底颠覆，被反向逆转；全书正文的第一句因此就变成了全书正文的最后一句。这形象地展示了创作、逆创作和再创作周而复始的程序，表现了苏珊·斯迪沃特逆向辩证思维和逆向辩证表述的卓越诗才。

苏珊·斯迪沃特在《诗人的自由：创作札记》中对一些重要的概念予以了解析：

一、"创作"与"逆创作"。苏珊·斯迪沃特的"创作"观与"逆创作"观所依据的主要是亚里士多德的诗学理念——创作者部分是在模仿自然，部分是在完成自然的未竟之业；创作者有时会"自愿犯错误"(errs voluntarily)，作出有别于伦理决定的艺术决定；艺术自由包括犯错误的自由以及重新开始的自由。在创作过程中，创作者采用能够生成不同程度的精神自由的艺术形式(如诗歌、音乐、绘画和雕塑等),表现体验的和想象的事物,拓展精神生存空间,建立起与自然世界的联系,甚至建立起与死者世界和未生者世界的联系。对苏珊·斯迪沃特而言,艺术创作"既是无中生有,又是有中生无"(to bring being out of nonbeing and nonbeing out of being, Stewart 119),由此展示整个自然世界蕴涵的变化潜能;艺术创作同时也是"我们自我转变的主要途径"(our primary means of self-transformation, Stewart 119),即:我们在创作中亲历客观世界,并了解自身知识的局限性,进而准确反映主观世界的多种风貌及变迁。

如果说"创作"是做加法,那么,"逆创作"就是做减法。如果说"创作"是"立",那么,"逆创作"就是"破"。"破"字当头,"立"在其中。同理推论,"立"字当头,"破"在其中。"破"是"立"之中的应有之意。"逆创作"是"创作"之中的应有之意。在苏珊·斯迪沃特的诗学视阈中,"逆创作"作用于创作元素或创作对象时表现为:选择舍弃,或先选用后舍弃,或彻底解构,彻底颠覆,彻底损毁;"逆创作"作用于创作者时表现为:物是人非——创作主体为自己的作品所改变;完成创作的人已不是开始创作的人。在亲手炮制的艺术作品中,"人们同时造就并毁灭了自己"(humans are making and unmaking themselves at once, Stewart 117-118)。在苏珊·斯迪沃特的哲思启发下,我们也许能够"立""破"并举——确立创作者的主体地位,营造崇尚真善美、追求精神价值的创作氛围,与此同时,着力破除人类中心论的现代迷信;树立艺术创作的具体目标,赋予艺术精品以历史价值和现实意义,与此同时,打破以非艺术标准画地为牢的界限;设立与时俱进的开放创作模式,丰富艺术创作的形式和内容,与此同时,突破艺术创作的种种禁区。

二、"消极的自由"与"积极的自由"。苏珊·斯迪沃特在《诗人的自由:创作札记》一书中借用康德等人的术语,主要阐发了以下几个自由观:创作者的自由是有别于神的自由的人的自由,源自不同于自然因果律(natural causality)的一种特殊的因果律(causality of "a particular kind");自由本身同时也是被造之物,是创作的重要成果之一;创作者必须享有自由。她将自由分为"消极的自由"与"积极的自由"。"消极的自由"是从属式的自由,指"摆脱了某种束缚或限制的自由"(freedoms from certain constraints or limits),依赖于"前因"(prior causes),独立于"现存强权"(existing powers),其重要主题是人的"必死性"(mortality);"积极的自由"是主体式的自由,指"包含了超过以往预期的情景的创建或构成的自由"(freedoms that involve the creation or formation of as yet unanticipated states),强调"有为之举"(acts of affirmation)和明确指向,相关的体验"不是躲避,而是进取"(experienced not as *away from* but as *toward*),其重要主题是人的"生命决断"(decision to live)。"积极的自由"作用于外部世界,而非从外部世界获取;艺家享受"积极的自由",独立地为艺术立法,不断地设定艺术新起点(new beginnings),主动地深入探究艺术品的基本特质及其所属的宏大传统,赋予艺术品以远超其"物性"(thingness)和实用价值的美学意义,从而展示人类生命的活力(vitality)。

苏珊·斯迪沃特指出:在创作过程中,我们一方面施展出一种不受外力制约的"自由的建构力和判断力"(a free power of forging and judging,Stewart 109),另一方面预先确立了形式的最终样态。这种"自由的建构力和判断力"是极其重要的,因为它是艺术的自控力,可以使我们自觉地平衡理智与情绪,平衡现实与想象——若沉溺于某种情绪,无法自拔,何谈创作?若想象过于发散,最终消失于无形,何谈艺术?艺术创作固然需要情绪和想象的自由,但也需要免于极端情绪和免于过度想象的自由。在时空之外,想象是无根基的;在创作生活之外,创作自由是无法得到保证的,或是无法得以持续的。苏珊·斯迪沃特还十分注重艺术家群体相互尊重、相互关爱、共创未来理想的自由创作氛围,即:"在自由交往中自由创作的自由人的聚会"(the meetings of free and freely creating persons in free associations,Stewart 28)。在分析雪莱的名诗《赞智性美》(Hymn to Intellectual Beauty)时,她更为直接地点明了自由和博爱的关系:"对全人类的爱和虔敬,无一例外的尊重,正是人类自由的基础"(a loving reverence for all of humankind, a respect without exception, is the ground of human freedom,Stewart 110)。

三、"诗歌"与"语言"。苏珊·斯迪沃特认为:一方面,诗歌是一种隐喻艺术(an art of metaphor),通过人类语言建构的具象性或物质性(materiality)来表述思想观念,而语言也因此得以长存和持续更新;另一方面,语言是诗意的物化形式或素材,"诗歌的每一种资源早已存在于语言之中"(every resource of the poem is already in the language)。她关注语言的引申义,强调诗歌语言激发自由联想的隐喻性,更强调"功能"语言背后隐藏的超时空的诗歌语音价值、音乐特性或韵律之美。她引用美国超验主义代表人物爱默生的语录,生动地再现了诗韵与大自然的契合——"十四行诗中一个韵律的亲和力不应该弱于一个长着斑斓硬结的贝壳或一丛既相似又相异的鲜花……调控这一切的均衡和真理之道为何不该浸入我们的灵魂,我们为何不该参与大自然的发明(participate in the invention of nature)?"(Stewart 151)

从某种意义上说,苏珊·斯迪沃特继承了亚里士多德和爱默生等人关于诗歌本质的诗学观点,将诗歌创作视为探索人与大自然关系的一个途径,将大自然和西方诗歌传统视为诗人灵感的两个重要来源。首先,她认同人与大自然之间的精神联系,书写自我与"非我"之间的诗意互动,运用隐喻方式展示人与大自然内在的统一性,形象地表现大自然给予人的精神上的影响和启迪,使生活的现实经由诗意的语言趋于艺术化,使抽象的理念经由诗意的语言趋于具象化。再者,她十分注重灵活地借鉴诗歌传统中具有历史意义和实践意义的价值观念,创造性地运用源于诗歌和诗学经典的灵感,言之有据地表述自己的诗学理念和文艺主张。她明确指出:往昔的诗歌就是"我们的根和继承者名分"(our root and birthright, Stewart 185)。由此可以推断:在苏珊·斯迪沃特看来,创作为我们提供了继承诗歌传统、开采文艺资源、丰富语言宝库的机会。诗歌传统的继承属于精神财富的继承,有别于物质财富的继承。诗歌传统是全人类共有的精神财富。我们只要精心地研究,深刻地领悟,全面地思考,积极地创作,就有可能获得诗歌传统的继承权,并有可能成为使这一精神财富不断增值的出色的语言更新者。

概言之,苏珊·斯迪沃特最为关注的是"创作者"或艺术家的独立人格的尊严及其自由禀性的价值。她既有艺术考量和学术考量,又有社会关怀和生态关怀。她认为:艺术创作者应该并且能够在艺术创作过程中获取不可或缺的自由,推陈出新,将任一"终点"视为可持续创作新的起点;整个人类社会也应该并且能够从艺术中获益,赢得"辨别部分与整体的真知、行动的自由和评判的自由"(the knowledge of parts and wholes, the freedom to act and the freedom to judge, Stewart 205),重新评估生态环境,重新优化社会生活和社会心态。

参考文献

Stewart, Susan. *The Poet's Freedom: A Notebook on Making*. Chicago and London: The University of Chicago Press, 2011.

[作者简介:隋刚,北京第二外国语学院英语学院教授,主要从事英美文学研究和英语创意写作研究。]

《悠悠岁月》：女性自我书写的大气之作[*]

陈 静

　　法国女作家安妮·埃尔诺被誉为女性"自我书写"的先锋人物，从上世纪70年代起她就陆续发表了多部具有自传性质的作品，其中包括拥有众多读者群的《位置》和《一个女人》等。2008年发表的《悠悠岁月》一书更是以其独特的"社会自传"或曰"无人称自传"的写作风格征服了法国读者，并于次年在中国荣获"最佳外国小说"称号，被认定是"一部前所未有的杰作"[②]。

　　女性自我书写的形式和风格是多样的，有的被埃莱娜·西苏称为"身体写作"，有的则如玛格丽特·杜拉斯那样用写作来模糊生活的真实，还有的则一味地沉醉于内心的感受，探寻像娜塔莉·萨洛特在《童年》中力图捕捉的那种断断续续的"前意识"和"潜对话"。而在《悠悠岁月》中，写作方式和角度的创新自然成为埃尔诺首要考虑的问题。她希望能像普鲁斯特那样彻底摧毁传统文学观念，一切重新开始。这就难怪这部作品需要酝酿二十年之久了。现在，就让我们再次走进这部堪称女性自我书写的巅峰之作吧！

印象派的笔触

　　印象派画家的作品清新、明亮、色彩丰富，这是由于他们喜用原色作画。其代表人物莫奈曾说过，印象派画家唯一的希望是和自然密切地结合。他们通过观察自然，特别是瞬间的自然，来发现自然的千变万化和迷人色彩，从而再现真实的自然。《悠悠岁月》的作者在书中也采用了类似的笔触，以生活中的各个阶段为观察对象，挖掘其自然本色，再用纯朴的词汇进行描写，避免过多修饰，旨在将自己生活的原貌更鲜明地呈现出来。

　　书中，我们处处可见那种纯粹原色的描写，短短几个词就形象再现了自己的生活和心境。当她想要讲述为人妻为人母时一天之内常去的地方时，我们看到她这

---

[*] 原文载于《法国研究》2013年第9期。
② 吴岳添：《〈悠悠岁月〉——一部前所未有的杰作》，《外国文学动态》，2009年10月，第4—5页。

样列举:"中学,家乐福,肉店,蒸汽熨衣铺,等等";为讲述自己一天的时间安排,她这样写道:"上课和批改作业,准备早餐,孩子们的衣服,要洗的衣服,午饭,购物……"①看是些极平常字眼的简单罗列,读者却能从中充分感受到作者所描绘的那种日常生活的枯燥和无聊。这里无需过多的言语,因为读者,尤其是女性读者,对此深有感触:她们每天的生活又何尝不是如此?用最贴近生活的词语,来还原生活的本来面貌,还有什么比这种描述更纯粹更真实呢?

而为了真实再现自己离婚时需要进行财产分割时的心境,作者更是直接罗列了一个清单:

地毯	300 法郎
高保真度组合音响	10000 法郎
玻璃鱼缸	1000 法郎
摩洛哥镜子	200 法郎
床	2000 法郎

这里的语言毫无动人之处,却能让人读后不寒而栗:当感情沦落到用冷冰冰的金钱来结算的时候,温暖已无处寻觅。读到此处,读者自然明白曾经甜蜜温馨的夫妻关系已经到了怎样"无法后退的地步"(第120页)。随之而来的感慨便是:一个女性要想追求独立自由,得与过去作怎样的决裂。可见,赤裸裸纯粹的描写比起人为的华丽修饰更能打动读者的心灵。

人的生活纷乱复杂,到处都是混沌一片,唯有用最朴素的词语,进行纯色的描写,才能还原生活的一点点真实。这也许就是作者选择如此手法刻画自己真实生活的原因吧。

"玛德莱娜小点心"

《追忆逝水年华》中的叙述者马塞尔从一块泡在茶里的玛德莱娜小点心联想起了过去的美好时光,安妮·埃尔诺则从一张张老照片出发,回忆自己和同时代人走过的悠悠岁月。这些老照片有儿时的,有少女时代的,也有为人妻为人母时的,还有升级为祖母以后的。它们的选择看似偶然、随意,却标志着一个个的时代。

儿时的照片让作者想起了战后的贫穷生活和父辈们所操的"混杂着方言不规范的法语"(第21页),还有那属于乡下人的自尊和自卑。少女时代的照片则让作者忆起了曾经的学校生活和那些属于另一阶层的高傲的同学们,还有那情窦初开

---

① 安妮·埃尔诺:《悠悠岁月》,人民文学出版社2010年版,第103页。(下文所有出自该书的引文将一律不再加注,而在文中直接标明页码)

的岁月以及家庭与社会对女孩们的清规戒律。成年以后所拍的照片记录了曾经的小资产阶级家庭生活,也使作者重新回忆起在女权运动的号角下终于走向离婚以重获自由的那段心路历程。而老年时期的照片则让作者感慨岁月的无情,同时也追忆起与孩子们和情人度过的美好时光。就这样,面对从前的老照片,悠悠往事一点点浮上心头。而记忆的闸门一旦被打开,便有一发不可收之势。

在对 1963 年 6 月拍的一张照片中自己少女的外貌和形体以及当时的生活状态进行了描述和回忆之后,作者不无揶揄地写道:"她(指照片中的自己)的生活与历史之间没有任何关系,然而历史的痕迹却已经被三月份冰冷的感觉和阴沉的天气固定下来了"(第73页)。它们是指:矿工罢工、约翰二十三世之死、古巴危机、几个月之后的肯尼迪被刺杀事件,以及一年前玛丽莲·梦露的死等。就这样,对个人生活的回忆引起了对社会历史的回忆。而这些有着极强时代标志性的人物和事件,像肯尼迪、玛丽莲·梦露等,与作者同时代的人谁能没有记忆? 于是,读者关于那个时期的回忆也会随着作者的讲述被慢慢打开。他们每每会在这些人名、事件名的召唤下由衷地发出"我记得……"的感慨。

"重大事件的时代与社会新闻的时代……都不是她的时代,一切都在她的照片里"(第73页),作者如是说。因此,对一张张老照片的叙述并非是作者的终极目的,她还赋予了照片类似玛德莱娜小点心的功能,使自己和读者的思绪走得更远更深。那里不仅有自己的过去,还有读者的过去……

互文性

互文性概念是由法国另一位著名女作家、解构主义的代表人物之一朱丽亚·克里斯蒂瓦率先提出来的。她认为:"任何文本的构成都仿佛是一些引文的拼接,任何文本都是对另一个文本的吸收和转换。"①《悠悠岁月》自然也不例外。

为了再现作为女人自己在生命的各个阶段的不同体验和心里感觉,埃尔诺经常直接引用自己当时日记里的原话。在描写自己上学时的沮丧心情时,她觉得自己"被塞进了太多的到处都适用的观念、理论",她渴望"寻求另一种语言"(第72页)。结婚以后,当她独自一人或带着孩子散步时,她常常遗憾自己不再有内心化的权利:"我对什么都没有概念了。我不再试图解释我的生活",然而她又非常渴望拥有自我:"由于一种极度的自恋,我愿意看到我在黑白照片上的过去,并且由此成为一个不是我现在的人。"(第83页)在表明曾经的写作计划时,作者借助的还是日记:"如果我在二十五岁时没有履行我要写一部小说的诺言,我就自杀。"(第103

---

① 转引自秦海鹰:《互文性理论的缘起与流变》,《外国文学评论》2004年第3期。

页)在谈到自己最后的那位年轻爱人时,她的日记则又一次充当了互文本:"他把我从我这一代人中拉走了。可是我不在他那一代人里。从前我不在任何地方。他是复活过去、使之变得永恒的天使。"(第 177 页)这种引用之前日记的互文手法无疑为真实再现自己各个阶段的内心世界增强了说服力,因为没有什么能比日记更能抓住瞬间的感受了。

  作者还常常通过暗示或召唤等互文手法来扩充当下文本的内涵。她往往只用一到两句话就将自己曾经的作品或人生中的重要事件和人物作了说明。书中我们读到这样一段描述:"六年级入学考试前的星期天,她(指作者自己)的父母大吵大闹,父亲要把母亲拖到地窖里放着弯刀的包装箱旁边杀掉。"(第 44 页)下文中,作者除了告诉读者"她每天都会想起这件事"之外,对事情本身的来龙去脉并没有作进一步交代。如此惜墨如金是有原因的,因为作者在之前的小说《耻辱》中已对此事进行过描绘,故而在此匆匆一笔带过。然而此事对作者的打击之大,相信读过那部小说的人都还有深刻记忆。应当承认:这种对已有文本的召唤不仅扩大了当前文本的内涵,还避免了不必要的重复和赘言,使当前文本的结构显得更为紧凑和合理。

  类似的手法还被用于塑造自己生命中最重要的人物即母亲的形象。由于在之前的作品《一个女人》里,她对母亲那爱恨交加、剪不断理还乱的感情早已作了深入的解剖,所以在《悠悠岁月》中,作者仅限于援引前文中提到的某些母亲常说的话,如"生活会教训你"(第 22 页),"我以前是知道的"(第 204 页)等来提醒读者,召唤出前文。对那位争强好胜而又不甘示弱的母亲形象,相信读者还记忆犹新。

  罗兰·巴特曾说过:"每一篇文本都是在重新组织和引用已有的言辞。"[①]因此可以说,没有互文性,文本也就失去了意义。也正是在对互文性的寻觅和猜测中,读者的阅读才充满了乐趣和挑战。《悠悠岁月》就是这样一部耐人寻味、富含互文性现象的佳作。

身体——女性存在的见证

  法国女性写作理论的创始人埃莱娜·西苏曾在其代表作《美杜莎的笑声》中主张"让身体被听见",提倡用身体写作,因为女性身体的节奏是与写作的节奏息息相关的。"身体"在西苏那里应是女性欲望的代名词。而到安妮·埃尔诺这里,身体则是具体的、客观的。它成了一种记忆的源泉,如实地记载着一个女人从出生到老年所承受的来自社会各个方面的束缚和压力。

---

① 蒂费纳·萨莫瓦约:《互文性研究》,邵炜译,天津人民出版社 2003 年版,第 12 页。

从一张照片上，作者看到了还是婴儿的自己："一个肥胖的婴儿，……半裸地坐在一张雕刻的桌子中央的一个垫子上。……肚子上掀起的绣花衬衫——婴儿的手遮住了生殖器——从肩上滑到圆滚滚的手臂上的背带，目的在于表现一种爱或者绘画里的一个小天使。"(第11页)显然，因为还是个婴儿，她在照片中的造型完全都是按照父母的想法呈现的。从她的生殖器被自己的手遮住这样一个细节上，我们可以感觉到父母对他们女儿的身体所怀有的羞耻感；从孩子那类似绘画里的小天使的装扮，我们可以感觉到处于下层社会的父母如何希望自己的孩子能像上层社会人家的孩子那样显得高贵、美丽。换言之，在这个尚无任何自我意识的女婴身上，我们看到了世俗和性别的双重烙印。面对照片，作者这样感慨："我在半裸地坐在一个垫子上、生殖器看不清楚的婴儿身上看到的也不是自己，而是另一个人，一个属于沉默和无法理解的时代的人。"(第20页)从这个连作者自己都无法认同的婴儿身上，我们明白了一个真相，即在作者那个时代，一个女孩的成长道路注定不是可以自由选择的。这不由得让我们想起了波伏瓦的名言："女人不是天生的，而是后天形成的。"

那究竟若干年之后，这个女孩变成了怎样一个女人呢？四十来岁时所拍的一张照片给了我们一些答案："在模糊的连衣裙下面，下半身显得臃肿"，"向后拉的发式，弯曲的肩膀，不成形地下垂的连衣裙，尽管笑容可掬，也显示出一种疲惫和不在乎是否取悦于人了"(第121页)。刚刚四十出头，这个女人却已显得"臃肿"、"疲惫"和"不在乎"了。她在过去的生活中经历了什么？是所谓的爱情么？抑或是两个孩子？还是一本里面什么也没有的书？(第124页)后面的路还很长，这个女人就甘心在家庭生活的绵绵长河里一点一点泯灭掉自我吗？结婚、生子，然后终其一生，这难道真是一个女人的必然吗？作者在这里又一次用类似局外人的冷眼旁观，通过对自我外表的审视，将自己作为一个女人所处的窘境暴露无遗。

终于有一天，她选择了离婚。这时的她，"给人以一种有分寸的洒脱、像女性杂志为五十至五十五岁的妇女所说的'完美'的印象"(第152页)。虽然她的双手和手腕是"瘦削的，关节嶙峋"，额头上布满了"细网般的皱纹"，加上"微微隆起的肚子"和"臃肿的大腿"，还有腋窝附近那"两条蓝色的筋"(第153页)。新生活无比惬意，因为"以夫妇和家庭生活为特征的人们不断产生的物质和精神上的操心都离她远去了，代之以一种更为轻松的、对人类事业的关注"(第153页)。但已经过去的时光又岂能倒流？日趋衰弱的身体就是一个明证。

埃尔诺显然同意女性主义者们关于文学即政治的论断，因为从22岁起，她就决定用写作来为生活在不公平之中的自己的同类报仇了。本书中，她别出心裁地通过对不同阶段的女性身体特征的描写，让人们赫然看到了这样一个不争的事实：

女人的一生原来经历了太多又承受了太多。而她们如何才能摆脱作为"第二性"的存在,则仍是一个有待解决的问题。

结论

安妮·埃尔诺曾坦言自己是在危险地写作,且不说自我书写的内容往往会涉及自己及家人的隐私(堕胎、离婚、父母关系等),就连形式也会面临不被人们接受的危险。"社会自传"这一体裁前所未有,作者创作初期的雄心可见一斑:在同一本书中,她既要讲述自己的生活也要讲述整个社会的生活。这么做的目的只有一个:道出生活的一点点真相。而如何才能使人们相信自己的描述,则是作者首先需要解决的问题。从上文的分析中我们看到:她用印象派的笔触将一个女人生活的原汁原味客观呈现;她赋予一张张老照片以玛德莱娜点心之魔力,在回忆个人过去的同时带动集体的回忆;她巧妙地使用互文手法使叙述意境深远、可读性强;她还将自己的身体通过描述置于众目睽睽之下,以证明女人一生的坎坷。这样,读者从中不仅读到了作者真实的心路历程和人生体验,更看到了自己和社会的过去。至此,我们不得不佩服作者的匠心:她用深沉和大气、真实而客观的笔法为我们重现了一段在特定社会历史条件下女人所走过的悠悠岁月。

参考文献

安妮·埃尔诺:《悠悠岁月》,吴岳添译,人民文学出版社 2010 年版。
吴岳添:《〈悠悠岁月〉:一部前所未有的杰作》,《外国文学动态》2009 年 10 月。
Elisabeth Seys : *Ces femmes qui écrivent*, *de Madame de Sévigné à Annie Eranaux*, Ellipses, paris, 2012.
Nelly Kaprièlian: "Sans mentir", Dossier: *Romancières françaises*, Le magazine Littéraire, 500, septembre 2010.
http://www.franceculture.fr/emission-du-jour-au-lendemain-annie-ernaux-2011-12-03.

[作者简介:陈静,北京第二外国语学院法意语系副教授,研究方向为法国文学。]

论魏玛共和国时期的现代大众戏剧

陈 燕

大众戏剧在奥地利和德国有着漫长的传统。这种戏剧形式生发于民间、存活于民间，通常用方言演出而具有浓郁的地方色彩。它并非即兴演出的戏剧，因为它有文学剧本的支撑。它突出的特点是内容的平民化以及语言的大众化。剧中所描写的主要是城乡各种小人物的生活，既有他们的喜怒哀乐、希望和追求，又有他们在道德和习惯上的缺陷。在费迪南德·莱蒙德（Ferdinand Raimund）和约翰·内波穆克·内斯特洛伊（Johann Nepomuk Nestroy）的引领下，19世纪上半叶，传统大众戏剧在维也纳经历其巅峰时刻。在此之后，传统大众戏剧一落千丈，逐渐被人们遗忘，甚至沦落为只顾投观众所好的通俗剧。

在经历了被长期遗忘后，大众戏剧终于在魏玛共和国时期迎来曙光。在魏玛共和国时期的"美国风"（Americanism）、"群体文化"（Massenkultur）以及"新实际主义"（Neue Sachlichkeit）等浪潮的影响下，戏剧获得极度繁荣。这一时期的戏剧以现实性、政治性和开创性为特点，成为广大人民对现实问题进行讨论和反思的一个重要平台。戏剧形式从悲剧转向喜剧，戏剧主人公从帝王将相和市民转向士兵、农民和小市民等普通人物。戏剧家和导演使用各种手段吸引大众进入剧场，鼓励他们积极参与、热情评说，对发生在身边的事情进行反思。这就给专门表现小人物的大众戏剧的复兴提供了一个平台。正如贝托尔特·布莱希特（Bertolt Brecht）在《关于大众戏剧的说明》（*Anmerkungen zum Volksstück*）的最后呼吁道："现在到了给它树立远大目标的时候了。面对这个目标，这种体裁完全可以无愧于它的名称。"（1:145）

魏玛共和国时期大众戏剧的复兴是大众戏剧史上重要的事件之一。卡尔·楚克迈耶（Carl Zuckmayer）1926年创作的《欢乐的葡萄园》（*Der fröhlicher Weinberg*）标志着传统大众戏剧的复兴，成为20世纪二三十年代上演最多的剧本，被批评界认为是表现主义之后新戏剧的开端。在这段时期，德国和奥地利出现传

---

* 原文载于《戏剧》2013年第12期。

统大戏剧和反传统大戏剧并存的现象，厄登·冯·霍尔瓦特(Ödön von Horváth)和玛丽路易斯·弗莱瑟尔(Marieluise Fleißer)、布莱希特都是这一时期反传统大众戏剧的现代大众戏剧代表作家，霍尔瓦特和布莱希特明确提出对传统大众戏剧进行革新。埃尔温·罗特蒙德(Erwin Rotermund)认为，"对大众戏剧的改革是 20 年代德语戏剧史上最重要的事件之一"(2:612)，这标志着戏剧作品在乌托邦幻想中破灭并转向新实际主义。他认为楚克迈耶和霍尔瓦特对大众戏剧进行两种形式的革新，楚克迈耶"复辟"了传统大众戏剧，而霍尔瓦特则在大众戏剧中使用"尖锐揭露的方式"(2:618、622)。君特·吕勒(Günther Rühle)认为，楚克迈耶不是"复辟"而是"推广"了大众戏剧，《欢乐的葡萄园》成为霍尔瓦特大众戏剧的前奏。但是他又认为，楚克迈耶大众戏剧中的政治因素消失在传统的形式中(3:10)。格哈德·沙伊特(Gerhard Scheit)则认为，这一时期传统大众戏剧完全被摧毁了(4:4)。

霍尔瓦特的大众戏剧——"反大众戏剧"的大众戏剧

《欢乐的葡萄园》是霍尔瓦特对大众戏剧进行改革的导火索。《欢乐的葡萄园》是一部标准的传统大众戏剧，整部作品赞美生机勃勃的生活和自然，充满欢乐的基调，作品人物性格天真纯朴、生动自然，故事结尾皆大欢喜，四对有情人终成眷属。虽然作品中也有对官僚和战争思想的讽刺，但是这些政治因素最后都湮没在欢乐的海洋中。《欢乐的葡萄园》表达的乐观主义、遁世主义、感官享受主义以及最后各种敌对力量的滑稽和解，掩盖了社会冲突和阶级矛盾，造成其乐融融的假象。这不仅促使布莱希特反其道而行之，也促使霍尔瓦特创作了他第一部大众戏剧《登山铁道》(Die Bergbahn)。霍尔瓦特要揭开传统大众戏剧中太平盛世的面纱，不再给观众创造一个完美的幻觉，还原社会的本来面目。如果说霍尔瓦特早期作品中还有传统大众戏剧的少许影子，那么从其剧作《意大利之夜》(Italienische Nacht)开始，霍尔瓦特的大众戏剧已经彻底站在反传统大众戏剧的一边，发展为对社会进行揭露批判的现代大众戏剧。霍尔瓦特在《维尔·克罗瑙尔的采访》(Interview mit Will Cronauer)、《对〈卡西米尔和卡罗琳娜〉的使用说明》(Gebrauchsanweisung für Kasimir und Karoline)和《对〈信爱望〉的边释》(Randbemerkung für Glaube Liebe Hoffnung)中详细阐述了他摧毁旧大众戏剧和发展新大众戏剧的思想和决心。

霍尔瓦特的大众戏剧是大众戏剧史上的一个重大转折点，其大众戏剧理论开创了现代大众戏剧的先河。戏剧评论家埃里希·克斯特纳(Erich Kästner)在 1931 年观看了《维也纳森林的故事》(Geschichten aus dem Wiener Wald)首演后写道："霍尔瓦特创作的是一部反维也纳大众戏剧的维也纳大众戏剧。"(5:126)在 30 年代初期,霍尔瓦特创作了一系列"反大众戏剧"的大众戏剧:《意大利之夜》、《维也纳森林的故事》、《信爱望》(*Glaube Liebe Hoffnung*)、《卡西米尔和卡罗琳娜》(*Kasimir und Karoline*),并且从理论上对大众戏剧的内容、人物、语言和目的进行详细阐述,他的大众戏剧理论有助于研究者正确理解他的作品。

霍尔瓦特认为,传统大众戏剧已经不能再符合新时代的要求,只剩下历史价值。传统大众戏剧讨论的是"永久的人性"(die ewige Menschlichkeit)问题,虽然有一定的教育意义,但是在当前,"永久的人性"已经失去作用,因为"在过去20年中人们发生了难以置信的变化","祖父母们哭的东西我们会笑——或者反之亦然"(6:201)。传统大众戏剧已经失去现实意义,如果要"发展"旧大众戏剧,那么就要描述现在的大众。只有这样,大众戏剧才得到继续存在下去的意义,从而获得新生。霍尔瓦特要同时"摧毁"(zerstören)和"延伸"(fortsetzen)传统大众戏剧。

霍尔瓦特强调大众戏剧应当突显其现实意义,认为大众戏剧要"用大众的眼睛去观察问题","用最大众化的方式处理和阐述大众问题",表现"他们最根本的忧虑"(6:218);在作品人物塑造方面,大众戏剧的主人公应为"现在的大众",即"标准的,我们时代特有的大众阶层"(6:201),他们是"完全"或者"半完全"的小市民,在德语国家居民中所占的比例高达90%(6:219)。小市民不仅仅是霍尔瓦特大众戏剧也是他全部作品的核心人物。至于什么是"完全"和"半完全"的小市民,霍尔瓦特不是从阶级地位、收入高低等范畴进行分类,而是着眼于社会意识形态的角度进行分类。小市民处于具有阶级斗争意识的无产阶级和具有权力意识的资产阶级之间,其思想意识是"错误"的和"损坏"的,他们无法正确反映自身的现状和社会地位。霍尔瓦特剧作中的小市民实际上就是社会的中间阶层,在其未完成的小说《中间阶级》(*Mittelstand*)的草稿中,霍尔瓦特对这一阶层进行了详尽的描述。由于小市民自我意识的错误、混乱和虚伪,导致他们没有正确的世界观,无法认清自己和周围的一切,因而轻易地受到别人的教唆、引诱,甚至某些人后来成为法西斯的追随者。从这个角度来说,霍尔瓦特的大众戏剧不是从政治角度而是从心理分析角度探讨了法西斯兴盛起来的原因。由于霍尔瓦特真实地再现了市民阶层的思想风貌,因此被誉为"时代和社会批判家"和"当时事件的证人"(7:16)。

语言是打开霍尔瓦特作品大门的钥匙,霍尔瓦特反对观众在观赏戏剧时只注意情节而不重视语言的习惯,反对人们因故事情节而认为他的作品都是悲剧,强调其作品的对话胜于情节。霍尔瓦特认为,小市民的自我意识无法认清自己和社会,这首先表现在他们的语言上。小市民说的既不是方言也不是标准德语,而是"教育行话"(Bildungsjargon)。霍尔瓦特认为,"教育行话"是一种借来的"二手语言",这种"二手语言"破坏直至摧毁了方言,反过来加强小市民意识的错误性(6:201)。小市民说"教育行话"而放弃原来的方言的原因是,小市民通过使用从书本上学到的或者道听途说的成语、格言、外语以及科学和政治术语,既可以自我安慰、自我感觉良好,显示高于他人的优越性,提高社会地位,又可以无需进行思考,能够掩盖思考的不足和缺陷。而实际上,他们并没有理解这些话,所以"教育行话"往往成为空洞的、公式化的、仿制的语言,不但没有提高说话者的社会地位,还造成小市民之间的交流障碍,小市民同自身阶级的疏远,甚至导致小市民的错误意识。霍尔瓦特在《使用说明》中向导演和演员强调:"不准说一句方言",要让观众听起来的感觉是,平时说方言的小市民在本来应该说方言的时候却逼着自己说标准德语。由此达到一种现实和讽刺相结合的效果(6:219—220)。

　　如果说语言是霍尔瓦特创作的手段,那么,"揭开意识的面具"是霍尔瓦特创作的目的。霍尔瓦特不是要揭开"某个人或者某座城市的人"的面具,也不是要揭开"南德人的面具",而是要揭开所有的人尤其是小市民的意识的面具,霍尔瓦特认为这是所有戏剧乃至所有艺术的根本教育任务。霍尔瓦特从"人性本恶"的观点出发发展了亚里士多德的净化理论。他认为人有一种危害社会的本能,而戏剧通过幻想具有释放这种本能的作用。对此,霍尔瓦特举了一个例子,观众在剧院里因为经历了一场正直的人被谋杀的罪行而十分愤怒,这种愤怒不是观众对这种谋杀罪行行为反感的愤怒,而是因为观众在观看时,由于本能和罪犯一起共同参与了杀人,而发现自己的这种本能,因此产生对自己憎恨和厌恶的愤怒。这样,观众"揭开了自己意识的面具"(Demaskierung des Bewusstseins),这种危害社会的本能从而既得到释放又得到抑制,最后,观众在一种神圣的被净化了的情感中离开剧院。霍尔瓦特的"戏剧净化说"产生了一种矛盾,因为"共同参与"需要"共鸣",而"揭开意识的面具"则需要"离间"。在这里,亚里士多德的"共鸣"是"离间"的前提和首要条件,在"共鸣"的瞬间,产生了"离间"的效果,也就是说,观众在"共鸣"的刹那间发现了自己"危害社会的本能",因而对这种本能加以拒绝,从而两者达到了统一,观众感情得以净化。例如,观众在观看霍尔瓦特作品时,发现自己具有和剧中人一样的小市民意识,同时发现这种意识的错误性。霍尔瓦特指出,正因为如此,很多观众反感他、拒绝他,认为他的作品粗俗、玩世不恭、令人生厌、让人毛骨悚然,而他不过只是揭露了观众的潜意识,观众羞于承认罢了(6:216—218)。

　　此外,霍尔瓦特不仅对大众戏剧而且对大众戏剧院也提出改革的建议,他认为,大众对大众戏剧的兴趣减弱是因为"没有真正的大众戏剧",但是大众戏剧通过改革朝着"真正的大众戏剧"的方向前进。在霍尔瓦特看来,人们由于没有漂亮的衣服而羞于去剧院看戏,对此,应该改变去剧院看戏的服装要求,例如取消衣帽间,让人们穿着大衣或工作服。对于剧院来说,重要的不是有漂亮的衣帽间,而是坐满了观众的观众席(6:205—206)。

弗莱瑟尔的大众戏剧——被作者否认的大众戏剧

从1774年大众戏剧这个词第一次出现到今天近250年时间里,弗莱瑟尔是唯一一位可以和男性大众戏剧作家相提并论的女性大众戏剧作家,也是大众戏剧工具书中唯一提到的女性大众戏剧作家。

作为大众戏剧作家学术界有两个问题围绕着弗莱瑟尔来进行研究和讨论。第一个问题是:她的某些剧作究竟算不算是大众戏剧。和霍尔瓦特以及布莱希特不同,弗莱瑟尔在创作英格尔施塔特三部曲时,并没有明确地提出要创作大众戏剧,她对大众戏剧没有什么研究,几乎找不到她对大众戏剧的理论阐述。弗莱瑟尔不欢迎别人将其作品称为大众戏剧,在她看来,"大众戏剧是个过于简单的定义"(8:344),即使被她称为大众戏剧的唯一作品《强大的家族》(*Der starke Stamm*)在第一版中还是"喜剧",到最后全集出版时才被改为大众戏剧。在吕勒全面搜集的"关于弗莱瑟尔生活和写作的资料"(Materialien zum Leben und Schreiben der Marieluise Fleißer)中,弗莱瑟尔只在三处提到了大众戏剧。她甚至错误地将大众戏剧等同于家乡剧,1966年《强大的家族》在哈勒河畔剧院上演时,她在节目单上写道:"一些人诋毁《强大的家族》是家乡剧①,这是严重的错误。它不是一部家乡剧,因为它恰恰相反,对人物的性格不是进行美化而是寻根问底。它在很大成分上包含着批评。"(9:453)

事实上,她的第一部剧作《英格尔施塔特的炼狱》(*Fegefeuer in Ingolstadt*)一面世,就被批评家们归为大众戏剧,批评家们更指出她的第二部剧作《英格尔施塔特的工兵》(*Pioniere in Ingolstadt*)具有大众戏剧的典型特征。例如,阿尔弗雷德·科尔(Alfred Kerr)认为,"她在这里无所畏惧地描述了故乡的情况"(8:68)。赫伯特·耶林(Herbert Ihering)则在这部作品中看到了瓦伦丁的作品和意大利喜剧的影子,有"传统幽默的基本形式"(8:53、75)。库尔特·平图斯(Kurt Pinthus)认为这是部大众戏剧,因为"她用最大众化的语言写出最复杂的感情"(8:87)。鲍尔·费希特尔(Paul Fechter)称:"女作家……在这里又描述了小城市、小市民和大众……一部大众戏剧,一部士兵剧。"(8:80)

第二个问题是:弗莱瑟尔的大众戏剧更多地属于20世纪20年代学术语境中

---

① 家乡剧的德语为Haimatstück,是反映德语国家某个地区(大部分是乡下)的中下层人民群众生活的民间戏剧。和大众戏剧相比,家乡剧的题材较为平庸,故事情节和人物形象大多雷同,并没有像大众戏剧那样形成一定的影响力。

的大众戏剧,还是 20 世纪 60 年代学术语境中的"新大众戏剧"。在魏玛共和国时期,大众戏剧确实得到了繁荣和复兴,然而,和当时轰轰烈烈进行的各类先锋派戏剧相比,大众戏剧仍然处于一个配角的地位。即使当时的学术界肯定弗莱瑟尔的大众戏剧,也更多地从弗莱瑟尔作为布莱希特的女朋友出发,而非从弗莱瑟尔本人出发的。到了 60 年代,在新的一批大众戏剧作家的运动和挖掘下,弗莱瑟尔的创作才真正被重视起来,她的大众戏剧和 60 年代新的社会批判性大众戏剧联系得更为紧密。

认为英格尔施塔特三部曲属于新的批判性的大众戏剧,具体来说,原因有以下四点:首先,三部作品的故事均发生在笼罩在天主教势力中的乡下,主人公是作者熟悉的看不到生活出路的小人物,正如弗莱瑟尔说的那样:"我写了这部《强大的家族》,因为我在我狭窄的圈子里对摇摆在市民和农民之间的人的精神面貌非常熟悉并且非常反感。"(9:449)其次,作品的语言是带有方言色彩经过加工了的艺术语言。弗莱瑟尔写道:"我处于底层人民和他们的口语中,无法置身于别处。方言是我经历的语言,我将其打磨,直至迸出生命的火花。"(9:453)再次,她的作品不是家乡剧。大众戏剧和家乡剧的区别在于,大众戏剧将人物和情境类型化,使作品超越地区性,具有普遍适用性,而家乡剧则局限于某个地区。弗莱瑟尔"不由自主"地将英格尔施塔特作为小城市的典范,因为"我生活在其中。但是我没有描写特定的人——从不——而总是描写一类人。我追求的是类型。"最后,批判和讽刺是作品的重要特征,也是将其作品归为现代大众戏剧的重要依据。至于具体的批判方式,弗莱瑟尔没有纲领似的在作品中展现社会批判观点,而是将社会批判藏匿在情境和语言中,正如弗莱瑟尔在采访中谈道:"这部作品具有社会批判的背景……后来我才逐渐意识到,这部作品里哪些是社会批判的东西。"语言的讽刺正是对社会批判的手段,"它具有下意识的讽刺"。(8:344)弗莱瑟尔的作品虽然遵循了"纯朴"的大众戏剧传统,描述了传统大众戏剧的人物和情境,却讲述了和传统大众戏剧相反的故事,是揭露而非"神化"现实,因而和霍尔瓦特一道被视为现代大众戏剧的鼻祖。

布莱希特的大众戏剧——为阶级斗争服务的大众戏剧

布莱希特仅有一部作品《潘蒂拉老爷和他的男仆马狄》(*Herr Puntila und sein Knecht Matti*)被称为大众戏剧,实际上,他很多别的作品例如《夜半鼓声》(*Trommeln in der Nacht*)、《小市民的婚礼》(*Die Kleinbürgerhochzeit*)、《三角钱歌剧》(*Die Dreigroschenoper*)、《第三帝国的恐惧和灾难》(*Furcht und Elend des Dritten Reiches*)、《高加索灰阑记》(*Das Verhör des Lukullus*)以及《大胆妈妈和她

的孩子们》(*Mutter Courage und ihre Kinder*)、《二战中的好兵帅克》(*Schweyk im Zweiten Krieg*)等等都有大众戏剧的影子。他的两篇关于大众戏剧的戏剧理论《大众性和现实主义》(*Volkstümlichkeit und Realismus*)、《对大众戏剧的说明》(*Anmerkungen zum Volksstück*)对大众戏剧的发展指明了方向,使他成为现代大众戏剧理论的重要代表人物之一。大众戏剧和布莱希特叙事剧之间有密切的联系,布莱希特在其大众戏剧中进行叙事剧的实验。布莱希特不仅研究了内斯特罗伊的戏剧,还和魏玛共和国时期另外三位大众戏剧代表作家有一定的联系或了解,在楚克迈耶创作《欢乐的葡萄园》时,他和楚克迈耶有过来往,他参与了弗莱瑟尔的英格尔施塔特两部曲的创作、改编和导演,在流亡前曾对霍尔瓦特的大众戏剧革新有所获悉。虽然布莱希特的《潘蒂拉老爷和他的男仆马狄》和他关于大众戏剧的论述到了30年代末才完成,但是魏玛共和国是他的大众戏剧理论形成的重要时期。

布莱希特在《对大众戏剧的说明》中认为,现在的大众戏剧是一种"粗俗、平庸"的无聊戏剧,主流美学"要么不理睬它,要么贬低它","那里有夹杂着伤感情调的村野笑料,那里有粗俗的说教和廉价的男女调情。坏人遭到惩罚,好人终成眷属,勤劳的人继承了财产,懒惰的人空手而归"。大众戏剧写作技巧单一,无地区性特点,各个地方的大众戏剧近乎相似。演员"在剧中扮演角色,只需用不自然的腔调说话,在舞台上稍做扭捏姿态",即使半瓶子醋的业余演员也能应付自如。布莱希特还认为,大众戏剧从来没有真正地繁荣过,一直受到主流戏剧的排斥和歧视,而现在是给大众戏剧树立"崇高目标,使之不再有愧于它的名称的时候了"(1:140、141、149)。

布莱希特理想中的大众戏剧是"质朴但不是简陋、诗意但不是浪漫、接近现实但不是每日政治"(1:141)。对于如何才能达到理想中的大众戏剧,布莱希特从创作美学出发,认为必须进行艺术和自然相结合。艺术和自然两种创作方式相辅相成,缺一不可。传统戏剧创作中,艺术的往往是高贵的,自然的往往是低俗的。但是在演员的实际表演中,高贵和低俗无法分开,甚至可以用高贵表现低俗,或者用低俗表现高贵。大众戏剧作为展现中下层阶级的喜剧也无法摆脱高贵,因此,大众戏剧的内容和形式不要羞于展现高贵的东西,将艺术化、自然化的风格和现实主义相结合。对于他的作品《潘蒂拉老爷和他的男仆马狄》,从实践方面来说,必须以一种包含"古老的即兴喜剧因素和现实主义伦理剧因素的风格"(1:148)来上演。

对于如何理解"大众"和"大众性",布莱希特在《大众性和现实主义》中从阶级斗争出发,站在运动变化的高度对其进行了阐述。布莱希特首先批评了用静止不变的观点理解"大众"。因为这容易使人对大众的理解"迷信化",布莱希特反对"大众"被僵化地认为拥有永恒不变的"圣神传统、艺术形式、风俗习惯、宗教、宿敌、无法战胜的力量等等",甚至在"施虐者和受虐者、剥削者和被剥削者以及说谎者和被骗者"之间形成了一种和睦的"奇特的统一"。大众应该是不断变化的,"昨天有大众性特征的东西,今天有可能没有,昨天大众是什么样的,并不代表今天的大众也是这样"(10:152)。

  布莱希特指出,大众绝不单纯地指和"上层阶级对立的、普通的、多数的、劳动的人",而是"不仅参与进步,而且强占它、推动它和决定它"的人,是"创造历史、改变世界和自我的人",大众是不断"斗争"的大众,同样,"大众性"也是一个"斗争的概念"。戏剧作品的大众性指的是:"能让广大群众理解的,接受和充实他们的表达方式/接受、巩固和修正他们的立场/代表大众最先进的部分,使之领导大众,同时使别的大众赞同/联系并继续发展传统/向努力朝着领导方向前进的大众传达现在领导者们的成就。"在布莱希特看来,大众是不断同现实斗争的、积极进步的、代表人民先进部分的领导力量(10:153)。

  布莱希特进而指出,如果作品要反映不断发展的、斗争的大众,就要跟随"激流勇进"的现实,新的问题不断出现需要新的解决方式,现实不断改变,反映现实的手段也要随之改变。不能墨守成规,不能指望在现有的文学作品和美学观中找到永恒不变的原则,而是要使用新的和旧的、试验过的和没有试验过的、艺术的和非艺术的方法和手段反映现实(10:154)。

  综上所述,三位魏玛共和国时期现代大众戏剧的代表作家无论有意无意,都对传统大众戏剧进行了批判和改革。这首先表现在对什么是大众、如何理解大众方面进行了革新。无论是霍尔瓦特认为的占居民90%的小市民,还是弗莱瑟尔眼中摇摆在农民和市民之间的大众,抑或是布莱希特笔下创造、改变历史地进行阶级斗争的大众,都和时代紧密相连,能够反映当时大众的特征及他们的喜怒哀乐。其次,他们的大众戏剧创作带有一种"新实际主义"的冷静和幽默,这种"新的幽默"没有脱离现实,没有轻佻和不负责任的诙谐(11:67)。"新的幽默"和冷静是分不开的,冷静需要作家用一种"距离"感进行创作,通过保持"距离",才能客观地对现实进行描述,赋予作者嘲讽的能力,达到一种幽默的效果。再次,三位作家对传统大众戏剧取其精华、去其糟粕。他们反对、批评的其实是当时沦落成一种完全投观众喜好的大众戏剧。他们在给大众戏剧注入新的活力和提升其美学价值的同时,不忘继承传统大众戏剧中的优良技巧,重新使用早已被忘却了的传统大众戏剧的创作方法,例如霍尔瓦特认为他继承了内斯特罗伊的创作风格,而弗莱瑟尔的作品则使人想起瓦伦丁和意大利喜剧艺术,布莱希特在《潘蒂拉老爷和他的男仆马狄》中,有意识地将古老的即兴喜剧因素和现实主义伦理剧因素的风格融合在一起。

  霍尔瓦特、弗莱瑟尔和布莱希特都力图通过大众戏剧揭露和批判现实社会的弊端，三位作家也有所区别。首先，从对大众的理解上来看，布莱希特从阶级斗争的立场出发，认为大众是广大的无产阶级，他的作品在于抨击和嘲讽统治阶级；而霍尔瓦特和弗莱瑟尔是从市民或小市民的角度出发理解大众的，他们的作品针对市民阶级，他们的作品共同揭露了小市民的市侩习气、人们交际能力的丧失和无语现象等社会问题。弗莱瑟尔作品中的某些人物说"借来"的语言，这种语言说起来很不自然，似乎是死记硬背或者旁人强塞给他们的，但是他们无法用别的说话方式表达自己。与之类似，霍尔瓦特作品中的小市民虽然看似能够灵活使用语言但是也无法表达自己真实的感受，他的作品通过低俗音乐、陈词滥调和拙劣的艺术品揭露了小市民的庸俗，用"教育行话""揭开小市民意识的面具"。其次，从作品的基调来看，布莱希特的作品风趣幽默、积极向上，他的大众戏剧理论对人类社会的进步仍抱有希望，对未来社会发展提出具体的改良措施；而霍尔瓦特和弗莱瑟尔的作品则十分消极和沉闷，他们在大众戏剧理论中即使提出具体的对未来社会发展的改良措施，也对人性转变和社会发展所抱的希望十分渺茫。再次，从故事情节和人物塑造来看，布莱希特的大众戏剧具有传统大众戏剧的田园风光和风土人情，在艺术手法上采取传统大众戏剧的夸张和讽刺的手法；而霍尔瓦特和弗莱瑟尔的大众戏剧脱离了浪漫和幻想，更贴近现实，对现实社会弊端的揭露和批判力度更为强烈。最后，霍尔瓦特和弗莱瑟尔的作品不仅揭露、批判了残酷的社会现实，而且批判了造成这种情况的社会机制，霍尔瓦特的作品体现了男权社会中男性对女性的压迫，弗莱瑟尔的英格尔施塔特两部曲体现了冷静的"新实际主义"社会权力关系存在于最隐秘的私人关系中。

　　三人中，布莱希特的大众戏剧更接近于传统大众戏剧，霍尔瓦特和弗莱瑟尔的大众戏剧除了具有某些传统大众戏剧的元素外，力图摆脱传统大众戏剧的桎梏，他们旨在对大众戏剧进行改革和创新，在大众戏剧中使用了当时非常现代的元素，包括关于身体和语言的元素，并对这些问题进行了探讨。例如在身体方面，霍尔瓦特结合当时风靡一时的关于吸血鬼、狼人和强奸杀人犯的传说，展现出男性在身体方面的凶残动物性特征；弗莱瑟尔则对启蒙运动以来的理性主义表示怀疑，她在剧中揭示了邪恶目光的社会根源；他们的作品还涉及在现代社会兴起的各项身体运动，对运动的盲目崇拜而引起的身体无限膨胀，两人皆表示担忧。在语言方面，霍尔瓦特和弗莱瑟尔都质疑语言是否能够真实地表达内心以及是否能够承担起交流的重担。霍尔瓦特在作品中频繁地使用静止，使之成为语言的对立面，上升到语言的地位，削弱了原来起主要作用的语言，弗莱瑟尔的作品语言则有布莱希特所追求的叙事性效果。

　　霍尔瓦特和弗莱瑟尔的大众戏剧艺术也是有区别的。霍尔瓦特和弗莱瑟尔同

一年出生，后者只比前者大 17 天，两人甚至同一时间在慕尼黑大学学习，同样被 20
世纪 60 年代"新大众戏剧"作家们视为典范和楷模，但两人互不认识，写作风格迥
异。弗莱瑟尔的作品具有典型的女性主义特征，她从女性敏感细腻的角度出发进
行创作，直觉、本能、感觉和非理论是她的创作特点，她作品中的女性带有独立自主
的新女性形象。霍尔瓦特是典型的男性作家，他的创作具有明显的计划性、目的
性。从作品的内容来看，在同一主题下两位作家侧重点不同，反映出他们对世界和
人生认知的差别，例如对两位作家共同关心的两性关系，弗莱瑟尔从权力和压迫机
制出发，而霍尔瓦特主要从金钱至上的角度切入。霍尔瓦特自小辗转在大城市，对
经济危机和通货膨胀有更深刻的认识，他描述的是具有大城市代表性的市民，而弗
莱瑟尔则一直生活在乡下，只在慕尼黑和柏林作过短暂的停留，她作品中的小人物
处于农民和市民之间，她的作品具有浓郁的乡土气息，还能使人感觉到昔日的风土
人情。从语言上来看，霍尔瓦特的语言较为客观，更贴近现实。弗莱瑟尔的语言是
一种非自然的人工艺术语言，主观性强，十分感性。莫瑞·麦郭安（Moray
McGowan）称："当霍尔瓦特在街上逐字逐句地搜集对话片段时，弗莱瑟尔却在期
待着所经历的一切重新从潜意识中喷涌出来。（12:30）"霍尔瓦特笔下的小市民虽
然被"教育行话"所干扰，但是有足够的语言技巧，能够"绕着弯儿"说话，还能使用
各种成语、格言、外语，在一定程度上能够向他人隐瞒自己真实的意图。而弗莱瑟
尔的人物却没有这种语言能力，大多三言两语，结构简单，说一种"直肠子"话，具有
本能性、自发性和直率性，是现代工业化发展对人造成影响的结果。这种语言进攻
性极强，造成紧张的气氛。两者作品中的人物都无望通过语言摆脱其困境。对霍
尔瓦特来说，语言是造成小市民错误意识的原因之一，小市民深受语言之苦，而弗
莱瑟尔笔下人物的语言是社会压迫和剥削在小人物身上的反应。从创作目的来
看，霍尔瓦特希望通过他的作品能够教育和启蒙小市民，让小市民能够认识真正的
自己和社会现实，在这一点上，霍尔瓦特和布莱希特具有相似之处。而弗莱瑟尔没
有这方面的明确意识，她没有旨在要创作某种揭露和批判的大众戏剧去教育大众，
她后来才意识到，她的作品里具有社会批判意识。可以说，霍尔瓦特和布莱希特的
大众戏剧仍然摆脱不了传统大众戏剧的教育功能的束缚，而弗莱瑟尔则将大众戏
剧从教育功能中彻底解放出来。因此，从这个意义上说，弗莱瑟尔比霍尔瓦特走得
更为超前，她的作品较之后者的作品显得更为现代。

　　纳粹在德国掌握政权后，魏玛共和国时期对大众戏剧的所有尝试都被迫结束，
霍尔瓦特 1938 年在流亡巴黎途中，不幸被闪电劈下的树枝砸死，年仅 37 岁，弗莱
瑟尔则回到英格尔施塔特嫁给了小烟酒商，终日埋头于日常琐碎生活中远离创作。
二战后，大众戏剧被完全遗忘，直到 60 年代新的一批大众戏剧作家如马丁·施佩

尔（Martin Sperr）、弗兰茨·萨威尔·克勒茨（Franz Xaver Kroetz）和赖纳·威尔纳·法斯宾德（Rainer Werner Fassbinder）等重新对霍尔瓦特和弗莱瑟尔进行发掘、整理，霍尔瓦特和弗莱瑟尔的大众戏剧才得以重见天日，获得应有的评价。

参考文献

  Bertolt Brecht: *Anmerkungen zum Volksstück*. In: Bertolt Brecht: *Schriften zum Theater*. Band 4. Frankfurt am Main: Suhrkamp 1963.

  Erwin Rotermund: *Zur Erneuerung des Volksstücks in der Weimarer Republik: Zuckmayer und Horváth*. In: *Volkskultur und Geschichte*. Festgabe für Josef Dünninger. Berlin 1970. S. 612—633.

  Günther Rühle: *Zeit und Theater*. Bd. 2: Von der Republik zur Diktatur 1925—1933. Berlin u. Frankfurt am Main: Propyläen bei Ullstein 1972.

  Gerhard Scheit: *Die Zerstörung des Volksstücks: Richard Billinger und die Tradition des Volkstheaters*. In: Wespennest. Zeitschrift für brauchbare Texte u. Bilder. Wien 1984.

  Traugott Krischke (Hrsg.): *Materialien zu Ödön von Horváths Geschichten aus dem Wiener Wald*. Frankfurt am Main: Suhrkamp 1972.

  Ödön von Horváth: *Interview*. In: *Ödön von Horváth: Gesammelte Werke*. Band 11 Sportmärchen und andere Prosa. Frankfurt am Main: Suhrkamp 1988.

  Fritz von Herzmanovsky-Orlando: Kaiser Joseph II. und die Bahnwärterstochter. *Eine dramatische Stimme aus Innerösterreich zum Klang gebracht*. In: Sämtliche Werke. Bd. 6. Hrsg. v. Klaralinde Kirche. Salzburg: Residenz 1985.

  Günther Rühle (Hrsg.): *Materialien zum Leben und Schreiben der Marieluise Fleißer*. Frankfurt am Main: Suhrkamp 1973.

  Marieluise Fleißer: *Ein Mißverständnis*. In: Marieluise Fleißer: *Gesammelte Werke*. Band 1 Dramen. Frankfurt am Main: Suhrkamp 1972.

  Bertolt Brecht: *Volkstümlichkeit und Realismus*. In: Bertolt Brecht: *Schriften zum Theater*. Band 4. Frankfurt am Main: Suhrkamp 1963.

  Reinhold Grimm: *Neuer Humor? Die Komödienproduktion zwischen 1918 und 1933*. In: Studi Germanici 38 (1976), S. 41—70.

  Moray McGowan: *Kette und Schuß: Zur Dramatik der Marieluise Fleißer*. In: Text und Kritik. Bd 64 Marieluise Fleißer. München 1979.

[作者简介：陈燕，北京第二外国语学院德语系副教授，研究方向为德语戏剧文学。]

文化篇

西方的中国文化形象溯源*

张喜华

从13世纪马可·波罗的游记到当下西方文学作品、电视电影、网络媒体等领域,中国一直是西方永不衰竭的表述对象。在西方作者的笔下,中国是东方圣殿,是东方乌托邦,这里只有富足与平和(马可·波罗、詹姆斯·希尔顿);中国也是神秘陌生的"他者",这里充满贫穷与陋习(丹尼尔·笛福、汤亭亭)。历史长河中,中国在不断变化发展,展现出来的是丰富多彩的国家形象,而西方对中国的表述却似乎只在非此即彼的两极长久徘徊。在信息闭塞、交流困难的古代或近代,中国是一个任凭西方想象和虚构的空间;但在二战以后直至当下,世界格局和文化多元化语境下,西方对中国的表述仍未跨越藩篱。现代西方关注中国,表述中国,却依然刻画出肯定或否定的二元对立的中国形象,其深层原因值得学界探究。以下三个方面的原因可谓一种尝试性分析。

首先,意识形态对垒和延续加深了二元对立局面。

"二战"结束后,全球政治、经济甚至价值取向都面临着重重危机,濒临崩溃边缘,在困境面前各国政府和人民都在思索战争的根源、发展的出路,力求摆脱战争的阴影,选择适合发展的道路。大国之间根据各自的具体条件和理论指导,逐步形成了自己的发展之路。美国和欧洲大部分国家选择资本主义,苏联和一些东欧国家选择社会主义,中国经过三年多的人民解放战争,最终也以人民民主新中国的崭新形象投入了社会主义阵营。选择资本主义发展道路的国家担心来自共产主义的影响,担心权力分配的利益核心,担心共产主义或"亲共产主义"力量的扩展。由此,西方大国对共产主义心怀芥蒂,对外坚持资本主义,对内防止共产主义。斯大林则认为资本主义存在缺陷,资本主义社会会逐渐走向衰落,而苏联能够战胜法西斯则证明了社会主义的生命力,东欧与苏联的安全利益紧密相连,所以苏联和东欧

---

* 原文载于《学习与探索》2013年第8期。

形成强大的共产主义阵营。美国推行杜鲁门主义、马歇尔计划,形成强大的资本主义阵营。两种意识形态互视为威胁,美苏两国都加强了他们控制区域内的意识形态竞争。双方的行动加深了彼此之间的恐惧和不信任。更重要的是,国家内部的意识形态变化加深了国际范围内的冷战。在经过了十五年的经济萧条、战争之后,这种意识形态竞争显得格外突出,这一切为日后东西方的长期冷战埋下了祸根。

东西方两大阵营的形成无疑是意识形态的产物,但长期的冷战却影响了几代人的思维定势。时至今日,西方社会还有人对共产主义心怀芥蒂,即便是"二战"后成长起来的一代人,也对社会主义、共产主义学说心存敌意。现任美国总统奥巴马2009年1月31日在其就职演讲中说:"回顾过去,几代人在战胜法西斯主义和共产主义时依靠的不仅仅是导弹和坦克,更是牢固的联盟和不渝的信念。他们懂得单凭实力无法保护我们的安全,实力也并不赋予我们随心所欲的权利。相反,他们知道审慎使用实力会使我们更强大;我们的安全源于事业的正义性、典范的感召力以及谦卑和克制的平衡作用。"奥巴马把抗击法西斯时并肩作战的共产主义战友和法西斯敌人相提并论,因而否定了美国自己的历史,他的致命伤是顽固地保留着东西方二元的思维定势。同理,对于众多20世纪五六十年代出生的中国人来说,他们脑海中的西方世界也长期和"水深火热"联系在一起,这些都是冷战的恶果。

对中国而言,"抗战"以及整个"二战"的胜利是中华民族振兴的开端,中国社会发展第一次全面地与世界潮流接轨,中国从落后的东方大国成为民族自决、人民自决、独立的国家,中国自身的发展第一次成了世界基本潮流中最重要的部分,与美国、苏联、英国等主要国家一起在国际问题上发挥着同样重要的作用。战争改变了世界历史的进程,也改变了世界的格局,战后逐渐崛起的中国一改"东亚病夫"的形象,成为世界关注的焦点。西方不得不对猛醒的雄狮重新考量,不得不调整对"他者"中国的看法。由于视角不同、需求不同、意识形态不同等各种各样的原因,西方涌现出了大批以中国、中国人或中国文化为题材的英语文学作品或研究著述,同一中国众说纷纭,呈现在西方读者面前的是迥然各异的中国形象。战后层出不穷的中国表述和中国研究为何会呈现出多样,甚至对立的形象或结论呢?西方国家如何看待东方,特别是中国?西方知识界、媒体、政治家和大众舆论如何看待中国?他们为什么如此书写中国?他们的中国观存在着哪些主要的偏差和误解呢?在中国成为世界关注焦点的时候,上述这些问题就成了跨文化研究关注的焦点。

在中国成为世界关注焦点的过程中,由于中国在政治制度上选择的是共产主义,作为与西方政治体制的对应体,这种政治体制自然也被西方当成了"他者"来进行对比,或者通过贬斥来凸显其自身的优越性。因而代表着对人类理想社会追求的共产主义在西方就有了不同的阐释和隐喻。"在西方的政治体制下和社会语境中'共产主义'是一个带有强烈负面含义的词语,'共产主义'被西方政治家妖魔化,西方人一提到'共产主义'联想到的不是我们通常所认为的那种美好的社会政治制度,在媒体长年对'共产主义'集中负面的报道后,'共产主义'、'社会主义'和'资本主义',在今天的西方国家都不是正面的褒义词语,一般民众听到'共产主义'往往也会有恐惧的感觉。"提到中国发展就是大国威胁,提到政治体制就是共产主义,依然以冷战的心态来看待当下中国的人还为数不少。如果缺乏身体力行的感受和开放包容的心态,没有到过中国的西方人士就会轻易接受或使用这种成见来想象中国、表述中国,任何在这种思维框架中制造出来的话语也就让西方人不足为奇。"人们认知差距和使用这类词汇的语境决定了东西方彼此认识的差距。"认识差异导致话语差异,话语差异形成表述差异,所以部分西方笔者的"中国"要么是被妖魔化的西方利益的敌对者,要么是被美化的西方缺陷的救赎者。

尽管"文学作品既不是知识,也不是意识形态,但是却意义重大,因为文学作品把意识形态当成原材料,通过作品表现将其进行转换"。

其次,东方主义作为一种根深蒂固的西方话语左右着西方对中国的表述,直接影响到西方人的世界观,影响着文化领域的文学艺术创造。

东方在西方的二元想象由来已久,"《圣经》将乐园放在东方,神在东方的伊甸立了一个园子,把所造的人安置在那里……东方是乐园之地,是神与人的家乡,是果实、清泉的田园,是东方博士的智慧之地,也是耶稣基督的诞生地,福音神启的渊源。中世纪西方人憧憬向往东方,是因为基督教传说的天堂在东方。乐园在东方,魔鬼的地狱也在东方。《圣经》说撒旦在伊甸园引诱亚当与夏娃,被神锁起来扔在无底坑里。这无底坑就是地狱,离天堂不远……西方的东方主义,向来就有两种传统,向往与恐惧、仰慕与仇恨交织在一起。"从13世纪马可·波罗开始,西方对东方加以想象和书写,到17世纪的神学圈、18世纪的哲学界和19世纪的大学里,欣赏和鄙视中国的观点并肩而立,英语词汇中也出现了两个单词——亲华(Sinophilia)和恐华(Sinophobia)。乌托邦的东方和地狱的东方在西方都有一批旗鼓相当的支持者:亲华的耶稣会士和恐华的詹森教派,亲华的伏尔泰和仇华的孟德斯鸠之战代表了两种极端观念之争,他们借中国作论据,唇枪舌剑,表达各自的哲学和社会学观点。"18世纪的亲华和恐华之争与绝对君权和新兴资产阶级之间的冲突纠结在一起""自从19世纪以来,我们也许走过了漫长的一段旅程,但很难说欧洲中心主义已经是明日黄花。二战以后对我们世界观至关重要的现代化'理论'依然带有强烈的欧洲中心主义色彩。"东方主义态度到二战后因为意识形态的对峙又开始了新的演绎和延续,东方主义的二元化和意识形态的对垒使得妖魔化、地狱化的东方主义有了更多的市场。

东方主义作为一种思维方式和一种意识形态话语，潜移默化地潜藏在西方作家的中国题材作品中，使得这类作品不可避免地呈现出某些"颜色"。"东方主义这个念头唤起的是一个依附、无权的地方的某些形象，一幅实现西方经济目标、战略计划和文化幻想的油画"在萨义德看来，"东方主义"不仅仅描述了欧洲学者对其所预设的"东方"地区的猜想，是几个世纪以来所形成的一种认识整体，是一系列假设、事实、虚构和思想意识的叠加。

在东方主义话语建构中，马克思对东方就有着否定的表述，他把东方社会（包括印度、中国）看作一个有别于西方的停滞社会，认为"他们不能表述自己，他们只能被表述"。马克思对亚洲社会的认识没有以实证研究作为基础，而是依赖早期欧洲的"东方学"家所提供的资料。马克思、恩格斯始终相信亚洲大陆社会是一成不变的，只有从外界楔入亚细亚社会的分裂行动才能结束这种停滞状态，马克思在《纽约每日论坛报》上发表的一些文章就明确地指出，英国对印度的占领，破坏了这种小小的半野蛮、半文明的公社，因为这破坏了它们的经济基础，结果就在亚洲造成了一场最大的，老实说也是亚洲历来仅有的一次社会革命。萨义德在《东方学》中指出，"马克思一方面对东方社会遭受英国殖民侵略的现状充满同情，另一方面又认为英国在印度发动了一场真正的社会革命，因此在马克思关于东方的社会经济理论思想中，最终占据上风的却仍然是浪漫主义的东方学视野。"马克思对待东方的观点过于简约化。

澳大利亚学者科林·麦克雷（Colin Mackerras）在他的《中国的西方形象》（Western Images of China）中，系统分析和总结了西方的中国形象，他认为在19世纪甚至20世纪上半叶，西方的中国形象一直是体现西方优越性的东方主义形象，1949年以后才有所改观。西方都把非西方当成一个统一的整体来看待。在天真的理想化和种族主义偏见中，中国形象虽然摇摆不定，甚至自相矛盾，但是褒贬之间隐藏着一种简约化的假设，"中国是一个同质的整体，亘古不变。对于那些热爱中国和憎恶中国的人来说，中华文明作为一个整体被简化为体现在几个经典文本中的几种哲学思想或宗教教义，他们对中华文明的时空变化视而不见。"萨义德认为东方主义的主要内容是东西方本体论和认识论的差异，是西方中心主义的产物。东方主义刻画了一个建构全球自我的欧洲和作为他者的东方，他反对一种简单的文化相对主义。世界不是在"东方"或"西方"之间抉择，自我和他者是相辅相成的。巴赫金就曾说过"自我是他人的馈赠"。东西方不是你死我活，也不是彼此趋同，而是彼此依存。

在现实世界，在东方主义对东方进行简约化的处理过程中，误解和偏见不断复制，西方对东方的认识难以更新，虽然英语世界对中国的表述热情不减，表述话语却依然还有不少陈词滥调。中国作为意识形态的他者,作为地理位置上的他者,作为臆想和表述的客体,成为不少英语作家和英语世界的研究者不尽的表述资源,他们借中国来实现个人的、社会的、政治的或文化的话语欲望。德劳提斯说:"欲望提供了冲动,提供了表述和梦想的动力,提供了表述模式。"因此,英语世界里诸多的中国表述就源于各种欲望,西方作家占用霸权语言表达意识形态、占用受欢迎的文体和"他者"的文化资源来表述他者和客体,以建构自身的文化身份和主体性。

在分析西方关于中国的表述过程中,萨义德的东方主义是重要的理论参照,虽然萨义德东方主义涉及的地域是西方人眼里的近东和中东,没有覆盖到中国,但是西方学者关于中国的表述实践并没有跳出东方主义的框架。笔者在访谈希尔的过程中问及他是否受到东方主义影响时,希尔的回答是西方作家在表述东方时不可能不受东方主义的影响。萨义德采纳福柯的《知识考古学》和《规训与惩罚》中关于权力与知识的观点,认为西方将东方主义制造成一种话语,让这种话语来生产西方需要的知识和真理。"萨义德在《东方主义》中提出的表述问题并不指表述的正确或错误,而是指借代性的简约主义(metonymic reductionism),这种简约根据某种文化特征来刻画这些社会的形象,将个体社会内部的差异霸权化,也将个体社会冻结在历史中。"德里克的这一番话强调西方在刻画东方典型形象的同时其实也将自己的话语刻板化了,西方关于东方的表述过于武断,过于简约,没有关注历史语境。表述正确与否已无意义,关键是表述的立场和表述的方式。

曾经有人问斯坦利·费什"解构消亡了吗?"费什的答案是"是的,解构已亡,正如弗洛伊德主义一样已经死亡。虽已死亡,但无处不在。"在全球化当下,在东方不断发展变化的语境下,东方主义消亡了吗?答案恐怕和费什的一样。2006年5月的美国《新闻周刊》将21世纪描绘为"中国的世纪",中国在世界舞台上日益扮演着重要的角色,在政治、经济和文化领域发挥着更大的作用,但西方话语的中国形象依然摇摆不定,要么神秘化,要么妖魔化,西方的中国形象难逃东方主义话语阴影。东方主义二元对立的简单分化影响在当代全球化语境下虽然有所减弱,但还远未消亡,它在文化实践中依然活跃。尽管东方主义不是一种完整话语,但表现出了贯穿于历史的连续一致性特征。人们对东方主义的表述文本不同,观点各异,表述方式与强调的重点也变化万千;然而,不同历史时期东方主义不断重塑自己,将有关东方的传统表述保持在欧洲心智的最前沿。西方对中国的认识模式难以摆脱具有西方中心主义内核的东方主义,中国的他者形象难以在短时间内改变。根据萨义德的东方主义理论,"东方学是一种思维方式,东方是与西方相对而言的,东方学的思维方式即以二者之间这一本体论和认识论意义上的区分为基础。有大量的作家,其中包括诗人、小说家、哲学家、政治理论家、经济学家以及帝国的行政官员,接受了这一东方/西方的,并将其作为建构与东方、东方的人民、习俗、心性和命运等有关的理论、诗歌、小说、社会分析和政治论说的出发点。"中国作为西方的一种表述,建构或变构在西方对东方的理解和认识基础上。东方学家或英语世界的作家向他们自己的社会提供中国形象,中国知识和对中国的见地,他们的作品或多或少地打上了西方作家的烙印。他们笔下中西文化的交融碰撞体现了作家的文化价值取向,表明了他们对中国可以是什么样、应该是什么样的看法。占用中国经验,抓住中国文化,为东方学提供话语表述,以适应东方主义在当代的特定文化、学术、民族、政治和经济要求。

萨义德从小说文本中归纳出东方主义,"他利用19世纪的欧洲小说,发现这些小说通过修辞、技巧,在一种文体风格中同时体现特殊性和典型性,这些特点一旦显示出来,就能表明特殊性和典型性总是如影随形,依赖于一个通过他者的不和谐来确认自身内部和谐文本世界。萨义德是一个非凡的小说读者,他总是能利用小说的叙事资源来阐释小说。"要研究西方对中国的表述,同样也离不开对小说文本的分析,但是关注的不是小说中对中国表述的正确与错误,而是如何表述。东方主义刻画了一个建构全球自我欧洲和他者东方的文化版图,在研究过程中可以从跨文化的角度将表述技巧和表述内容结合起来,以揭示表述实践中的中西方文化关系。

最后,除了意识形态和东方主义影响外,西方的中国形象还有其哲学文化渊源。

众所周知,西方哲学来源于古希腊文化,主要的代表人物为苏格拉底、柏拉图、亚里士多德。苏格拉底开启了刨根问底式的学习思维方式。中国的哲学思想源于老子、庄子、孔子等,还有后来的佛教。儒释道合一,追求超脱,明白绝对真理难以企及,注重中庸和天道,形成了中国哲学的思维模式。中西方的哲学也被学者进行了二元对立的归纳和总结,在对立的哲学思维观照下,也就形成了对立的东西方认识论。西方哲学主张理性,中国哲学主张天道,天人合一。所以在西方就有了西方理性,东方非理性的二元对立。西方哲学主张认识自然、人定胜天,东方哲学主张顺应天命、直觉思维,因而有了西方积极进取,东方守旧被动的二元对立。西方哲学注重分析与综合、抽象与概括、原因与结果,中国哲学强调天人合一、混沌状态,因而有了西方精准严谨,东方含混晦涩的二元对立。在两种对立的哲学思维观照下,西方把东方作为参照,得出一系列本质化的结论:西方注重实际,东方华而不实;西方民主、自由,东方暴政、服从;西方理性自制,东方放纵淫乱;西方成熟、主动,东方幼稚、被动;西方善于表述,东方沉默无语;西方强大光明,东方孱弱黑暗。西方传教士、作家、学者、记者,甚至游客带上这些本质化了的观念来对中国进行表述，其中 20 世纪初传教士明恩溥（亚瑟·史密斯，Arthur Smith）的《中国人的素质》(*Chinese Characteristics*. F. H. Revell Company，1894)一书就是例证。

地域扩张和经济发展改变世界体系，世界体系改变影响知识分子观念，知识分子联合起来形成知识网络。世界体系和知识网络联合作用导致"东方知识"，"观念的变化和政治经济条件的改变紧密相连，政治经济变化带来支持知识分子的物质机构（修道院、大学）的兴衰"。在意识形态和哲学思维双层影响下的"文化表述四处游荡，相互影响，相互改变，形成全球文化表述的蝴蝶效应。"西方关于东方的知识，无论肯定还是否定，在西方学者、作者和读者间相互传播，相互印证，形成中国刻板形象（stereotype）。知识分子、学者或作者的书写如果离开了语境，那么其表述的可信度就值得怀疑。对中国和对东方的认识必须置于具体的语境中才有意义，才能走出以偏概全的跨文化交际误区。

上述分析并不能全面解释西方对中国文化形象进行二元表述的深层原因，我们在研究英语书写中的中国文化形象时，要在历史化和语境化过程中去细读文本，"既要看文本，又要超越文本，因为文本不是孤立的，而是社会—历史作用相结合的产物，文本和意识形态不可避免的结合导致文本沉默、矛盾和不连贯，这些都使得读者可以来领悟文本中的某种意识形态和历史现实。""文化研究的最终目的不是文本，也不是对文本进行审美评价，而是在于揭示文本的意识形态以及文本所隐藏的文化—权力关系。"西方了解中国，中国研究西方，跨文化的对话必不可少。跨文化对话过程也是对他者去神秘化的过程，"在对他者的神话去除神秘的过程中，神话消失了，但美不会消失，因为真正的差异会得到充分的认识，真实的他者性会得到珍惜，因其有助于构建我们文化的多样性和我们引以为豪的人类文化遗产的整体性"。西方话语的"中国"到底是不是中国？这不是一个能够简单用是与否来回答的问题，也不是一个新问题，而是一个应该放置在全球化语境中来予以重新思考的老问题。由此问题还可以引申出一系列问题来探寻"中国形象"的深层意义。我们期待通过探究原因和渊源，以文化间的对话去除西方对中国的乌托邦化、神秘化或妖魔化。我们应该充分认识到异质文化的差异，将不同文化并置在文化多元化的全球语境中，让文化异彩纷呈、交相辉映，实现多元文化相生共存的美好文化理想。

［作者简介：张喜华，北京第二外国语学院教授，主要研究方向为英美文学和文化研究。］

赛珍珠笔下中国农民形象的文化意蕴*

刘苏力

美国著名女作家赛珍珠(Pearl S. Buck)被尼克松总统称作"沟通东西文明的人桥"。①1931年其描写20世纪上半叶中国农村生活的小说《大地》出版,次年即获得美国普利策文学奖。1938年,赛珍珠又凭《大地》、《异乡客》以及《战斗的天使》得到诺贝尔评奖委员会的青睐,一举夺得诺贝尔文学奖。瑞典皇家文学院给赛珍珠的授奖评语就是"她对中国农民生活进行了史诗般的描述,这描述是真切而取材丰富的"。②赛珍珠向西方世界展现了中国农民固有的善良淳朴、顽强的生存意志及其对土地图腾式的虔诚信仰,同时也对漫布中国农村的封建意识和陈规陋习进行了客观披露与批评。

一、赛珍珠改变了西方人眼中的中国人形象

赛珍珠以《大地》三部曲中的中国农民形象改变了以往西方人对中国和中国人的主观印象。《大地》出版之前,中国人多以无知、丑陋、冷酷残忍的负面他者形象出现在西方视野中。政治层面上,"黄祸论"在西方甚嚣尘上。1923年,自谓老牌"中国通"的美国记者罗德尼·吉尔伯特在其所著书中公开叫嚣"中国是一个'劣等'民族"。③文学层面上,英国通俗作家萨克斯·罗默(1883—1959)小说中的"东方恶魔"傅满楚阴险狡诈、残酷无情,强化了西方社会对中国人形象的错误认识;严肃文学对中国的反映也以落后为主:在《中国问题》(1922)中罗素指出了"苦难中国"的危机四伏与前途未卜,继而发出对"少年中国"的希冀;而毛姆《彩色的面纱》(1925)中刻画的中国更是以梅潭府为缩影的"落后中国"。在西方主流文化视角

---

* 本文系2010年国家社科基金一般项目《战后中国题材英语作品的跨文化研究》(课题编号:10BWW023)部分成果。
原文载于《徐州师范大学学报》(哲学社会科学版)2013年第7期。
① 引自1972年,尼克松总统在赛珍珠追悼会上的悼词。
② 引自1938年诺贝尔文学奖授奖词。
③ 姚锡佩:《论赛珍珠的〈大地〉三部曲》,《当代外国文学》1996年第3期。

中，中国和中国人一直是文化建构中的客体。

面对这样的情形，让中国走出负面模式化形象、如实描绘中国人的生活，成为了与中国有着文化渊源和深厚感情的赛珍珠的职责与使命。赛珍珠在中国镇江、南京、宿县等地生活了近四十年，独特的人生背景令赛珍珠走出了西方中心视野来讲述其跨文化体验，在刻画异质文化中的中国农民形象时，赛珍珠能够基本超越西方主流的后殖民想象认同和心理镜像认同。身处东西二元文化之中的赛珍珠在思想上兼收并蓄，她吸取了中国儒家文化中的仁爱、礼义、自强不息以及西方人文思想中的博爱、理性、自由平等，形成了一种跨越国界、种族、宗教的包容精神和融合愿望。

《大地》讲述了一个普通中国农民王龙以及他的一家围绕着生养他们的土地奋斗、生活的故事。在这里，中国农民总体是值得敬佩和同情的，尽管在他们身上不免有精神空虚和愚昧狭隘的一面。由于赛珍珠从小生活在中国文化语境中，她对中国人的民俗习惯和心理活动都有着直观感受。在小说《大地》中，赛珍珠以严峻写实的手法，描绘出一幅旧中国农村的全景生活画卷。在介绍《大地》的写作时她坦承："故事是久熟于心的，因为它直接来自我生活中种种耳闻目睹的事情，所以写起来得心应手。"① 《大地》的一个重要贡献就是向西方读者展现了其甚为陌生的东方社会，刻画了真实鲜活的中国人形象，尤其是中国农民形象。"赛珍珠笔下的中国农民，他们那坚忍的尊严、不懈的耐力、内在的现实精神和他们与无情自然不断的斗争，深深地打动了美国人民的心灵。"②

二、赛珍珠笔下中国农村妇女的真实镜像

在《大地》出版之前，中国女性在西方主流文化中有着两种滞定的形象：残暴放荡的"龙女"与无知顺从的"金百合花"。③ 上述两种形象均与中国女性的真实情况相去甚远，这为东西方的文化交流设置了难以逾越的东方主义屏障。赛珍珠凭借《大地》中对阿兰等中国农村妇女的客观忠实描述，真实再现了顺从、坚忍、勇敢的中国传统妇女形象，为西方读者了解中国女性开辟了新的文学路径。

在《大地》中，赛珍珠将文学关注视角放置在了乡村底层妇女身上。小说的女主角、王龙的妻子阿兰生活在封建社会底层，处于封建制和男权制的双重压迫之下，过着艰辛而压抑的灰暗生活。然而，在恶劣的生存环境中，阿兰并没有一味屈

---

① 尚营林等译：《我的中国世界——著名美国女作家赛珍珠自传》，湖南文艺出版社1991年版，第280页。
② Spence, Jonathan D.: *The Search for Modern China*, New York: W. W. Norton, 1990: 387.
③ 周莉莉：《19世纪美国传教士眼中的中国女性形象》，《文史杂志》2007年第4期。

服,她外表柔弱,内心刚强。为了维护整个家庭的利益,她用自己特有的方式默默地进行着抗争。

阿兰幼年因灾荒被父母卖到地主黄家做丫头,后以极低的价钱被佃户王龙买回家。阿兰虽然外表粗陋、沉默寡言,但她的勤恳得到了黄家老太太的肯定,成为其口中"你叫她做什么,她都做得很好"①(第15页)的可靠女仆。嫁给王龙以后,精通农活的阿兰勤俭持家并为王龙生下三个儿子延续香火。阿兰跟随王龙一同度过了最艰难的时日,完成了传统妇女的家庭责任。然而,由于外貌的不足和岁月的折磨,阿兰遭到了王龙的无情背叛(嫖娼纳妾),最后积劳成疾、郁郁而终。《大地》中的阿兰是旧中国传统农村妇女的典型形象,她一生任劳任怨,担当着女仆、妻子、母亲、儿媳等一系列社会角色,还要忍受着丈夫的背叛,可谓是历尽艰辛、鞠躬尽瘁。

赛珍珠用同情的笔触刻画阿兰这一中国传统女性悲剧性命运的同时,也用大量的篇幅表现了阿兰的勇敢与机智。阿兰在艰难的环境里比王龙显得更勇于面对现实,使王家多次在危急关头化险为夷。"可以毫不夸张地说,王龙地位的改变,他所取得的成绩,都是在阿兰的齐心协力下取得的,阿兰在相当的程度上甚至起了决定性的作用。"②当全家面临饥荒时,只有阿兰有勇气去宰杀公牛;当王龙叔叔趁饥荒带人来抢粮时,是阿兰阻止了他们;逃往南方以后,阿兰处变不惊,使家人得以在恶劣的环境下延续生命;阿兰通过自己在有钱人家做仆人的经验,找到了富人家藏珠宝的地方,正是这些珠宝让王龙购买了土地,从而走上了命运的转折点,等等。正如奥斯卡·卡吉尔所概括的那样:"虽然阿兰长得丑,但她是大地中的福地,最终战胜了所有的对手。"

赛珍珠对以阿兰为代表的中国农村妇女形象进行真实刻画的背后始终折射着自身女性主义思想的悲悯与不平。正如女权主义理论家斯匹瓦克所指出的:"'女人'的定义是建立在'男人'这个术语的基础上并且只是占据了文学批评的一个角落。"③在这个层面上可以说,以阿兰为代表的中国农村女性就是彼时中国的"属下阶层",④完全处于封建和男权的控制之下,在经济和文化上均依附、顺从于统治阶级。当我们审视《大地》中阿兰的人物形象时,发现她的直接话语极少,"从来不说话,除非生活中不得已"(第23页)。顺从与失声体现了生活在传统封建男权社会

---

① 赛珍珠:《大地》,王逢振等译,漓江出版社1998年版(文中所注页码均出自该译本)。
② 姚君伟、张丹丽:《论赛珍珠笔下的王龙的负疚感——〈大地〉人物论之二》,《镇江师专学报》(社科版)1995年第1期。
③ G. C. Spivak. "Feminism and Critical Theory", In *Other Worlds*: *Essays in Cultural Studies*, New York: Routledge, 1987:77.
④ Arnold, David. *Gramsci and Peasant Subalternity in Indian*, London: Verso, 2000:30.

中的中国农村妇女的话语权缺失。在表现阿兰的机智勇敢时,赛珍珠也没有一味拔高阿兰的思想境界与处事能力。阿兰的笑总是流露于当自己的价值得到他人,尤其是王龙(夫权)的肯定之时;即便是小说为阿兰安排的那稍带一抹亮色的最终安慰"只要能把你的病治好,我宁愿把我的地全卖掉"(第 204 页)也是通过丈夫王龙的忏悔体现出来的。赛珍珠为王龙安排的这种救赎式的行为恰恰映照了中国传统妇女至为崇尚"夫权"的认可。阿兰始终被禁锢在封建的枷锁中、屈服于男权的统治下,她的顺从缄默和挺身而出都是封建礼教的教化使然和男权压迫下的条件反射。

赛珍珠对中国农村女性的客观文学再现在东西方文化交流中具有标志性的意义,小说《大地》使中国农村妇女首次以主体形象出现在西方文学视野中。直至近半个世纪后,中国农村妇女才再次引起西方的关注,出现在法国知名女权主义学者克里斯蒂娃所著的《关于中国妇女》(1977)中。虽然克里斯蒂娃的初衷是把中国妇女看作政治和社会的建构者,并认为中国革命给五月革命后的欧洲带来了新的希望。然而她笔下的中国陕北农村妇女仍然是未开化、木讷的他者形象,"无论如何,她们绝对属于一个与我们毫无关系的群体"。[①] 赛珍珠与克里斯蒂娃笔下出现了迥然不同的中国农村妇女形象,这要归因于两位作家不同的文化身份:接受美国女权主义思想的赛珍珠长期成长、浸润于中国文化中;而克里斯蒂娃对中国文化的认知与接受却是短暂、片段的,她无法完全摆脱殖民主义和集体无意识中的西方优越感。克里斯蒂娃还是从自己的文化体系出发看待中国和中国妇女,并未像赛珍珠一样走出西方的本位主义。由此可见,赛珍珠对中国农村社会状况特别是中国农村妇女的客观态度不仅超越了种族、国界和殖民历史,还超越了时代,对今后跨文化交流与研究具有指向作用。

三、赛珍珠展现了中国农民的"大地之根"

王龙是《大地》三部曲中的另一个主要人物。他原本是一个善良的穷苦农民,在租来的土地上辛苦劳作并逐步拥有了少量的土地。后来在哄抢大户的过程中,意外地获得了珠宝,置屋买地成了地主。王龙对土地抱有虔诚执拗的信仰:土地就是自己的性命,无论天灾人祸,只要属于自己的那块土地还存在,那就还有活下去的希望。即使在大旱年代,全家面临饿死的威胁,他也绝不卖土地,"耙子、锄头和犁我们是不卖的,更不会卖土地"(第 70 页)。王龙活着的第一大心愿就是拥有土地,他为从黄家购得一块好地而欣喜若狂。因为获得土地是和王龙一样的贫苦农

---

① G. C. Spivak. *In Other World: Essays in Cultural Politics*, New York: Routledge, 1988:137.

民摆脱困境、提高社会地位的唯一途径。与王龙珍爱土地的态度截然相反的是黄姓地主一家,其对土地的轻视和盘剥为之招来了破产的厄运。赛珍珠对黄家地主由盛到衰、王龙一家勤劳积累这一情节的安排,十分符合中国传统社会崇尚农耕、提倡勤俭的民俗观念。中国传统土地观念一直强调:人类应该珍视和善待土地、需要与土地和谐相处。黄家地主和王龙两家的命运更迭正体现了这一观念。

随着《大地》情节的发展,灾荒之年来临,王龙一家迫于生计卖掉家当逃难到了南方的城市。然而,作为这个城市的"边缘人",王龙无法安身立命于此,他日夜思念他的土地,念念不忘赶回家去耕种土地。中国是一个长期处于农业文明阶段的古国,中国的文化特质是"乡土性"的,在这一文化背景下形成的"世代定居是常态,迁移是变态"等乡土观念在中国人心里留有深刻的印记,成为中国文化最本质的集体无意识。① 因此,离开了故园与土地的王龙自然也就失去了生存的根基。

接下来的哄抢大户和几年的风调雨顺令王龙摆脱贫穷成了地主。发迹后的王龙却背离土地住进了黄家大院。法国作家狄德罗曾说:"人离开了土地就一文不值。"②此时王龙不再耕种、不再爱惜土地,而是用土地来维持自己和儿子们奢侈腐化的生活。短暂的骄奢淫逸并没有带来家庭的祥和,王龙的小妾荷花对土地没有丝毫感情,只有索取与伤害。荷花不但令王龙远离了其大地之根,她还引诱了王龙的大儿子,这更是彻底打破了中国传统家族的纲常。可见,王龙与土地割裂后,厄运和伤痛接踵而至。离开了土地,王龙便丢掉了生命的依托、失去了身份的认同。这也辩证地为中国农民的"大地之根"提供了最佳佐证。

王龙渐渐意识到重新获得生命信念的出路唯有回归土地,只有在熟悉的大地上再次耕种时,王龙无根的心灵才找到了安放之所。"土壤的养分渗透到他的肌肤里,使他的伤口得到愈合"(第169页)。老去之时,他又回到了原来的土坯房子。听说儿子要卖地,他又急又气,老泪纵横地说:"当人们开始卖地时……那就是一个家庭的末日……我们从土地上来的……我们还必须回到土地上去。"(第287页)最终,王龙长眠在穷其一生的大地之中。《大地》这一情节的安排体现出了中国农民与土地生于斯、长于斯,乃至葬于斯的生死相依之情,体现了农民与土地之间的和谐本质。

中国农民一直对土地寄寓着敬畏与憧憬,农民与土地之间的关系也因而受到了中国现代文学的重点关注。20世纪30年代也是中国文学史上反映农民土地意识作品大量涌现的时期:茅盾的"农村三部曲"(1932—1933)、叶紫的《丰收》

---

① 陈敬:《赛珍珠与中国——中西文化冲突与共融》,南开大学出版社2006年版,第106页。
② 〔法〕狄德罗:《百科全书》,〔美〕简吉尔、梁从诫译,花城出版社2007年版,"人"条。

(1933)、叶圣陶的《多收了三五斗》(1933)等均触及了农民与土地的深层关系。与《大地》颂扬的农民恋土情结相反的是：上述作品的文学主题多集中于"丰收成灾"。这一悖逆的农村社会现实是由当时中国日益残酷的封建、殖民压迫使然。农民和土地间的和谐关系受到了当时生产关系的离间和解构：20 世纪 30 年代土地分配严重不均、传统小农经济在封建和殖民双重压迫下走向崩析。对中国社会现实有着切肤认识与思考的中国作家们对中国乡村格局大变革有着强烈的渴望和参与热情。而作为侨民的赛珍珠对中国农村社会根本矛盾的认识以及对中国革命的全景观念显然与中国本土作家存在差距。赛珍珠独特的文化身份消解了其对中国农村或中国农民进行"民族—国家"宏大叙事的可能。因而,《大地》并未深层触及中国农村社会的历史变革。当然,这种差距并不影响赛珍珠对中国农民形象的客观描绘和文化定位。

四、东西文化中共同的"土地情结"

美国学者卡罗尔·布雷斯林在讨论赛珍珠的文化智慧时指出,检验经典作品的标准,是看它们能否超越时间,与普通百姓的经历息息相关。"艺术作品要有永恒的魅力,必须超越时空,与任何一个时代的普通人进行心灵对话,并帮助我们解决我们所关注的问题。"①1931 年赛珍珠的小说《大地》一经发表,就在西方世界引起巨大反响。赛珍珠能够获得诺贝尔文学奖,就在于她"懂得如何在众多的群体中看到个人",其作品"赋予西方人某种中国精神",使他们"体会到一些弥足珍贵的思想情感",并由这些情感把东西方的人们"作为整个人类在地球上连接在一起"。②

对于当时的美国和西方读者而言,《大地》讲述的是一种异域生活、一部底层人物的奋斗史。《大地》中独特而陌生的东方情调以及浓郁的乡土气息,使西方人第一次真切地感受到了古老中国的魅力。尽管贫穷落后,尽管命运多舛,但中国农民与土地生死相依的关系深深地打动了他们。《大地》中涉及的人类生活中的动荡、逆境、斗争和精神回归无一不具有世界性的特质。因而在人类学层面,《大地》讲述了一个带有普世性的人类命运的故事。精神家园的寻找与回归是人类文学作品中永恒的主题。大地和家园不仅仅是人类生生不息、天伦安乐的生存场所,它们还具有无比巨大的精神感召力。中国题材小说《大地》中的"大地情结"与美国小说《飘》中的"家园情结"一样,直达人类感情世界之最深处。这些文学情结的出现,既是历

---

① 许晓霞等主编:《赛珍珠纪念文集》,吉林文史出版社 2003 年版,第 86 页。
② Elizabeth Croll. *Wise Daughters from Foreign Lands—European Women Writers in China*. London: Pandora, 1989:209.

史时代发展与变迁的产物,更是人类精神世界的殊途同归。这种潜在、共通的文化认知在美国以及更多的西方国家的读者中引起了共鸣。

赛珍珠创作《大地》三部曲的时代,正是中国社会变革、时局动荡达到巅峰的时期:义和团运动、辛亥革命、军阀混战和北伐战争等给人民生活带来了巨大冲击。作为一位描写中国的西方作家,赛珍珠的主要贡献不是对中国革命的历史诠释,而是对中国当时底层社会的关注。在《大地》中赛珍珠为我们描绘的中国农村生活图景是相当真实的,并没有刻意丑化中国农民和嘲讽中国农村的落后。赛珍珠的文风一向冷静克制,她以贫瘠的淮北大地为背景,用写实主义的手法,再现当时中国农村生活的本来面目。语言风格上,赛珍珠"通过独特的遣词造句,重现了汉语的特殊光彩,结果形成了一种《圣经》式的语言与中国传统的白描手法相结合的新风格。文字流畅而凝重,具有史诗的气质"。[1]《大地》三部曲向西方读者展示了东方土地上古老的文化传统和善良坚强的人民,塑造了一个在社会矛盾和斗争中蹒跚前行的近代中国形象。随着多个人物命运的福祸相依和兴衰变化,20世纪初的中国农村社会全景画面不断展开。赛珍珠以第三人称的全知视角广泛描绘了中国大地上那些千年相袭的宗教思想、风俗习惯、生产方式、家族制度以及贫富悬殊的生活等。可以说,赛珍珠通过小说《大地》三部曲为西方世界认知理解当时的中国提供了真实而宝贵的画卷,为中西方文学、文化的善意交流开启了新的篇章。

[作者简介:刘苏力,北京第二外国语学院应用英语学院副教授,主要从事英美文学、比较文学研究。]

---

[1] 杨仁敬:《20世纪美国文学史》,青岛出版社2000年版,第305—306页。

身份的尴尬：解读鲁迅对赛珍珠的评论 *

马振涛

赛珍珠（Pearl S. Buck，1892—1973），美国著名作家，1932年凭借描写中国农民现状的作品《大地》(the Great Earth)获得普利策奖，1938年荣获诺贝尔文学奖，成为美国历史上第一位获此殊荣的女性，也是唯一同时获得普利策奖和诺贝尔文学奖的作家，被誉为"自13世纪马可·波罗以来描写中国最有影响的西方作家"。[①]

赛珍珠出生于美国在华传教士家庭，自小生长在中国，因此一直受到中西两种文化氛围的熏陶。在她的思想和作品中，我们既可以品味出中国文化传统中的人文主义气息，又能感受到西方文化中自由、平等的人道主义理念。这两种异质文化的交流与沟通，在赛珍珠身上尤为明显。她通过独特的视域，采用两套参照体系去描述中国文化、观察人类社会。然而赛珍珠的这一特殊文化身份也是一把双刃剑，它既赋予了她一种独特的不同于大部分近现代中西方作家和学者的文化视角，与此同时又造成了她在文化身份上的尴尬，使她在相当长一段时期内，不能被任何一种文化群体所充分接受，她的作品在历史上也被人褒贬不一。在美国，虽然她的作品曾风行一时，但一直未被主流作家所接受。在政治上，她曾因其对中国的同情而引起了联邦调查局的怀疑，对其进行了秘密调查。在中国，她一度被称为"美国反动文人"和"美帝国主义文化侵略的急先锋"。[②]她成了政治变革的牺牲品和文化隔阂的受害者，一生都面对着公众的指责和谩骂。可是不得不承认，正是赛珍珠的双重文化身份才给了她一双透视中美现实的眼睛，才能以其亲身经历为素材塑造出众多朴实、勤劳、善良的农民形象，才能让她敏锐地察觉到因异质文化的冲击和碰撞所带来的巨大影响。

叶公超、林语堂等学者曾对赛珍珠及其作品有过较高的评价，在《反映中国农民生活的史诗——评赛珍珠的〈大地〉》一文中，叶公超评论说："一个外国小说家没有沉溺于自己的幻想之中，而是深入地描写了我们昏暗的现实社会的底层，这是

---
* 原文载于《山花》2013年第12期。
[①] 詹姆斯·汤姆森：《赛珍珠为什么得不到尊重？》，《费城箴言报》1992年7月24日。
[②] 怡青：《一个真实的赛珍珠》，东方出版社2005年版，序言第15页。

唯一的一次。《大地》是这块国土的史诗,并且将作为史诗铭记在许许多多阅读过它的人们的心目中。"①在林语堂和赛珍珠交往的后期,虽然二人曾因一些经济上不愉快的事情而最终彼此疏离,但他对赛珍珠的评价也很高,认为赛珍珠"不但为艺术高深的创作者,且系勇敢冷静的批评家。其对于在华西方教士之大胆批评,且不必提,而其对于吾华民族批评,尤可为一切高等华人及爱国之士之当头棒喝"。在《白克夫人的伟大》一文的末尾,林语堂认为,"吾由白克夫人小说,知其细腻,由白克夫人之批评,知其伟大。"②

然而,自从赛珍珠的作品传入中国后,除了上述的叶公超、林语堂等少数人对赛珍珠及其作品有过较高的评价外,其他中国现代作家则大多持批评态度。究其原因,一方面是因为赛珍珠和这些作家相比具有格格不入的世界观和全新的创作方法,而另一方面则同双方对文学的性质与功能的理解不同有关。第一个激烈批评赛珍珠的中国评论家,恰恰也是《福地》(即《大地》)一书最早的中文译者之一伍蠡甫先生。1932年,在《福地》一书的"译者序"中,伍蠡甫毫不客气地批评了赛珍珠的这部作品,认为赛珍珠其实是怀着一种白人的优越感,高高在上地在进行写作。伍蠡甫认为,在赛珍珠的笔下,社会充斥着灾荒和愚昧,人的贪婪本性主宰着世界,在这个绝对男权的社会中,女人只能绝对服从夫权。在伍蠡甫看来,《大地》一书所展现的并不是中国的真实情况,这种妖魔化中国的创作心理反应出的是西方对中国进行文化侵略的企图,迎合了西方通过把中国描述成世界和平的威胁来表明"黄祸"即将来临的心理。伍蠡甫进而分析了中国社会的阶级结构和经济关系,指出阻碍中国农业发展和社会进步的正是封建势力和帝国主义的勾结,这也是西方列强不愿意看到和承认的。③ 在《〈大地〉里的中国》一文中,胡风指出:"大体上,作者对于中国农村底层生活是很熟悉的,从描写或叙述里看得出来她的感觉的纤细和观察的锐利。"但是胡风同时也认为,虽然赛珍珠接触过中国社会,对中国的农村比较熟悉,但由于其身份毕竟只是一个"比较开明的基督教徒",因此受此限制,她"并没有懂得中国农村以至中国社会"。④

在当时对赛珍珠的众多评论中,迄今为止最有影响力的还是鲁迅所做的评论。1933年11月,在致友人姚克的信中,鲁迅谈道,"中国的事情,总是中国人做来,才

---

① 原文见英文刊物《中国社会政治科学评论》(*The Chinese Social and Political Review*)1931年第3期,第448—453页,译文引自郭英剑:《1931年东方人用英文撰写的关于赛珍珠〈大地〉的三篇书评》,载《镇江师专学报》,1999年1月,第93—94页。
② 林语堂:《白克夫人之伟大》,见《清风茗月品女人》,陕西师范大学出版社2007年版,第161页。
③ 伍蠡甫:《评〈福地〉》,见郭英剑:《赛珍珠评论集》,漓江出版社1999年版,第16页。
④ 胡风:《〈大地〉里的中国》,载《文艺笔谈》,上海书店1936年版,第193—194页。

可以见真相,即如布克夫人,上海曾大欢迎,她也自谓视中国为祖国,然而看她的作品,毕竟是一位生长在中国的美国女教士的立场而已,所以她之称许《寄庐》也不足为怪,因为她所觉得的,还不过一点浮面的情形,只有我们做起来方能留下一个真相"。① 鲁迅先生肯定了赛珍珠对中国的感情,但他认为赛珍珠毕竟来自异质的文化背景,作为传教士的女儿,其写作的立场具有浓厚的传教因素,由于对中国社会与文化缺少深刻的理解,赛珍珠对中国社会与人物的描述也只能停留在比较肤浅的表面层次上。因此,要真实而深刻地反映中国的现实,只有中国的本土作家才能做到。

半个多世纪以来,我国学术界对赛珍珠的评价起起落落,鲁迅的这段话也经常被拿来当作论证和说理的依据,但是经常会或多或少出现误读。这类误读主要包括两种情况,一是将鲁迅的这番话奉为绝对权威,认为赛珍珠受文化身份的制约,不可能写出关于中国的好作品。这种论调在相当长的时间内影响了中国学术界对赛珍珠的评判,即使赛珍珠在 1938 年获得诺贝尔文学奖后的半个多世纪里,她的作品都未能在中国掀起过热潮。另外一种误读则是出现在 20 世纪 90 年代以后,随着"赛珍珠文学创作研讨会"在中国的举办,国内掀起了一股研究赛珍珠的热潮,一些人开始质疑鲁迅对赛珍珠的评论,把赛珍珠和她的作品抬到很高的地步。

那么,我们到底该如何理解鲁迅对赛珍珠的评论呢?首先让我们了解一下鲁迅说这番话的语境。1933 年 11 月,姚克在《美国人心目中的中国》一文中评论了两部美国人写的关于中国的书,对埃德加·斯诺的《远东的前线》(*Far Eastern Front*)赞赏有加,而对诺拉·沃恩(Nora Waln)的《寄庐》(*The House of Exile*)则认为其中对中国的描写荒谬,不真实。由于赛珍珠认为《寄庐》这部书的真实性没有问题,这激起了姚克的不快,鲁迅便是在读过这篇文章后回信给姚克的。从当时的时代背景来看,鲁迅的这番话还是有道理的。在当时受列强欺凌的中国,以鲁迅等作家为代表的进步左翼知识分子更多地关注中华民族的觉醒。在对时代的认识上,赛珍珠和鲁迅有其共同之处,二人都看到了农民和革命者之间的隔膜,其作品都揭示了下层人民对革命的麻木不仁。然而,赛珍珠作品中的人物缺少鲁迅笔下人物那种深刻的革命思想,她的关注点更多放到了对人性的刻画上,所塑造的人物大略可以被视为鲁迅所描绘的那种麻木不仁、需要被唤醒的看客。从这个意义上来说,可能正是这个原因,使得鲁迅认为赛珍珠对中国农村图景的呈现还只是停留在较为浅显的表面,这种评价还是比较中肯的。

其次,我们也应该以发展和动态的眼光看待鲁迅的这番话。鲁迅写此信的时

---

① 鲁迅:《鲁迅全集》第 12 卷,人民文学出版社 1981 年版,第 87 页。

候,他可能只读了《大地》的一个译本,译文质量也不算太好。而赛珍珠后来撰写的其余几部作品,由于当时尚未有中译本出现,鲁迅可能尚未曾读过。因此,仅仅通过一个译本,是难以对一个人的作品作出总体的判断和把握的。虽然受到了鲁迅的批评,但赛珍珠对鲁迅却一直怀有敬意,她多次向访美人士打听鲁迅的健康状况,对他的处境表示关切和同情。赛珍珠对鲁迅的文学成就也给予了很高的评价,认为在书写中国农民题材的作家中,鲁迅是非常优秀的一位。后来也有证据可以表明,鲁迅可能意识到了他对赛珍珠的评价略显草率,因而有意要作出新的评价。1936年9月15日,鲁迅在给日本友人增田涉的回信中说:"关于《大地》的事,日内即转胡风一阅。胡仲持的译文,或许不太可靠,倘若是,对于原作者,实为不妥。"①从中我们可以看到,人的思想和认识其实都是动态发展的,鲁迅对赛珍珠的评价也是如此。这种动态的发展同样也适用于赛珍珠的思想。例如,从她的作品《我的几个世界》中,我们能清楚地看到赛珍珠在诸多方面的矛盾。在今天,如果我们还用1933年的几句话来评判赛珍珠几十年复杂的思想冲突和文学上的得与失,则显得有失公允。

同时,我们也应当认识到,鲁迅将赛珍珠创作的出发点归为传教士的立场,这一点自有其合理性,但一定程度上也是值得商榷的。首先,早在1992年郭英剑先生在《赛珍珠评论集》中就曾指出,"研究赛珍珠,……要重视赛珍珠所受中国传统文化影响的因素,但不能忽视西方文化对其创作思想的影响。这两方面是相辅相成。"②赛珍珠自小生活在中国,熟悉中国人的生活,因此这些熟悉的生活素材成为她创作的主要内容,但她毕竟接受了很多西方的教育,西方的价值观深深影响着她对这些生活的思考和评价。也可以认为,赛珍珠是以隐性的西方思维方式展现显性的中国题材。因此,鲁迅对赛珍珠的评论"一位生长在中国的美国女教士的立场而已"有其合理的一面。但另一方面,我们也应当认识到,赛珍珠虽然出生于传教士家庭,自小就受到西方基督教文明的熏陶,但自从20世纪30年代开始,随着她对西方优越感日渐深入的批判,她对福音派传教活动的合理性产生了怀疑,进而对宗教问题有了更多更重大的质疑。赛珍珠认为,中国文化有其自身的优势。大部分普通的中国人很少或根本就不在意任何形式的正式信仰,在他们的生活中,并不为自己的灵魂或罪恶而烦恼,也不担心是否有自我价值。也可以说,在这片古老的土地上,并不需要基督教,这比西方不需要儒家思想更甚。再者,关于传教士的影响与作用,据史料记载,西方来华传教士的数量从清朝初至民国初的累计数量已

---

① 鲁迅:《与增田涉书》,转引自郭英剑:《赛珍珠评论集》,漓江出版社1999年版,第38页。
② 郭英剑:《对赛珍珠研究的几点思考》,见《赛珍珠评论集》,漓江出版社1999年版,第199—205页。

经达到几百万人次,虽然这些传教士在中国的主要目的是传教,按照马克思的说法,是充当了"历史的不自觉的工具",因而可以看作是一种文化侵越,但其中的大多数人在中国所从事的主要还是在医疗和教育领域,这些传教士通过兴办慈善机构,翻译介绍西方先进科技和文化,客观上大大推动了中华民族摆脱封建和愚昧,进入20世纪现代文明的进程。总之,将赛珍珠的创作立场简单地归于传教士,进而戴上帝国主义文化侵略急先锋的帽子,是欠缺理性和科学思考的。

最后,我们也可以看到,鲁迅和赛珍珠虽然存在着某些分歧,但是二人对中国倾注的都是深厚的爱,这是毋庸置疑的,只是两种爱的表现形式有所不同。赛珍珠的爱是赞扬式的,而鲁迅的爱是针砭式的。鲁迅认为赛珍珠所描写的"不过一点浮面的情形",虽然评价不高,但只是在一封回信中顺便提及,态度也是温和的,对此我们大可不必拿来奉为圭臬。其实不要说是赛珍珠,就是中国作家,又有多少人能像鲁迅那样深刻地反映当时中国的情形呢?赛珍珠出身传教士家庭,其作品流露着一种基督教的博爱思想,在这种关怀下对中国所作的认识和反映自然很难摆脱鲁迅所批评的肤浅;但倘仅仅由此而将鲁迅对她的一些批评之词上纲上线,全面否定其作品的积极意义,甚至把她妖魔化为帝国主义文化在华代言人而大加批判,也是违背事实而有失公允的。

参考文献

陈敬:《赛珍珠与中国》,南开大学出版社2006年版。
郭英剑:《赛珍珠评论集》,漓江出版社1999年版。
怡青:《一个真实的赛珍珠》,东方出版社2005年版。
许晓霞、赵珏:《赛珍珠纪念文集(第三辑)》,江苏大学出版社2009年版。

[作者简介:马振涛,北京第二外国学院应用英语学院副教授,研究方向为跨文化学。]

《穿越国境》：非法移民在美国的寻梦路程[*]

张 娟

引言

美国自1965年颁布新移民法案以来，迎来了新中国成立后的第三次移民高潮，移民数量从20世纪70年代后持续不断上涨，到21世纪，新来合法移民每年总数都超过一百万。与前两次移民浪潮不同，此次浪潮中的大多数移民来自拉丁美洲和亚洲，而不是欧洲。同时，大量非法移民涌入美国。据估算，目前美国非法移民的人数在1200万左右，其中约76%为拉美裔移民（包括59%的墨西哥人）。庞大的拉美裔和亚裔移民人口在20世纪80年代已开始引发部分美国人的忧虑，21世纪美国经济步入衰退期，进一步激发了保守人士的排外情绪。2001年"9·11"恐怖袭击事件之后，美国国内更是把非法移民问题和美国国家安全相联系，普遍呼吁政府实行移民制度改革，限制非法移民的数量。由于移民政策改革触及美国国家安全和公民权利、经济发展和维护法治等核心价值观之间的矛盾，美国自20世纪末以来针对移民问题，尤其是非法移民问题，掀起了一场持续至今的讨论。如今，移民问题已成为美国首要的政治和社会问题。

美国电影《穿越国境》是在上述社会背景下拍摄的写实作品。电影导演兼编剧韦恩·克莱默于1986年从南非移居美国，14年后终于获得美国国籍，亲身经历了从移民到公民的漫长归化过程。他决定以最近几年见诸报端的真实事件为素材，借助移民故事相互交义的手法，表现非法移民在美国新移民执法环境下面临的困难和挑战，以及为此付出的沉重甚至惨痛的代价。影片中的移民分别来自墨西哥、伊朗、韩国、英国、澳大利亚、孟买等不同国家和文化区域，他们通过偷渡、避难和非法滞留等途径来到美国，追寻美国梦。然而，要成功立足，他们必须躲过移民和海关执法局的追查，逃脱被遣返的噩梦。然后，要找到工作维持生计。而要最终归化为美国公民，永久摆脱遣返的威胁，仍需要漫长无望的等待。追寻梦想，穿越障碍，

---

[*] 原文载于《电影文学》2013年第11期。

是整部电影的核心主题。电影标题"Crossing Over"既包括对国境的穿越,也包含非法移民不得不穿越的重重障碍。这些障碍,每一道都可能意味着挫折、危险,甚至失去生命。在美国新的安全环境下,非法移民面临着怎样的挑战?现实和梦想之间的距离究竟有多远?这是笔者要结合影片探讨的问题。

一、穿越国境

正如电影《穿越国境》所示,大部分非法移民通过申请旅游、留学、工作签证等方式留在美国,另外一部分非法移民(每年约10万名墨西哥人)直接跨越美加和美墨边境进入美国。由于墨西哥移民数量庞大,占非法移民半数以上,很多人指责美国政府边境管理不力是导致非法移民不断涌入的主要原因。西南边境各州和反对移民呼声的压力促使美国联邦政府自20世纪90年代开始采取一系列加强边境控制的措施,包括增加用于边境执法的资金投入,增加边境执法人员数量,修筑美墨边境的隔离设施,增加地下传感器等。2001年"9·11"事件引发的不安全感进一步激发了美国政府和民众加强边境控制,极早把破坏因素拒之门外的决心。根据小布什2001年10月签署的《爱国法案》,凡经检察官认定为潜在恐怖分子的外国人都可不经听证迅速遣返,这一规定导致边境遣返的规模和速度大大提高。第二年初,负责边境管理的美国移民归化局的人数增加到4.9万人,其财政预算增加了12亿美元。同时,美国国会认为移民归化局的力量不足以应对当前严峻的移民形势,于2003年成立国土安全部,在其下设专门负责执法的移民和海关执法局,与海关、海岸警备队一起担负边境安全的责任。此后,美国联邦政府多次通过决议,不断增加边境人员和执法调查人员,扩建边境拘留场所,更新边境侦查技术,加大边境基础设施(隔离墙、网)建设。这些控制措施一定程度上抑制了非法移民数量继续大规模增长的势头,却并未大幅减少非法移民的人数。

由于全球经济自由化进一步拉大贫富国家之间的差距,生活在如墨西哥这样贫穷国家的人们依然千方百计地穿越边境,寻求更好的生存条件。对于想进入美国的墨西哥人来说,美国政府加强边境控制的措施只不过增加了他们穿越边境的成本。电影《穿越国境》中的墨西哥女子米莱娅便是不惜一切代价非法越境中的一员。为了给年幼的儿子一个在墨西哥永远无法实现的美好未来,她留在美国,在洛杉矶一家制衣厂打工,并在遭遇美国移民和海关执法局突袭被遣返后,再次偷渡过境。结果执法局在边境沙漠里发现了她的尸体。米莱娅的故事每天都在现实中上演。边境隔离网加大了越境难度,出现了更多的蛇头组织,从偷渡客赚取更多的费用,其收费从1990年平均每人189美元上升到2009年平均每人1500美元。为避开频繁的巡逻和铁丝网栅栏的地段,大量移民避开加州边境,转向亚利桑那州偏僻、荒凉、干燥的沙漠地带。因偷渡溺水、沙漠高热、执法冲突而死亡的人数也随之上升。该数字从1993—1994年期间每年180名,上升至2000—2005年期间每年360名,2005年更是高达463人。据估计,1994—2006年,约4000名非法移民在越境时丧失生命,而媒体和学者研究所列数字只表明被发现的死亡人数,美墨边境实际的偷渡死亡人数要远高于这一数字。

二、遭遇遣返

即使移民们摆脱了死亡的威胁,幸运地到达梦想之地,仍然面临被遣返的危险。在电影《穿越国境》第一个移民执法的镜头中,移民和海关执法局对洛杉矶制衣厂发动突袭,关押并遣返了米莱娅和其他非法移民。美国国内一些学者和民众认为,非法移民问题之所以难以解决,关键原因源自不负责任的大公司,大公司需要大量廉价劳动力,构成了对非法移民越境的激励机制。因此,惩罚雇佣非法移民的雇主是美国国内执法的主要目标。执法局经常对建筑工地、肉类加工厂、制衣工厂等非法移民集中的行业发起行动,一次可抓走几百名非法移民。在2006年后连续几年内,被关押的非法移民人数每年达44万人次。据统计,自2000年以来,被遣返的非法移民数量逐年增加,从2000年被遣返的11.6万多人,持续增加到2011年的近39.7万人。

在被遣返的非法移民中,边境遣返约占11.6%,被遣返后反复非法入境的占19.6%,在美国有违法行为的占54.6%。上述执法局突袭工厂行动中抓捕的非法移民被自然认定为犯有伪造身份罪。为找到工作、租买房屋、申请驾照等在美国居留的移民必须拥有社会保障号码,因而,通过伪造姓名或利用他人身份而获取虚假社会保障卡,成为非法移民普遍采取的生存手段。据统计,非法移民上缴的社会保障金截至2007年已达到1200亿美元到2400亿美元之间,仅2007年一年,该数字就高达120亿美元。这一年大约560万非法移民工人上缴了社会保障金,占非法移民工人总数的三分之二。为适应这一庞大需求,伪造移民文件和证件的行业在移民聚居区应运而生。影片中,开复印店的哈维尔·佩德罗扎,通过伪造虚假移民文件赚取外快,来自澳大利亚的女演员克莱尔·谢帕德,为申请绿卡而前去交易。这正是对当下美国非法移民问题的反映。

然而,非法移民的虚假身份随时可能暴露,他们不得不隐瞒身份,过着提心吊胆的生活。影片中,来自英国的年轻音乐家加文·科塞弗在美国滞留,为在一家犹太学校工作,假装是犹太教徒。幸运的是,学校请来考查他宗教知识的犹太教拉比(犹太教仪式的主持或教会领袖)没有揭露他对犹太教的无知,但要信奉无神论的加文答应学习犹太教知识。加文要继续在美国居留,需要改变信仰,保住他的工作。

在美国新的执法环境下,非法移民很难找到一份像样的工作。1996年美国国土安全部和社会保障局共同启动"电子核查工作资格项目",鼓励雇主把求职者的纳税等信息输入网络电子数据库,核查其身份。该计划要求与联邦政府有合同关系的雇主必须参加,其他商家可自愿加入。目前,已有38.7万家企业加入,且以每周1200家雇主的速度递增。此外,一些移民比较集中的西南各州,如亚利桑那州、密西西比州等,通过法案,规定对拒绝核查求职者资格的雇主施以惩罚,严重者处以吊销营业执照的惩罚。计划实施以来,非法移民的生活更加困难。一些雇主一方面不愿放弃使用非法移民廉价劳动力,另一方面又不想受到惩罚,因此会采取隐瞒的手段,把非法移民从工资单上除名,把他们转入地下状态。这样一来,非法移民的工资和福利便无从得到保障。

除加强边境控制和国内执法外,美国移民归化局(后重组为移民和海关执法局)还在"9·11"后加强了对外国留学生的跟踪和调查,以排查恐怖主义嫌疑分子。移民归化局跟联邦调查局工作人员一起,在2001年造访了200多所学校,调查中东留学生的表现。这种对学校的大规模调查,在美国是史无前例的。影片中,孟买女学生塔斯利玛的遭遇是对这一政策结果的写实。15岁的塔斯利玛在课堂陈述中表示,"9·11"劫机者同样为人父母兄弟,若非被逼无助,如何会发动自杀袭击。一个中学生能够对悲剧事件的根源进行深入理性的思考,并提出独立的见解,符合美国人一贯宣扬的价值观念和教育目标。然而,在恐怖袭击之后的美国,此类言论被公认为同情恐怖分子、背叛美国的表现。塔斯利玛因此遭到同学们的鄙视和辱骂,并招致联邦调查局的上门搜查。搜查结果,包括塔斯利玛房间装饰、日记、登录某伊斯兰网站的电脑记录,以及探讨自杀伦理的学校作业,都统统被看作是具有恐怖主义嫌疑的依据。疑似恐怖分子的结论意味着塔斯利玛除了被遣返孟加拉,别无选择,而对于三岁便随父母移居美国的塔斯利玛而言,孟加拉早已是一个遥远陌生的国度。最终,妈妈陪塔斯利玛遭返孟加拉,爸爸和另外两个孩子留在美国,一家人从此天各一方,这是现实生活中许多遭遣返的移民不得不承受的悲伤代价。

三、归化的希望

非法移民要实现摆脱遣返的阴影,正当享受各项社会保障和福利,参与美国政治生活,其根本途径,也是唯一途径,是成为美国公民。然而,根据美国《移民和国籍法》,外国人归化为美国公民,必须拥有永久居留身份,即绿卡。大多数移民都要通过常规程序,即持有绿卡5年及以上(若与美国公民结婚,则为三年),年龄在18岁或以上,未曾有过违法记录,向美国国土资源部下属的公民身份和移民服务局申请美国公民身份。绿卡，是成为美国公民的必经之路，也是众多非法移民梦寐以求的保障。

申请绿卡的过程，漫长而复杂。其方式主要有三种：亲属关系、工作关系、难民身份。根据家庭原则，凡年满 21 岁的美国公民都可以为配偶和直系亲属，包括父母、子女、兄弟姐妹，申请绿卡。绿卡持有者的配偶和未婚子女也可以申请绿卡。由此可见，该项规定只适用属于美国公民配偶和亲属的合法移民。对于非法移民而言，即使作为美国公民或永久居留移民的配偶或亲属，仍然难以成功申请绿卡，因为每位申请绿卡的移民都必须出具出入美国的记录。而无论移民是以非法滞留还是偷渡方式留在美国，都无法出具以上文件。如果在申请绿卡时，非法身份暴露，则面临遭返的命运。要申请绿卡，非法移民必须离开美国，返回母国，申请签证。然而，非法移民一旦离开美国，最少三年，或者十年内不得回到美国。因此，即使是作为美国公民亲属或配偶的非法移民仍然难以申请绿卡。很多无依无靠的非法移民把希望寄托在自己美国出生的子女身上，然而只有 21 岁及以上的美国公民才有资格为父母申请永久居留身份，他们必须经历漫长的等待。因此，非法移民依靠家庭原则获得绿卡的希望极其渺茫。根据工作关系申请绿卡的情况主要有三种：在高技术领域和某些领域有特殊才能和贡献的移民则被赋予优待政策，可提出个人申请。另外，凡是来美国投资，创造新工作机会的企业家和投资者都可申请绿卡。然而，在低技术领域，移民须在雇主提供永久性工作的情况下才可以提出申请，并且雇主须向美国劳工部获得证明，表明在移民受雇地区，确实没有美国工人能够、愿意并且有资格从事该项工作，而且没有美国本土工人被受雇移民所取代的情况。

此外，申请绿卡的过程非常漫长。美国公民身份和移民服务局每年颁发的绿卡都有名额限制，对于一些来自移民输出大国的移民，等待期可达十年甚至二十年。在这一期间，移民只能通过不断更新或延长短期签证留在美国。影片中的女演员克莱尔不堪漫长而无望的等待，决定接受移民官员科尔·弗兰克尔提出的性交易。克莱尔不惜用出卖自己尊严和肉体的方式来交换绿卡，从另一个侧面反映了非法身份给移民们所带来的困扰和考验。最终，这场交易败露，克莱尔因伪造身份罪面临遭返，科尔则失去了工作和家庭。

对于既无美国公民配偶又不属于高技术人才的非法移民而言，他们唯一的希望是美国政府颁布大赦。美国政府曾通过《1986 年移民改革与控制法》，规定在 1985 年 5 月 1 日至 1986 年 5 月 1 日在农业行业工作 90 天的非法移民可获得赦免，最终可以申请绿卡。此外，凡自 1982 年 1 月 1 日起居住美国的非法移民可在法律生效 18 月内申请临时合法身份，一年后可申请绿卡。1986 年后约 300 万非法移民通过上述两项计划获得合法身份。这一赦免法案燃起了非法移民心中的希望,他们期盼美国国会再来一次赦免,解决大批移民非法居留的问题。自20世纪90年代,随着非法移民的大量涌入,美国国内关于进行全面移民政策改革,提供非法移民合法化渠道的声音不绝于耳,无论是2004年,还是2008年的总统大选,移民改革都是核心话题之一。然而,小布什总统在2004年1月提出的改革方案,参议院爱德华·肯尼迪和约翰·麦肯恩在2007年所提议的非法移民合法化和客籍工人计划,以及奥巴马2010年推动的梦想法案都未被国会通过。许多人期待已久的赦免法案化为泡影。

目前,如何解决非法移民的问题,已成为令美国官员进退维谷的难题,为拉拢拉美裔移民选票,奥巴马政府2012年6月15日宣布了一项针对非法年青移民的行政命令,国土资源部不再遣返16岁以前赴美、在美国连续居住至少5年、年龄不超过30岁、无犯罪记录的非法年青移民。据估计,该举措将帮助80万年轻人走出阴影,实现就业、获取驾照或考取职业资格等基本生存条件。虽然该举措暂时缓解了一部分非法移民的困境,但这并非赦免法案,也无法帮助非法移民获得绿卡。

结语

电影《穿越国界》通过一个个非法移民的写实故事,表现了21世纪非法移民在美国移民法案和执法框架下所面临的困境。缺乏合法身份意味着生活在地下状态,难以就业,无法享受社会福利,不能参与政治生活,甚至不能开车。一旦遭到遣返,则难以重返美国,这常常意味着与亲人的长久分离,甚至再次跨越国境的死亡威胁。然而,即使是少数人得到赦免,最终宣誓成为美国公民的移民,他们仍然面临文化冲突和种族矛盾的障碍。影片用伊朗移民故事的极端事例,表现了移民要应对同样难以逾越的文化冲突障碍。同为移民和海关执法官的伊朗移民哈米德,兄弟两人与父母一起移民美国,一家人遵循传统的伊朗风俗和价值观念。然而,在美国出生长大的妹妹,秉持恋爱自由的观念,不顾家庭的坚决反对,与已婚的哈维尔疯狂相爱。传统的父亲派哈米德的哥哥前去恐吓二人,令二人断绝关系,不料哈米德的哥哥碰巧看到二人亲密的场面,已经内化为本能的母国价值观念与眼前的一幕发生了激烈的冲撞,导致他在情绪失控之下枪杀了二人,酿成悲剧。影片选取这一极端事例,旨在表明移民们在文化融合层面所面临的最后一道难以逾越的障碍。非法移民即使经历千辛万苦,最终成为政治意义上的合法公民,也远非实现他们的美国梦,要克服母国和美国之间的文化差异和种族冲突,仍需要极大的韧性和耐力。

参考文献

Anderson, Stuart. "America's Incoherent Immigration System", *Cato Journal*, Vol. 32, No. 1 (Winter 2012).

Henderson, Timothy J. *Beyond Borders: A History of Mexican Immigrants to the United States*. John Wiley & Sons Ltd., 2011.

Nevis, Joseph. "Dying for a Cup of Coffee? Migrant Deaths in the US-Mexico Border Region in a Neoliberal Age", *Geopolitics*, 12: 228—247, 2007.

姬虹:《美国新移民研究(1965年至今)》,知识产权出版社2008年版。

[作者简介:张娟,北京第二外国语学院英语学院副教授,研究方向为美国社会文化。]

美国电影中的种族主义话语

周 春

前言

好莱坞电影一直是美国大众文化中最为重要的部分。它在传播其主流价值观的同时,具有非常明显的种族主义色彩。其中最为明显的就是,好莱坞电影通过视觉的艺术手段,宣扬白人至上的观念,并由此影响了黑人自我身份的认知。更为重要的是,黑人在无处不在的大众文化影响下,与主流文化认同,形成一种"自我憎恶"感,产生了扭曲的自我认知。这样的悲剧,在黑人女性,尤其是年轻黑人女性身上体现得更为深远。本文探究了好莱坞电影的种族主义话语政治,分析好莱坞电影对黑人身份建构的侵蚀。

一、美国电影中的白人至上主义思想

美国的大众电影,传播美国的主流文化价值观。这种主流文化的价值观,首先是通过大众文化所建构的白人至上,也就是所谓的"白人性"来体现的。

这种白人性,集中体现在早期电影中黑人形象的"缺席"。在早期电影中,黑人的角色非常少。即使有,很多黑人角色,甚至次要角色都是由白人涂黑脸来扮演的。例如,在经典影片《一个国家的诞生》中,黑人在影片中只起点缀作用。而黑人演员在影片中无疑是可多可少的小角色,甚至稍微重要一点的角色都是由白人将脸抹黑来扮演的。这是因为在当时,人们在潜意识中不愿意让黑人近距离接触美丽的白人女主人公。这样的现象,使得在早期电影史上,出现了一种黑人的"零形象"。在这种情况下,以电影为主体的大众传媒方式中没有黑人的形象。这样的直接后果就是,黑人,尤其是黑人儿童,无法通过主流媒体进行自我认知。黑人自我认知的方式,只能通过白人的形象、白人的价值观来呈现。整个大众文化所表征的是一种"白人性"。

---

* 原文载于《电影文学》2013 年第 12 期。

这种白人性，最为深刻地体现在对"美"的价值观的认同。它强调女性的纯洁、善良和美丽。这种美丽，无疑是以白人女性为标准的。这无疑对美国黑人，尤其是黑人女性产生了巨大的心理影响。在当代电影中，这种"美"的标准的建构随处可见。例如，最为有名的秀兰·邓波儿的电影。

然而，在电影明星成为"全民偶像"的同时，人们往往忽视了电影背后的种族政治和文化帝国主义的特点。事实上，大众传媒一直以来有着这样的理念："黑人孩子自尊性不强，而且他们喜欢白人角色胜过黑人，黑人女孩喜欢白色玩偶胜过黑人玩偶。这些信息都以敬畏的方式呈现。就像对于否认和贬低黑人性没有政治语境一样。"① 而事实上，在主流文化价值观的影响下，人们往往无法与真实的黑人自我形象认同，只能与社会所建构的白人价值观认同。

电影中的白人优越论还体现在：在很多电影中，如果涉及黑人女性和白人男性之间的恋爱，很多白人明星都不愿意去扮演。其中一个最有名的例子就是1989年《妈妈，你床上有个男人》。这是一部关于工人阶级黑人女性和一个有钱有势的白人男性的爱情故事。在当时，没有白人明星愿意演这部影片。背后的原因在于：按照好莱坞标准，高大健壮的黑人女性只能扮演保姆形象，不可能充当白人男性心目中的理想爱人。

著名黑人影评家贝尔·胡克斯指出，"在电影《保镖》出现之前，美国观众从未在好莱坞电影中看到白人男性主人公选择黑人女性作为伴侣，而且电影观众也坚持认为种族问题丝毫不重要。"② 尽管这部影片是美国电影史上少有的肯定黑白种族之间恋情的电影，但是正如胡克斯指出的，惠妮·休斯顿被反传统地刻画为"过分性感"，仍然还是没有逃脱美国电影文化中性别和种族主义色彩③。

另一个重要方面就是，好莱坞传统电影中关于种族间的爱情往往以悲剧结尾。其中，最为突出的就是美国电影中悲剧混血儿的故事。在许多电影中，如经典影片《春风秋雨》中就体现了混血儿的悲剧。剧中的混血女性希望通过勾引白人男性而成功变为白人。在大多数好莱坞电影中，这种通过描写以混血女性悲剧为结尾的爱情故事比比皆是。因为在白人观众的心目中，黑白混血女性虽然是白人男性性欲望的目标，但在内心，仍然无法接受让白人男性和她们有好的结局。黑人男性则常常描写为垂涎美丽的白人女性的形象，结局可想而知。

好莱坞电影建构了白人至上的价值观，并通过电影传播和强化了这种思想。

---

① Hooks, Bell. *Outlaw Culture: Resisting Representation*. Routledge: New York & London. 1994. 177.
② Hooks, Bell. *Outlaw Culture: Resisting Representation*. Routledge: New York & London. 1994. 55.
③ 同②。

在这样的语境下,好莱坞电影对大众文化心理影响至为深远。

二、美国电影中的种族政治

自美国电影诞生以来,黑人就被主流文化排斥到边缘位置。这种边缘性以两种方式体现。

首先就是上文所论述的美国电影中黑人的缺席。另外一个至为重要的方面就是美国电影中刻画了无数刻板黑人形象,这些形象中最为突出的有:强壮的女保姆、女家长;野蛮暴力,且对白人女性虎视眈眈的黑人;性欲旺盛、放荡的黑人;悲剧混血儿形象等等。这些形象通过强调黑人低贱来强化白人优越论,体现了美国电影中的文化殖民主义思想。

在美国电影中,《一个国家的诞生》是一部在世界电影史上具有里程碑意义的电影。但这部影片同样具有强烈的种族主义色彩,因而也成为电影史上备受争议的电影之一。究其原因,是因为它不仅建构了负面的黑人形象,并因其深远的影响,强化了白人优越主义思想。

影片中的黑人可以分为非常经典的几大类型:强壮的黑人保姆和女管家形象;盲从谦卑的种植园黑人奴隶形象;在白人军官的指挥下暴力的黑人士兵形象;而最为突出的则是对美丽纯洁的白人女性垂涎的黑人男性形象,其中包括性格凶残、图谋占有白人女性芙罗拉的前奴隶格斯;黑白混血儿、阴谋逼迫艾茜嫁给他的林奇。

电影学者唐纳德·博格尔在《汤姆们、浣熊们、混血儿、保姆和花花公子们:美国电影中的黑人阐释史》中讽刺了人们对黑人的成见:

"在《一个国家的诞生》中,(对黑人的描述)当叛徒黑人格斯开始准备强奸卡梅隆的女儿时达到高潮。她没有屈服于他,逃跑并跳下了山崖,'走向死亡的大门'。然后是混血儿塞拉斯·林奇试图强迫白人爱思嫁给他。最后,当所有的一切看似无望的时候,突然出现了一群善良、正直的南方白人,他们是'隐形帝国'的成员,他们戴着白色的头罩,直接和黑人发生冲突。由本·卡梅隆(白人父亲)领导的军队,他们英勇地打败了黑人造反者! 他们是白人女性、白人荣誉的保护神,他们恢复了南方失去的一切,包括白人至高无上的权利。这样我们开始了一个国家的诞生。以及三K党的诞生。"[①]

片中最为重要的种族主义色彩就是对三K党的美化。在片中,三K党人成为正义的化身,不仅总是在危机时刻成功地解救白人女性,而且在与黑人的斗争中大

---

① Bogle, Donald. *Toms, Coons, Mulattos, Marmmies & Bucks: An Interpretative History of Blacks in American Films*. New York: Continuum, 1989, expanded version; originally 1973. 12.

获全胜。片中还充斥着丑化黑人形象、对黑人实行私刑这样赤裸裸的种族主义色彩。

这样的一种传统无疑为后来的好莱坞电影如何表现黑人形象打上了不可磨灭的烙印。这些电影为大众文化构建了负面的、否定的黑人形象，并成为一种文化符码，在美国大众中流行。

三、美国电影中的文化殖民策略对黑人文化身份的侵蚀

在美国当代大众文化中，电影已经成为一个至关重要的文化生产和文化战争场所。黑人通过电影认知并定义自我，成为黑人文化身份建构中非常重要的元素。正如批评家杰拉德所说，形象对于美国黑人来说非常重要，因为"形象对人的自我定义是处于中心地位的"。[1]

20世纪60年代以后，黑人批评家逐渐意识到主流大众媒体中建构的黑人形象对黑人心灵的影响。因为黑人孩子从小到大通过电影，看到的都是白人的经历。黑人通过白人的形象来建构自我。如果屏幕上有黑人，也是与白人文化不同的、负面的形象。不幸的是，黑人接受了这样的价值观，并内化为自我身份认同。这体现在：黑人接受和肯定白人美的标准，并作为一种标准在确立。这样的观念可以说是根深蒂固。例如：为童星秀兰·邓波儿量身定制的电影《亮眼睛》无疑成为当时孩子们心目中"美"的符号。片中的邓波儿有着白皙的皮肤，尤为漂亮的是那双炯炯有神的蓝色大眼睛。这种形象成为不同肤色、不同种族女孩心目中美的神话。在这样的心理影响下，黑人女孩一生下来就被认为是"丑"的。因为她们与电影中美的形象大相径庭：她们有着黝黑的皮肤，黑色的眼睛，扁平的鼻子。这样一种心理，强化了黑人的"自卑意识"。

在黑人看来，这种无处不在的白人文化向世界投射的白人形象，使得那些处于美国主流文化内的边缘人"接受白人为善良而纯洁的象征，而黑人为邪恶和不纯洁的象征"，[2]这是故意设计的。白人发展了一种优越论的神话，并力图延续这种神话。从这个意义上来说，当代美国好莱坞电影所传播的主流价值观使得人们卷入到了一场黑—白对形象控制的战争。而主流电影所传播的种族主义色彩，无疑成为侵蚀黑人心理建构和文化身份认同的重要因素。

---

[1] Fuller, Hoyt W. "The New Black Literature: Protest or Affirmation" in Addison Gayle Jr. ed. *The Black Aesthetic*. Garden City, N. Y.: Anchor Books. 1972. 327、328.
[2] 同上。

结语

  当代电影设计了许多原型想象。这些形象成为传播并且边缘化黑人最重要的途径之一。通过这些原型形象，主流话语强化了白人至上的理念，并使得这种种族主义话语内化为黑人自我的身份认同。在很长一段时间，使得黑人产生了一种自我憎恨的自卑心理。从这个角度上来说，批判地思考美国电影中的种族主义话语是尤为必要的。

  艺术从来就是政治的。而美国电影其中所暗含的种族主义色彩值得我们为之深思。正是这种文化批评实践，使我们可以更好地进行评判性的思考，理性地分析美国电影——这种最为重要的大众传媒方式背后体现的文化政治。

[**作者简介**：周春，北京第二外国语学院英语学院副教授，主要研究方向为美国黑人文学。]

瞬息万变的全球化议题：
用电影呈现全球化的若干策略*

芈 岚

引言：电影与全球化

  电影如何表现全球化这个问题需要从多个层面加以探讨。从电影艺术和叙事手法的角度而言，我们所关注的问题是那些表征全球化的符号元素是如何嵌入电影文本，以及电影可以运用哪些传统的策略手段来呈现全球化无所不在的影响力。相比于电影中某些放之四海而皆准的对于国际化的呈现，我们将要探究的是电影何以成为能够批判和抵制掌控着标定全球化的，经济及文化方面话语权的主流叙事手法的途径及工具。接下来，我们将在全球媒介的大环境之下对那些表征着反主流叙事法的电影进行标定，以观察它们是如何在比对其他影片以及在更大范围内对于由它们引发的叙事法的打破旧规、改弦更张的媒介评议中定位它们自身的。

  主流叙事法运用政治、经济和文化方面的语汇将全球化刻画成朝向工业化和资本主义，现代主义及城市化，连同世俗化民主与以高科技为主要特征的中产阶级生活方式的简单划一的进程。在这种叙事方法之中，为了比照并凸显全球化，本土的东西都被冠以各样的名称，并被放于次等位置之上（霍尔：32—35页，鲁特里奇：310—315页）。然而，近来，本土与全球化之间的这种比对受到了那些意欲抵制全球化的人们的抨击和变革。本土化的空间被赋予了全新的地位，成了抵制全球化的大本营（艾斯克巴尔：217页，霍尔：35页）。

  还有，在主流叙事法中，随处可见的是将全球化刻画成是自然而然的、四海划一的程序，这其实是一种对全球化的严重曲解，因为事实上，全球化所表征的是力量和支配，绝不是简单易行的、水到渠成的演化进程（鲁特里奇：311—312页）。全

---

* 本文选自《电影和录像杂志》，第62—63期，2010年秋季刊。
  作者简介：凯特琳·曼宁，纪录片制片人，在加利福尼亚州立大学蒙特瑞湾分校教授电影和电影理论。目前，她致力于支持加州的激进学生运动；朱莉·沙克福德－布莱德利，执教于加利福尼亚大学伯克利分校和平与冲突研究院，主要研究方向为人权、冲突化解以及全球化。

球化的相关理念本身就是由其所服务的对象打造并重构而来的。

　　主流叙事法将经济全球化描绘成一种通过发展自由市场和民主而实现繁荣的线性化进程,并经由那些把这种经济体制强加给世界各国的国际经济组织(IFIs)就像好莱坞电影的文化传播机制将这种理念广为颂扬。主流叙事法的电影呈现中有两方面内容将是本文要予以探讨的对象。首先,20 世纪 90 年代以及 21 世纪之初的好莱坞电影向世界舞台着力展现的英雄形象是迹满天涯,全然没有任何阻隔;遨游四海,真我本性丝毫未改。在这种英雄形象的建构中,身为美国人或英国人的主人公把全世界都看成是自己的领地,即便是有时发现自己身处异地,他也能够通过像詹姆斯·邦德那样通晓所有语言的匪夷所思的能力,或者是凭借像杰森·伯恩或是《十二罗汉》(2004)里那些勇猛之人那样因高端武器的助力而具有的坚韧的信念来掌控无论是位于何处的当地区域。为了实现对这种单维度主观性的凸显(海勒:27 页),好莱坞将地域化或者外来势力的繁复历史都算作是对主人公形象的铺垫,就是在那些像《角斗士》(2000)或《亚历山大大帝》(2004)这样的历史剧中情形也不外乎如此。

　　此外,通过主人公在世界各地的种种英雄传奇经历,好莱坞电影成功地在影片受众之中营造出一种与自由、民主以及世界大同之理念密切相连的固有的消费者意识。《007》以及《罗汉》系列影片着力呈现仰仗奢华的高端科技而做到的全球界域之中驰骋无阻,其目的就是要在广大受众之间滋生全新的消费欲求。在此过程中,如此种种的大制作影片,再比如《怪物史莱克》系列,都是要将全球范围内的电影受众构筑成一个个的消费者"社群",群体成员可以通过购买某部影片里贯穿始终的各色琳琅商品,或是访问作为替某部影片研发"多维商业互动文本"一部分而专设的网站,来"参与"到一部影片之中(瑟玛缇,梅蒂,索提林:13 页)。伴随着与电影有关的新商品在世界范围内的散销以及针对特定年龄阶层的广告的大肆席卷,依托电影的这种文化传播机制把英雄主义和宽容忍让同民主观念和消费理念联系在一起,用全新的消费选择包围新晋的中产阶级(米勒等:329—330 页)。

　　与此同时,在上述过程中常常不为人所知、被人忽略的是美国的贸易代表、世贸组织以及若干国际金融机构所扮演的角色,他们在世界范围内的开放市场上为美国的文化产品搜寻并打通渠道,以此确保美国的最卖座影片能够在绝大多数的国家里成为传递美式消费者心理及文明信息的载体和工具。好莱坞电影在世界市场上这种借助强力而得的"霸王硬上弓"式的成功,让好莱坞的制片人和分析人士更加坚信全世界的观众都更需要类似大制作的信念(沙培罗)。美国、法国、日本以及其他媒体大鳄之间的合纵连横形成了这样一种国际传媒大环境,让那些力主用反主流的或是更为复杂全面的叙事方式表现全球化的影片即使是在自己的国家里也很难获取资金支持以及保证影片的发行量(巴里奥:209—213页)。

本文选择的三部影片,《二嬷》(中国,1994年)、《再见,列宁》(德国,2003年)、《秘密投票》(伊朗,2001年),虽说都是批判甚或反对全球化的主流叙事方式,却依旧能够突破传媒大鳄间连并的重重封锁,为世人所知。这些影片都巧妙地把自己对主流叙事方式的抵制融入现行的体制之中,并得以安然地用别样的方式解读全球化。我们还会将这三部影片置于更大的范围,探究用非主流叙事法以及表呈范式来诠释经济和文化全球化的进程之中加以考察。

我们认为,这三部影片都是使用了一种与主流叙事法相悖的、批判的方式来向本国及其他国家的观众表呈全球化,首当其冲的方式就是通过讲述小故事把观众对于全球化的理解从全球层面(也就是主导层面,特权层面)拉回到本地化的地区层面。这一做法能让影片得以通过表现普通人、人与人之间的亲密关系以及人们的日常生活来传递制作人关于那些大而化之的、抽象事物的观点及看法,即便是要牵涉观众的情感也行得通。在上述过程中,影片揭示了全球化是如何催生那些足以给片中人物及其社团的个体性和主观性造成影响的潜在改变的。滋生这些变化的根源,部分可以用去疆域化这个说法来解释,其含义就是指片中的主人公离开或被赶出他们所熟知的区域,他们认同那个区域的价值观,其自身的主观性也是在那里形成的。如若说这些人物角色表征着更高层次的理念体或是更强大的文化势力,那么在影片所讲述的小故事中他们的去地域化就能够很好地帮助观众理解当意识理念体系及其他的文化架构被从其源出处拖拽到一个崭新地域时的情形将会是怎样,而全球化恰恰是加速了这种强拉硬拽的进程。我们注意到片中的人物角色因为去地域化而经历了一场主观认同的危机。那些能成功地度过去疆域化时期,并在其后重新建立起复合杂生的主观意识体系(通过在新的环境里复疆域化)的人,就是人们通常所说的全球化非主流叙事体系中的另类"英雄"。

为了探析这三部影片都是如何表现、阐释全球化的,我们将选用若干理论分析方法。评论家们和理论分析家们之间久已有之的共识就是全球化向人们提出了一个有关可表呈性的问题。弗雷德里克·詹姆森在谈到表呈全球化的难度时,将之形容成一个认知过程,源自不同的国际潮流及网络群体的物质复杂性对于单独的个体(主体)而言太过庞杂和繁复,因而个体根本无法将之作为一个整体来把握,其结果就是"我们做不到,至少是目前为止还做不到,在头脑中勾勒出一个宏伟壮阔的,跨国界、去中心化的全球连通网络,即使我们自己就是身处其中的个体存在"(《后现代主义》,44页)[1]。现今时代,我们所面临的挑战就是如何构建一个全新的"认知地图",并用之来领会我们如何能跨越或置身在这个因全球化而滋生的瞬息万变、偏倚不均的社会经济大潮(尤其是此前的资本主义时代的经济全球化特性)

中重塑并定位我们的主观意识体系。² 我们所提到的这三部影片都是通过讲述有关人物角色的小故事向我们证明了怎样能够做到用传统的电影手段,即用观众对片中人物的情感反馈来牵引、影响观众的方法来表呈种种抽象的社会力。个体主观性同"认知地图"之间的联系帮助我们明晰了,这三部影片各自的剧中人物在置身于介乎他们的"认知地图"源出处的本地化空间和意识形态同全球化潮流以及趋势的未知疆域之间狭小的意识阈限中时所感受和经历到的意识危机。

阿尔君·阿帕杜莱①提出的全球化的"景观"②说有助于我们将颇为抽象的"全球化力量"的概念具象化。阿帕杜莱认为全球化的种种力量移动和改变都是基于人们想象的图景:是人类的迁移和身份的建构(族群景观),是跨越地域空间的人类意识形态及理念的转移和形成(意识景观),是群体内部或群体之间人类形象及话语方式的流动(媒体景观),金融景观以及技术景观嵌含在由上述三种景观构成的图景框架之中。这五种"景观"都是由流动(包括人、意识、形象等的流动)和断裂同时标定的(《消散的现代性》,33—37页)。正如阿帕杜莱所指出的,同时也是我们在本文中所探讨的三部影片所展示出来的那般,全球化流动以及由此产生的种种景观"不是共时的、聚合的、同形的,或者空间一致的",其最有可能的特性就是断裂,因为"上述事物所因循的轨迹和向量有着各自相异的速度、轴线,彼此不同的源点和终点,以及同位于不同区域、国家或社群中机制性结构之间迥乎不同的关系"(《草根性全球化和研究想象》,5—6页)。

阿帕杜莱的认知地图用一种有别于通常的概念化程式定义主观性,他并没有像詹姆森那样强调我们在思考理解全球化时的认知不足,而是凸显对于事物及主观性与那五种景观同质的流动性及易变性,而且它们的流动与断裂都是由不同的个体来实现、来控制的。在阿帕杜莱看来,如果人们一旦决定迁徙,或是在特定的景观中进行宗教或政治方面的活动,他们的主观性会随着界域的变更以及他们对景观环境能够给他们提供何种选择的看法而改变(《消散的现代性》,33页)。不仅如此,由于个体对景观的经受感知是"受到各自相异的本体历史、语言及政治方面

---

① 阿尔君·阿帕杜莱(Arjun Appadurai,1949年生人),著名人类学家。出生并成长于印度孟买,后赴美国求学,获芝加哥大学博士学位。曾任芝加哥大学人类学与南亚语言及文明教授、芝加哥大学人文学院院长、耶鲁大学城市与全球化中心主任、新学院全球倡议资深导师,现任纽约大学斯坦哈特学院文化、教育与人类发展学系教授。著有《殖民统治下的崇拜与冲突》(Worship and Conflict under Colonial Rule)、《对少数者的恐惧》(Fear of Small Numbers)等。——译者注

② 阿帕杜莱在其1996年出版的论文集《消散的现代性:全球化的文化维度》中用五种"景观"(scapes)描述全球文化流动的现象,分别是族群景观(ethnoscapes)、媒体景观(mediascapes)、技术景观(technoscapes)、金融景观(financescapes)和意识景观(ideoscapes)。阿帕杜莱特别强调这些景象所呈现出的"流动、不规律的状态"。——译者注

适应性影响的、有着浓厚主观色彩的架构……",故而全球化为我们提供的复合空间能让人们表达各自的想法观念,置身其中的每个个体都可以在任何时间用自己的主观感受和世界观来审视、经历不同的景观。

电影这种媒介是用来表呈这些多重观念的上佳之选——电影能够将人们的主观经验感受加以传递表达,这是最为重要的一点。作为一种媒介传播方式,电影还有丰富的表现手法来传递图像、声音、旋律以及某个特定区域在某一特定时间的环境氛围,也就是我们通常所说的"时空体性"——"用时空两个维度来表述有着历史渊源的人与社会、自然之间的关系概念,尤其是特性描述"(威利曼,4页)。还有就是,电影媒介还非常善于运用罗伯特·斯坦姆所说的多重时空体特质来表呈全球化的多景观复杂性连及其流动性和断裂点。

(电影媒介能够)糅合不同的时间与空间……电影本身将画面和声音聚合在一起的特性就意味着它的每一条路径不但是表征了两种不同的时间,而且其中的画面和声音还通过一个视听统一体①的方式相互影响、改变彼此……现有电影科技的种种先进手段更是让已有的时间、空间更加多维、繁复。叠置的做法更是扩延了时间和空间的维度,就如同对画面进行蒙太奇和多帧处理一般。(37—38页)

我们所探讨的这三部影片都是竭力运用电影呈现多维度时空体性的潜能来去除全球化的神秘外衣。这些影片中的人物角色似乎是同时存在于不同的年代和时空体性之中,在他们看来,关乎全球化的延续和断裂都是理所当然,他们会不停穿梭在繁复变幻的意念、感知以及欲望的景观之间。基于以上这种观影感受,我们有理由认为,在好莱坞一贯力主的对全球化的单向度呈现之外,还存有一种与其相抵悖的多维视角化方式选择。

以下,我们将要关注的是这些影片于全球主流媒体大环境中发行传播的渠道,可以说包括居于主导地位的好莱坞电影,各种形式的电影艺术节的参展宣传、教育机构以及互联网都能成为这些影片引发讨论、实现对话的场所和媒介。网上聊天及评论的这种全球会话的交互空间能让我们更为全面地感知这些影片在观众之中,尤其是在那些历史、政治经济和文化领域的评论者之中,所触及的深度和引起的共鸣。

讲述小故事的去疆域化叙事法

上述所提的三部影片中的每一部对全球化效应的表呈是通过一个个体的心理

---

① 原文此处是"synchresis"一词,出自迈克尔·西昂 1994 年出版的一本论述电影声音的著作,是"同步"(synchronism)和"综合"(synthesis)两词的合成词,表示一个视听统一的整体。迈克尔·西昂(Michel Chion,1947 年生人),法国实验音乐作曲家,研究音像间关系的理论家。——译者注

描述来分析并评判特定的全球化历史潮流而实现的。这些影片将人物角色置于他们本地的背景化环境之中的方式能够让观众对他们所处的个体化相对隔绝的时空体性,也就是我们所说的他们的本地时空特性感同身受。当这些人物角色的生活被全球化浪潮冲裂开来的时候,随着原先他们所熟知的景观的损毁,他们必须要与随之而来的割断周旋妥协,于是在这个过程中,他们会经历主观意识的认知危机。我们将之称为主观意识的去疆域化,以表征这些人物角色的心理异位所指代的就是由全球化产生的文化模式同本地化环境之间的断裂和不相称。总的来说,这三部影片中的角色人物在经历去疆域化过程中的表现各有不同(排斥、同化、抵制、适应、接受),有接受,也有抵制,但都取得了不同程度的成功。

《二嫫》(1994 年)

在《二嫫》这部中国电影之中,我们跟随着女主角二嫫从她居住的偏远小村子来到了附近已然具有全球化经济气息的县城,那里有她一心想为家人买的整个县城最大的一台电视机。为了实现这个买台最大的电视机的梦想,二嫫背井离乡,到县城的一个饭店打工,县城的买卖消费让二嫫很受刺激。片中,电视机就是全球文化的代言人,象征着原本生活在闭塞环境中的人们对新商品以及全球文化所宣扬的性解放生活方式的渴望。在影片结束的时候,二嫫虽然把最大的电视机买回了家,但她的成功却是以原有正常生活的彻底打乱为代价的。影片留给观众许多发人深省的问题,使人们去反思全球化媒介景观用其推崇的全新消费行为造成了当地旧有的生活方式被打破,给地域文化带来了巨大的影响。

影片的开始部分向观众展示了一个偏远的小山村,二嫫和她的丈夫、儿子就生活在这里,靠在自家的院子里做麻花面、然后在村子里走街串巷叫卖,二嫫支撑起整个家。影片对这个阶段二嫫家庭生活的展示画面呈现出在远离以商品生产和消费为支柱的全球化市场的时空体性中一个前工业化时期的家庭作坊。比如,影片中用一系列特写镜头来表现这个家的样子:烧木柴的炉子上一个笨重的瓦罐;屋子里摆放着结实的木头家具;堆得像小山一样的手编竹筐;还有码放得整整齐齐的准备晒干以后拿出去卖的挤压麻花面。随着剧情的展开,我们也慢慢知道了这个家里的一些问题:原有的家庭经济结构遭到破坏,生计难以维持,整个家里还弥漫着一种对闭塞的恐惧。二嫫的丈夫是这个村以前的村长,因为片中没有明确解释的某种疾病而变得身体虚弱,连正常的夫妻生活也无法应付,喝了两年的中药病情也不见好转。二嫫常常难以掩饰自己对这一切的不满。

影片对这个小家庭包括一些私密细节的展示就是比征着中国农村在上世纪 90 年代初经历的传统经济体制模式的瓦解。二嫫的丈夫、前任村长,在片中就是当时已然在走下坡路、亟须变革的,属于前工业化时期的传统"社会主义"经济模式状况的代表,他对住在隔壁的邻居瞎子已经没有了往日的权威,因为瞎子有着一辆能把他带到附近象征全球化经济模式的县城里去,使得瞎子无形中有了源自全球化的实力。刚劲能干、精力充沛的瞎子其实才是村里真正有势力的人,最主要的原因就是因为他在县城里做买卖、攒下了不少钱。虽然影片自始至终都是从外面拍摄他住的房子,里面什么样我们无从知道,但是我们都能听到从里面传来的与当时的时空体性不相符的声音,那是从他家的电视机里传出的动画片的声音,是整个村里唯一的一台电视机,引得二嫫的儿子每晚都要去瞎子家里看电视。瞎子代表着现代化的情感认知,是技术理性①的象征,通过鼓励二嫫到县城卖面并用自己的卡车把二嫫带到县城,瞎子让二嫫走入了市场经济,并把技术理性思维教给了二嫫。

二嫫对邻居家价格不菲的电视机的艳羡以及瞎子不住的劝说终于把二嫫拉进了县城的全球化经济大潮之中。到了县城,二嫫立即就被那台摆在百货商店里的25寸大彩电迷住了心窍,打定主意要把这台电视机买回家,此时的二嫫明显已是陷入了炫耀性消费的深渊。欲望让二嫫这个需要挣更多的钱来购买新产品的劳动者被卷入了全球化经济的浪潮之中。

市场经济的入侵打破了二嫫家原有的生活方式这一事实无疑表征了彼此冲撞的时空体性所必然导致的相互对立的价值体系和意识形态以及由此形成的断裂点。在县城的时候,二嫫在饭店里吃饭,给家人买当时很时髦的机器加工的衣服。回到那个偏远的小村落以后,二嫫必须强迫自己咽下她丈夫为她做的饭菜,而她丈夫却对二嫫买给他的笔挺的衬衣大为不满,抱怨衣服大小不合、扣子难系。

二嫫被卷入全球化市场经济浪潮之中也可以被理解成是一种去疆域化,表现为她接触了对她来说全新的商品经济之后产生的心理异位。她第一次到饭店吃饭的时候,她看着一桌子做好的丰盛饭菜感到很无所适从,并且一直吃到撑得走不动才作罢。她工作的饭店里都是些工业化的机器,雪白的墙壁和规律精准的生产线,与她在农村家门口的场院里进行的手工制作形成鲜明对比,这种家庭作坊曾经让二嫫体验到了劳动的愉快。当看到一个工友的手被面条机割伤时,二嫫感到十分恐惧。然而就是这次经历让二嫫知道了她能通过卖血来赚外快、买那台让她魂牵梦萦的电视机。此处,电影剧情如此安排的用意十分明显:受消费主义至上的驱使

---

① 技术理性(instrumental rationality),马克斯·韦伯把理性区分为工具理性和价值理性,法兰克福学派的代表人物马尔库塞最早确立了技术理性概念,并把它等同于韦伯的工具理性。技术理性,作为人类理性与近代科技相结合的产物,就其典型特征而言,是一种追求和理性、规范性、有效性、功能性、理想性和条件性的人类智慧和能力。作为一种发展着的过程,是人类的一种以有效为目标,采用分解化约、实施定量计算的理性活动。——译者注

和诱导，人类的身体将经受无穷无尽的盘剥。这台电视机就表征着让二嫫陷入主观意识危机的媒体景观。

在县城的商店里，二嫫看着电视机里穿着比基尼泳装的女人在练习游泳时腿一开一合，还有美国电视剧《豪门恩怨》①里的一对男女在共浴。接着，二嫫和瞎子就到宾馆里偷情，还模仿在电视里看到的景象。这一幕剧情让观众直观地感受到了主人公去疆域化后的主观意识在全球化的大环境中是怎样的情形。³ 二嫫穿着一件不太合身的性感内衣，瞎子在旁笨手笨脚地往她身上涂着厚厚一层护肤霜，并向二嫫保证这抗皱霜能让她的皮肤变白，让她看上去更年轻。二嫫从那个简陋的宾馆房间里裂缝条条的镜子里看见了自己扭曲的样子，那正是她内在粉碎撕裂的自我身份认知的真实写照。她用一种迷惑不解的眼神盯着镜子里那个歪斜的自己，似乎对于自己身体内部迸发而出的种种欲望不知所措。

在影片的结尾，二嫫终于把那台电视机搬回了家，跟着那台不断有着西方及全球影像的电视机，二嫫也将一种全球化文化带回了那个小山村。然而，这台新来的电视机完全打破了这个家庭原来的家具摆设、邻里关系以及原先赖以生存的生产劳作方式，颇具讽刺意味地凸显出因全球化而造成的割裂。剧情的后续展开饱含寓意：电视机先是被放在屋里的水缸上，但是二嫫问道："放这里我们怎么舀水？"然后电视机又被抬到柜子上面，二嫫又问："放这儿柜子门怎么打开？"二嫫用来压面的工具被当成是电视天线的底座。最终，电视机被放在了这个家里唯一的一张床上，究竟该把电视机放在什么地方的纠结很有张力地表现出这台电视机带给二嫫那复杂的欲望一种额外的满足感。然而即便如此，在给电视机挑位置的整个过程中，二嫫一直是坐着不动的状态。她完全不为整个村子因为这台大电视机的热闹欢腾所动，在实现了自己的夙愿之后，二嫫表现出的是沉静和淡然。为了买这台电视而心力交瘁的二嫫，在全村人围拥在电视机跟前观看足球比赛（没有一个人能看懂）的时候默然睡去。影片结束的时候，来看电视的乡邻们早已散去，只剩下二嫫一家人歪坐在电视机跟前打盹，而此时电视里演的又恰是《豪门恩怨》里的一段激情戏。当电视机屏幕上出现了让人倍感凄凉的"雪花"，伴随着刺耳的"雪花"声，摄像机镜头逐步推进并将屏幕上的黑白像素放大，整部电影就此结束。电视机里传出的噪音以及空无一物的像素图像暗示着受到商品文化侵蚀的山村生活即将经

---

① 《豪门恩怨》(*Dynasty*)，讲述石油及畜牧业"王朝"——Ewing 家族中令人欲罢不能的苦涩挣扎以及权力争夺的故事。《豪门恩怨》于 1978 至 1991 年间，由美国哥伦比亚电视网制作，总计 13 年间播出 356 集，不仅是该公司最长寿的电视剧之一，同时行销全球 56 个国家的电视台，被视为无往不利的美国剧集经典。——译者注

历巨大变革。

《再见,列宁》(2003年)

《再见,列宁》这部影片也讲述了一个类似的有关商品文化突然侵袭以及柏林墙的倒塌给东柏林人造成的去疆域化的故事。在这部电影中,去疆域化是完全、彻底的,因为无论是其地理空间,还是其价值观念、意识形态以及生活方式,东柏林的所有似乎在一夜之间就消失殆尽了。就如同《二嬷》一样,这部电影也是围绕家庭和邻里间有着亲密关系的人物角色展开,随着经济全球化大潮的暗流涌动,人物之间原有的关系模式被冲离,并经受着心理异位和主观意识危机的考验。影片用冗长的对1978年时东柏林人们生活的表现来描刻当时共产主义的管理制度。影片用满眼皆是的弘扬共产主义的舆论宣传体现出当时在东柏林居于主导地位的共产主义意识理念:居民家中的电视机,街道两旁的海报横幅,以及悬挂在座座楼房上的大红标语。阿历克斯的妈妈克里斯蒂娜是一名社会主义政权的热情拥护者。当影片进行到1989年、柏林墙倒塌之前不久的时候,二十出头的阿历克斯变得愤懑不满、沮丧彷徨,他父亲在他很小的时候就逃往西德,此时他对母亲深深的爱也因为两人之间日益增大的意识形态分歧而动摇。与最终让阿历克斯靠拢对立面的他对社会主义体制的质疑形成鲜明对比的是克里斯蒂娜这个人物角色所表现出来的对社会主义归一化体制的主观依附性。她是当时整个一代人的集中体现,他们笃信社会主义,在梦想破灭时会假装不闻不问以求生存。然而,当克里斯蒂娜目睹了阿历克斯参加的一次反对政府严控媒体自由的游行中有人遭到警察的毒打时,她看似坚定的信念被动摇了。由于承受不住所见所闻的刺激,或者说是她从心底里无法接受长久以来拒绝面对的现实,克里斯蒂娜心脏病突发,陷入了昏迷。八个月后,在克里斯蒂娜苏醒过来的时候,柏林墙已然倒塌,民主德国也已经完全融入了与联邦德国合并的进程之中。当被医生告知不能再让克里斯蒂娜经受打击、任何打击于她而言都可能是致命一击的时候,阿历克斯不得不下定决心在他们所住公寓的一个房间里为母亲布置一个根本已经荡然无存的环境,其实就是重构并维系那个在过去是克里斯蒂娜精神支柱的东柏林的时空体性。《再见,列宁》这部影片的初衷,就是要通过阿历克斯为母亲营造伪真现实的虚假性与其如此作为之目的的真挚性之间的反差来表现东柏林,作为一个地域及文化概念上的空间在顷刻之间即不复存在这一历史事实的荒谬性和悲剧性。

这部影片也是采用了讲述小人物故事的叙事方法,其中,母子之间的关系成为表现东德在社会转型及其以不可逆转之势快速融入世界市场经济的过程中究竟缺失了什么有力工具。当时东德的百货商店里几乎一夜之间变得空空如也,紧接着所有的地产货都被品种良多、让人眼花缭乱的来自西德的商品所取代,为此,阿历克斯不得不挖空心思到处去寻找东德时期用来盛放东西的各种瓶瓶罐罐,把全新的西德货装在这些被人当作垃圾扔掉的旧容器里,好在他的母亲面前蒙混过关。为了能像以前一样给母亲庆祝生日,阿历克斯连哄带骗,找来了克里斯蒂娜的几位朋友和她以前的学生,并让这些人穿上民主德国时期的衣服和学校校服。他们围聚在克里斯蒂娜的床前,背诵着事先准备好的颂扬她共产主义崇高精神的贺寿词,吟唱着民主德国时期的歌谣,并向她呈送中规中矩的礼物,以表达他们对她的尊敬和情感。影片就是在用无数个这样的场景来向所有曾经见证过民主德国变迁的人们表呈一个被他们中的绝大多数所忽略的事实:他们所属的群体及其传统已然消失,不管这些传统是不是已然腐化不堪、跟不上时代的步伐。

影片中,商品文化的诱惑是通过一段爱情故事浸染到阿历克斯的家中以及他的家人身上的,即阿历克斯的姐姐阿丽娅娜找了个西德的男朋友。这种安排同电影《二嫫》几乎如出一辙。阿丽娅娜放弃了自己经济学方面的学业,开始在汉堡王快餐店打工。当阿丽娅娜和她来自西德的新男友迫不及待地要去享受物质化的、崇尚消费主义的生活时,她开始失去了对阿历克斯各种隐瞒母亲实情计划的耐心,也不愿履行其应尽的赡养母亲的责任义务。影片通过对这些关系的描述,展现出阿历克斯拼尽全力维护的合作精神、社会责任感、集体价值观等旧有观念体系与日渐强势并逐步居于主导地位的资本主义文化之间的差异与不相容。随着时间的推移,当民主德国的货币被德意志马克所取代,以至于克里斯蒂娜多年攒藏的积蓄变得一文不值,整个家庭都因此陷入经济危机、入不敷出,这给努力营造虚拟现实的阿历克斯当头一棒。影片通过对阿历克斯邻居们日常生活的改变来表现全球化经济给民主德国的百姓带来的影响:他们纷纷抱怨失业,没有了以往的社会福利;许多原先是社会中坚力量的人失去了昔日的光环,比如阿历克斯的偶像,曾经的著名宇航员西格蒙德·雅恩[①],现在只是一名开着"一辆破旧不堪、臭气熏天的拉达牌汽车"的出租车司机。

由于克里斯蒂娜屋外发生了翻天覆地的变化,故而她对外面真实世界的"清醒意识"也终究是不可规避的。在无意间透过她卧室的窗户看见了外面正在翻拉悬挂的可口可乐的大幅海报之后,她找机会偷偷溜出了家门,随即便感受到了去疆域化的强烈冲击。影片通过动态合成和镜头的细微移动等电影表现手法夸张地对东

---

① 西格蒙德·维尔纳·保罗·雅恩(德语:Sigmund Werner Paul Jähn,1937 年生人),德意志民主共和国空军少将。因德意志民主共和国参加了由苏联主导的"国际宇宙计划(俄语:ИнтерКосмос)",由此成为德国第一位航天员。——译者注

柏林当时崭新的全球化时空体性进行追焦拍摄:巨幅海报上是穿着性感内衣的大出真人好几倍的模特写真,熙攘的街道上满眼都是穿着打扮入时的女性和款式新潮的小汽车。故事情节在一组视觉上最为戏剧化的镜头中达到顶峰,这组镜头恰是印证了本片的片名:直升机悬吊着巨大的列宁半身像从半空中缓缓飞过。围着克里斯蒂娜环拍的摄像机营造出令人眩晕的视觉效果,随着此时背景音乐逐渐进入高潮部分,列宁的半身像也慢慢消失在夕阳的余晖之中。

尽管这次外出的疑惑和不解被阿历克斯巧妙的解释暂时蒙混过去,但克里斯蒂娜最终还是与世长辞:在这个全新的世界里,似乎找不到她可以继续生存的一席之地。恰与此同时,影片向我们展示阿历克斯有着愈来愈强烈的意识觉醒和适应性,这些都意味着阿历克斯毫无疑问在经历转变。通过串引全片故事情节叙述的画外音,阿历克斯表达了他对那个自己感到无比亲切熟悉(本地化)的文化环境的消失深觉无奈和憎恨,对取而代之充斥着诱惑的新鲜事物和消费主义至上的肤浅感到深恶痛绝。然而,在他所居住的城市大门洞开,迎向全球化大潮的同时,他也感受到了前所未有的自由。影片通过一系列的镜头烘托出从原先闭塞停滞的文化环境中走出的与世隔绝的社会重新获得的欣喜与兴奋,而这种欣喜对于当时的年轻人来说尤为甚。阿历克斯骑着他的摩托车飞驰在此前根本无法靠近的地方,陶醉于他所看到的和感受到的现代都市文化。他爱上了医院里照顾他母亲的护士劳拉,并和她一起探寻着因政治变革他们才得以接触得到的欲望之地:他们用新的文化传递方式来共筑梦想、体验生活。阿历克斯同来自西德的一位学电影的学生之间的友谊让他得以领略到媒体制作的无限可能性。正如他在画外音中评述的那样,"我们有一种站在整个世界中心的感觉,在这里,事物终于开始了变化……我们也跟着开始变化"。与电影《二嬷》用对商品的畸形崇拜以及主观意识危机来导向全球化空间的处理手法不同,《再见,列宁》着力呈现的是去疆域化如何可以被等同于一种自由的经历。

《秘密投票》(2001)

导演巴巴克·博雅米的作品《秘密投票》也讲述了一个小故事,一个完全不同于以上两部影片的故事,其中没有任何富有深刻寓意的有关家庭的情节。影片着重探讨的是政治而非经济全球化,片中对"民主"这一概念进行了反思,因为从其原有的全球化背景中迁移到了局部化的地域空间后变得面目全非,令人无法辨认。影片围绕着选举日这天在远离伊朗沿海地区的一个孤岛上发生的事情展开,这个岛就成了争辩民主是如何沿着全球化的轨道传播的舞台。这个岛固有的与众不同之处让上述提及的争辩颇具特性:岛上居民民族众多,语言五花八门,其中包括一些穆斯林和游牧民,他们中的一些人祖祖辈辈都生活在这个岛上;有些居民还在沿用母系社会的农业生产传统;还有一些人是刚到岛上来生活时间不长的邻国居民。[4] 为了展示民主是如何经由国际化渠道而在这个偏远空间里散播的,影片用意识空间来诠释阿尔君·阿帕杜莱提出的民主理念,这种意识空间是一个意识理念的集合体,在不同的地域里,这些意识理念会被赋予不同的全新含义。在影片所营造的地域空间里,西方的民主理念被去疆域化,从某种意义上说就是在欧美主流话语结构中将民主这一概念聚合在一起的"内在连贯性"被"打破"了(《消散的现代性》,36 页)。

在影片的开头部分,一个投票箱从天而降,是被装在一个系着降落伞的板条箱里从一架飞机上空投到岛上的。一个驻扎在附近的士兵找到了这个板条箱,在他捣鼓箱子、想弄明白里面究竟是什么东西的整个过程中,摄像机一直在不间断地拍摄。此后不久,一个穿着伊斯兰妇女传统黑色长袍的女性乘着快艇来到岛上,一上来,她就接管了这一切,包括士兵、士兵的吉普车还有选票箱。由于当天是选举日,她需要士兵和她一道利用这一天的时间去岛上收集尽可能多的选票。由于影片一直没有交代两人的姓名和任何相关的背景,因此在故事的开始,这两个角色被赋予的象征意义就是代表着"选举和武力"之间的争斗摩擦。然而,随着剧情的展开,这两人同岛上居民之间的互动以及两人之间的交往将原先表征的看似再清楚不过的对立关系转化为颇为微妙的相互需要及尊重,是互相的妥协和随机应变。

影片用对大量静止、延续的广角镜头拍摄来构建这个岛的时空体性,通常这些镜头都会长达三分钟左右,用着力彰显的持续、偏远和距离感让观众沉浸在一个凡事皆有自己固定顺序、丝毫不受格林尼治时间支配的无边界域之中。当士兵和选举调查员在整个岛上收集选票的时候,两人遇到的很多人以及部落原住民,他们似乎都是生活在自己的时空体性或者是阿帕杜莱所谓的民族景观之中,包括来岛上度假的城里人、穆斯林和游牧民,以母系为主的农业部落,还有成堆的移民和偷渡者。毫无疑问,这个岛本身就具有多重时空体性,士兵和选举调查员在岛上四处奔走的时候,他们必须要遵照这些人各自固有的,也是源于特定的时空组合体的思维习惯来说话行事。

这个士兵驻守在这岛上的目的是打击走私犯罪,这一使命完全是源于对民族国家的现代化意义建构,即将民族国家定义为一个由边界划定的经济区间。他对岛上每个人的身份来历都心存怀疑,也正是因为这个岛远离那个民族国家的沿海地区而备受争议。同样,这个选举调查员到岛上收集选票的做法也是出自维护现代化国家的政治理念以及履行民主实践的考虑,于岛上的居民而言,意义甚微。可是,这位监督员身着的传统服饰和她在沿途对待所见妇女的真挚的、姐妹般情感,于潜移默化之中改变着她与她们之间原本应该有的关系模式。在电影的开头部分,也就是这一天的早晨,这位选举调查员照本宣科般机械地讲述着投票的规程及其重大含义。她发表演讲一般地对士兵说,"我要投票;你要投票;每个人都必须投票——官员就是这么选出来的。"一开始,这位选举调查员办事还算顺利,比如她坚持让乘坐一辆卡车来投票的一群妇女每人自己投票,而不是让那个带她们来的男人替她们投票。几名游客也投了票,两人还开车追一个被他们误认作是小偷的人,最后这个人也投了票。

然而,到了午后,她屡屡遭到那些不知道或不关心谁会是"选出来的官员"的人们的拒绝。虽然选票收集遇到重重困难,但是这位选举调查员还是想尽办法劝说着居住在岛上的形形色色的居民,与此同时,她的执着行为获得了那位把岛上的所有人都当作是潜在走私贩来提防的士兵的同情和尊敬。在收集选票的路上,这位选举调查员救了一个被强迫嫁给走私贩的女孩儿,还在一个连男性候选人的照片都不被允许进入的部落里探视了一个刚出生的婴儿。在有个地方,主事的"格兰妮·巴古"不愿意从她一直居住的农场出来见这两人,但是招待两人吃了一顿午饭;在另一个地方,一个只愿意投票给上帝的人用太阳能站的"茶壶"给他们俩煮了茶喝。选举调查员还在孜孜不倦地向大家宣讲民主选举的好处,称这是能解决他们所有问题的途径:"选举可以给当地带来水利系统……如果每个人都投票的话,你们的牲口生意会更兴旺,牲口会少染病的……"在吃了格兰妮·巴古给他们留下的饭菜之后,选举调查员明白了,"投票选举固然十分重要,可是……格兰妮·巴古她就是这里的政府。她根本不需要什么代表。"同样的,当太阳能站的那位老人高呼"上帝是我的候选人"的时候,她也收下了老人的选票。之所以这样,并不是说这位选举调查员放弃了自己的使命,而是她对岛上居民的多样性及其固有生活节奏有了一定的了解,继而她对民主实践的认识也从简单的收集选票过渡到接受岛上居民各自对民主实践的看法和做法。

影片是按情节先后顺序一步步展开的,但是贯穿始终的主线是选举调查员和保护她的士兵之间不断变换的关系。最初两人要尽可能寻找选民的努力凸显出两人间关系的象征含义:他们开车追赶一个看见军队的吉普车朝自己驶来就下意识地逃跑的人,追上后士兵还和那个逃跑的人扭打在一起。随后,当选举调查员指责士兵不该老拿着枪威吓选民时,士兵反驳道:"幸亏有我的枪在保护你!谁知道你这投票箱里藏的是什么",然后他下了车,扬长而去。女调查员被逼无奈,只好开车跟在士兵后面,承认自己需要他的帮助和保护。但是后来,这名士兵也慢慢地热心于收集每一张可能的选票,并不惜强征了一条小船,亲自摇船送调查员到离岸不远的一条渔船上收取选票。在收完选票士兵又摇船回岸时,我们发现船上又多了一名乘客,就是他们刚刚救下的从包办婚姻中逃跑的女孩儿。在送女孩儿回家的路上,调查员和士兵争论不该把投票的最小年龄(16岁)与可以结婚的年龄(12岁)分而定之,言语之间两人仿若为人父母一般。

随着这一天时间的慢慢展开,士兵对这位调查员和她的这项工作越来越关心,尽管他对"你为之收集选票的这种政体模式"仍旧心存疑虑。当调查员担心她可能已经误了来岛上接她走的船只的时候,还是士兵提醒她忘了收他的选票。士兵在选票上写上了这位女调查员的名字,他主动投票的举动很好地说明了这一整天在为收集选票而在岛上奔波的经历使得他接受了某种杂合形式的民主,这种民主主张选举是一种基于个体间相异的动机和欲望的本地化的个人行为。故而,虽然影片开始部分的情节处处表征着"自上而下的民主"的荒谬性,其后的剧情发展也就成了对于本地化作为一股势力,如何在国家甚至跨国际的大环境中谋得一席之地以及由此而生的弹适性的探讨。

多维化时空体性 杂合纷呈的可能性

在这个部分,我们将要探讨电影是如何通过视听呈现手法用讲述小故事的方式来扩延在叙事层面对于表呈全球化至关重要的深层次含义的。上述三部影片都是使用声音和图像来指征多维化的时间—空间聚合体。从受众的层面看,这些声像因素强化了观众观影时的经受感,增加了新时空体性的冲撞造成的断裂以及主观意识危机的戏剧性。从另外的角度来看,这些因素还突出了新旧时空体性的共存,旧有形式的延存恰恰暗示着形成杂合体的可能性。这些电影的制作者就是用这种方式来挑战主流的全球化表呈方式,不管是经济全球化还是政治全球化,都不能用线性的、单向维度的叙事手法加以呈现。不仅如此,通过片中人物角色所表现出的对多时空体性的学习和适应,这几部影片还提出了有关全球化的崭新观点看法。每部影片都在不同程度上表明,全球化的涌动大潮也可以衍生出不同的历史、相异的路径以及混杂的复合形态,在朝向全球单一文化不可逆转的进程中,它们都发挥着各自的牵制作用。

正如我们所看到的那样,这三部影片都是先设立一种时空体性,随后却因新势力的涌入而受到扰断。在影片《秘密投票》中,似乎时间都定格住小岛被空投下一个装着投票箱的板条箱打破了其固有的宁静。飞机巨大的轰隆声,与小岛的原始静谧格格不入的现代化机械的强大力量,其惊人的速度和震耳欲聋的声音,其飞行激起的大风,保证箱子能够安稳降落的(经过数字化处理的)降落伞无不从声像叠加的层面凸显出多维时空体性的特征。同样,影片《再见,列宁》中柏林墙的倒塌给阿历克斯和他的邻居们带来了那么多的新景象和新声音,彻底地扰乱了民主德国原先封闭的社会体系。片中被推倒的列宁半身像在东柏林上空回旋的镜头是表征一种社会制度和生活方式被完全颠覆的最强有力的视觉喻指。还有,在影片《二嬷》中,二嬷与那个古老守旧的,乡土气息浓重的,尚处于前工业化时期(也是前社会主义时期)的时空体性之间千丝万缕的联系通过多种方式得以呈现,但是最令人印象深刻的还当属她传统的叫卖方式,"卖麻花 面嘞——,卖麻花 面嘞——"。这个叫卖声成了整部影片音乐谱曲的主题,反复出现,在故事发展的所有重要环节都会响起这个声音,成了二嬷在融入全球化经济过程中的不和谐音调。

影片还向观众展示了在经济及政治全球化的进程中多维暂时性相互叠加及影响的程度。在《秘密投票》中,那位选举调查员本人就是个体化多维时空体性的载体,作为现代化民主的一个代表,她却把自己从头到脚都严严实实地包裹在伊斯兰妇女传统的黑色长袍里面。显然,影片就是要用这种特性化角色来挑战西方的传统化模式,与此同时,也体现出这块黑色长袍在岛上居民的心目中发挥着怎样的认同感和归属感的作用,有了它,调查员才得以与岛上形形色色的居民打交道。电影还精妙地表现出黑色长袍给这位在一天里要不停奔波的投票调查员带来了不小的麻烦,她老是得整理被风刮得到处飘散的长袍袍身。这种给人造成不便的视觉表征恰恰凸显出黑色长袍同与民主密切关联的现代性之间共存的不易之处,同时,也有力地彰显出在一个多维时空体性的界域之中留存传统的延续性和集体归属性,而在这个多维界域中,往往就是女性会遭遇不便、遇到障碍。

《二嬷》和《再见,列宁》两部影片都利用多维的媒体景观来着力刻画多维时空体性的附加层级。《二嬷》一片中多次出现十分安静的合成画面——比如,用宽镜头拍摄的坐在小山顶古老石块上俯瞰整个村子的两位老年妇女以及宽镜头外景夜拍的整个村子沐浴在月光中,连时间仿佛都静止一般——与县城景象,尤其是百货商店里看电视看得入迷的那些人的被动消极形成强烈反差。接着,影片运用"帧内帧"①这种颇具震撼力的表现手法来同时传递能够引发全新的全球化情感意识的多维感官认知。通过片中几个从电视机的角度来拍摄的镜头,我们这些外国观众能够得以仔细观察片中的那些中国农民,而镜头中的他们也满心畏惧、疑惑不解地通过电视上一连串意在激发受众物质个人主义、生活放荡不羁和自我放纵消沉源自"西方"文化的图像在盯着"我们"看。在那个还无法通过电视将自己的文化向外传播的年代(1994年),中国的农民只能是外来景观和文化流派的接收者,尽管这些脱离了其自身文化背景的景观及流派看起来很怪异,有时甚至是暗藏危险。这

---

① 原文此处是"frame within frame",该词源于摄影技巧中的"framing",表示应用图像元素构架图像层次和结构,是构图技巧的一种。帧内帧的做法能够突显出图像的深浅对比。——译者注

些断裂的镜头或影像正是在提醒我们,对于受众而言,多维时空体性完全可以超越电影的空间域向,或者从更大的范围来说,不受媒体的界域所规限。正如斯坦姆所形容的那样,"(电影)的制作是在一个时空集合体内完成的,它所表现的是另一个(叙事性的)时空集合体,它的接收则又是在一个相异的时空机体(比如剧院、家庭、教室)内实现的"(斯坦姆,37页)。

在由电视机所表征的媒体景观的冲撞之下,二嫫震惊不已、无所适从,而阿历克斯却能够利用自己制造的东西来适应并融入媒体景观之中。虽然两部影片都意在警告人们媒体社会的种种危害,但是影片《再见,列宁》之中却将对于二嫫来说只是个潜在暗示的东西加以引申:自制媒体的无限可能。在影片《二嫫》中,电视机成了探寻多维文化观念的有力工具,而在《再见,列宁》这部影片中,帧内帧的使用使得影片不单单是能够表现出全球化媒体景观如何传播消费者文化,还能描绘出媒体,或者精确地说新的报道方式是怎样做到建构、解构以及虚构历史的。我们从影片中可以看出,这种手法最先是用于那些用来舆论宣传的东西,也就是阿历克斯用旧的镜头片段攒出新闻报道,来让克里斯蒂娜相信东德依旧实行的是共产主义这个善意的谎言,由此,新闻报道不是用来舆论宣传,而是被用来重构、虚构事实。在阿历克斯制作的一段虚构新闻中,他说服昔日的航天英雄、如今的潦倒的出租司机西格蒙德·雅恩来充当新闻解说员,描绘着大批的西德居民纷纷涌入东柏林,以逃避西德盛行的空虚颓废的毒品亚文化①。阿历克斯借着这个机会将历史虚构成自己的所需所想,建造出一种乌托邦式的时空体性,其中两种社会体制中最好的部分以一种糅合的形态存在,营造出一个更为开放、更加包容的理想现实,在这里,社会主义的国际主义及人道主义价值观超越了西方社会所尊崇的个人主义和物质主义观念。正如一位扮演崭新的(假想的)统一德国领导人的演员所说的那样:"社会主义不是要把自己武装、封闭起来。社会主义是要走向他人,并与他们共生共存。社会主义绝不仅仅是怀揣着对美好世界的幻想,而是要将梦想变为现实。并不是所有人都(醉心于)权力之争,也不是每个人都(崇尚)无休无止的消费主义。不是人人都会陷入没完没了明争暗斗的深渊。"

影片在此可谓是埋下伏笔,既彰显出景象足以建构历史的强大力量,也表明如若利用媒体来提高人们对这些虚构历史的警觉也可以对之予以抵制。影片为了强

---

① 原文此处是"drug culture",指毒品亚文化,或者译为吸毒亚文化,是美国影响深远的嬉皮士颓废派运动时期,大量的吸毒者特别是青少年吸毒者在美国出现,随之在整个西方国家出现,随之产生了一种与主流文化相对立又并存的亚文化形式,这便是毒品亚文化或称吸毒亚文化。这种亚文化包括一定的社会风尚成分,或者干脆说,有一种视吸毒为荣、崇尚吸毒的道德风尚。正是这种风尚腐蚀着人们的灵魂,破坏着整个社会的道德风尚。——译者注

调对所讲述事件的精准再现,使用了大量的原始录像资料和精确的景象重构。由此,影片打造出纪录片影像资料同电影虚构镜头相融合的复合信息空间。[5] 影片中阿历克斯颇具讽刺意味的滔滔不绝的评论公然地挑战着官方对两德统一的媒体报道,这种报道就是要肯定资本主义化大趋势不可逆转。通过这种方式,对于历史的多维化、相异性呈现,而且有时这种呈现仅在一个镜头中体现出来,在时不时地激发着观众去探究所谓纪录影像的认知可信度,以及这些纪录影像所要彰显的意识形态路径。[6]

在全球电影生态圈中构建批判性观众

在全球化的媒体环境之中,影片的接收最先是受到发行和市场推广的影响,这种影响力源于那些组织全球化电影市场的人们。本文所涉及的三部影片最初都是打算走国际化路线,但是其整个的制作过程几乎都是在所谓的"国际好莱坞"这个主流商业片核心圈之外完成的,要知道这个核心圈只垂青那些看来能够吸引更多观众、能获得高票房收入的大制作影片。另一个影响其国际化路线的因素(从商业的角度来说)就是,这三部影片的叙事结构和戏剧张力都在挑战着商业片的极限:《二嫫》和《秘密投票》中意味深长的慢节奏推进以及颇为压抑收敛的表演风格,《再见,列宁》片中充斥着对历史的细节性描述和不厌其烦地对历史进行探寻。[7]

故而,虽然获得了广泛的媒体赞誉并在多个有威望的电影节上斩获大奖,但无论是《二嫫》还是《秘密投票》,既没能从预售票额度以及高昂的市场化推广中受益,也没能争取到在好莱坞的影院剧场同步上映的机会。然而,尽管没能在美国的商业化剧院大规模上映,两部影片也都做到了通过别的发行渠道(像美国的众议院、博物馆、大学或地方性的节日),或者是录像/DVD 租借市场同美国观众见面。

卢和切科指出,《二嫫》的导演周晓文之所以将影片的发生场景设置在中国的农村,有悖于此前影片惯有的围绕城市拍摄的主题旋律,就是因为在周导演看来,有着浓郁中国特色的中国电影才更能吸引外国观众(91页)。事实上《二嫫》这部影片正是周晓文导演拍摄的第一部得以在美国发行上映的影片。[8] 目前,影片《二嫫》主要是以影像资料的方式存在,在这个在线观看盛行的年代里,无疑会影响其在美国的发行量。然而,通过网络对其进行搜索,我们不难发现这部影片在大学课堂里享有很高的播放频率,影片也因此成为研究中国如何接纳经济全球化以及职业女性在社会上扮演何种角色的有效文本。[9]

与主要是本土化运作的《二嫫》形成鲜明对比的是影片《秘密投票》,此片充分利用了业已成形的跨国电影制作网络体系来为其寻求资金支持和发行运作,来自意大利、伊朗、加拿大和瑞士的国有化制作公司都参与到了这部影片的制作和发行过程中来。¹⁰在"多伦多电影节"高调亮相之后，索尼经典影片公司接管了影片的发行权，并将《秘密投票》灌录成DVD模式，在全美以及全世界（除伊朗之外，伊朗禁止播放所有博雅米的影片）大量发行销售。该影片还荣耀地成为2012年"人权观察国际电影节"的参展影片，并于当年被"政治电影协会"评选为年度最佳影片之一。影片一经上映，就在互联网上激起了一系列的争辩，参与争辩的主要是散居在海外的伊朗人，他们一面称赞电影的艺术成就，一面评判影片所呈现的有关伊朗政治的相关信息。¹¹

虽然有着显而易见的期待更大的商业成功的预估（因为影片的内容是有关欧洲的，节奏较快，以年轻人为主要表现对象以及讲述了让人感觉亲近的家庭故事），但是《再见，列宁》却难逃一开始就被国有资产控股的制作公司拒绝为其提供资金支持的厄运，原因就是影片的主题被认为在文化上太过针对德国而对更大范围的（比如美国）观众缺乏吸引力（罗曼，13页）。¹²随后，美国媒体上的影评指出对于美国观众而言，这部影片内容太复杂，"对于共产主义太温和"，根本无法迎合美国观众的口味（梅沙，第7页）。这些评论有失公允。其后来在国际电影节上获得的巨大成功表明这部电影非但是超越了艺术影片的禁锢，还是矢志不渝走"艺术电影"之路的电影制作人巧妙运用主流市场运作技巧和国际化运作网络从而成功打破"国际化好莱坞"制作模式的典范之作。影片的成功在很大程度上要归功于致力于"为更多的观众制作严肃艺术影片"的德国独立电影公司"X影业公司"所选取的创新模式。¹³事实证明，《再见，列宁》在美国的票房收入不菲。¹⁴虽然美国的电影市场对这部影片的主要宣传点是围绕母子情深展开，但是据一份非官方的观众评论调查显示，影片在美国观众中还是引发了有关政治／历史等主题的争辩与讨论。

《再见，列宁》还在互联网上激发了大规模的公众评论，证明了因为一部电影就可以构建跨国社团群体的可能性。网络上涌现出了许多网站，网友们可以在其中就电影所表达的政治含义以及其对历史再现的精准度畅所欲言。来自柏林墙两端的观众互相交流自己的经历以及对两德统一的感想反应，而这恰恰是在主流的、只注重表现资本主义"自由和民主"取得胜利后的欢呼雀跃的叙事架构中是不被允许的。¹⁵

事实上，作为一个单一维度的，朝向自由市场、繁荣兴旺以及消费与欲望实为密不可分整体的全球化主流叙事架构已现颓势的现状不辩自明。导致其走下坡路的原因，既有将其作为一种政策在国际金融机构中传播这一举措的失败，也有日益处于上升地位的跨国社会流动与其形成激烈竞争的态势所逼。我们尚且不能断定在这个过程中，我们所谈到的这三部影片是不是发挥了某种特定的作用。但是，我们的确证明了这些影片都是一个更大范围的，囊括了关键性的针对经济和文化全球化的观念通过新型的电影制作、发行和接收模式不断转变的理念整体的一部分。这样一来的结果就是它们催生了一个不断更新的媒介景观,用阿帕杜莱的话说就是,衍生了崭新的理想模式,当这种模式"成为更多的人所共有的,就将成为行动的能量源泉"(《消散的现代性》,第7页)。

注释

1. 最近,詹姆森对这一点的表述稍有不同,认为去殖民化在人类历史上引发了前所未有的他者的集中出现……正是去殖民化的这种爆发性才一扫(此前)恰当的层级划分,并使我不得不面对各种各样、我还被要求要平等待之的他者……但在此文中,我们所要关注的是与布尔什维主义的自我经历有关的认可,因为正是这些无数他者的蔓延才得以让我体会到一些微小的、缺乏连贯性的自我本质经验的存在,这些独特的生命经历或命运安排我会称之为特权……("暂时性",709—710页)

2. 有关"认知地图"这个概念是如何衍生而来及其理论可行性的深入讨论,可以参照艾尔和布查南的作品。也可参考科林·麦克凯比为詹姆森作的序言,《地缘政治美学》,其中麦克凯比写道,认知地图可以成为"我们将如何开始区分何为本土何为国际的范本。它为连通最为切近的本土化———一个穿越世界的特殊路径———同最国际化的——我们如今生活的这个星球最明显的特征提供了一条可行性途径"(xiv)。

3. 卢和切科认为《王朝恩怨》是当时的中国国家领导人邓小平非常喜欢看的一部电视剧。

4. 《秘密投票》这部影片是在被誉为中东地区一个"自由贸易区"的名叫基什的小岛上拍摄的,这个小岛同时具有民族性和世界性。片中没有直接拍摄许多位于岛上的五星级酒店和豪华赌场,因此片中的基什小岛并不是其真正的样子,而是展现出电影制作者需要的为电影打造的样子。想更多地了解基什岛,请参考马蒂·玛佩斯对导演博雅米的采访,http://www.moviehabit.com/essays/payami02.shtml。

5. 很多前东德的观众都盛赞这部影片,认为影片精准地刻画出他们当年的经历。参见华莱士。

6. 从另一个层面来看,阿历克斯对历史影像资料的"混搭"也可以被视为当下流行的"文化抑制"的范例。他对制式媒体影像文本的重组和重构是一种由"下面"作者制造的历史形态,此处自助媒体行为也失去了其神秘的面纱,这一切都与国际上盛行的反对全球化的运动交相辉映,这些运动包括委内瑞拉的玻利维亚主义运动,墨西哥的萨帕塔主义运动,特别是国际上大为流行的反对世贸组织政策的运动。这是影片如何运用叙述的以及美学的方略来将观众置身于一个全球化的、大都市的环境文本之中,并以此来引发对居于主导地位的,针对经济全球化,尤其是欧洲的经济一体化的新自由主义路径的认真审视的例证。

7. 比如,在随附的DVD影评中,导演沃尔夫冈·贝克说道,他因在电影的开头部分加入了过多的历史背景信息而受到指责,因为这样一来,按照好莱坞的标准,就会推迟影片的首个剧情点在片中的出现时间。按照惯常的观影思维来说,观众不会愿意等很久才看到"故事"。

8. 他的第二部影片《秦颂》(1996)被认为是中国电影历史上投入最高的一部电影,很快就被福克斯公司抢到了发行权。

9. 很重要的一点就是,在距离电影首发10年之后,这部影片仍在上映。2006年,该片在纽约市的林肯中心再映,《纽约时报》对此进行了报道评论,同年,该片还在埃塞克斯白喉带鹀博物馆上映。

10. 从电影制作的角度来说,这部影片的制作方式是由其面向全球化的定位决定的。美国的声音设计师迈克尔·格莱素曾被博雅米要求制作一个融合伊朗音乐旋律和音域以及格莱素特长小提琴的"声音感触器"。博雅米曾经表示,他"非但不想要从商业化角度被称作是'世界音乐'的东西,还要避免"专门为电影制作的具有民族特性的音乐"(参见阿卡拉米的采访;考夫曼的采访)。另一个声音设计师是同数字化"环绕杜比科技"合作的,这是此种技术首次用于伊朗电影之中。博雅米还将影片送到意大利的一个电影制作中心进行后期制作,为的就是充分利用在伊朗本土无法实现的现代音效科技成果。后期制作使得博雅米能为影片添加数字化效果,包括在影片的开头装着投票箱的大木箱从天而降的镜头(阿卡拉米的采访)。

11. 根据 iranian.com 网站上的一篇简评可以知道这部影片在多国合拍片范畴中所遭遇的尴尬境地。有位观众就认为这部影片"枯燥乏味""不知所云",这种感觉主要是因为影片的慢节奏和长镜头的大量使用(I. X.)。

有关"选票和枪支"的比对中还出现了这样一种解读:

博雅米此片中的两个角色实为一个处于精神分裂状态的集合体自我的两个极端点的表征,从更为宽泛的角度来说,这两个极端的自我已然在"传统"与"现代性"之间徘徊斗争了很久⋯⋯这名士兵就是被用来确保法律在任何情况下都应作为绝对的统治权威,其地位毋庸置疑,其实施也不应受到任何当政者的阻挠。而那位黑袍裹身的女选举调查员,尽管她的衣着传统,却是被赋予着同士兵截然相反的表征含义:人们对于自己所遵从的法律,可以而且必须有发言权。

12. 颇具讽刺意味的是,欧洲的这些合作基金本来是用于帮助本土电影工业抵御美国化的侵袭,但最终还是用于资助那些被认为有着更多国际影响力的美国电影。

13. 引自本片制片人史蒂芬·阿恩特,他同时还身兼三家剧院的展出者。参见罗曼。当年,影片《罗拉快跑》(1998)作为该公司的第一部在国际市场上引起巨大轰动的影片获得巨大成功之后,公司因拒绝好莱坞制片方的合作请求而震惊整个好莱坞。《再见,列宁》的导演沃尔夫冈·贝克说道:"我们从未想过要进军好莱坞"(《多样性》,第13页)。《罗拉快跑》的成功还让公司偿还了当年政府给予的资金投入,这种情况是不多见的。X影业公司的确曾与华纳经典影片德国公司进行过合作,后者负责公司出品影片在德国本土的发行工作,并有机会参与到公司对影片的制作过程中。

14. 这部影片的全球票房收入高达8000万美元——其中,德国本土的票房收入是4700万美元。在美国,影片的票房收入接近400万美元——对于一部成本只有500万美元的小制作影片来说,能有这样的票房成绩实属不易。

15. 本片的导演沃尔夫冈·贝克始终坚持,他的电影没有任何政治上的倾向性,《再见,列宁》这部影片的背景被置于某些政治及经济全球化的环境之中并不与贝克着力表现民主德国在

1989 年突然消失所产生的文化观念上的影响这一初衷背道而驰。用贝克自己的话说就是,有些西方媒体对电影产生了误解,认为"现在拍这部电影,表明他们想重建以前的社会主义形态",这种揣测是非常愚蠢的。这部影片无关政治,只关乎对那段历史有着共同回忆的人们。没有哪个西德人或美国人体验过自己的日常文化习惯一夜之间不复存在、转而被他者文化所取代的感受。时过境迁,你或许还会想起过往的点点滴滴,会有一种怀旧的思乡情。这种感觉就好比是在一个星光璀璨的夜晚,用吉他弹奏一首哀伤的乐曲,曲虽哀,心却沉浸在美好回忆的愉悦之中。你会不由想起曾在社会主义时期的生活。(参见汤普森的采访)

参考文献

查尔斯·R.阿克兰:《拍摄交通:电影、多元化和全球文化》,杜克大学出版社 2001 年版。

贾姆什德·阿卡拉米:"《秘密投票》中的巴巴克·博雅米",《〈秘密投票〉剪报册》,2006 年 4 月 13 日。

阿尔君·阿帕杜莱:《草根性全球化和研究想象》,阿尔君·阿帕杜莱编:《全球化》,杜克大学出版社 2001 年版。

阿尔君·阿帕杜莱:《消散的现代性:全球化的文化维度》,明尼苏达大学出版社 1996 年版。

蒂诺·巴里奥:《"在世界所有重要市场上的强势存在":好莱坞的全球化》,载格拉艾美·特纳编:《电影文化读者文摘》,鲁特里奇出版社 2002 年版。

阿尔图罗·艾斯克巴尔:《超越第三世界:帝国化的全球性,全球化的殖民性以及反全球化社会运动》,载《第三世界季刊》25.1(2004 年)。

斯图尔特·霍尔:《本地化和全球化:全球化和民族性》,载安东尼·金编:《文化、全球化和世界体系:身份代表的当下环境》,明尼苏达大学出版社 1997 年版。

兰道尔·哈勒:《翻转的德国电影:跨过电影的集合》,载《新德国评论》2002 年第 87 期。

凯伦·艾尔·伊安·布查南编:《有关詹姆森:从后现代主义到全球化》,纽约州立大学出版社 2005 年版。

I. X.:《如此无聊、不知所云,巴巴克·博雅米〈秘密投票〉影评》,载《伊朗人》2002 年 10 月 2 日,网上查询时间:2006 年 8 月 17 日。

弗雷德里克·詹姆森:《暂时性的终结》,载《批判研究》2003 年第 29 期。

——:《地缘政治美学:世界体系中的电影和空间》,印第安纳大学出版社 1995 年版。

——:《后现代主义和消费者社会》,载《文化转向:后现代主义文选 1983—1998》,维尔索出版社 1998 年版。

——:《后现代主义,抑或后资本主义的文化逻辑》,杜克大学出版社 1991 年版。

安东尼·考夫曼:"访谈:当中东与西方交汇;巴巴克·博雅米的全球化《秘密投票》",Indiewire 网站,2002 年 8 月 12 日,网上查询时间:2006 年 4 月 12 日。

萨吉夫·卡格拉姆等:《从圣地亚哥到西雅图》,载《重构世界政治:跨国社会运动,体系网络和准则》,明尼苏达大学出版社 2002 年版。

大卫·李:《如果我们不止步会变成什么样?二嬷的中国和全球化的尽头》,载《比较文学》

2001 年第 4 期。

谢尔顿·卢、安妮·T. 切科:《中国,跨国的可视性和全球化的后现代性》,斯坦福大学出版社 2001 年版。

科林·麦克凯比:《简介》,载弗雷德里克·詹姆森:《地缘政治美学:世界体系中的电影和空间》,印第安纳大学出版社 1995 年版。

梅沙编:《奥兹经由科瑞克斯的抱怨迈向"列宁";你好,"再见"》,载《多样性》2004 年 7 月 12 日,网上查询时间:2006 年 3 月 2 日。

托比·米勒等:《全球化的好莱坞 2》,加州大学伯克利分校出版社 2005 年版。

奥古斯塔·帕尔默:"周晓文的《秦颂》",Indiewire 网站,网上查询时间:2006 年 4 月 12 日。

莫妮卡·罗曼:《X—影业公司"快跑"追赶独立》,载《多样性》1999 年 3 月 22 日,网上查询时间:2006 年 3 月 2 日。

保尔·鲁特里奇:《抑制并重塑毁坏性的发展:社会运动和全球化的网络体系》,载 R. J. 约翰逊、皮特·J. 泰勒和迈克尔·J. 瓦茨编:《全球变化的蓝图:对世界的重新标定》,布莱克威尔出版社 2002 年版。

梅蒂·M. 瑟玛缇、帕蒂·J. 索提伦:《好莱坞的跨国魅力:霸权和民主潜力?》,载《流行电影电视杂志》1999 年冬季刊。

西莫娜·福玛·沙皮罗:《文化之贼》,载《新规则工程杂志》,网上查询时间:2007 年 1 月 14 日。

罗伯特·斯坦姆:《第三电影之外:混搭的美学》,载安东尼·谷内拉特内、威玛尔·迪萨纳亚克编:《对第三电影的再思考》,鲁特里奇出版社 2003 年版。

唐小兵:《新中国电影中农村妇女和社会的转变》,载《东亚文化评论》2003 年冬季刊。

帕特里西亚·汤普森:"《再见,列宁》,你好,沃尔夫冈"(访谈),Indiewire 网站,网上查询时间:2006 年 2 月 16 日。

安涛拉·童加:《传统与现代性》,载《伊朗人》2002 年 10 月 8 日,网上查询时间:2006 年 8 月 17 日。

查尔斯·P. 华莱士:《永远耸立的柏林墙》,载《国际时代》2003 年 4 月 28 日。

保尔·威利曼:《第三电影的问题所在:记录及反思》,载吉姆·派恩斯、保尔·威利曼编:《第三电影的问题所在》,BFI 出版社 1990 年版。

[作者简介:芈岚,北京第二外国语学院英语学院副教授,研究方向为英语文学、影视研究。]

英语世界的胡适研究＊
——以北美博士论文为例

郑 澈

引言

"五四"以降，胡适一直是备受国内关注的现代历史人物之一，以胡适为主题的研究成果汗牛充栋。同时国内一些研究者也关注到了英语世界胡适的研究成果，还有一些博士论文的文献综述部分也提及了英语世界的胡适研究。比较集中地介绍美国研究胡适博士论文的是周原元的《试析美国的五四运动研究——以博士论文为考察中心》一文。该文介绍了几部关于胡适的美国博士论文。但是这篇文章是以五四运动研究为中心，虽然提及了一些关于胡适的博士论文，并没有以之为中心进行分析和探讨。此外该论文也存在一些翻译和理解方面的错误。①

英语世界关涉胡适是从1910年胡适作为庚款留学生到美国读书开始的，至今有一百多年的历史了。胡适因学习、工作出国九次，在英语世界居留的时间长达26年。在英美，胡适成为中国文化的代表，他的活动和言论获得了主流媒体的关注和报道。胡适英文著述多达几百万字，发表并留存到目前的有2500页。自20世纪二三十年代起，英语世界就出现了零星的胡适传记和研究著作。五六十年代以来，与胡适相关的研究开始大量出现：英语世界的研究者或在有关中国文学、哲学、史学、教育、外交、宗教等方面的著作中辟专章，或者发表学术论文进行对胡适

＊ 原文载于《中外文化与文论》2013年第5期。
① 在介绍塞西尔·多克赛（Cecile Bahn Dockser）的博士论文时，将论文题目译作：《杜威和中国的五四运动：杜威的社会政治哲学在中国的遭遇》但实际上这篇论文的题目应该是《杜威和中国的五四运动：杜威的社会、政治哲学与他的中国之行的关系（1919－1921）》，因为从周原元翻译的题目来看，该论文似乎侧重的是杜威的社会政治哲学在中国的传播及其影响等内容，但实际上该论文主要关注的是杜威的社会、政治哲学与他这个时期与中国的接触之间的关系。所以译作第二个题目似乎更为恰当。该论文的作者从几个不同的层面分析了杜威思想与中国的关系：杜威为美国杂志所写的文章；杜威的私人通信；杜威所做的关于社会和政治哲学的演讲；杜威的两个学生胡适与陶行知和杜威思想的关系（周原元将胡适和陶行知译作"杜威两个校友"明显是错误的）等；西方学者围绕杜威的理论与中国的关系，以及五四运动是否是杜威哲学的检验等方面的争论等。

的研究,自 1963 年起,胡适成为众多博士论文的研究对象。

如果我们将美国以胡适为研究对象的博士论文成果与目前国内外对此所作的了解相对比,我们会发现:国内关注的研究成果多为 20 世纪六七十年代,对 20 世纪 90 年代以来的最新成果没有及时跟踪和利用;所参考的多为中文译本,不能排除误译的可能性。

因此本文拟对 1963－2010 年北美研究胡适的博士论文进行全面和系统的介绍。除了其中的一小部分国内有翻译介绍外,其余的大部分论文都是在国内首次翻译和介绍。此外本论文通过北美的博士论文研究这一角度,有助于国内的胡适研究者了解英语世界胡适研究的历史和现状、发展和变化以及侧重和趋势。

一、胡适的生平、思想研究

贾祖麟(Jerome Bailey Griede 也译为格里德)的博士论文《胡适与自由主义：中国学术革命中的一章(1917－1930)》[①]是英语世界最早关于胡适的博士论文。

该文对胡适自由主义思想进行了研究。后来作者对博士论文进行了进一步的修改,参照了新的材料(如李敖 1964 年出版的《胡适评传》等),于 1970 年由哈佛大学出版社出版了 *Hu Shih and the Chinese Renaissance: Liberalism in the Chinese Revolution*,1917—1937 一书,后来又于 1999 年和 2001 年再版。到目前有两个中译本:一个是由鲁奇翻译的《胡适与中国的文艺复兴:中国革命中的自由主义(1917—1937)》,是刘东主编的"海外中国研究丛书"中的一本,由江苏人民出版社出版。这个译本出了三版,1989,1993 和 2010 年版。另一个是张振玉 1992 年翻译的《胡适之评传》。

这是胡适研究方面的第一部力作,1970 年作为专著出版后,出现了大量书评,如大卫·罗伊(David T. Roy)[②]、爱德华·J. M. 罗兹[③](Edward J. M. Rhoads)[④]、查尔斯·帕特里克·菲茨杰拉德[⑤](Charles Patrick FitzGerald)[⑥]、陈·杰尔姆

---

① Grieder, Jerome Bailey. *Hu Shih and Liberalism: A Chapter in the Intellectual Modernization of China*, 1917－1930. Harvard University, 1963.
② Roy, David T.. "Book Review". *The Journal of Asian Studies*, 1971,30(2): 440－442.
③ 作者爱德华·J. M. 罗兹任教于美国德克萨斯大学。
④ Rhoads, Edward J. M. "Book Review". *The American Historical Review*, 1971(76)4 1207－1208.
⑤ 中文名费子智。
⑥ FitzGerald, Charles Patrick. "Book Review". *Pacific Affairs*, 1971, 44(3): 432.

(Jerome Ch'en)①、罗克珊·威特克(Roxane Witke)②、海伦·拉费尔(Helen Raffel)③、帕特里夏·阿勃绕一(Patricia Uberoi)④、飞利浦·A. 库恩(Philip A. Kuhn)⑤等等。该书在中外的胡适研究中被引用得最为频繁,可以说,只要一提到胡适研究,后来的学者几乎都会提及这部著作。

全书是按照时间顺序和地点的转换,与胡适思想中主要思想相交织的方式来组织材料的。作者细读了胡适发表的文章,并对文章的内容进行了分析和评价,主要厘清了胡适思想发展的脉络,并且与周围因素之间的互动,因此作者以胡适为中心,展现了一幅中国20世纪二三十年代的画卷。

除了贾祖麟的博士论文之外,1963年还出现了另外一部博士论文,是由来自台湾的美国纽约大学政府和国际关系专业的范况环(Fan Kuang-Huan)撰写的《胡适思想研究》⑥。全文四部分,共九章,312页。作者在参考文献部分将胡适的西语,主要是英语著作整理,分为五类。此外,作者还将胡适的中文著作按照时间顺序,按照著作、编著和译著、文章等类别,提供了胡适大部分中文著作的韦氏拼音名称和英文译名。这是一份重要的胡适著作在英语世界中的索引。

该论文的第一部分介绍了胡适和他的哲学背景。从文化上讲,胡适属于东西方,他从两个源泉汲取灵感。他熟稔中国古代经典文献,同时他对西方文化也是相当熟悉的。早期的教育,影响了他对生活和宗教的态度。后来,从在美国所受教育中所获得的不可知论、怀疑主义、实验主义和社会思想成为他思想的基础。

论文第二部分试图细查胡适思想的形成和发展过程,包括胡适关于道德、宗教、科学与文明的关系和文学等方面的观点。

论文第三部分试图分析胡适的政治观点。作者认为胡适有着强烈的愿望看到他的同胞享有只有一个民主的政府才能提供的自由。他深切地厌恶任何限制个体自由和思想发展的政治、社会和宗教组织。胡适相信,真正的民主是西方的民主概念——个人主义、言论自由、立宪制。

该论文值得关注的是第四部分:胡适思想的批评。这部分分为两章:来自中国

---

① Ch'en, Jerome. "Book Review". *Bulletin of the School of Oriental and African Studies*, University of London, 1971, 34(3):639—640.
② Roxane Witke, "Book Review". *The China Quarterly*, 1971, 48: 757—759.
③ Raffel, Helen. "Book Review". *Annals of the American Academy of Political and Social Science*, 1971, 395:209—210.
④ Patricia Uberoi. "Book Review". *China Report* 1971 (7): 26.
⑤ Kuhn, Philip A.. "Book Review". *Journal of the American Oriental Society*, 1973, 93(1):88—89.
⑥ Fan, Kuang-Huan. *A Study of Hu Shih's Thought*. New York University, 1963.

大陆的批评和来自西方世界的批评。其中，作者详细介绍了英语界学者对胡适思想的批评，并且引用了很多第一手的材料。

1965 年美国克莱蒙研究大学艾琳·埃贝尔(Irene Eber)完成了博士论文《胡适(1891－1962)：生平和他在现代中国的学术和政治对话中的作用》。① 该文包括六部分：Ⅰ. 早年 1891－1910，Ⅱ. 美国学生时代 1910－1917，Ⅲ. 北京大学老师 1917－1927，Ⅳ. 政治和学术发展 1927－1931，Ⅴ. 美国大使和北大校长 1937－1949，Ⅵ. 晚年 1949－1962，共 421 页。该论文对胡适的生平按时间顺序进行了研究，即在某个时间某个地点胡适的活动，还分主题研究了胡适对于国内和国际问题的观点和看法。这样同时按时间和主题的安排研究既提供了连续性又提供了语境，以便更好地理解胡适对相关问题的看法。作者关注了胡适关于文学、教育、宗教、政治等各个方面的观点。

二、胡适与中国现代化转型

1970 年美国芝加哥大学林毓生(Lin Yusheng)②完成了博士论文《中国意识的危机："五四时期"激烈的反传统主义》③。后来作者对论文进行了进一步修改，于 1979 年由威斯康星大学出版社出版了 The Crisis of Chinese Consciousness: Radical Antitraditionalism in the May Fourth Era④一书。该书由穆善培翻译，贵州人民出版社 1988 年出版。

该书认为全盘性反传统主义是五四时期的显著特色，作者分析了其根源，并指出其历史意义在于揭示中国意识危机的性质和影响。作者对陈独秀、胡适、鲁迅这三个性格、政治和思想倾向截然不同的人物进行了分析，发现他们不约而同地以不同的形式激烈地反传统，但是这种激烈地反传统带来了一系列问题。

1974 年美国密歇根大学周明之(Chou Min-Chih)撰写了博士论文《科学和价值在中国五四：以胡适为个案》⑤。1984 年，周明之又在博士论文的基础上出版了

---

① Eber, Irene. *Hu Shih (1891 － 1962): A Sketch of His Life and His Role in the Intellectual and Political Dialogue of Modern China*. The Claremont Graduate University, 1965.
② 林毓生(1934 年生人)，华裔美国学者，芝加哥大学哲学博士，威斯康星大学历史系教授。
③ Lin Yusheng. *The Crisis of Chinese Consciousness: Iconoclasm in the May Fourth Era*. The University of Chicago, 1970.
④ Lin, Yusheng. *The Crisis of Chinese Consciousness: Radical Antitraditionalism in the May Fourth Era*. Madison, Wisconsin: The University of Wisconsin Press, 1979.
⑤ Chou, Min-Chih Maynard. *Science and Value in May Fourth China: The Case of Hu Shih*. University of Michigan, 1974.

专著 Hu Shih and Intellectual Choice in Modern China①。该书由雷颐于 2005 年翻译为中文《胡适与中国现代知识分子的选择》，由广西师范大学出版社出版。全书分为五篇，十一章，共 245 页。

该书不是胡适的全传，作者采取的是主题性的分析。全书的中心是分析胡适在晚清和民国时代以来的新旧交替与中西激荡的环境之中，所产生的痛苦挣扎和无所适从的疏离感。作者在文中运用了大量的心理学理论分析了胡适的经历、观点和主张。同时作者对胡适在美期间活动和思想的描绘更详细和准确。此外，作者还对比了五四时代的知识分子和维新一代知识分子的异同，将对胡适的分析置于中国近代思想史的大背景当中。

1974 年美国波士顿大学的李景雄（Lee Peter King Hung）的博士论文《中国五四运动中出现的主要学术问题：胡适、李大钊和梁漱溟》②共分为七章，434 页。从第四章开始，分别探讨了胡适、李大钊和梁漱溟在"寻求新的社会秩序""科学和价值之间的张力""中国文化身份问题"等方面的不同看法和主张。

作者在论文开头就指出本论文当中的"五四运动"是指一种思想运动，开始于 1919 年前两三年，一直波及 1923 年。该文并不关注以五四运动为转折点的现代思想史研究，只是关注由三位有代表性的思想家就三个话题所进行的探讨，以及五四运动与中国基督教思想形成的关系。

1997 年美国密歇根大学的博登豪尔·特里·德怀特（Bodenhorn Terry Dwight）在博士论文《笔战：1935 年前后的政治宣传者关于"现代中国"的不断建构》③一文指出在 20 世纪 30 年代，对于现代中国身份，民族主义者、马克思主义者、社会主义者和自由主义者分别提出了彼此相异的看法，并且在中国的中心城市，如上海，北京和南京等竞相争夺公众的注意。该文梳理了这一纷繁复杂的现象，并对四位政治宣传者的著作进行了分析，包括：年青的马克思主义者艾思奇，国民社会党领导人张君劢，国民党御用文人陈立夫和美国教育背景的自由主义者胡适。

---

① Chou, Min-Chih Maynard. *Hu Shih and Intellectual Choice in Modern China*. University of Michigan Press，1984.
② Lee，Peter King Hung. *Key Intellectual Issues Arising from the May Fourth Movement in China：With Particular Reference to Hu Shih，Li Ta-Chao，and Liang Sou-Ming*. Boston University School of Theology，1974.
③ Bodenhorn, Terry Dwight. *Scribes at War：Propagandists and the Contentious Construction of a "Modern China" Circa*. University of Michigan，1997.

三、胡适与杜威

关于胡适的哲学成就,研究者讨论较为集中的是胡适思想与杜威哲学的关系。1974 年美国福特汉姆大学奥耶·芝艾克(Oei Lee Tjiek)的博士论文是《杜威工具论影响下的胡适关于人的哲学》①,共有六章,296 页。该论文由徐秋珍译为中文,于 1977 年由台湾成文出版社有限公司出版。在该文中作者介绍了胡适的教育和政治背景,胡适思想的来源,杜威工具主义对胡适的影响,胡适关于社区和宗教、道德和文明的观点,以及胡适在中国的影响。

1993 年美国威斯康星大学杨成德(Yang Chen-te)的博士论文《胡适、实用主义和中国传统》②是关于胡适(1890—1962)对实用主义解释的研究。该研究表明胡适对实用主义的解读实际上呈现一种思维模式,这种思维模式,与杜威的观点比较起来,更接近中国传统新儒学修身的观点。尽管胡适采纳了一些杜威的观点,诸如对方法而不是绝对价值的强调以及对行动结果的强调等,然而杜威强调的是客观条件所起的作用,他的目的在于控制环境,胡适则更关注个人的观念和性格,对个体的决定对自我改变所起的作用更加感兴趣。作者对胡适的关于科学方法,历史研究,重新评估问题以及研究社会和政治变化的方法作了详细分析,认为杜威和胡适之间的根本差异导致了值得关注的广泛影响。

美国波士顿大学的李莫颖(Li Moying)在博士论文《胡适和他对中国历史的杜威式重构》③中探讨了胡适综合了中国传统历史研究和杜威的哲学观点而创造出一种新的历史研究范式。该文指出在 20 世纪转折的时刻,中国最关心的问题即是它在现代世界中的位置问题。为寻求答案,在 20 世纪的第二个十年成熟的五四这一代人,一方面向内转向他们自己的文化传统,一方面向外转向现代的西方。该论文对这一代人的思想、研究和活动进行了研究,主要追寻了这代人的领导者之一胡适所经历的学术之路,并且分析了他在 1917—1937 年之间出版的思想史方面的著作。

这篇论文的介绍部分是对胡适的学术生平的简要介绍,包括他的三个教育阶段:他早年在家和私塾里所受到的教育,他在上海的高中教育,和他在美国的大学教育。第一、二、三部分讨论了胡适历史理论的三个发展阶段:进化性、世俗性和语

---

① Oei, Lee Tjiek. *Hu Shih's Philosophy of Man as Influenced by John Dewey's Instrumentalism*. Fordham University, 1974.
② Yang, Chen-te. *Hu Shih, Pragmatism, and the Chinese Tradition*. The University of Wisconsin-Madison, 1993.
③ Li, Moying. *Hu Shi and His Deweyan Reconstruction of Chinese History*. Boston University, 1990.

境性,强调了他是如何综合杜威的智慧和中国有用的过去而创造出一种新的历史方法。第四部分"重新认识胡适"总结了胡适是如何通过创造一种新的范式为中国现代学术史作出贡献,同时也考察了囿于时代和杜威理论胡适的局限性。

四、文学

1979年美国博林格林州立大学魏素伦①(Wei Shulun)的博士论文是《胡适关于中国文学革命的修辞话语研究:1915—1920》②。该论文包括六部分:介绍,第一章修辞环境、第二章成就动机、第三章工具主义的革命、第四章分析和评价、总结,共534页。该论文运用了现代修辞批评的理论,分析了概念形成过程,尤其是胡适如何将自己的修辞话语传达给听众,以及在革命性的过程中,他如何使得听众适应他的观点。该论文的结论认为胡适的修辞话语的实质是杜威意义上的"工具"。他的成就在于语言工具的改变。他的逻辑依据是建立在历史进化的力量之上的,根据这一理论,语言和文学是他们所使用的时代的一种功能。他的观点来源可以追溯到儒学、易卜生主义以及达尔文、赫胥黎和杜威。胡适的语篇作用不仅仅局限于语言和文学。胡适在听众当中所引发的语言认知方面的不和谐音,对中国后来的语言符号系统的转型产生了巨大的影响。

1992年美国纽约州立大学毛晨(Mao Chen)的博士论文《阐释学和隐含五四读者:胡适、鲁迅和矛盾》③以胡适、鲁迅和矛盾为例,采用了阐释学的方法来澄清中国作家和读者在中国现代文学的开始阶段所扮演的角色。1997年作者对自己的博士论文进行了修改,以《传统与变化之间:五四文学的阐释学》④为题出版。这项关于五四文学的研究采用了阐释学的方法来澄清中国作家和读者在中国现代文学的开始阶段所扮演的角色。通过采用作为阐释学方法之一的"接受理论",作者展示出了中国现代散文、戏剧和小说中的隐含中国读者是如何起到了至关重要的作用。作者以胡适、鲁迅和矛盾三人为例,追溯了五四文学的发展。与文学现实主义的定义相反,胡适在散文"易卜生主义"中将现实主义定义为一种态度。因此胡适

---

① 译名参考周原元:《试析美国的五四运动研究——以博士论文为考察中心》,《济南大学学报(社会科学版)》2010年第3期。
② Wei, Shulun. *A Study of Hu Shih's Rhetorical Discourses on the Chinese Literary Revolution*:1915—1920. Bowling Green State University,1979.
③ Mao, Chen. *Hermeneutics and the Implied May Fourth Reader*:*A Study of Hu Shih, Lu Xun and Mao Dun*. State University of New York at Stony Brook,1992.
④ Mao, Chen. *Between Tradition and Change*:*The Hermeneutics of May Fourth Literature*. University Press of America,1997.

的散文与其说是一种对易卜生的新的解释，不如说是对中国读者一种进步的吸引。①

1997年美国密歇根大学的李点(Li Dian)在博士论文《在危机中写作：中国现代诗的翻译，体裁和身份》②一文考察了中国现代诗歌发展中的继承和变革以及文化价值和文体形成过程，重点强调了在文化复兴这一大背景中，中国现代诗歌对自身合法地位的不断争取。该文以翻译为切入点，分析了以下内容：不易为人觉察的晚清诗歌的革命，在无韵诗和格律诗之间美学上的两难选择，意识形态的价值减弱了关于小诗和十四行诗形式之间的争论，现代诗人相对于读者和世界的定位，朦胧诗中跨文化的交汇现象。通过分析这些彼此矛盾的选择，该论文对黄遵宪(1848—1905)、胡适(1891—1962)、朱湘(1904—1933)和北岛(1949年生人)等主要的现代诗人进行了深入研究，目的是突显现代诗歌是一种翻译和改写的文本，是一种在危机中的写作。这篇论文是将胡适置于中国现代诗歌的发展历史当中，对胡适现代诗歌的创造实践进行的研究。

1999年美国爱荷华大学余宁平(Yu Ningping)的博士论文《制造的形象：四个中国旅行者和他们关于美国女性的写作》③从文化的大环境来考察在一百多年里，中国人对美国妇女的描述和赞扬始终贯穿在中国自身的现代化进程，尤其贯穿在介绍西方思想、寻求男女平等的追求之中。李圭、胡适、杨刚、王晓鹰四位在美国逗留时间长短不一的中国人，都被作者视为旅行者。由于个人的写作，不论是正式的讲演稿还是随意的杂文游记，抑或私下的日记，都受到了他所生活的文化投射在他身上的深刻影响。作为看不见的审查官，观察者/旅游者自身成长起来的文化直接解释了他的个人写作。在120年的时间里，代表了四代中国人的这四位旅行者的写作反映了中国文化对美国女性的一种连续性观察和对美国文化的接受。从这个意义上来说，他们眼中看到的美国形象是同一文化中"制作出来"的。他们各自对美国女性的观察和认识作为论文作者的四个分析案例，成为作者强调的文化与旅行者写作互动性的有力佐证。作者坚信，写作者们所看到的"美国现象"并非单一地由旅行者旅行彼地时美国确实发生的事情所决定，也并非由他们作为中国人的主观看法所决定。中国人的美国观或者美国形象，是由每一个旅行者的个人背景

---

① Mao, Chen. *Hermeneutics and the Implied May Fourth Reader: A Study of Hu Shih, Lu Xun and Mao Dun*. State University of New York at Stony Brook, 1992.
② Li, Dian. *Writing in Crisis: Translation, Genre, and Identity in Modern Chinese Poetry*. University of Michigan, 1997.
③ Yu, Ningping. *Manufactured Images: Four Chinese Travelers and Their Writing about American Women*. The University of Iowa, 1999.

和社会政治环境的合力所制作出来的。

2007年纽约大学蒋慧(Jiang Hui)的博士论文《从鲁迅到赵树理：中国文学现代性中的政治：故事的谱系》①涉及胡适的主要在第一章"什么是小说的时间：班尼迪克·安德森、鲁迅和胡适之间的对话"。该章考察了五四时期国家和叙事之间的关系。以一种与班尼迪克·安德森(Benedict Anderson)的小说理论对话的方式，作者在胡适的关于短篇小说的理论中读到了一种安德森式的倾向：主要将小说作为民族的同质时间。论文关注了胡适的短篇小说理论，将其置于20世纪早期中国现代文学中所体现出来的政治性这一研究角度之下。

2009年美国哥伦比亚大学海斯·格林伍德·穆尔(Hayes Greenwood Moore)的博士论文《刺破形式：现代中国文学史中的中国诗歌和诗学文化》②一文中全面批判式地考察了在中国遭遇现代性时期，诗歌这一文化机制的转型。在论文中作者分析了在现代中国想象一种新的诗学中所涉及的社会、文化和政治力量。因为需要尽力摆脱中外的诗歌遗产，胡适、闻一多、卞之琳和穆旦等都寻求通过诗歌转换情感和感知的基础。该文探讨了当时的语境如何将新诗铸就成为一个想象领域，如何在其中书写和改变一个模糊和相互抗争的复杂的现代性。

五、关于胡适的批判

1965年出现了一部博士论文，是美国芝加哥大学连战(Lien Chan)的《胡适思想在社会主义中国遭到的批评》③。该论文先将胡适本身的思想还原到他阐述这些思想的历史语境中，然后再详细地介绍当时各种思潮的主张即其相互之间的互动，再加上对胡适思想本身的评价，为对社会主义中国对胡适的批判的介绍做好背景准备。在介绍中国大陆对胡适思想的批判时，引用了大量当时的文献，并且对批判的原因和过程进行了描述。但作者没有对这一批判是对还是错作出明确的判断，只是交代了批判的背景，解释了批判的理论依据和批判的具体内容，作者将对与错的判断留给了读者。

另外一些博士论文是在探讨与胡适同时期的其他历史人物，如周作人、林语堂、陈衡哲、巴金、杜威等提及胡适。这样的博士论文包括：美国威斯康星大学的周

---

① Jiang, Hui. *From Lu Xun to Zhao Shuli*. *The Politics of Recognition in Chinese Literary Modernity*：*A Genealogy of Storytelling*. New York University，2007.
② Moore, Hayes Greenwood. *Transfixing Forms*：*The Culture of Chinese Poetry and Poetics in Modern Chinese Literary History*. Columbia University，2009.
③ Lien, Chan. *The Criticism of Hu-Shih's Thought in Communist China*. The University of Chicago，1965.

昌龙(Chow William Cheong-loong)在《周作人:新文化运动中一个安详的激进分子》①,美国杜克大学的张旭东(Zhang Xudong)的《美学政治:周作人和中国新文化运动的危机(1927—1937)》②,美国加利福尼亚大学的程铁牛(Cheng Tieniu)的《颠覆、创作和互动:陈衡哲研究》③,美国普里斯顿大学的肖·克雷格·萨德勒(Shaw Craig Sadler)的《巴金的梦:〈家〉的抒情性和社会批评》④,哈佛大学的塞西尔·巴恩·多克瑟(Cecile Bahn Dockser)的《杜威和中国的五四运动:杜威的社会和政治哲学和他与中国接触的关系(1919—1921)》⑤,美国弗吉尼亚大学的余小明(Yu Xiao-ming)的《当杜威遭遇现代中国知识分子:以1922年的教育改革为例》⑥,美国俄亥俄州立大学的李余信(Li Yuh-shin)的《杜威和现代中国教育:一种新哲学的期盼》⑦,美国密歇根大学Kuang Qizhang的博士论文《实用主义在中国:杜威的影响》⑧等等。此外,还有一些博士论文在讨论五四运动⑨、现代性⑩、新儒学⑪、新史学⑫等从不同角度论及胡适。

---

① Chow, William Cheong-loong. *Chou Tso-jen: A Serene Radical in the New Culture Movement*. The University of Wisconsin-Madison, 1990.
② Zhang, Xudong. *The Politics of Aestheticization: Zhou Zuoren and the Crisis of the Chinese New Culture (1927—1937)*. Duke University. 1995.
③ Cheng, Tieniu. *Subversion, Creation, and Interaction a Study of Chen Hengzhe*. University of California, Irvine, 2009.
④ Shaw, Craig Sadler. *Ba Jin's Dream: Sentiment and Social Criticism in "Jia"*. Princeton University, 1993.
⑤ Cecile Bahn Dockser. *John Dewey and the May Fourth Movement in China: Dewey's Social and Political Philosophy in Relation to His Encounter with China (1919—1921)*. Harvard University, 1983.
⑥ Yu, Xiao-ming. *The Encounter between John Dewey and the Modern Chinese Intellectuals: The Case of the 1922 Education Reform*. University of Virginia, 1991.
⑦ Li, Yuh-shin. *John Dewey and Modern Chinese Education: Prospects for a New Philosophy*. The Ohio State University, 2000.
⑧ Kuang, Qizhang. *Pragmatism in China: The Deweyan Influence*. Michigan State University, 1994.
⑨ Schwarcz, Vera. *From Renaissance to Revolution: An Internal History of the May Fourth Movement and the Birth of the Chinese Intelligentsa*. Stanford University, 1978.
⑩ Zhang, Wei. *Enlightenment, Hermeneutics as Politics: A Critique of Western Sinology's Representation of Chinese Modernity*. University of Minnesota, 1995.
⑪ Jensen, Lionel Millard. *Manufacturing "Confucianism": Chinese and Western Imaginings in the Making of a Tradition*. University of California, Berkeley. 1992. Lee, Su-san. *Xu Fuguan and New Confucianism in Taiwan (1949—1969): A Cultural History of the Exile Generation*. Brown University, 1998.
⑫ Wang, Qingjia Edward. *Chinese Historians and the West: The Origins of Modern Chinese Historiography*. Syracuse University, 1992.

六、研究特点

通过与国内胡适研究史的比较,我们可以发现英语世界的胡适研究具备以下一些特点。

1. 研究范式与西方学术思潮亦步亦趋

通过细读北美研究胡适的博士论文,我们能够更好地了解每部作品的角度和特点,更清晰地把握这些研究与西方学术思潮的关系。

20世纪五六十年代,海外汉学发生了向中国学的转向——从古代研究,到研究近现代甚至当代:"在研究的侧重点方面,前者以传统中国的历史、语言、文化思想为研究重点,后者则转为以近现代中国研究为主;在研究方法方面,前者多采用考古学、语言学、考据学等实证方法,后者则注意采用政治学、人类学、经济学、社会学等社会科学之理论方法;在研究观念方面,前者多持有西方中心论之观念,以西方的社会进程反观中国社会,后者虽仍带有西方中心论的影子,但已开始将研究观察点立于中国,以中国为中心考察中国的历史发展。"①

这一趋势在中国思想史研究领域主要体现在知识分子思想传记研究模式的兴起和繁荣。研究者们或关注中国知识分子群体,或关注单个知识分子如严复、梁启超、陈独秀、梁漱溟等,出版了一系列相关的思想传记作品,如列文森的《梁启超与中国现代思想》、柯文的《在传统与现代性之间:王韬与晚清改革》、艾恺的《最后的儒家:梁漱溟与中国现代化的两难》、张灏《梁启超与中国思想的过渡(1890—1907)》、史华兹的《寻求富强:严复与西方》、倪德卫的《章学诚的生平及其思想》等等。胡适是这一时期最受关注的中国现代知识分子,1963年就同时出现了两部博士论文对胡适的思想进行研究。这两位研究者列传式地罗列胡适的各种思想及对各种问题的看法,并且注重在具体的历史语境中去理解胡适的文本。

在《自由主义:中国思想现代化中的一章》②,及后来的《胡适与中国的文艺复兴:中国革命中的自由主义(1917—1937)》③中贾祖麟认为胡适的思想和观点主要来源于中国传统和历史,胡适对西方思想的吸收是选择性的,只选择了那些与中国传统相契合的部分。贾祖麟的观点以胡适为中心,认为胡适在思想形成的过程中

---

① 吴原元:《隔绝对峙时期的美国中国学(1949—1972)》,上海辞书出版社2008年版。
② Grieder, Jerome Bailey. *Liberalism*:*A Chapter in the Intellectual Modernization of China*,1917—1930. Harvard University,1963.
③ Grieder, Jerome Bailey. *Hu Shih and Chinese Renaissance*:*Liberalism in the Chinese Revolution*,1917—1937. Cambridge,Mass.:Harvard University Press. 1970.

发挥了自己的能动性。在博士论文《胡适思想研究》①中,范况环认为胡适是一位世纪公民,身受东西方文化的影响,胡适的哲学,既受到传统中国理性主义的影响,又受到现代西方民主与科学哲学的影响。

艾琳·埃贝尔(Irene Eber)在博士论文《胡适(1891—1962):生平和他在现代中国的学术和政治对话中的作用》②的第1页即引用了邓嗣禹、费正清的《中国对西方的反应》③。

美国哈佛大学历史学家费正清于20世纪50年代提出了一种"冲击—回应"模式来解释中国近代史的发展。该模式认为"中国传统社会在经历19世纪中期的西方冲击后,才向近代社会转变,因为长期以来中国社会一直处于一种基本停滞状态,循环往复,缺乏内部动力来突破传统框架的束缚"④。"冲击—回应"模式受到了以保罗·柯文为代表的年轻一代历史学家的质疑,保罗·柯文提出了一种"中国中心观"模式。这两种模式在解读现代中国方面都有局限性。"冲击—回应"模式倾向于过于强调那些反映西方影响的事件,因此忽略了那些没有反映出西方影响的事件。"中国中心"模式提供了社会和经济历史学家所必需的合法性的同时,却增加了中国思想研究的难度。

基于以上对这两种研究模式的介绍中提出的缺点,很多研究者对这两者研究模式进行了综合,以期更好地解释胡适在中国的现代化转型中所起的作用,但作者也承认其中也有中国自身的因素,必须加以考虑的是中国自身有发生改变的倾向,才使得西方对中国产生那么大的冲击。

因此艾琳·埃贝尔(Irene Eber)在论文⑤中提出,现代中国革命不是活跃的西方作用于静止的中国,也不是中国对于西方的反应,而应该看作两种文明的互动。中国革命是在很多可能性中有意识进行的选择,目的在于容纳东西方的不同元素,概言之,是一次兼收并蓄式的转变,不仅在中国,而且世界上也从来没有出现如此大规模的转型。

---

① Fan Kuang-Huan. *A Study of Hu Shih's Thought*. New York University, 1963.
② Eber, Irene. *Hu Shih (1891－1962): A Sketch of His Life and His Role in the Intellectual and Political Dialogue of Modern China* . The Claremont Graduate University, 1965.
③ Ssu-yu Teng and John K. Fairbank, *China's Response to the West: A Documentary Survey, 1839－1923*. Harvard University Press, 1954.
④ http://wenwen.soso.com/z/q188926583.htm 2012－2－17.
⑤ Eber, Irene. *Hu Shih (1891－1962): A Sketch of His Life and His Role in the Intellectual and Political Dialogue of Modern China* . The Claremont Graduate University, 1965.

林毓生在《中国意识的危机:五四时期激烈的反传统主义》①一书中认为传统与现代化的关系不应是黑白二分的——要现代化就非全盘地推翻传统不可——的关系。②此外,正如史华茨在该书的《序言》中所指出的:"全盘反传统主义"(Totalistic Iconolasm),有两项预设(Assumptions):其一,过去的社会—文化—政治秩序必须当作一个"整体"来看待;其二,此一秩序也必须作为一个"整体"来拒斥。③林毓生避免了这一近代中国史学研究中"传统—现代"相对立模式的问题,他认为自由、理性、法治与民主不能经由打倒传统而获得,只能在旧传统经由创造的转化而逐渐建立起一个新的、有生机的传统的时候才能逐渐获得。④

2. 研究方法与西方理论发展密切联系

在英语世界有关胡适的研究中,研究者应用了各种各样的理论,包括"身份危机"、"自我保护机制"和"社会阶段"等心理学理论,文学批评中的"阐释学理论"中的"接受理论"和"读者反映批评"等方法以及文化研究等理论。

周明之在《胡适与中国现代知识分子的选择》⑤一书中关注胡适的情绪、态度和心理,描述胡适关于乐观主义的看法。作者因此提出一个敏感的中国人之所以在国事日蹙之时仍这样乐观是需要分析的。周明之认为胡适的话是对自己和美国制度充满信心的证明,他相信像他这样才华横溢的人在这块充满机会的土地上靠着才智和努力一定能做到任何事。就个人而言,他是乐观而充满信心的,但对一般环境却抱着宿命的观点。他力劝自己与朋友保持乐观这一事实,恰恰反映了他用心良苦、收效甚微、力图战胜自己悲观失望情绪的努力,而他对中国在国际政治中形势的看法总是带有这种色彩。

作者在文中借助了安娜·弗洛伊德的自我保护机制说⑥和心理学术语,如"情感承诺"⑦等范畴来研究胡适以及胡适的"频频盛怒"⑧等情绪,以及艾里克森心理

---

① Lin Yusheng. *The Crisis of Chinese Consciousness:Radical Antitraditionalism in the May Fourth Era*. Madison,Wisconsin:The University of Wisconsin Press,1979.
② 〔美〕林毓生:《中国意识的危机:五四时期激烈的反传统主义》,穆善培译,贵州人民出版社1986年版,增订再版前言第1—2页。
③ 参见本杰明·史华茨为林毓生的《中国意识的危机:五四时期激烈的反传统主义》一书所作的序言。〔美〕林毓生:《中国意识的危机:五四时期激烈的反传统主义》,穆善培译,贵州人民出版社1986年版。
④ 〔美〕林毓生:《中国意识的危机:五四时期激烈的反传统主义》,穆善培译,贵州人民出版社1986年版,增订再版前言第3页。
⑤ Chou,Min-Chih Maynard. *Hu Shih and Intellectual Choice in Modern China*. University of Michigan Press,1984.
⑥ 〔美〕周明之:《胡适与中国现代知识分子的选择》,雷颐译,广西师范大学出版社2005年版。
⑦ 同上,第66页。
⑧ 同上,第61页。

社会阶段理论来解释胡适的行为心理动机。在该书中,周明之从"对攻击者认同"的角度来解释胡适在反基督教运动中的辛辣与讥讽。他既希望保持教会服务又厌恶其傲慢与投机,既无法承认中国无能的合理性又不得不面对中国到处都是外国人这一现实。正是在这种矛盾的撕扯中,他感到极度虚弱。一种心理的宣泄便是把外国人的某些观点内在化,为自己的无能辩解,与感到威胁自己的外国征服者认同来分享他们的力量和威望。①

周明之还在文中写道,"正如所看到的那样,胡适对中国的批判,与流行的外国对中国的观点非常相似:中国根本没有靠自己实现现代化的能力,不得不等待来自外部的启蒙。对胡适来说,用可能的最坏言语来责备自己的祖国,是因为形势不可能再坏了,所以他居然也止住了沮丧感。……用这种方法,胡适就能取得一种象征性控制这种令人极度沮丧环境的感觉。"②"对美国生活方式的猛攻很可能有掩藏自己心理弱点的目的。他在写作时用了很强烈的语言。……他之所以说这些很可能部分地是为了个人的心理释怀。"③

在论述胡适时,周明之不时引用艾里克森的专著④,尤其是《甘地的真理:论好战的非暴力根源》⑤一书。艾里克森⑥(E. H. Erikson)是美国新精神分析派的代表人物,提出了心理社会阶段理论。他认为,人的自我意识发展持续一生,自我意识的形成和发展过程可以划分为八个阶段,这八个阶段的顺序是由遗传决定的,但是每一阶段能否顺利度过却是由环境决定的。每一个阶段都是不可忽视的。⑦

在解释胡适为何遵从母命,与一位裹足的半文盲结婚并产生爱恋之情时,周明之即引用了伊拉克森对甘地的描述:"一个敏锐、骄傲和自我中心的灵魂只有以中断通常的道路才能找到一种使命感。"⑧作者认为胡适在越来越多的中国人开始拒绝传统时,胡适以服从传统来表现自己的非同凡响。此外,作者在描述胡适在爱国主义和威尔逊的理想主义之间的抉择时,也参照了伊拉克森对甘地的描述"既不愿

---

① 〔美〕周明之:《胡适与中国现代知识分子的选择》,雷颐译,广西师范大学出版社2005年版,第60页。
② 同上,第61页。
③ 同上,第66页。
④ 在46页周明之引用了Erik H. Erikson的 *Childhood and Society*. New York: W. W. Norton and Co., 1963.
⑤ 转引自〔美〕周明之:《胡适与中国现代知识分子的选择》,雷颐译,广西师范大学出版社2005年版,第27页。
⑥ 在雷颐的译本中译为伊拉克森。
⑦ http://baike.baidu.com/view/938644.htm,2012-2-19.
⑧ Erik H. Erikson 的 *Childhood and Society*. New York: W. W. Norton and Co.,1963. 153. 转引自〔美〕周明之:《胡适与中国现代知识分子的选择》,雷颐译,广西师范大学出版社2005年版,第81页。

抛弃与他的本土传统性命攸关的联系,又不愿稍微牺牲一点西方教育"。① 作者认为尽管威尔逊的理想对胡适有极大的吸引力,但并不意味着这就能隔断他的自然联系,中国才是他深深热爱的祖国。由以上的分析可以看出,周明之在一定程度上是在模仿伊拉克森对甘地的分析,也从心理学角度对胡适进行了分析。

美国纽约州立大学毛晨在博士论文《阐释学和隐含五四读者:胡适、鲁迅和矛盾》②中采用了阐释学中的"接受理论",认为胡适所阐释的易卜生主义是与中国的五四相关,而不是真正的易卜生主义,胡适对美国的庞德和挪威的易卜生的模仿也应该看作胡适在诗歌和戏剧上所表达的自己的文学观点,这些观点应该被看成是现代中国诗歌和戏剧的理论,而不是西方理论。作者以此为例来说明不能一味地将五四文学看成是对外国文学的模仿。

在该文中,作者还采用了"读者反映批评"理论,详细分析了胡适对易卜生戏剧所进行的翻译和模仿,以及对易卜生戏剧理论的诠释。作者提出胡适认为易卜生戏剧当中主要体现了人的重要性,因此胡适将戏剧观众看作是批判的主体,观众对戏剧的反应具有进步的社会意义。胡适还从道德层面考察易卜生的戏剧,因此认为现代文学的核心意义在于沟通的价值。作者在介绍完了胡适对易卜生的道德解读之后,指出胡适的观点和萧伯纳的观点截然不同。胡适之所以这样来解读易卜生是因为有五四时期作为背景。作者认为胡适对易卜生主义的阐释过程既关涉作家也关涉读者。胡适对于易卜生的改编以适应中国戏剧模式和对易卜生主义的提倡都是很好的例子来检验作家和读者之间发生变化的关系。

1978年美国斯坦福大学薇拉·施瓦茨的博士论文《从文艺复兴到革命:五四运动和中国知识分子诞生的内在历史》③关注维系于五四时期知识分子与30年代继承了文学革命任务的左翼知识分子之间的观点和行为模式,描述了引发、挑战和改变文化革命意识的各种事件的历史。作者认为1919年的五四运动标志着新知识分子的出现。在五四运动发生时,民众听说过这起事件,但真正被这次运动改变的还只是知识分子本身。20世纪最初的十年中,知识分子开始尝试新的发言模式,20世纪20年代起,这一代的知识分子转变成为对中国革命中起到推波助澜作

---

① Erik H. Erikson 的 *Childhood and Society*. New York: W. W. Norton and Co. ,1963. 433. 转引自〔美〕周明之:《胡适与中国现代知识分子的选择》,雷颐译,广西师范大学出版社2005年版,第97页。
② Mao Chen. *Hermeneutics and the Implied May Fourth Reader: A Study of Hu Shih, Lu Xun and Mao Dun*. State University of New York at Stony Brook, 1992.
③ Schwarcz, Vera. *From Renaissance to Revolution: An Internal History of the May Fourth Movement and the Birth of the Chinese Intelligentsa*. Stanford University, 1978.

用的知识分子圈,因此该研究关注了知识分子自我概念在这一过程中的转变①,关注反叛的思想家与革命的社会之间的互识和互相依赖的特殊关系。②

该论文的核心术语"思想"是受到了结构主义者福柯(Michel Foucault)和埃德加·莫兰(Edgar Morin)的启发。施瓦茨介绍了福柯和莫兰的观点:在各种著作中,他们关注了历史存在断裂性这一现象。作者服膺他们在著作中关于"危机"(disturbance)理论:只有危机袭来之时,我们才能发觉一个思想系统中内在的原则,才能测量它的弹性范围。以这一理论框架为指导,该论文描述了由五四运动引发的各种历史可能性,以及动荡不安的20世纪20年代各种选择的形成。作者将被称作"五四遗产"的思想集合,置于一个充满"危机"的框架内,这一框架最终形成、检验和确认了文化革命。③

结语

从以上的介绍和分析,我们可以看出北美有关胡适的博士论文,或者将胡适作为专题,或者将胡适与他同时代的人物并置,或者将胡适置于一个比较宏观框架中进行讨论。对胡适的生平活动和形象进行了初步勾勒,对胡适的思想和观点进行系统梳理和概括,对胡适在中国现代化转型中所起的作用进行评价和定位。比较集中于胡适与杜威在哲学观点上的异同和胡适在中国现代文学转型中所起到的作用这两个研究领域。同时,研究模式从占主导地位的思想史的研究模式,转变为采用社会学、修辞学、阐释学以及心理学研究等大量新的方法。

[作者简介:郑澈,北京第二外国语学院英语学院副教授,研究方向为英美文学。]

---

① Erik H. Erikson 的 *Childhood and Society*. New York: W. W. Norton and Co. ,1963. 433. 转引自〔美〕周明之:《胡适与中国现代知识分子的选择》,雷颐译,广西师范大学出版社 2005 年版,第 97 页。
② Mao Chen. *Hermeneutics and the Implied May Fourth Reader: A Study of Hu Shih, Lu Xun and Mao Dun*. State University of New York at Stony Brook, 1992.
③ Schwarcz, Vera. *From Renaissance to Revolution: An Internal History of the May Fourth Movement and the Birth of the Chinese Intelligentsa*. Stanford University,1978. 3.

中国软实力威胁论的缺陷[*]
——以东南亚为例

顾国平

一、导论

近年来在中国同东南亚关系的问题上,有一个观点在美国政界和学界甚为引人注目——中国充分利用美国政府对东南亚的忽视以及2008年爆发的金融危机,在东南亚地区发动了强大的"魅力攻势",排挤美国软实力,对美国在该地区的利益造成了威胁。

早在2008年金融危机爆发之前,美国政界和学界就开始广泛关注中国在软实力领域的"挑战"。2005年3月18日,《金融时报》的一篇文章大谈中国如何挑战美国在亚洲的影响力。同年12月,软实力概念的提出者约瑟夫·奈(Joseph S. Nye, Jr.)本人也撰文对中国在亚洲软实力的增长表达了担忧:"尽管中国的软实力与美国的相去甚远,但忽视中国正取得的软实力是愚蠢的。对美国来说,现在是需要更加关注亚洲软实力平衡的时刻了。"而2007年由美国记者兼卡内基国际和平基金会特约研究员约书亚·科兰兹克(Jushua Kurlantzick)撰写的《魅力攻势:中国软实力如何改变世界》一书,更是全面分析了中国如何在全球各地发动"魅力攻势",同美国抢夺软实力资源。罗伯特·萨特(Robert Sutter)在2008年的一篇文章中指出,中国在东南亚地区不断上升的影响力所呈现的是一种"由内而外"的区域治理模式,而这一模式将有可能替代半个多世纪以来该地区以美国为主导的"由外而内"的模式。美国国家情报委员会(National Intelligence Council)于2008年年底发布了题为《2025年全球趋势》的报告,表达了类似的担忧,担心中国的发展模式会挑战西方的政经模式:"在接下来的15至20年中,为了加快经济发展、促进政治稳定,越来越多的发展中国家可能会向北京的以国家为中心的发展模式靠拢,而不是效仿西方的市场模式和民主政治。"而2008年初美国国会研究处(Congresional Research Service)发表的题为"中国在东南亚的软实力"的报告也认为中国在东南

---

[*] 原载于《东南亚研究》2013年第8期。

亚地区的软实力日益增强,而美国过去十几年内在该地区的软实力则出现了绝对和相对的下降。报告还引用一些国际问题专家的观点,认为中国在东南亚软实力的提高是以美国在此地区软实力的下降为代价的。

2008 年的金融危机爆发后,美中两国经济在危机中的不同表现更加加深了美方对中国在东南亚软实力不断上升的担忧。有不少分析人士都认为中国是此次金融危机的赢家,危机给西方世界造成的沉重打击为中国在发展中国家提升影响力创造了机遇。2010 年 2 月,长期关注中国经济发展对美国经济安全影响的美中经济与安全评估委员会(USCC)举办了以"中国在东南亚的活动及其对美国利益的影响"为题的听证会,邀请政界和学界代表就中国与东南亚的关系发表见解。其中,众议员罗拉巴彻(Dana Rohrabacher)在听证会上发言,表达了对中国极为负面和阴暗的看法,将中国描述成为是一个"正在试图成为极权帝国的极权国家,其影响力不断向周边区域——尤其是东南亚地区——扩张。"

以上的回顾说明,关于中国软实力在东南亚地区排挤美国的论点在美国政界和学界甚为流行,有不小的市场。可以说,继美国在军事和经济领域抛出"中国威胁论"后,"中国威胁论"也出现了软实力版本。此处所说的"中国软实力威胁论"是指美国政界和学界以零和视角看待中美软实力关系的一种观点,认为中国软实力的增长以美国软实力地位的下降为代价,因此需要采取措施遏制中国软实力的发展。本文从近十几年内美国和中国的东南亚政策、东南亚国家的反应等几个方面进行分析,对"中国软实力威胁论"提出质疑。

二、回避美国自身责任

根据约瑟夫·奈的观点,一国的软实力源于该国的文化、价值观以及外交政策等要素对他国产生的吸引力,主要通过其他国家的认同和效仿来实现国家利益。软实力的这一定义表明,考察美国在东南亚地区的软实力时,最关键的因素在于美国自身与东南亚各国家之间在政策上的互动及其对东南亚国家的认知产生的影响。其他国家同东南亚地区的关系固然也需要考虑,但不是决定性因素。

纵观上世纪 90 年代以来美国对东南亚的政策,总的说来缺少连贯性和持续性。毛兹(Diane Mauzy)等认为美国的东南亚政策总体上可以用"善意的忽视"(benign neglect)概括,视该地区不同时期内安全威胁的不同而给予时断时续的关注。罗比逊(R. Robison)也认为美国参与东南亚事务时表现得"模棱两可,甚至是飘忽不定"(ambivalent, even erratic)。美国东南亚政策的这些特点必然影响到其在该地区的影响力。

近年来对美国和东南亚国家的关系造成最大影响的是美国政府自 2001 年

"9·11"事件以来所实施的反恐优先战略。首先,不是所有东南亚国家都和美国一样将恐怖主义视为国家安全的最大威胁,不少国家在反恐问题上都是被动地为美国的战略所席卷,并非真心实意参与反恐。而且,由于美国反恐战争的对象是伊斯兰极端势力,而东南亚有不少国家都拥有庞大的伊斯兰信众,造成了东南亚不少民众在情感上同美国渐行渐远,客观上削弱了美国的吸引力。其次,由于反恐战略的重心在中亚和西南亚,东南亚地区最多只是美国"反恐战争的第二战场"。因此,该地区的不少国家免不了都有被边缘化的感觉。在小布什任期的最后几年内,美方一直没有派高级官员参加由东盟举办的高层会议或论坛,这在东南亚国家眼中可以说是证实了美国已将该地区边缘化了。再次,美国实施反恐战争——特别是伊拉克战争——的方式也影响了美国在东南亚各国的软实力。美国采用先发制人战略、绕开联合国的单边主义以及虐囚丑闻等等都使美国的国际形象及其发动伊拉克战争的合法性受到质疑。表1显示东南亚最大的国家印度尼西亚近十年内对美国好感的变化。该表清楚地表明,随着美国反恐战争——特别是2003年伊拉克战争的发动,印度尼西亚对美国的好感急速下滑。

表1　印度尼西亚对美国的好感变化　　　　　　　　(%)

2000年	2002年	2003年	2005年	2006年	2007年	2008年	2009年	2010年
75	61	15	38	30	29	37	63	59

数据来源:Pew Global Attitudes Project, Pew Research Center, "Obama More Popular Abroad than at Home, Global Image of American Continues to Benefit," June 17, 2010。

除反恐战争之外,更早地造成美国在东南亚地区软实力下降的一个重要因素是美国在1997—1998年亚洲金融危机期间对东南亚各国的政策。在这次重创东南亚经济的危机中,美国最让东南亚国家难以接受的表现主要有两方面:第一,美方(还有IMF)一直强调危机的根源在于东南亚各国自身政治经济体制中的问题,包括"裙带关系"和腐败等,而且美方还指责东南亚国家没有完全按照美国的要求放松政府对金融市场的管制。而众多学者的研究表明,此次危机的爆发和恶化更为根本的原因正是由于东南亚国家按照华盛顿的处方进行了改革,在短期内向国际资本开放了本国的金融市场。正如学者辛格(Ajit Singh)所言,"这些(东南亚)国家近期内都实施了金融自由化,而此次危机的根本原因在于在金融自由化过程中政府的管制不是太多,而是太少了"。第二,美国在指责东南亚各国要求其进一步放松管制的同时,没有像1994年墨西哥经济危机时向其提供援助一样向在危机中挣扎的这些国家提供任何实质性的帮助。反倒是美国和其他西方国家的资本趁东南亚国家货币贬值、资产缩水之机,大规模收购这些国家的各种商业资产。这种收购的结果是当危机结束时,不少东南亚国家的重要经济部门都被以美国为代表的国际资本控制。因此,美国在亚洲金融危机期间的所作所为对它和东南亚国家的关系造成了难以愈合的伤害。在这些国家看来,美国不仅横加指责,推卸责任,而且还落井下石,利用他人的危难捞取自身的好处。这不仅引发了东南亚国家对美国所代表和宣扬的发展模式的质疑,也不可避免地给美国在该地区的影响力造成了损害。东南亚各国经历了 1997－1998 年危机后,对各自的金融市场加强了管制,相互间也加强了政策协调,像清迈协议以及"东盟＋3"等机制在很大程度上就是在这一背景下形成并不断发展的。

在 2008 年金融危机爆发后,东南亚国家的反应相对比较平静。该地区的出口部门确实受到了冲击,经济增长的速度也有所放慢,但是由于 1997－1998 年危机后这些国家采取了一些诸如加强金融市场的管制和减小对欧美市场的依赖等措施,此次全球金融危机对东南亚国家的影响相对较小。当然,鉴于危机发生后包括美国自身在内的世界各国都对美国的发展模式进行了反省,这次危机也确实促使东南亚国家对美国模式产生了进一步的质疑。总部位于瑞士日内瓦的世界经济论坛(World Economic Forum)于危机发生后在 10 个国家的青年中做了一次调查。当问到"你是否认为当前的全球经济危机也是道德和价值观的危机?"时,在接受调查的印度尼西亚人中有 72.76% 认为是,只有 10% 认为不是,这两个比例在接受调查的 10 个国家中都排在前列。在东南亚国家对造成此次全球金融危机的美国发展模式进行反思和质疑的同时,也出现了要进一步减小对美国的依赖和加强地区间政策协调的声音。东南亚研究所发表于 2009 年 11 月的一份题为《全球金融危机:对东盟的影响》的报告指出,"美国金融资本主义不仅给美国自身造成了巨大的痛苦,也造成了世界经济对美国消费者的依赖。而此次危机为亚洲国家提供了一次机遇,他们可以借此解除对美国金融资本主义的依赖。"而学者里罗(Aladdin D. Rillo)则指出,为了更好地应对危机,东南亚国家应加强金融监管,加深政策协调和合作,进一步推进区域一体化,提高东南亚地区在全球政治和经济体制中的自主性。

上述分析表明,如果说近年来美国在东南亚地区的软实力有所下降的话,主要应归咎于美国自身的政策,是美国在战略上对东南亚的忽视、经济上损人利己的历史记录以及 2008 年金融危机后全球范围内对美国发展模式的反省损害了美国在东南亚国家的形象。上述分析同时也说明美国在东南亚地区的软实力的下降并没有像美方所强调的那么严重。纵观构成软实力的文化、价值观和外交政策三大要素,造成该地区美国形象受损的主要是其外交政策。而外交政策造成的损失相对来说更容易在短期内进行弥补。自2009年奥巴马政府上台以后,美国开始弱化反恐战略,实施"巧实力"外交。与之相应,美国调整了其东南亚政策,在外交、经济、战略等领域多管齐下重返亚洲,全面介入东南亚地区的各项事务。表1中印度尼西亚对美国的好感在2003年突然下跌而2009年又急速回升,说明美国在该地区的形象已经获得了极大的改善。

三、鹰眼看龙——夸大中国的"魅力攻势"

上文显示,美国自己须为其在东南亚地区软实力的相对下降负责任,但是面对美国国内此起彼伏的"中国软实力威胁论",还需要厘清的是中国在东南亚的软实力是否真的已经发展到了危及美国利益的程度?

自改革开放以来,中国外交的一个重要目标是为国内的经济建设创造和维持良好的外部环境。中国的这一外交目标适用于世界每一个地区,东南亚也不例外。中国政府近年来在政治、军事、经济、文化、外援、旅游等多个方面同东南亚各国加强了合作和交流。尤其是中国实施了"与邻为善、以邻为伴"的周边政策,明显改善了同东南亚国家的关系,极大提升了中国在东南亚的影响力。中国面向东南亚的具体政策更是赢得了东盟国家对中国的认同和信赖。比如,1997－1998年东南亚金融危机期间,中国履行了自己的承诺保持人民币不贬值,并通过国际机构和双边援助帮助东南亚国家尽快摆脱危机。2003年10月,中国正式加入《东南亚友好合作条约》,成为东南亚地区以外第一个加入该条约的大国。2004年印尼海啸波及东南亚多个国家,中国政府和民间开展了到那时为止规模最大的海外援助行动。就中国对东南亚的援助来说,根据美国国会研究处2008年的统计,若把发展性援助、非发展性援助、低息贷款、贸易和投资协议包括进来,中国已成为东南亚国家最大的援助国家之一。文化教育方面,中国与东南亚国家文化交流活动频繁,既包括文化代表团互访、艺术展览、文化活动周以及友好城市等,也包括图书报刊和广播电影电视等在内的信息交流。其中,最为引人注目的是中国面向东南亚国家的汉语推广和留学生培养活动。据汉办网站显示,到目前为止中国已在东南亚国家设立了27家孔子学院。作为东南亚国家同中国关系改善、互信加深的一个重要表现,中国和东盟的关系自上世纪90年代以来经历了从"磋商伙伴"到"对话伙伴"再到"战略伙伴"的飞跃式转变。

在中方对东南亚积极外交和美方忽视的共同作用下,中国和美国在东南亚的形象确实发生了一些令美方担忧的变化。学者王正绪等基于亚洲民主动态调查(Asian Barometer Survey,ABS)2005－2007年间采集的数据,发现中国在东南亚的形象总体而言好于美国在东南亚的形象,但不及日本。芝加哥全球事务委员会

(The Chicago Council on Global Affairs)和东亚研究所(The East Asia Institute)也于2009年底联合发布了一份题为"金融危机对东亚软实力的影响"的报告,指出危机期间中国在东南亚扩大了影响力。

美方软实力版本的"中国威胁论"所聚焦的正是上述中国在东南亚地区不断上升的影响力。然而,这一威胁论对于中国在东南亚发展软实力的方式和中国软实力的不足却选择了视而不见,只是机械地以零和游戏的视角看待中国软实力的增长;只要中国在东南亚的影响力有所增长,就将其视为威胁。然而,现实要比这一机械的视角更加复杂,也更富有层次。首先,中国在同东南亚国家发展软实力关系时,并非以牺牲其他大国在该地区的软实力为出发点。近年来中国在东南亚地区影响力的上升是中国"与邻为善、以邻为伴"周边政策的自然结果。上述芝加哥全球事务委员会和东亚研究所联合发布的报告指出中国虽然在金融危机期间扩大了在东南亚的影响力,但是中国并没有借机对美国的发展模式和影响力进行贬损和诋毁。

其次,同样不容否认的是中国在软实力上还有很大的不足。中国学者阎学通和徐进对中美两国的软实力进行了定量的分析和比较,他们的结论是中国的软实力仅有美国的三分之一左右。美国战略与国际研究中心学者季北慈(Bates Gill)在2006年与人合写了题为"中国软实力资源及其局限"的文章,提出有三个主要因素制约中国政府不能有效利用其软实力:软实力资源的不均衡性、外交政策的合法性受质疑以及外交政策的不协调性。约瑟夫·奈本人也于2011年开始谈论中国因政治制度而产生的"软实力赤字"。具体到东南亚地区,中国在软实力的各个构成要素上都还有很多局限性。

第一,中国尚缺乏能够吸引东盟国家的核心价值观。很多论者在分析中国在东南亚的软实力时,常常会提到以儒家文化为核心的中国传统文化。中国的传统文化固然对东南亚很多国家都有深远影响,是中国可以挖掘用以吸引东南亚国家的重要软实力资源。但是,对于正在现代化背景下进行国家建设、建构价值认同的大部分东南亚国家来说,仅有传统文化还不够,不足以让这些国家在推进现代政治、追求可持续发展的过程中找到价值认同。中国自身目前尚处于从传统向现代的转型时期,一些价值观还处于探索和建设阶段,尚未完全定型。因此,相比源于西方的自由、民主、人权等价值观对东南亚国家的吸引力,中方尚不占优势。芝加哥全球事务委员会发表于2008年的一项亚洲民意调查也表明,中国在东南亚的软实力较多表现在中国经济高速增长对东南亚发展中国家经济发展的吸引力,主要体现在对外援助和经贸方面,而在价值观、政治制度、高等教育和大众文化方面相对于美国仍有很大的差距。"和谐世界"、"和平发展"或"和平崛起"等理念的吸引力仍不明显。周玉渊在比较了中日两国在东南亚的软实力后发现，在国家治理上，中国的发展模式并没有引起东南亚国家多大的兴趣。相反，中国的政治制度以及发展可持续性等成为中国软实力的短板。

第二，中国近年来推行的"睦邻"政策确实极大地改善了同东南亚各国的关系。但是不能否认的是，中国同东南亚的不少国家由于历史原因在双边关系上还存在隔阂。从历史上看，中国一直是东亚的大国，对大多数东南亚国家的政治、经济和文化都产生了巨大影响，但双方也有冲突和战争，因此历史记忆中不和谐的内容以及小国的心态使得东南亚国家对中国的巨大存在保持警惕。就最近几十年来看，中国20世纪六七十年代向东南亚各国输出革命的记录以及70年代末80年代初同越南的边境冲突等所产生的负面影响，也不是"睦邻"政策短期内可以完全消除的。近几年，牵涉中国与东南亚多国的南海问题争端又持续发酵，也对中国"睦邻"政策的效果产生了负面影响。

第三，中国同东南亚的关系目前主要集中在经济领域，呈现出经热政冷的局面，不够平衡。不断增强的经贸联系加深了中国同东南亚国家的相互依赖，但经贸关系是把双刃剑，它固然能极大促进双边关系，但也会随着经贸关系的深入而产生更多的摩擦。因此，软实力的进一步提升只有通过加深政治以及安全领域的联系和合作、加强互信才可以实现。

简言之，近年来中国在东南亚地区的软实力得到了明显提升。但是，美方的"软实力威胁论"明显夸大了中国在东南亚的影响力，面对中方的结构性劣势和不足出现了选择性的失明。软实力版的"中国威胁论"同之前的军事版和经济版的"中国威胁论"异曲同工，过分夸大中国的实力，却有意忽视中国的弱点。更为重要的是，在不同版本的"中国威胁论"中，美方都习惯于以零和视角看待中国的发展和崛起，对中国的快速发展充满忧虑，将中国不断增长的实力视为对其利益的挑战和威胁。美国作为当今世界实力最强大的国家，在别国崛起时表现出适当的担心和防备完全可以理解，但是过分夸大对方实力和威胁，则不利于双方关系的发展，其用意和目的也值得怀疑。

四、东南亚的自主性

分析了中国在东南亚的软实力现状和美国自身的责任后，东南亚国家的外交政策取向也是考察该地区软实力关系的一个重要维度。"中国软实力威胁论"显然没有将东南亚各国作为一个独立的因素进行分析，而只是简单地将这些国家看作中美等大国争夺影响力的一个战场，没有任何自主性，除了听凭大国摆布、随风摇摆之外，他们对大国的政策不能施加任何的影响力。然而，这同现实世界并不相符。在国际关系中，小国可以通过多种途径对大国施加影响。日本学者铃木（Shogo Suzuki）分析中国在发展中国家的软实力时，就强调了发展中国家的能动性。他指出，"发展中国家的人民并非没有任何主见，他们并不是中空的容器，等着中国软实力的填灌"。

东南亚国家当然也不例外。在《东南亚国际关系：追求自主》一书中，威瑟比（D. E. Weatherbee）指出，"自从获得独立以来，东南亚各国（不论是从单个国家来看还是作为整体来看）一直在国际社会中追求政策的自主性"。为了追求自主性，东南亚国家充分利用了"弱者"的逻辑，与大国进行抗争，维护自身的利益。东南亚国家处理与地区外大国关系时都相当谨慎，尽量不向某一个大国一边倒，而是在不同的大国间寻求某种平衡，使自己的对外政策尽可能保持灵活和开放，并从大国的较量和争夺中为本地区谋求实际的利益。这一原则虽然没有以白纸黑字的形式出现在东南亚国家的外交文件中，但是它确实是多年来指导东盟（ASEAN）国家对外政策的核心原则。肖（H. H. Michael Hsiao）等在考察了中国和日本在东南亚地区软实力的竞争后，发现"小国可以从大国的软实力争斗中获益，而且一些小国还能以此提升自身的重要性。东盟作为一个区域性的国家集团已经从中国和日本对地区领导权的竞争中获得了切实的好处。"这些好处主要体现在中日两国都争相向该地区提供了大量的经济援助和政治支持，而这又促进了该地区国家的建设和发展以及区域化的加深。

持有"中国软实力威胁论"的人士只关注单向的中国对东南亚的政策，只从中方政策便得出简单的结论，即，中国在该地区的软实力呈直线型上升。然而，正如奈所指出的那样，一国软实力的实现最终需要落实到对象国的认同与效仿。而东南亚国家看待中国在该地区的影响力时，并不是不留余地地照单全收，而且即使是对外界普遍看好可以带来双赢的经贸合作，东南亚国家也是持保留意见。"东南亚国家——尤其是东盟中的非社会主义国家，再加上越南——对中国不断增长的影响力采取的对策可以描述为两面下注战略。"可以说，东南亚国家的中国政策显示出很大的两面性和矛盾性，这在他们对华关系的多个维度上都有表现。此处以东南亚和中国的经贸关系为例进行说明。

东南亚各国对中国的经济发展带来的机遇持欢迎和肯定的态度。进入 21 世纪后的几年内，东南亚（主要是东盟国家）同中国的贸易往来迅速增长，到 2008 年中国成为东盟的第二大贸易伙伴。特别是 2008 年金融危机爆发后，由于美欧市场受到危机冲击，东盟对这些地区的出口受到较大影响。在此背景下，东盟同中国的贸易在其对外贸易中的比重进一步加大。2010 年 1 月 1 日，中国—东盟自由贸易协定正式生效，预示着双边贸易将进一步快速增长。根据中国海关总署发布的统计,2010年中国与东盟贸易双边额达2927.8亿美元,比2009年增长37.5%。

在东南亚国家同中国不断加深经贸往来时,经常为论者所忽视的一点是,东南亚的这一政策选择其实也是其不断追求政策自主性的一个表现。东南亚国家同中国加强经贸合作主要是在20世纪90年代之后,一个重要的背景是当时东南亚的对外贸易主要依赖美国市场,而美国在贸易等多个领域对东南亚国家施加压力要求进一步开放市场。因此,这些国家强烈感受到了过于依赖单一出口市场的不利之处,强烈要求将自身的对外贸易多元化。而1997—1998年的亚洲金融危机也给东南亚国家留下了深刻的教训。正是在这样的背景下,东南亚国家在其对外贸易中有意减小对美国的依赖,转而加强了对华贸易的比重。因此,对华贸易的迅速增长并不只是东南亚国家搭中国经济发展之顺风车的表现,也是这些国家在对外贸易上的战略选择。

既然当初发展同中国的经贸关系是为了加强自身的自主性,东南亚国家对在外贸上过于依赖中国也保持警惕。而随着同中国经贸关系的不断加深,东南亚国家已感受到了中国经济发展带来的挑战和压力。巴(Alice D. Ba)的研究发现,东南亚国家在贸易模式、结构和内容等三方面都对同中国的贸易产生了担忧。他们的主要担心包括:中国的廉价商品可能会冲击国内行业,造成失业;由于双方在经济规模上的不对称性,担心自己会成为不断增长的中国经济的附庸。一个最近的例子是,就在中国—东盟自贸协议于2010年1月1日正式生效后不久,印度尼西亚由于担心中国廉价商品对该国行业和就业的冲击,表示打算修改它和中国之间的协议。虽然到了3月,印度尼西亚贸易部长又表示不会寻求重新协商中国—东盟自由贸易协定,但这已清楚表明东南亚部分国家对中国可能带来的经济冲击的担忧。

上述分析表明,东南亚国家在处理同中国和美国等大国的关系时,有极强的追求自主性的意愿和能力。可以说,美国在该地区软实力的相对下降部分是由于这些国家战略选择的结果。对自主性的持续追求以及同大国交往的经验教训使得东南亚国家在对外政策上表现出很大的独立性,并不会因为美国或中国等大国的所谓"魅力攻势"而随便出现随风倒的局面。

五、结论及对中国的启示

随着中国国家实力的上升,美国对中国的关注和担忧也持续升级。继军事和经济领域的"中国威胁论"之后,近几年"中国威胁论"的软实力版本也已堂皇登场。上文通过对美国近年的东南亚政策、中国在东南亚的软实力状况以及东南亚自身的自主性追求等三方面的考察和分析，表明美方软实力版的威胁论存在重大的认知偏差。美国学界和政界的不少人士在看待大国在东南亚的软实力格局时，夸大了中国软实力的增长对其造成的威胁，却又刻意淡化美国自身政策应该承担的责任。此外，这些人士也忽视了东南亚国家在同大国交往时的自主性，没有将它们作为独立的因素进行分析。可以说，他们在考察美国和中国的软实力关系时，不仅是通过零和竞争的视角，把中国在东南亚不断上升的影响力视为对美国的威胁，而且也排除小国可能发挥的任何作用，表现出了大国的傲慢。

最令人担忧的是，奥巴马入主白宫后其东南亚政策在很大程度上留下了"中国软实力威胁论"的印记。奥巴马政府极大提升了东南亚在其对外政策中的重要性。2009年6月国务卿希拉里访问泰国时高调宣布"美国回来了"。此后，在包括湄公河水资源、地区经贸合作和南海问题争端等众多问题上，美国全面重返东南亚，不仅借助这些有争议的问题同中国对抗，甚至还有恐吓东南亚国家之嫌，制造出了不必要的紧张气氛，妨碍了地区的稳定与发展。美国近来在东南亚的这些动作不禁让人怀疑美方抛出的"中国软实力威胁论"就是通过树立中国这个对手为美国进一步介入东南亚事务摇旗呐喊。

面对目前东南亚地区的软实力格局及其中的美国因素，如何消除该地区的紧张因素、继续加强地区合作、增强中国的软实力影响已经成为摆在中国政府面前的一个重要课题。作为对中国软实力建设的启示，本文仅简要地从美国因素和中国自身两个角度提出建议。首先，考虑到美国在东南亚地区的影响力以及美国近年来对中国不断增强的戒心，中国在东南亚开展软实力建设时需要认真面对美国因素。对于"中国威胁论"中被扭曲、不切实际的内容，需要以翔实的数据和资料作出回应，进行反驳甚至揭露。另一方面，应清醒地认识到美国在东南亚的巨大影响力，不以零和游戏的视角看待大国软实力关系。在同东南亚国家加强机制建设的过程中，不排除美国，以包容和开放的心态设计和实施自身的软实力战略。

其次，鉴于一国的软实力源于该国文化、价值观以及外交政策所辐射出来的吸引力，中国欲加强自身在东南亚的软实力归根结底需要立足于自身。中国需要巩固和强化传统文化连接东南亚国家的纽带作用，加强和提升双边经贸联系，继续奉行睦邻友好政策。同时更为重要的是，克服和改进上文提到的中国在软实力方面的结构性弱点。第一，中国政府需加强、加快现代政治文化的建设，构建更具亲和力的包括国内发展和国际合作的核心价值体系，增强东南亚国家对我们的认同感。第二，增加政治领域的交流和互动，努力让中国与东南亚之间经热政冷的交流局面更趋平衡。东南亚国家大多为发展中国家，都和我国一样经历着从传统向现代的转型,可以说目前困扰我国的包括如何让上层建筑更好地适应经济发展等诸多问题同样困扰着东南亚国家。因此需要加强这些领域的交流,交换经验,开诚布公,共同探讨现代政治建设的路径,让对清明、高效、公正的现代政治制度的探求成为双方在政治追求上的凝合剂。第三,上文论及的芝加哥全球事务委员会的报告指出,影响中国在东亚软实力的一个重要方面是中国对他国的善意批评表现得"笨手笨脚"。这也为我们改进同东南亚国家的关系提供了一个很好的视角——那就是,在实际交往中,中国需要放低大国身段,对于邻国、小国的批评表现出应有的包容和风度,显示出交流的诚恳与大国的自信。第四,作为对官方外交的有益补充,中国需鼓励和充实同东南亚各国的民间外交。官方软实力外交最终需要通过落实于对他国民众的影响才能成功,而充分发展民间往来和交流正是对他国民众产生直接影响的最有效的形式。因此,应鼓励和支持同东南亚的民间外交,不仅有利于覆盖政府外交所不能触及的领域,而且还能通过直接的接触增强东南亚民众对我们的了解和好感。总之,中国在发展同东南亚的软实力关系时需要求诸共同利益和价值诉求,尊重差异,包容多样,通过建立能够激发认同的核心价值体系来提升我国的吸引力。

[作者简介:顾国平,北京第二外国语学院英语学院副教授,研究领域为美国外交、中美关系。]

从跨文化视角看针灸在法国发展概况

王明利　刘晓飞

一、绪论

中法两国文化交流源远流长。每一次交流都是两种文化碰撞、融合的过程。中法之间的文化交流始于十七八世纪。当时法国派遣了众多耶稣会传教士来到中国。此时的中国处于清王朝统治初期,国家综合实力较强。这些法国传教士来到中国后,对中国的各种手艺和技术充满了兴趣。他们在写回法国的信中对中国的情况进行了较为详细的描述,在法国引发了一场"中国热"。他们在信中提到了中医的众多方面,其中就包括针灸技术和经络知识。针灸作为我国传统文化宝库中一份珍贵的文化遗产,经历数百年与法国文化的跨文化交流,已经在法国生根、开花。针灸在法国的传播、发展过程,为我们提供了一个极好的跨文化交流的成功范例。研究分析针灸的西传过程,能为我国对外传播中国文化、提高国家文化软实力提供经验和参考。

二、针灸在法国发展概况

法国是最早接受针灸技术的欧洲国家之一,也是较为重视针灸研究的欧洲国家。早在十七八世纪时针灸就已由在华耶稣会传教士介绍回法国,并由此在法国国内兴起过一股"针灸热"。但由于操作方法不当,加之针灸的相关知识并未得到系统介绍等原因,针灸治疗出现了一些负面疗效,这股"针灸热"便消退下去。

针灸在法国真正流行起来,要感谢乔治·苏里哀·德·莫朗(George Soulié de Morant)。德·莫朗在20世纪初曾任法国驻华领事馆领事,他对针灸治疗极感兴趣,便在中国学习针灸术。1927年回国后,德·莫朗在法国开办诊所,实践自己的针灸技术,并在1934年出版了法国有关针灸的重要著作《真正的中国针刺术:学说、诊断、治疗》(*Précis de la vraie acupuncture chinoise : doctrine, diagnostic, thérapeutique*)。由此,针灸逐渐被法国人所了解和接受。"1952年,法国医学科学院承认针灸疗法是一种医疗行为。"①"1987年法国医学界表示赞同针刺术及其管理措施"②,"从1990年起,针灸便以大学校际文凭(Diplôme interuniversitaire)形式成为正式的教学科目。"③近几年,随着"中法文化年"文化交流活动的开展,针灸教育在法国得到了进一步发展。2007年,法国政府宣布将授权相关高校颁发中医针灸国家级学位证书④。除了正规大学开设的针灸课程之外,法国还有"十余所私立学校或针灸学会组织教授非学历课程"⑤。这些私立学校多由在法华人开办,招收的学生既有医疗行业的从业人员,也有对医疗一窍不通的普通群众。

由于针灸治疗效果显著且医疗成本较低,因此深受法国医生和民众的欢迎。根据1983年一名法国医生发表的研究报告,"50%的法国国民都接受过针灸治疗。"⑥根据法国医疗保险(L'Assurance Maladie)机构的统计数据报告,1991至2001年十年间,在全国14.5万医师中,平均有"超过11%的全科医师实施特别行医方式,其中超过三分之一施行针灸治疗疾病。"⑦

针灸在法国发展并被真正使用的时间较长,法国对针灸治疗的管理也相对严格。除了有越来越多的正规大学开设针灸或中医专业,法国还对能够实施针灸治疗的群体进行了严格的限定。按照规定只有拥有医学博士学位的医生、助产士和牙科医生才能实施针灸治疗。但是在法国,实际上为病人进行针灸治疗的人大都是个体行医者,且只有很少的人受过专业训练。例如2009年,在法国提供针灸治疗的行医者约有7000人,但其中接受正规大学专业培训的不到1800人。⑧ 为什么会出现这种情况呢?这是因为"法国政府对非医师针灸从业人员极少处罚或处罚申请,使得'非法行医'反成了针灸业的主流。"⑨所以尽管法国已有正规针灸教育,但是私立学校培训针灸师仍为主流。

近年来,不仅接受针灸治疗的法国人的数量开始增加,教授针灸、中医的培训学校在法国也逐渐增多,招生数量也在增加。但整体来看,针灸的实践主要是私人学校和个体行业者,而且针灸也只是作为西医的辅助治疗手段,并未正式进入西医系统。

综观针灸西传的过程,我们可以看到,和其他中国传统文化对外传播不同的是,针灸西传,更多的是法国主动来拿,而不是中国主动送出去。此外在法国,"中医从业人员大多数是本地人,服务对象也是如此。这与英国唐人街的中国移民诊

---

① 蒯强:《法国针灸教学、研究及医疗现状》,《复旦教育论坛》2006年第4卷第4期。
②④ 王振宜:《中医在法国——法国中医医学会拾零》,《中西医结合学报》2009年2月第7卷第2期。
③⑤⑦ 蒯强:《法国针灸教学、研究及医疗现状》,《复旦教育论坛》2006年第4卷第4期。
⑧ 王振宜:《中医在法国——法国中医医学会拾零》,《中西医结合学报》2009年2月第7卷第2期。
⑨ 贺霆:《跨文化的中医——对法国社会的一次人类学研究尝试》,《中医药国际论坛论文集》2009年,第12页。

所相异,也与瑞士、德国等来自中国内地招聘针灸、推拿师不同。……且主要由私人诊所、民办学校服务公众,后者的喜恶直接决定前者的行医和教学方式。"[1]所以,我们如今所看到的被法国人所接受的针灸其实是已被法国人按自己的喜好和需要改造过的,这恰好为我们进行跨文化分析提供了一个绝佳案例。

三、试用接受理论分析针灸在法发展过程

根据上文介绍的基本情况,我们可以看出,相较于其他文化形式,针灸确实在法国取得了较为成功的发展,跨文化交流可谓初有成绩。那么针灸是怎样逐步被法国人所接受的呢?我们将试用"接受理论",对这一文化现象进行分析。

1. 接受理论

"接受理论",即"la théorie de la réception",是德国康斯坦斯大学博士 H. R. 尧斯(Hans Robert Jauss)在 20 世纪 70 年代左右提出的观点。尧斯的这一理论是基于研究文学作品接受情况而提出的,其核心观点在于强调读者对作品的重要性,认为如果没有读者的阅读和理解,作品本身是毫无意义的。只有经过读者的阅读,作品才获得了价值和意义。

接受理论的观点虽然是为解决文学问题而提出,但是我们将这个理论运用到针灸在法国进行跨文化传播这个案例上。按照接受理论的观点,在下面这个基本传播模式中,既然强调的是接受,即 la réception,那么研究的重点就应放在接收者 récepteur 上(见图 1)。

传播者(émetteur)→接收者(récepteur)

图 1

不管是文学作品还是针灸,当它被传递给接收者时,决定它命运的是接收者的反应。接收者决定拒绝还是接受,这要看传递来的东西是否进入接收者的期待视野(les horizons d'attente)。如果满足了期待视野,那么就会受到接收者的接纳和欢迎;而如果没有满足期待视野,那么就会遭到接收者的拒绝和漠视。

---

[1] 王振宜:《中医在法国——法国中医医学会拾零》,《中西医结合学报》2009 年 2 月第 7 卷第 2 期。

```
接收者 → 接受 → 消极接受 → 积极接受 → 影响
récepteur  (réception)  (réception négative)  (réception positive)  (influence)
```

图 2

从图 2 我们可以看出，接收者的接受情况有两种：一种是积极接受，一种是消极接受。接纳和欢迎属于积极接受，拒绝和漠视属于消极接受。当外来事物已被接收者积极接受后，有可能进入"影响"阶段，这说明外来事物已经开始对接收者产生影响了。基于这些基本理论观点，我们来分析一下针灸在法国的发展和接受状况。

2. 针灸发展状况分析

文化交流是产生在一定的时代社会背景之下的。对待同样的外来文化，不同时期的人们会采取不同的态度，也就是说对待同一个事物，不同的接收者会采取不同的接收态度。这是因为接收者总是处在一定的社会环境中。他们的思维模式和好恶选择都要受周围社会环境的制约和影响。因此当我们分析跨文化案例或是考虑文化对外传播问题时，应对受众进行仔细研究和分析，借用中医的说法是，号准对方的脉。由于针灸在法国的传播过程历经几个世纪，其发展过程并非一帆风顺，因此我们有必要从针灸最初传入法国开始进行分析。

（1）初入法国：短暂的积极接受

针灸技术最初是在十七八世纪，借由在华耶稣传教士的书信传入法国。此时的法国正处在启蒙时期，启蒙思想家们对法国君主专制的社会感到失望，希望能从别的国家中寻找自己国家发展的新模式。而此时古老遥远的东方古国中国逐渐被人所知。传教士写回的书信中描述的中国既有异国情调，又拥有各种先进的知识和技术。启蒙思想家很自然地将中国作为一个文明国家的榜样，对中国进行了各种不合实际的赞扬和吹捧，甚至加入很多自己的想象，给法国人制造出一个理想中的中国：文明发达、技术进步，充满了异国情调，这正是法国人所期待的。因此当针灸被介绍到法国，这种以针刺皮肤而治疗疾病的手段是法国人从未见过的。对法国人来说，针灸显得既令人新奇又神秘。这恰好符合当时法国人面对东方文化时的期待视野：来自东方古老文明的神秘医术。因此在法国能够引起一股"针灸热"。我们可以看到，此时法国人对待针灸的态度是接纳的，并且乐于接纳和尝试，属于积极接受（réception positive）。

但是此时的接受局限在出于文化猎奇心理而接受了针灸的外在形式，这是面对新奇事物时的好奇心使然，是自然反应，并未触及针灸的文化内核，所以只能算是积极接受的初级阶段。由于接受的只是文化外壳,没有接触到文化内核,针灸这一来自异文化的事物并不能对法国人产生影响(influence)。所以当猎奇心理消退后,法国人对针灸外在形式的兴趣也就消失了,并未产生进一步了解其文化内核的想法。此时社会环境的变动非常容易影响接收者的接受态度。随着法国科技迅速发展,法国人看待中国的眼光已大大改变,中国在他们眼里成为落后和愚昧的国家。接收者受社会环境改变的影响,对待针灸的态度迅速由初级的积极接受转变为消极接受(réception négative)。

(2)重回公众视野:持续不断的积极接受

直到20世纪30年代以后乔治·苏里哀·德·莫朗回国开始开办自己的针灸诊所,针灸才得到了真正的发展。由于他在中国学习了近20年针灸,学习较为系统也有临床经验,因此他的针灸治疗效果很显著。他在1934年又出版了《真正的中国针刺术:学说、诊断、治疗》。在他的努力下,针灸在法国又重新得到重视,并逐渐得到发展。到了20世纪80年代,针灸被法国医学界所接纳。

在这一阶段针灸对法国人来说并非完全陌生,但是无论是从以针刺皮肤来达到治病效果的文化外壳来看,还是从其强调辩证思维、主张天人合一的文化内核来看,针灸依然属于尚待传播和接受的外来事物。相较于文化内核,文化外壳较易被接受。首先此时针灸在法国的传播者是德·莫朗,在法国受众的眼中,针灸的传播渠道来自社会公信力较高的前政府公务员,可信赖程度高;此外,成功的针灸实践表明了针灸治病的有效性,加深了此时法国接收者对针灸的积极印象,减弱了他们对针灸的消极印象。客观条件加上接收者心理条件的改变,使得法国人重新开始积极接受针灸。但是我们应当注意,尽管此阶段法国人对针灸的接受相较于第一阶段有了更大程度的深入,但是依然停留在积极接受的初级阶段。即法国人此时对针灸的接受还是停留在对文化外壳的接受,即针灸疗法。他们接受针灸只因为针灸是一种有效的治疗手段,而对针灸这门医术本身所体现的中国文化价值观并未加以重视。但自此阶段起,法国人对针灸的积极接受态度是持续性的,这不断促进着对针灸的积极接受向更高级的层次发展。

(3)针灸学习和科研:由接受进入影响

当接受针灸治疗的法国人越来越多,法国社会对针灸的兴趣越来越大,这使得法国对针灸的接受进入了一个新的阶段:即影响(influence)阶段。影响主要体现在两方面:一是对针灸治病原理、新疗法、新穴位等方面的科研工作不仅在数量上更在质量上取得积极发展;二是针灸及中医学院数量增多,学员队伍也日益壮大。此时,针灸已经不再是一个仍处于接受阶段的外来事物,它基本已经完成了被"接受"的过程,是已被接受的了,即déjà récue。而一旦它已被法国人接受,就会反过来对法国人产生影响(influence)。针灸学习者和针灸科研工作者面对的不再仅仅是针灸的文化外壳,而要触及其文化内核,即针灸所体现的中国传统文化价值观。针灸属于中国传统医学的一部分,其根本思想是一脉相承的。针灸中所体现的最根本的中国文化价值观即强调辩证思维的整体观。辩证思维强调的是看待事物应用联系的发展的眼光,而且整体观不仅强调人是一个有机的整体,更强调人与自然也应是一个和谐的整体。法国的针灸学习者在学习具体的针灸技术之前,先要接受的就是这样的治病理念。由于西方的哲学思维注重分析,所以很多法国学生在刚接触针灸时,思维方式一时转换不过来,经常出现思考片面、无法作出整体性判断的问题,这是很常见的。而当他们接受了这种思维模式和价值观以后,类似问题就会减少,同时也加深了对针灸的认识。在这方面,法国针灸科研工作者走得更远,换句话说,针灸对他们的影响阶段已经进入了更深的层次。科研人员若要进行针灸的科研工作,首要的就是理解并接受辩证思考的整体观这一基本价值观。只有习惯了这种思考模式才能继续深入研究。在这样的基本思想指导下,他们不仅探索出了许多新的针灸疗法,甚至发现了许多新的针灸穴位,并在国际上产生了一定影响,这一切反过来又会影响针灸自身的发展,改变其文化外壳。我们应当看到,发展至今,针灸已不完全是当时传入法国的原样,其文化外壳已经发生或多或少的变化。但不论外壳如何变化,其文化核心是不变的,其中蕴含的中国传统文化价值观是不变的即强调辩证思维的整体观。

四、对跨文化传播的一些思考和建议

基于上面的分析和思考,笔者对我国传统文化走向国外、进行跨文化传播提出了以下建议:

第一,对外传播推广传统文化是首先要让对方能够理解并接受。就像产品需要包装一样,对外进行文化传播也需要技巧。文化传播需要政府力量的支持,但是不能有太多政治因素的干预。否则文化尚未被传播,就已经先引起对方的反感,令对方产生文化侵略的错误印象。在进行跨文化传播时,要充分考虑到接收对象的"接受视野",思考以怎样的方式才能让对方认同我们的文化。在进行文化传播时,认同远比强加来得重要。因为不同的文化拥有不同的思维方式,接受一种外来文化实际上是接受了这种文化所蕴含的思维模式。通过分析中医在法国发展状况,我们发现,当外国人学习中医时,最初他们接受的只是中医治病的方法,可当他们想对这门医术有更深入的理解时,则不得不选择学习中文,试着去理解中医中所体现的中国传统哲学观点和思维方式。在学习中医的过程中,他们同时也受着中国传统文化潜移默化的影响。当他们认同了我们的文化,这种文化即是被双方共享的了。但是我们同时应当注意到,当我们为了让外国文化更好地接受我国文化而进行改变时,这其实已经是对本国文化的一种异化了。"包装"要有度,这就是下面要谈到的问题。

第二,对外传播需要策略,但不能在策略中失去自己本来的面貌。诚然,我们对外传播的目的是希望珍贵而古老的中国文化能被越来越多的民族了解,能在新的世纪焕发出新的活力。因此有时候为了获得他们的认可,为了迎合他们的口味,不惜对自己的文化做出很大的改动,将自己的文化弄得面目全非。笔者认为,在文化传播过程中,适度的文化异化是允许的甚至是必要的,但是这是有限度的,那就是以不能丧失自身的文化身份为前提。云南中医学院中医西传博物馆馆长贺霆教授有一番话说得很好,值得我们深思和警惕:"当前世界的格局使它们(非西方社会)好像注定要经由西方大众浮躁的口味。不过这种急功近利的结果往往使最终走向世界的还是西方文化,而它们自己则只不过成了其中的点缀。"[1]要想扩大中国文化在世界上的影响力,除了注重对外宣传外,我们也不能忘了在本国发展自己的传统文化。如果中国人都不尊重自己的传统文化了,何来去影响别人呢?所以,强调对外传播的同时不应忘记对内传播。只有国内真正实践和发展着中国传统文化,对外传播才不会失去长久发展的动力。

第三,对外传播中国文化,重点在于对外传播中国传统价值观。中国文化博大精深,文化形式丰富多样,但所有的文化形式的核心是一样的,那就是拥有共同的中国价值观。中国文化强调的是求同存异、包容并蓄。就如针灸在法国的发展,法国人在自己的实践中对中医治病的方法有了很多全新的发现,但不论如何发展,其中最核心的观念是不变的,那就是辩证思维和整体观念。法国人接受了针灸的治疗形式,也接受了其中所蕴含的中国传统文化价值观,这样的跨文化传播才是成功的。因此在进行对外文化传播时,重点不仅在于使传统文化形式被接受,更重要的是使中国价值观获得更多文化的认可,成为多民族共享的价值观,这样对外传播工作才会有不竭的动力,中国的文化才能真正地被世界所接受。

参考文献

王芳宜:《17—18世纪法国在华耶稣会士对我国科学技术的考察——〈耶稣会士中国书简集〉研究》,浙江大学人文学院,2008。

贺霆:《跨文化的中医——对法国社会的一次人类学研究尝试》,《中医药国际论坛论文集》

---

[1] 贺霆:《跨文化的中医——对法国社会的一次人类学研究尝试》,《中医药国际论坛论文集》,学苑出版社 2009 年版,第18页。

2009 年。

蒯强:《法国针灸教学、研究及医疗现状》,《复旦教育论坛》2006 年第 4 期。
王振宜:《中医在法国——法国中医医学会拾零》,《中西医结合学报》2009 年第 7 期。
董志林:《中医药在欧洲何去何从》,《中华养生保健》2004 年第 8 期。
张冰:《欧洲中医药教育的发展与思考》,《中医教育 ECM》2000 年第 5 期。
贺霆:《法国中医药现状及启示》,《亚太传统医药》2006 年第 5 期。
郑进:《中医教育在欧洲的现状及思考》,《中医教育 ECM》2004 年第 6 期。
杨洋、韩燕:《国外针灸教育与针灸医疗》,《中医教育 ECM》1995 年第 1 期。
田力欣、王超、王卫、郭义:《欧美中医教育概况》,《中国中医药信息杂志》2010 年第 17 期。
王卫、徐立、郭义:《中法两国针灸教育比较分析》,《中国高等医学教育》2005 年第 4 期。
张丹英、张立平:《欧洲主流医学界的中医教育概况》,《中医杂志》2007 年第 48 期。
罗祥云、杨文君:《境外中医教育概述》,《中医教育 ECM》2005 年第 24 期。
廖吉娜、张新仲:《积极开展中医药对外教育 促进中医药走向世界》,《中医教育 ECM》1999 年第 4 期。
范为宇:《国外中医药教育概况》,《中国中医药信息杂志》2001 年第 8 期。
胡敏艳、赵英凯、范为宇、谢琪、徐俊、何巍、潘艳丽、童元元:《国外传统医学教育发展现状与分析》,《中国中医药信息杂志》2008 年第 15 期。
桑田、吉祖英:《鼓励中国传统医药不失时机进军欧盟》,《中国药业》2006 年第 15 期。
刘立新、靳全友:《中医药在法国发展概述》,《环球中医药》2009 年第 2 期。
严青、桑爱叶:《中医文化》,中国经济出版社 2011 年版。
区结成:《当中医遇上西医》,三联书店 2005 年版。
诸葛连祥、何学诗:《针灸与气功》,中央编译出版社 2008 年版。

(本篇文章得到北京科研基地—科技创新平台—PXM2013_014221_000030 项目的支持)

[作者简介:王明利,北京第二外国语学院法意语系教授,研究方向为语言科学与跨文化交际研究;刘晓飞,北京第二外国语学院法意语系。]

当前拉美一体化进程中的主要制约因素[*]

温大琳

拉美国家地区一体化进程的实践迄今已历经 60 余年,尽管曾经困难与波折,但在促进区域内经贸、政治、社会、文化等领域的合作方面取得了积极成果。进入 21 世纪以来,拉美国家开始反思新自由主义发展模式,探索新的发展道路,在地区一体化进程中获得新的进展,但仍面临制约其向更广阔领域和更深层次发展的多方面问题和挑战。

一、拉美一体化进程概述

拉美一体化是从地区经济一体化逐步走向政治经济联盟的进程。拉美一体化直到 20 世纪 50 年代才正式付诸实践。20 世纪 50～80 年代,作为以联合国拉美经委会为代表的结构主义经济理论与一体化理论提出后的具体实践,拉美地区成立了一些次区域一体化组织,包括中美洲国家组织和中美洲共同市场,加勒比共同体和共同市场、安第斯集团、南太平洋常设委员会、拉普拉塔河流域组织、亚马孙合作条约组织、三国集团等,同时成立了拉丁美洲自由贸易协会、拉丁美洲一体化协会和拉丁美洲经济体系等地区性一体化组织。80 年代,由于世界经济危机、拉美债务危机和各国形势的影响,一体化陷入低潮和停滞阶段。值得一提的是,拉美国家在这一阶段后期开始探索政治一体化的尝试,其主要标志是里约集团的成立。

20 世纪 90 年代至 21 世纪头十年,拉美国家对一体化建设的历史经验进行反思,业已存在的一体化组织开始调整和重组,诞生了一批新型的地区一体化组织,一体化建设也逐渐从经济一体化走向政治一体化,主要体现在中美洲共同市场、加勒比共同市场和安第斯共同市场等较大幅度的调整,巴西、阿根廷、巴拉圭和乌拉圭成立南方共同市场(简称南共市),以及委内瑞拉主导的美洲玻利瓦尔联盟和南美国家共同体(后更名为南美国家联盟)的成立。另外,美国倡导的美洲自由贸易区因部分拉美国家的抵制而无疾而终也是这一时期的重大事件。

---

[*] 原载于《拉丁美洲研究》2013 年第 6 期。

近年来,拉美一体化进程又取得重大进展。2010年2月拉美成立了一个排除美国和加拿大的新的地区组织——拉美和加勒比国家共同体。2012年6月,秘鲁、墨西哥、哥伦比亚、智利4国签署太平洋联盟框架协议,正式宣布成立太平洋联盟。太平洋联盟作为全新的拉美区域经贸合作组织,是一个由2.06亿人口组成的大市场,GDP总量将达到1.7万亿美元。该联盟建立目的是进一步加强该地区一体化进程,大力推动成员国彼此间在货物、服务、资金和人员的自由流动。作为一个新兴经济组织,它被认为是回归经济主题的区域一体化组织。6月24日,南共市因巴拉圭国内政局变化决定暂停其成员国资格,7月31日,委内瑞拉经过十几年的努力,终于成为南共市成员国,自此拉美一体化建设进入一个"合中有分、分中有合"的新时期。

拉美在一体化进程中成立了众多区域一体化组织,甚至还成立了排除美国和加拿大在外的包括33个成员国的拉丁美洲和加勒比国家共同体,在经济上、政治上均取得了一定的成就。但是根据美洲发展银行提供的统计数据,尽管2011年拉美各国通过一体化机制开展的贸易增幅达24%,但总量仅达到贸易总额的17.1%,甚至低于2010年的17.3%[①]。参与一体化的拉美国家间贸易发展出现一定困难,在统一关税、金融债务以及政策协调等诸多问题上也存在差异和矛盾;在政治方面,因意识形态差异等多种因素而无法形成一致立场。应该说,拉美一体化进程在当前阶段存在的一些制约因素,将可能放缓甚至阻碍拉美一体化朝着更具实质意义方向发展。

二、影响拉美一体化发展的内部制约因素

时至今日,拉美一体化水平仍处于较低级阶段,其根源首先在于拉美国家自身发展水平的差异以及成员国间存在的问题。

1. 发展水平和发展模式的差异是拉美一体化发展的经济制约因素

由于拉美各国经济发展水平各异,发展阶段不同,发展模式也有差异,相互间的经济互补性较之区域外近年来大为下降,经济依存性受到进一步削弱,区域内的主要经济体如巴西、阿根廷,其贸易保护主义倾向在全球经济危机背景下有所抬头,次区域经济一体化组织经济贸易重心外趋性特点逐步增强等因素,使得拉美各国在经济一体化进程中困难重重。

以南共市为例,经济发展的不均衡造成该组织一体化建设进程停滞不前。地

---

① Pedro Vargas Núñez, "Comercio Intrarregional Creció 24% en el 2011". http://www.portafolio.co/internacional/comercio-intrarregional-crecio-24-el-2011

区大国巴西近年来对南美其他国家的直接投资越来越大,并在南美地区高附加值商品市场占据垄断优势。南共市成员国不能共享一体化带来的经济利益,导致巴西与邻国贸易摩擦增多,引起阿根廷特别是小国巴拉圭、乌拉圭的不满。近年来,南共市两大成员国巴西和阿根廷贸易保护主义抬头,造成成员国间贸易争端不断,多项协议未能得到落实,其进一步发展也面临着新的挑战。南共市是一个关税同盟,所有成员国采取对外统一关税。这势必对成员国带来不同的影响。不仅南共市内部的成员国,其他国家在参加南共市时也有此考虑。比如智利对外关税大大低于南共市,因而不愿牺牲本国的国际竞争力而加入南共市。但智利对南共市拥有超过40%的出口量,为此智利只能选择以联系国的身份参加南共市。这显示拉美要完成经济一体化,结成共同关税联盟,还有很长的路要走。

另外,拉美次区域一体化组织经济贸易联系不够紧密,这可从以下一组数据得到印证。1990～2005年间,拉美各次区域一体化组织区域内出口总额占其总出口额的比重仅达到11%～26%,具体而言,安第斯共同体为11.4%,加勒比共同体为18.2%,南共市为22.7%。而欧盟同期成员国间的贸易总额占总贸易额的比重超过60%。① 如果从另一角度解读这组数据,可以看出拉美各次区域经济一体化组织的经济贸易重心外趋性特征较为明显,尤其是偏向亚太市场(如太平洋联盟),其次是欧美。当然,由于亚太地区的经济活力和广阔市场及其在世界经济舞台扮演的重要角色,"拉美向西看有其逻辑合理性和战略考虑。忽视亚太,对拉美而言,无异于经济自杀。"② 古巴世界经济研究中心研究员吉列尔莫·安德雷斯·阿尔皮萨尔指出,"由于各国之间的经济互补性差,很难就满足各方利益进行协调。作为一块欠发达和具有一定依附性的大陆,自然资源和传统服务供应有其局限性,这在实践中也阻碍了一体化的努力,同时这种努力还在各国争夺投资市场份额时被抵消了。"③ 过于依赖区域外部市场,不能加快提高区域内的贸易水平和质量,以及在共同关税问题、成本和利益共享问题、缺少共同的贸易政策和宏观经济政策协调等等,让新一轮的拉美次区域经济一体化无法为拉美经济发展提供有效的帮助,甚至会造成一定程度的损害。

---

① Fernando Rueda-Junquera, "Las Debilidades de la Integración Subregional en América Latina y el Caribe", Universidad de Burgos. http://cde. usal. es/master _ bibliografia/practicas/ue _ economiainternacional/lectura_seminario4. pdf.
② Guillermo L. Andrés Alpizar, "Ocho Desafíos para la Integración Latinoamericana y un Nuevo Rol para Asia". http://alainet. org/active/58183.
③ Guillermo L. Andrés Alpizar, "Ocho Desafíos para la Integración Latinoamericana y un Nuevo Rol para Asia". http://alainet. org/active/58183.

此外，在货物贸易流通所需的基础设施建设方面，尽管相关国家已经开始着手开展南美洲基础设施一体化计划（IIRSA），中美洲也有类似的努力，但均成效一般。而一个顺畅的流通系统，对开展贸易和加快一体化进程，其重要性毋庸赘言。

2. 领土争端是阻碍拉美一体化发展的历史遗留问题

尽管拉美国家间发生的战争不多，但殖民历史遗留下来的领土争端及边界或海疆划分问题却有不少。20世纪八九十年代，拉美国家曾和平解决了一些争端，如阿根廷和智利之间的比格尔海峡争端，秘鲁和厄瓜多尔也签订了边界永久和平条约。但迄今为止，拉美国家仍存在一些争端未能解决。秘鲁和智利在海疆划分问题上存在争端，秘鲁在2007年曾要求海牙国际法庭解决同智利的海疆分歧[①]；2010~2011年哥斯达黎加和尼加拉瓜就因两国边界地区一块3平方公里土地的领土主权归属问题引起外交纠纷；2011年玻利维亚在拉美和加勒比国家共同体成立过程中，也曾提出希望通过新的政治对话协调机制来解决其太平洋出海口问题，遭到智利和秘鲁拒绝。此外在哥伦比亚和委内瑞拉、哥伦比亚和尼加拉瓜、尼加拉瓜和洪都拉斯之间都还存在边界或领土、领海争端。古巴经济学家阿尔皮萨尔论述拉美一体化面临的八大挑战时指出："第一大挑战，是区域内各国仍存在各式各样的争端——边界争端。"[②]智利圣地亚哥大学教授、历史学家罗哈斯也指出："地区内一些国家无法克服存在的地缘政治冲突，也是拉美一体化存在困难的明显证据。"[③]历史遗留问题的悬而未决，加之涉及国家尊严和主权问题，削弱了相关国家间的政治互信度，同时有关国家又利用参加一体化组织，希望通过新机制满足各自的主权诉求，这显然将阻碍区域合作组织成员国在政治经济一体化具体协议、实施路径等方面达成一致，对一体化进程造成不同程度的干扰。

3. 意识形态分歧是拉美一体化发展的政治制约因素

反美是拉美地区民族主义的最重要的表现形式之一。自1999年上台以来，特别是经过2006年"拉美大选年"，巴西、委内瑞拉、智利、尼加拉瓜、智利、秘鲁、厄瓜多尔和哥斯达黎加等国家的左翼或中左翼领导人赢得大选，以及此前赢得大选的阿根廷、玻利维亚、乌拉圭、巴拿马和多米尼加，再加上古巴，13个左翼政权国家，其人口占拉美总人口超过70%，领土面积占地区总面积的80%。这些中左派政府大都表现出一定的反美倾向。左派力量的崛起，使得拉美地区形成了左右并立的

[①] 王孔祥:《拉美国家领土争端中的国际仲裁》，载《国际关系学院学报》2006年第9期，第69~71页。

[②] Guillermo L. Andrés Alpizar, "Ocho Desafíos para la Integración Latinoamericana y un Nuevo Rol para Asia". http://alainet.org/active/58183.

[③] Máximo Quitral Rojas, "La Integración Económica Latinoamericana en Tiempos de Crisis: Alcances y Llimitaciones para su Consolidación", *Nueva Sociedad*, N°222, Julio-Agosto de 2009, p. 39.

政治形态和发展方式各异的经济模式。

目前拉美地区的经济一体化组织林立,且多与意识形态和政治阵营紧密挂钩。以委、古、玻、厄、尼为核心的美洲玻利瓦尔联盟就是在抵制美国倡导建立美洲自由贸易区的政治基础上成立的;而委在拉美和加勒比国家共同体成立过程中也起到了中坚力量的作用,使得该共同体具有浓厚的政治色彩。有学者评论,委内瑞拉于2012年7月底最终戏剧性地加入了南共市,将增强该区域经济合作组织的意识形态色彩,使这个内部本就矛盾不少的组织的前途更加不确定。有分析认为,政治上亲美、经济上奉行自由市场经济模式的拉美太平洋联盟,必然是对主要由温和左派国家组成南共市的一种平衡和抵消,同时更是对美洲玻利瓦尔联盟的有力挑战。① 经济学家爱德华多·阿尔瓦雷斯认为,"南美出现贸易战略各不相同的两个阵营似乎已经是事实","一些是经济比较开放的太平洋国家,倾向于与美国联合,抵制南共市和查韦斯的影响,另一些国家则是内部冲突加剧,如更加倾向于保护主义的南共市"。阿尔皮萨尔认为,"太平洋联盟的成立,在政治上与美洲玻利瓦尔联盟、在经济上与南共市形成了竞争关系……而太平洋联盟又把与亚洲的关系作为优先考虑,这势必会分散其内部一体化的精力。"② 偏经济目标的一体化组织如南共市、安第斯共同体等,在区域内贸易额上难有大的突破,偏政治目标的一体化组织如拉美和加勒比国家共同体、南美国家联盟、美洲玻利瓦尔联盟又因意识形态差异存在政治分裂的风险,而众多的次区域一体化组织本身很可能在拉美一体化进程中造成内部机制转换障碍,对整合地区经济、提高经济发展效率不利。

由于意识形态差异,右翼国家与左翼、中左翼国家之间存在不少矛盾,政治合作基础不牢固,在人权和民主问题上又互相指责,在与美国的关系问题上经常立场不一致,这些都导致拉美国家经济上要求一体化的良好政治意愿被意识形态分歧带来的影响所消解,无法真正形成一体化所需要的政治凝聚力。另有学者指出,"区域内一些国家的民主体制还不够牢固,面临民众反抗和社会政治动乱的威胁,这使得严肃认真地就一体化问题进行开放、有效的对话变成了一种奢望。"③

4. 缺乏强有力的领导者制约了一体化进展

美国于1994年在迈阿密西半球首脑会议上提出美洲自由贸易区设想,试图主导美洲经济一体化进程,但受到包括巴西、墨西哥、委内瑞拉、阿根廷等主要拉美国

---

① 赵涛:《拉美诞生一体化"新四国"》,载《文汇报》2011年4月30日。
② Guillermo L. Andrés Alpizar, "Ocho Desafíos para la Integración Latinoamericana y un Nuevo Rol para Asia". http://alainet. org/active/58183.
③ Máximo Quitral rojas, "La Integración Económica Latinoamericana en Tiempos de Crisis: Alcances y Limitaciones para su Consolidación", *Nueva Sociedad*, N°222, julio—agosto de 2009, p. 39.

家的冷遇、质疑甚至抵制,在 2005 年 11 月的美洲国家首脑会议上似乎已被证明彻底失败,同时使得拉美地区一体化的一个潜在的强有力领导者就此消失,并促使拉美一体化运动出现"泡沫化自由发展"。同样,由于拉美地区近年来反美情绪持续高涨,美国主导的美洲国家组织也没有成为拉美地区一体化进程中的领导机构。拉美国家组成的大型区域性政治集团,如成立于 20 世纪 80 年代的里约集团和 2011 年成立的拉美和加勒比国家共同体均因其成员国各自经济发展水平、执政模式、外交重心、战略预期乃至意识形态不尽相同,内部矛盾层出不穷,难以形成统一立场,尽管对拉美地区一体化进程有所推进,但实质内容有限,很难对整个地区的一体化进程形成有力领导。有拉美学者指出,拉美一体化进程"缺乏一个超越国家的、具有足够权力和财政支持的机构来影响各国制定相关政策,目前各国均无法接受由非本国代表组成的秘书处的成立,这使得一体化进程主要依赖首脑峰会来推进","需要一个强有力的超国家的常设机构来解决一体化进程中出现的种种问题","这种强有力领导机构的缺失还表现在缺乏有效的争端解决机制上,特别是贸易争端解决机制"。[1]

在拉美国家中,从政治影响力和经济实力方面考虑,地区大国巴西、阿根廷、墨西哥均有条件成为拉美一体化进程的主导力量,其中经济实力日益强大,地区及国际影响力逐年增强的巴西最有可能承担这一角色。然而由于种种原因,巴西的主导地位尚未得到区域内国家的认同,如近年来寻求成为安理会常任理事国的巴西,遭到了本地区墨西哥和阿根廷的明确反对。而作为南共市的最大经济体,在巴西和阿根廷的贸易摩擦、阿根廷和乌拉圭的造纸厂争端以及太平洋联盟成立过程中巴西所扮演的角色,均显示巴西本身也缺乏示范作用,没有树立起负责任的区域大国形象。有些大国在对外政策上为了取悦国内民众而采取沙文主义,也使得一体化进程举步维艰。由此可见,拉美一体化进程既没有类似欧洲一体化进程中法、德两国的双核驱动模式,也缺乏像美国在北美自由贸易区进程中占据绝对主导地位的国家来发挥核心和主导作用。

阿根廷前总统、南美洲国家联盟首任秘书长基什内尔 2010 年 10 月去世后,当时即将卸任的巴西总统卢拉担当一体化领导者是众望所归,但他本人却排除了这种可能性。卢拉于 2011 年 1 月卸任巴西总统后,具有崇高威望的领导人对稳定拉美局势、引导地区一体化的特殊作用因此下降。巴西现任总统迪尔玛·罗塞夫的

---

[1] Fernando Rueda-Junquera, "Las Debilidades de la Integración Subregional en América Latina y el Caribe", Universidad de Burgos. http://cde. usal. es/master _ bibliografia/practicas/ue _ economiainternacional/lectura_seminario4. pdf.

执政能力、个人魅力与卢拉相比都存在差距。委内瑞拉总统查韦斯倒是希望接过这面大旗，但因个人健康问题等原因，使其也无法担此大任，2013 年 3 月 5 日查韦斯病逝后，其继任者尼古拉斯·马杜罗·莫罗斯在大选中当选总统。尽管马杜罗宣布继续执行查韦斯的内外政策，但马杜罗执政伊始，其个人魅力也不及查韦斯，将有可能根据国家发展的现实利益需求对其外交政策作某些有限的调整。如此，委内瑞拉能否像以往那样在拉美地区一体化进程中发挥作用，可能存在一些变数。

三、影响拉美一体化进程的外部制约因素

全球经济形势和国际格局的变化，尤其是美国的作用成为制约拉美一体化进程的重要外部因素。

拉美国家的一体化进程，从本质上来说是为谋求自身发展创造有利环境。自 2008 年全球经济危机爆发以来，美国经济复苏缓慢乏力且存在不确定因素，欧元区的主权危机依然难有明显缓解，新兴经济体的经济增速明显放缓，其对全球经济增长的动力明显减弱。在此背景下，外部经济对拉美经济发展的牵制作用不断显现。国际关系格局的加速调整，为拉美国家选择适合自身的发展道路提供了机会，但国际形势的变化对拉美一体化进程也带来了一些挑战。近年来拉美国家为应对这些挑战在经济交往上重视与欧元区和亚太地区经济圈的关系，这可能会调整其贸易政策，经贸重心外趋性特点可能进一步强化，同时贸易多元化背景下的拉美一体化建设将面临外部经济联系的强力冲击，会更加削弱一体化组织内部本就脆弱的经济依存性。

从目前情况看，在拉美一体化进程中遇到的最大外部障碍，无疑是美国在其中发挥的直接和间接作用。美国向来将拉美视作"后院"，从政治、经济、文化等方面进行多方影响和控制，始于 19 世纪 30 年代的"门罗主义"影响至今。美国对拉美一体化起到的阻碍作用主要表现在以下几个方面。

第一，美国通过自身主导的美洲区域合作组织对拉美一体化进程施加影响。美国通过美洲国家组织，于 1994 年首届美洲国家首脑峰会上推动建立西半球经济一体化。虽然美洲自由贸易区最终无果而终，但美国在多边谈判失败后，转而专攻双边贸易机制谈判，在一定程度上从政治上分化了拉美国家，破坏了拉美一体化进程取得的政治成果。当然，由于美国本身的经济规模，经济发展质量和国际化程度决定了拉美国家与美国在经济方面不可能因为一体化而断绝关系，美国目前仍然是不少拉美国家的最大贸易伙伴。美国主导成立的北美自由贸易协定和多米尼加—中美洲自由贸易协定，以及美国与智利、哥伦比亚、秘鲁等国签订的双边自由贸易协定在一定程度上打破并分化了拉美国家在贸易市场上的团结与整合，对拉美区域一体化进程造成不可忽视的影响。

第二,拉美国家在处理与美国关系问题上态度并不一致。墨西哥、哥伦比亚、智利等国与美国经济关系密切,哥伦比亚甚至是美国在拉美的军事盟友,这些国家与持反美立场的国家在保持团结时持相同意愿,但在处理具体问题时却不得不顾及与美国的关系,不会因一体化要求而疏远与美国的关系,要达成共识困难重重。美国利用自身在国际上拥有的强大话语权,对拉美反美阵营国家形成打压之势,从而加剧拉美国家之间的矛盾,不利于夯实一体化建设的政治基础。

第三,美国在拉美的军事存在。美国通过介入拉美反恐、安全、禁毒、民主等领域,加强了在拉美的军事存在。自2008年以来,美国海军第四舰队就游弋在拉美和加勒比水域。有外媒称,此举除了通过联合军演训练该地区的武装力量外,还有遏制巴西崛起和监视拉美左派政府的目的。2009年8月美国与哥伦比亚签订军事合作协定,美国获准使用哥境内多个军事基地,引发拉美多国的强烈抗议。2012年4月召开的美洲国家首脑会议上,美国并没有给该地区提供更多经济和贸易上的帮助。美国通过军事上的种种动作,挑拨拉美国家内部关系,降低相互间政治互信,并可能引起地区军备竞赛,对拉美一体化进程起到不利影响。

客观而言,美国因素既是拉美一体化建设的外部动力,也是其发展进程中的绊脚石,在这个意义上,美国通过政治、经济、外交和文化等手段,在拉美一体化进程中起到了政治上分裂、离间,经济上分流、控制的消极作用,不利于拉美一体化在稳定、团结、互信的环境下健康发展。

小结

拉美国家间有地缘上的连接性,有"共同的经历、共同的语言、共同的风俗习惯、共同的宗教信仰以及共同的事业、原则和利益",形成了共存的利益基础,由此而产生在政治、经济、安全、社会文化上的共享利益,这是拉美实行一体化的依据。拉美地区是世界上冲突最少的地区,这里几乎没有战争、没有大规模杀伤性武器、没有民族和宗教之争,具备一体化思想发展的良好土壤。

20世纪90年代以来,在世界经济全球化和地区经济一体化背景下,拉丁美洲为了避免在这一大趋势中被边缘化,其一体化迅速发展。几乎所有的拉美地区都达成了一体化协议,几乎每个国家都以某种形式加入到一个或多个区域性或次区域性组织。其中,1991年成立的南共市是南美地区最大的经济一体化组织,也是世界上第一个完全由发展中国家组成的共同市场,是近年来拉美一体化发展中最有前景的区域一体化组织。2011年成立的拉美和加勒比国家共同体是囊括了地区全部33个国家的拉美最大的区域政治一体化组织。2012年6月正式成立的拉美太平洋联盟则是拉美一个新兴经济组织,重点突出经济贸易目标而引人注目。正如罗哈斯所说:"在世界经济笼罩在一片愁云惨雾的情况下,经济一体化对于拉美而言,是从世界经济中心获得经济独立的可行路径,因为这使得高效利用外资、改善资本和服务流通、平衡与邻国的经济差异成为可能,这利于地区安全,提高国家之间的政治互信。"[①]正因为如此,拉美一体化进程在近十年来取得了很大进展,这既体现了一体化是大势所趋,成为拉美地区各国的共识和发展战略选择,同时也凝聚了拉美各国的决心和努力,是拉美各国不断积极探索一体化新模式和实现全方位一体化进程的成果。

然而,拉美一体化仍然还面临着内部和外部各种各样的制约因素。我们应该把这些问题看作发展前进中的问题,是拉美向更高层次的一体化方向发展必须面对和解决的问题。当然,解决这些问题需要拉美各国领导人更坚决的政治勇气,更高超的政治智慧以及稳定的国内政治环境和经济发展水平,也许,还需要一个历史契机。

[作者简介:温大琳,北京第二外国语学院西葡语系副教授,研究方向为西班牙语国家国情研究。]

---

① Máximo Quitral rojas, "La Integración Económica Latinoamericana en Tiempos de Crisis: Alcances y Limitaciones para su Consolidación", *Nueva Sociedad*, N°222, Julio-Agosto de 2009, p. 39.

美国第三次三 K 党运动中的女成员 *

李国庆

美国的三 K 党至今已有百余年的历史。美国学术界一般认为,从该组织成立肇始至今,共经历三次运动。[①] 第三次三 K 党运动始于二战结束,持续至今。三 K 党作为兄弟会组织一直对妇女持有偏见甚至是歧视的态度。但是随着社会形势的变化,以及基于对妇女特点的考虑,三 K 党逐渐重视了妇女对该组织中的重要性。相较而言,第三次三 K 党运动时期的女成员地位与前两次三 K 党运动时期相比有一定的继承性,同时又呈现出一定的变化。在第三次三 K 党运动期间女成员逐渐受到重视,她们的参与程度更加深入。第三次三 K 党运动也逐渐认识了妇女在该组织中的重要性,对她们的加入和参与大体上持接受的态度,有时甚至是鼓励。本文在分析第三次三 K 党运动兴起原因、特点和破坏性的基础上,梳理三 K 党运动女成员地位的变化并论析她们所担当的角色。

一、第三次三 K 党运动

美国第三次三 K 党运动的兴起是其社会文化传统、特定社会环境和特殊政治机制的产物。它的兴起和长期存在有其必然性。首先,根深蒂固的美国南部种族主义传统给三 K 党的长期存在与发展提供了条件。第三次三 K 党运动因当时南部种族复杂关系而起。第二次世界大战以后,美国南部种族之间的暴力一直持续。黑人群体追求自由和平等的诉求与南部种族主义格格不入。第三次三 K 党得到了来自南部传统政客和激进的白人极端群体的支持。其次,部分白人群体经济地位的困窘也是导致第三次三 K 党运动兴起的原因。在美国成为世界头号经济强国和社会转型期间,贫富差距日益加大,相当数量的白人陷入经济困窘之中。社会

---

* 基金项目:北京第二外国语学院校级项目"英语跨文化交际教学团队"的阶段性成果。
原载于《史学月刊》2013 年第 5 期。

① 第一次三 K 党运动开始于 1866 年,肆虐于美国内战之后的重建时期。第二次三 K 党运动开始于 1915 年,20 世纪 20 年代达到顶峰。参见《美国百科全书》(*The Encyclopedia of Americana*, Vol. 16),第 16 卷,学术图书馆出版社 2006 年版,第 599 页。

地位的下降和身份危机,使这些白人成为第三次三K党运动兴起的社会基础。再次,极端宗教信仰的出现为该运动提供了宗教信仰的错误指导。极端的宗教信仰为第三次三K党的暴虐行动提供了理论和教义上的支持。最后,美国行政制度的运行不力为该运动觅得繁衍的空间。美国联邦制的两个弊端,州权主义的痼疾以及执法体系的混乱和不力使三K党得以死灰复燃。上述历史与现实条件的结合使得第三次三K党运动得以借尸还魂。

第三次三K党运动和前两次运动相比,具有一些新的特点。其一,在此运动时期,第三次三K党开始进行组织和结构上的重组,出现大量该党变体。在这些变体组织中最大的两个是罗伯特·谢尔顿(Robert Shelton)领导的"美国联合三K党"(United Klan of America)与大卫·杜克(David Duke)和比尔·威尔金森(Bill Wilkinson)领导的"三K党骑士团"(Knights of the Ku Klux Klan)。① 这一时期的三K党具有分散性与地方性的特点。许多三K党成员开始自立门户,组建各种种族主义群体和"白人至上论"组织。第三次三K党与新纳粹组织和光头党等极端组织建立了广泛的联系。第三次三K党成员甚至出现了跨组织的现象,其他组织宣扬的理念也被融入到第三次三K党的意识形态之中。其二,第三次三K党运动的兴起和发展反映了当代美国社会的文化纷争。第三次三K党极力粉饰的仇恨理念具有鲜明的时代特点。其理念与美国社会思潮的转向紧密联系在一起,以一种"虚假意识形态"来招摇撞骗。第三次三K党运动针对移民问题、伦理问题等论争焦点采取了极端的暴力行为。其仇恨对象也扩展到墨西哥移民、同性恋和堕胎者等群体。其三,第三次三K党运动改变了宣传方式,它对大众传媒的采用已经从印刷媒体转向电子媒体。这种大众传媒方略直接影响到当代美国大众文化的变异,并掺杂着三K党所宣扬的以白人种族主义为核心的消极成分,导致美国社会与文化的重构与异化。美国民众尤其是青年群体,深受此种文化理念和认知的麻痹与毒害。极端种族主义仍然是第三次三K党运动政治理念的核心思想,它的意识形态与前两次三K党运动具有一定程度上的延续性。但是第三次三K党运动的组织结构、具体攻击对象和宣传策略却有所不同,这反映了美国整个社会的变化。

第三次三K党仍以暴力行为和恐怖活动对部分群体实施严重的迫害,给美国社会带来了巨大的危害。遭到迫害的群体主要包括美国黑人和墨西哥移民。

黑人依然是第三次三K党仇视的对象之一。在第三次三K党运动期间,美国社会尤其是南部的种族纠纷仍然严重,种族主义依然盛行。美国社会种族关系的

---

① 卡尔·西法基斯:《美国犯罪百科》(Carl Sifakis, *The Encyclopedia of American Crime*,第二卷),档案史实出版社 2001 年版,第 502 页。

演变直接引起南部种族主义分子的极度仇恨。第三次三 K 党企图通过各种疯狂的暴力与恐怖手段来破坏黑人的诉求。该组织相继制造了一系列的暴力恐怖事件。从 1954 到 1959 年,第三次三 K 党至少制造了 530 起暴力事件;从 1956 年 1 月 1 日到 1963 年 6 月 1 日,该组织对黑人住所、黑人教堂和种族混合设施实施了至少 138 次炸药袭击事件。①

第三次三 K 党也把仇恨聚集在外国移民尤其是西裔美国人身上。该组织想利用本土文化和外来文化碰撞所产生的后果作为吸引民众关注的手段和策略。第三次三 K 党的暴力行为和恐怖活动无疑会滞缓美国本土文化和外来文化融合的进程,引起更多的纷争和冲突。20 世纪 80 年代早期,加利福尼亚州三 K 党分支的领导者汤姆·梅茨格(Tom Metzger)带领 40 名三 K 党成员在欧申赛德(Oceanside)挑衅,他煽动说:"墨西哥将会对美国发起一场种族战"。②结果引发了攻击墨西哥移民的骚乱,使多人受伤。

第三次三 K 党运动采取了包括谋杀和爆炸等在内的暴力手段和恐怖行为,给美国民众和社会带来了极大的危害。炸药在第三次三 K 党运动时期成为该组织实施暴力犯罪的主要武器之一。它制造的多起暴力和恐怖事件包括骇人听闻的"第十六街浸礼会教堂爆炸案""格林斯博罗勒屠杀""维奥拉·柳佐案"和"迈克尔·唐纳德案"等。

第三次三 K 党现今仍在活动,它依然是一个秘密的极端组织。其男女成员均具有极端种族主义思想,属于社会极右翼群体。该组织的宗旨是奉行白人至上主义,维护白种人的利益。虽然第三次三 K 党为适应美国社会变迁在传播方略和组织成员等方面与前两次三 K 党运动有所改变,但它依旧使用暴力、恐吓、暗杀等手段,给社会带来了很大危害。

二、女成员地位的变化

虽然百余年来美国三 K 党一直是由男性成员占主导地位,但随着历史的变迁,女成员在该组织中的地位也有所变化。三 K 党像美国历史上其他种族主义组织一样,一直由白人男成员所主导。他们对女成员的吸纳和参与一直持歧视或敌意的态

---

① 丹尼尔·列维塔斯:《身边的恐怖分子:民兵运动和激进的右派》(Daniel Levitas, *The Terrorist Next Door: The Militia Movement and the Radical Right*),托马斯·邓恩图书 2004 年版,第 74 页。
② 卡洛斯·M. 拉腊尔德和理查德·格里斯沃尔德·卡斯蒂略:《身边的恐怖分子:民兵运动和激进的右派》(Carlos M. Larralde and Richard Griswold del Castillo, "San Diego's Ku Klux Klan 1920—1980"),《圣地亚哥历史杂志》(*The Journal of San Diego History*),2000 年第 46 期。https://www.sandiegohistory.org/journal/00summer/klan.htm.

度,对她们所能承担的角色表示质疑。在美国历史上,三K党以兄弟会团体的形式出现,体制上就限制妇女的加入。根深蒂固的妇女歧视和长期存在的男性特权是三K党这个美国极端组织的特征之一。从美国内战后三K党兴起至今,妇女都一直是男成员的附庸。除了少数人之外,女成员大多难以晋升到领导体系的高层。尽管总体如此,但在第三次三K党运动时期,妇女的地位与以前相比仍然有所不同。

在美国南部重建时期兴起的第一次三K党运动中,妇女是男成员的附庸。三K党的兄弟会组织性质决定了该组织对妇女的态度和她们在该组织中的从属地位。

第一次三K党运动的领导权自始至终都掌握在男性手中,排斥妇女参与。第一次三K党运动的妇女大多是该组织成员的母亲、妻子、女儿。她们的活动和职责是待在家里为三K党成员缝制长袍。[①]妇女在第一次三K党运动中的参与并不活跃。第一次三K党极力宣扬妇女的脆弱性,容易受到黑人攻击,诬蔑黑人威胁到了南部白人妇女的贞洁。该组织要保护妇女免于黑人强奸,并强烈反对黑人和白人妇女通婚。[②] 这个极端种族主义恐怖组织的成员要行使"骑士"的职责保护白人妇女,视她们为加以保护的私有财产。在施行残害黑人的暴行时,第一次三K党大肆宣扬是为了保护白人妇女,意在骗取社会民众的支持。其实,第一次三K党对妇女是极端歧视的,连其成员的母亲、妻子和女儿也不被允许加入组织和参加社会公开活动。她们只能作为家属秘密地参与一些后勤辅助工作。妇女在第一次三K党运动期间只是附庸。

第二次三K党运动的妇女参与程度比第一次要高,但是所有的三K党妇女组织都沦为了该组织利用的工具。

第二次三K党运动期间,美国经济迅速发展,工业化速度加快,劳动力市场需求增加。这种需求使妇女冲出家庭的束缚,走向社会,成为社会运动的重要参与者。1920年8月通过的美国宪法第19条修正案使妇女获得了渴求已久的选举权。她们开始加入社会组织,甚至建立由妇女主导的志愿组织,积极参与社会运动。在这种社会大背景的影响下,也有大量具有种族主义思想的妇女参与到极端右翼运动中。第二次三K党运动时期,妇女在三K党组织中的角色有了进一步的提高。第二次三K党运动初期,男性主导者不允许她们加入该组织,对妇女仍然保持了传统的歧视态度。然而,进步主义运动的社会大背景以及妇女获得选举权给予当时美国妇女更加

---

① 大卫·查莫斯:《事与愿违:三K党如何推进民权运动》(David Chalmers, *Backfire: How the Ku Klux Klan Helped the Civil Rights Movement*), 罗曼和里特菲尔德出版社2003年版,第153页。
② 凯瑟琳·比利:《三K党妇女:20世纪20年代的种族主义与性别》(Kathleen M. Blee, *Women of the Klan: Racism and Gender in the 1920s*), 加利福尼亚大学1992年版,第15页。

独立和进取的意识,这在一定程度上增加了妇女参与第二次三K党运动的热情和程度。1921年,三K党面对这一形势与内部争权夺利的需要修改了章程,首次允许建立三K党妇女组织。有"金色面具女王"(The Queens of the Golden Mask)、"隐形帝国女士"(the Ladies of the Invisible Empire)、"三K党妇女"(Women of the Ku Klux Klan)和"卡梅利亚"(Kamelia)这四个三K党妇女组织建立起来。这些三K党妇女组织经过彼此之间的竞争和整合,最后形成了一个正式的三K党全国性妇女组织——"三K党妇女"。妇女开始公开积极地参与第二次三K党运动。

随着妇女在三K党运动中的参与热情和担当角色有所提升,男成员对她们的态度有了一定程度的改变。妇女开始积极参与三K党运动,并成立该党所属的独立的妇女组织。三K党妇女组织成为第二次三K党领导者满足个人私欲和聚敛财富的工具,以及他们寻求其他妇女组织的支持,增强其政治侵染力、加大社会危害、抵制犹太人商业活动和通过社区交往传播极端种族主义的工具。与第一次三K党运动不允许妇女公开参加社会活动相比,第二次三K党运动允许建立独立的三K党妇女组织,并以组织形式公开参与各种活动,这显然表明妇女在第二次三K党运动中的参与程度有很大提高。然而,第二次三K党仍然像第一次三K党运动一样不允许妇女以个人身份加入该组织。这表现出第二次三K党坚持了对妇女的固有歧视和男性的主导地位。

第三次三K党运动时期的妇女地位与前两次三K党运动相比在发生重要变化的同时也有一定的继承。

第三次三K党运动与前两次三K党运动相比妇女的参与程度又有进展。在第三次三K党运动期间女成员逐渐受到重视,她们的参与程度更加深入。随着社会形势的变化,以及考虑到妇女自身的特点,第三次三K党运动也逐渐重视了妇女在该组织中的重要性,开始越来越关注妇女的加入。① 因此,加入第三次三K党的妇女越来越多。

第三次三K党女成员数量增多的一个原因是妇女身份意识和参与意识的增强。女权主义在美国出现过几次高潮,当代美国妇女在政治与经济地位上也有了很大改善。随着第三次三K党运动的发展,其女成员的数量不断增加,她们担当的角色也开始重要起来。第三次三K党运动中女成员数量增多的另一个原因是妇女本身具有"隐蔽性"。第三次三K党的一些男领导认为吸纳女成员更安全,因

---

① 艾比·L.费伯:《本土仇恨:性别和有组织的种族主义》(Abby L. Ferber, *Home-Grown Hate: Gender and Organized Racism*),劳特利奇出版社2003年版,第7页。

为她们很可能有更少的犯罪记录,因此更少受到警察的关注。①在一定程度上讲,第三次三K党吸纳妇女并不是考虑她们是否具有种族主义倾向,在加入三K党之前,她们甚至不是种族主义者。许多加入第三次三K党的妇女通常并不是来自贫穷与种族主义家庭,她们也并没有受到虐待或是疯癫。

在第三次三K党运动中,没有成立专门的三K党妇女组织。妇女可以与男子一样直接以个人身份加入该组织,第三次三K党对妇女的加入和参与大体上持接受的态度,有时甚至是鼓励她们加入。"三K党骑士团"曾经多次通过讲演和书面形式强调了女成员的地位和她们在三K党中的角色,告诫男成员不要排斥女成员,要主动和她们交流。②一个三K党分支的入党誓词写道:"要做到纠正邪恶,尤其是那些破坏家庭、儿童和妇女的恶习;保护儿童和妇女被尊为骑士和英雄的行为。"③

为了凸显对女成员的重视和吸引更多妇女加入,第三次三K党进行了一系列宣传。在宣传方式上,除了分发传统的纸质传单外,网络成为主要的传播手段。第三次三K党运动主要通过网络进行宣传,吸引妇女加入。很多三K党组织都在其官方的主页设置了欢迎妇女加入的板块。"三K党反叛旅骑士团"在其官方主页上发布了标题为"三K党女成员"的板块来吸引妇女加入。上面写道:"犹如谚语所说,每个成功男人的背后都有一个好女人,三K党女成员一直走在组织的前沿。她们为组织筹集资金。如果你是一名白人妇女,请加入我们,和其他白人男子和妇女一样加入我们。三K党中大多数女成员的丈夫或男朋友是三K党成员,但是也有一些不是。所以并不一定要求你也如此。前进吧,加入三K党。"④"全国三K党骑士团教会"在其官方网站的"妇女专栏"上发布了三K党女成员的历史和该分支的女成员情况,并蛊惑道:"全国三K党骑士团教会"赋予女成员很大的晋升和发展机会。⑤ 一些三K党组织还将女成员加入后的溢美之词公布于众来造势。"全国三K党骑士团教会"的女领导者蒂娜(Tina)说:"去年是不同寻常的一年,我被

---

① 比尔·戴德曼:《三K党如愿以偿,但项目争夺仍在继续》(Bill Dedman, "Klan Gets Its Wish, but Fight Over Project Continues"),《纽约时报》(*New York Times*)1999 年 11 月 4 日。
② 佐治亚大学未发表的博士论文:米歇尔·克里斯蒂娜·伯奇《妇女在当代白人至上主义组织中的领导角色》(Michelle Christine Burch, "The Leadership Roles of Women in Contemporary White Supremacist Organizations"),华盛顿特区:佐治亚大学出版社 2004 年版,第 26 页。http://www.coe.uga.edu/leap/adulted/pdf/Michelle_Christine_Burch.pdf.
③ 南希·K. 麦克林:《骑士面具的背后:第二次三K党运动的形成》(Nancy K. MacLean, *Behind the Mask of Chivalry: The Making of the Second Ku Klux Klan*),牛津大学出版社 1995 年版,第 99—114 页。
④ http://cnkkkk.net/index.php.
⑤ http://cnkkkk.net/index.php/Women_of_the_KKK.

授予很少有妇女能够获得的"大女皇"(Grand Empress)的职位,褒奖我多年来一直致力于三K党的无私奉献。在三K党的历史上,只有两位妇女获此殊荣。"①"南部白人骑士团"女领导者艾普丽尔·洛特(April Lott)的感受也作为宣传文本:"作为一名三K党女成员,我感到无比自豪。刚开始加入的时候还有点犹豫,但是接触三K党之后,我感到很值得,因为我能教给孩子成长的最好方式。我全身心地投入工作。我在三K党中的职位得到四次晋升,对此我由衷地感谢三K党,没有三K党就没有我的今天。"②

在第三次三K党运动中,妇女地位发生了一些重要变化,但在本质上仍延续了三K党固有的性别歧视传统。这一点在妇女加入第三次三K党的时候就作了明文规定。很多三K党组织在招募女成员的时候就明确规定了妇女的地位和职责。"全国三K党骑士团教会"官方网站上规定了女成员应有的姿态和职责中包括:所有三K党女成员都应该尊重该党男成员,不能有任何掌控他们的企图;所有的三K党女成员都应该帮助举办仪式、提供膳食、打扫卫生等事务。③"三K党造反旅骑士团"在其官方主页上发布了招募女成员的板块。其中就很明确地指明了她们的职责:从事幕后活动,承担秘书和财务主管的工作;为三K党成员缝制服装,为进行集会和游行烧制食品,并为三K党活动做所有的准备工作,为三K党募集资金;进行医疗培训,随时准备对集会和游行中受伤的三K党成员进行医治和抢救。④

第三次三K党还要求女成员在该组织具体的行动中承担辅助性工作。1995年,一名女成员米切尔·伯奇参加了三K党全国代表大会一年一度的"劳动节周末"庆祝活动。来自全国各地的三K党男女成员聚集在阿肯色州的奥索卡山脉(Ozark Mountains),聚会共3天。活动包括研讨会、演讲、娱乐和联谊。伯奇在实地日记中写道:"周五的晚上是一个大聚会。野营厨房中尽是忙碌的妇女,她们正准备晚餐。她们还要为周六晚上的'奥扎克烧烤'做准备。"⑤芮妮(Renee)、帕特里夏(Patricia)和丽贝卡(Rebecca)负责主持此次"劳动节周末"庆祝活动。"尽管她们都是阿肯色州三K党分支的领导层成员,但是她们还要承担一些琐碎的日常杂务,例如准备食物、确保所有的桌椅到位、给气球充气、绑好十字架等。"⑥这则日记

---

① http://cnkkkk.net/index.php/Grand_Empress_of_the_CNKKKK.
② http://swklotieboties.homestead.com/LOTIES.html.
③ http://cnkkkk.net/index.php/LOTIE_Duties.
④ http://www.kkkknights.com/klan_women.
⑤ 米歇尔·克里斯蒂娜·伯奇:《妇女在当代白人至上主义组织中的领导角色》,第123页。
⑥ 米歇尔·克里斯蒂娜·伯奇:《妇女在当代白人至上主义组织中的领导角色》,第123—124页。

充分证明,在第三次三K党的活动中,女成员乃至领导者也只是充当集体的家庭主妇,做辅助性的服务。

概而言之,在三K党百余年的演变中,妇女在该组织的地位和参与程度随着美国历史的变迁不断发生变化,但始终处于从属地位。在第一次三K党运动时期,妇女不能加入这个极端恐怖组织,不能参加它的活动,只能以家属的身份为这个组织做家务和后勤工作。在第二次三K党运动时期,妇女仍然不能以个人身份加入该组织,但她们可以建立三K党妇女组织。这些具有极端种族主义思想的妇女组织成为被利用的工具,为第二次三K党作了许多助纣为虐的坏事。在第三次三K党运动中,妇女可以以个人的身份加入该组织,可以和男成员一起参加各种活动,在这个极端种族主义团体中充当家庭、组织和社会的多种角色。少数女成员还成为领导层的主要成员或担任公职。然而,在由男子掌控的第三次三K党中,多数女成员仍处于从属的地位。

三、女成员担当的角色

随着妇女自身政治意识的增长,她们在三K党中变得越来越活跃。妇女组成了当今种族组织成员的一部分,其中少数人还担任了领导职务。①妇女在当代种族组织中担当着复杂的角色。对于三K党来说,妇女的作用不仅体现在其帮手的身份上,而且她们还会对男成员的稳定性起到关键作用。女成员在第三次三K党运动中担当着家庭、组织和社会三方面的重要角色。

家庭角色是女成员在第三次三K党运动中最基本的职责。

在有组织的种族主义团体中,妇女最普遍的活动就是履行生育和抚养下一代的职责。尤其是三K党视其组织为一个家庭,对其女成员生育和抚养下一代寄予厚望。从第三次三K党运动开始,该组织逐渐关注妇女及其作用的问题。"三K党骑士团"出版的月刊《白人爱国者》(*The White Patriot*)的一篇文章写道:"在三K党骑士团眼中,妇女拥有很崇高的位置。我们多年以来一直认为妇女在社会中一直处于弱势的地位,在就业方面也面临不公正的待遇,我们三K党坚决反对对妇女的剥削。妇女为家庭的繁荣和兴盛作出了卓越的贡献,她们维护了传统的家庭价值观。"②有时,种族主义观念下的家庭意味着妻子对丈夫的责任;而有时,家

---

① 凯瑟琳·比利:《成为种族主义者:当代三K党和新纳粹团体中的女性》(Kathleen M. Blee, "Becoming a Racist: Women in Contemporary Ku Klux Klan and Neo-Nazi Groups"),《性别与社会》(*Gender and Society*)1992年第10期。

② 米歇尔·克里斯蒂娜·伯奇:《妇女在当代白人至上主义组织中的领导角色》,第25—26页。

庭意味着在维系一个种族团体中所承担的义务。尽管部分三K党女成员对自己的组织和自身的地位颇有微词,但她们却不约而同地认定其所包含的家庭这一积极因素。凯蒂(Cathy)是佛罗里达三K党的妇女领导体系中的一员,她在访谈中说:"妇女在白人至上主义运动中的角色是很难通过书面形式来呈现的。我想,大多数妇女的侧重点主要还是支持家庭观念,集中精力培养和教育白人下一代。当代美国社会女权运动成为主导,但这并不被所有妇女认同,三K党就给我们提供了这样的选择权利。在三K党里,我们真正感受到了社区和抚育孩子的感觉,这正是我们所需要的。"①家庭被认为是服务于种族组织纳新的一个平台。当代三K党吸纳妇女与青年女孩,希冀吸纳她的家庭成员。当一名妇女加入三K党后,她的家属或朋友很可能也会加入该组织。波莉(Polly)在婚姻失败之后加入第三次三K党,她说:"三K党给我提供了家的温暖。随后,我的两个儿子也相继加入到三K党中。三K党是家庭式的组织,并不仅仅是男性团体。孩子们在三K党中茁壮成长。"②帕特里夏(Patricia)是阿肯色州的一名三K党妇女高层,她的丈夫也被吸纳到该组织。③在第三次三K党中,妇女被期望赋予小家庭母亲并呵护其他成员的权利。三K党女成员的工作维系和促进了男成员之间的关系,抚养三K党的后代。一名光头党成员回忆道:"我第一次参加三K党集会,感觉它就像一个大聚会,充满了乐趣。"④

  第三次三K党对女成员的期待主要寄希望于下一代。儿童很早就被灌输种族主义思想,有时他们也参与到种族主义活动中。在第三次三K党里,成年成员要求小孩把宣传该组织的传单塞到塑料盒子里,带出去扔到外面的草坪上和其他玩伴分享。他们也把其他种族主义组织成员介绍给自己的孩子作为笔友进行联络,为未来的种族活动打下基础。三K党成员也给后代灌输种族仇恨,希望他们的极端种族主义诉求能够一代代地延续下去。第三次三K党的女成员更多地担当影响和教育下一代的角色。雅利安组织的一名女建立者赞颂她母亲的政治意识。她母亲其实就是一名第三次三K党成员。另外一名第三次三K党女成员布伦达(Brenda)在接受访谈时说:"家庭观念在我所加入的三K党中是一个很重要的因素。事实上,我和我丈夫之所以加入三K党就是因为这一点。我们希望能够为我们的孩子创造一个良好的未来,希望在美国社会里,白人和少数族裔能够享受

---

① 同上,第119页。
② 同上,第120页。
③ 同上,第114页。
④ 艾比·L.费伯:《本土仇恨:性别和有组织的种族主义》,第58页。

公平的政策和环境。"①

协调三K党内部关系是女成员在第三次三K党运动中承担的组织角色。

人类学家卡伦·布罗德金·萨克(Karen Brodkin Sack)使用了"中心妇女"(center women)来形容第三次三K党的非正式女领导者。他认为"中心妇女"与男领导者完全不同。男领导者的控制欲望比较大,与下属及其成员联系不多。相反,女领导则与下属及其成员的沟通比较多。男领导者通常采取强硬的态度,女领导者更愿意采用温柔的方式。②关于不同领导方式的区别,迪克·安东尼(Dick Anthony)与托马斯·罗宾斯(Thomas Robbins)使用了"规范拒绝"(norm-rejecting)和"规范肯定"(norm-affirming)两个术语来加以解释。③虽然萨克和安东尼运用不同的术语来阐述第三次三K党女领导者在其组织中的作用,但是她们都具有相同点,即她们具有男领导者不具备的领导风格和沟通技巧。这对促进第三次三K党的正常发展和运作提供了很大帮助。第三次三K党女领导者履行了主要的组织角色。

第三次三K党中女成员不仅仅是该组织的附加群体,更重要的是她们起到稳定男成员的作用。一名第三次三K党女领导者因为没有正式头衔,不愿意透露她的领导身份,但是她的工作对组织非常重要。④一名宾夕法尼亚州三K党领导层成员哈里特(Harriet)说:"三K党女成员从一开始就有进入领导层的先例,这毋庸置疑。我想说的是,妇女在领导层的领导技巧是有目共睹的"⑤。一名南方三K党的领导者描述招募女成员原因的话更具有代表性。他说:"男人是脱离不开妇女的。如果妻子不同意丈夫在三K党的活动,那就会使他的活动受限。相反,如果妇女和丈夫同时加入三K党,就会起到事半功倍的效果。我见到很多忽略此观念的情况。所以我们不能限制妇女晋升领导阶层的机会,否则会给我们带来很大困扰。"⑥妇女能够作为第三次三K党运动的协助者是该组织对她们的更高期待。也许第三次三K党女成员不能走在运动的最前沿,但是她们能够发挥自身特点的优势,维系其组织的协调发展。

女成员在第三次三K党运动中与外部的联系是她们所担当的社会角色。

作为协助者,第三次三K党女成员成为该组织与外部联系的中心。妇女加入种

---

① 米歇尔·克里斯蒂娜·伯奇:《妇女在当代白人至上主义组织中的领导角色》,第120页。
② 迈克尔·巴库恩:《千禧年和暴力》(Michael Barkun, *Millennialism and Violence*),劳特利奇出版社1996年版,第177页。
③ 艾比·L.费伯:《本土仇恨:性别和有组织的种族主义》,第62页。
④ 迈克尔·巴库恩:《千禧年和暴力》,第177页。
⑤ 米歇尔·克里斯蒂娜·伯奇:《妇女在当代白人至上主义组织中的领导角色》,第121页。
⑥ 凯瑟琳·比利:《成为种族主义者:当代三K党和新纳粹团体中的女性》,《性别与社会》1992年第10期。

族主义团体使得这些团体更大限度地接触到社会主流群体。从深层意义上讲,第三次三K党利用女成员的社会角色来寻求外部的政治帮助与合作。为此目的,第三次三K党鼓励其女成员在美国政治机制中任职。因为妇女身份看上去和种族主义相悖,能给三K党的种族主义罩上平静温和的面纱,淡化该组织狼藉的声名。妇女成员高层更能吸引外部政治机制和团体认同第三次三K党的政治诉求和种族理念。正是基于这种认识,第三次三K党出版的刊物《白人爱国者》呼吁:"我们三K党组织中有很多女成员希望能够扮演更加积极的角色。妇女应该去参加学校董事会或类似的社交活动,很显然这是更加有效的方法。"①第三次三K党的一个分支——"骑士党"(The Knights Party)在其官方主页"我们的目标"栏目中表示:我们要号召更多的三K党女成员通过选举程序来竞选地方、州和联邦的公职,诸如学校董事会、市长、州级代表、国会议员等等。我们寻求新成员和志愿者的加入来选举更多的三K党男女成员获得政府公职。我们必须重新控制政府,力争使我们的男女成员占据更多的政府岗位,从地方学校董事会到白宫都要有我们的人。"②

  总体来说,第三次三K党女成员的存在给民众造成了更多假象。很多民众认为第三次三K党具有家庭般的组织性和纪律性,建立起家庭般的社区文化。女成员的加入及其所担当的角色维系了三K党发展的韧性,盘活了第三次三K党运动的运作体系。女成员在第三次三K党的组织维系方面起到了协助作用,一定程度上延长了该组织的存活时限。妇女的参与使第三次三K党声势得以壮大,规模得以扩展。同时,女成员的重要角色使得第三次三K党增加了吸引力和欺骗性。这在一定程度上误导了美国民众对第三次三K党运动的真正了解,掩饰了该组织的破坏性。只有对女成员的参与及其担当的角色进行细致研究,才能使我们更加全面和客观地认识第三次三K党运动的庐山真面目。

[作者简介:李国庆,北京第二外国语学院英语学院副教授,研究方向为美国社会与文化。]

---

① 米歇尔·克里斯蒂娜·伯奇:《妇女在当代白人至上主义组织中的领导角色》,第46页。
② "骑士党"官方网站:http://www.kkk.bz/ourgoal.htm。

翻译篇

"再叙事"视阈下的英汉新闻编译*

程 维

一、新闻编译的定义及外译汉新闻的意义

新闻编译是一种重要的跨文化传播活动。在国内,除了《参考消息》《环球时报》等传统平面媒体大量刊登编译文章以外,互联网也转载了不少编译新闻。在国外,尽管专门刊登编译新闻的传统媒体并不多,但它们在文化交流方面发挥了不可或缺的作用。在意大利,法国知名的《世界报外交专刊》(*Le Monde Diplomatique*)、美国杂志《国家地理》(*The National Geographic*)都被译成了意大利文;法国的《国际邮报》(*Le Courier International*)也有相应的意大利译文版"Internazionale"(Bani, 2006)。在西班牙,英国广播公司(BBC)有相应的西语新闻服务"BBC Mundo",而美国的国际新闻社(IPS)也将原本是英文的新闻译为阿拉伯语、德语、日语、荷兰语等 16 种语言(Gutierrez, 2006)。由此看来,新闻编译这一新闻实践并不局限于发展中国家;不同地域的受众对信息的大量需求、对同在地球村里其他文化群体的陌生感与好奇心都使新闻编译的存在成为必然。

虽然新闻编译的实践由来已久,但新闻编译的研究历史却并不长。1989 年,卡伦·斯戴汀将英文中的 translating(翻译)和 editing(编辑)两个概念合二为一,提出了"transediting"(编译)这个概念(Stetting, 1989)。芬兰学者伊芙·冈比亚认为,编译新闻是对"已经建构的现实的再建构",而且同时受制于职业、机构和文化语境的影响(Gambier, 2006)。刘其中教授认为,新闻编译是通过翻译和编辑的手段,将用原语写成的新闻转化、加工成为译语语言新闻的翻译方法(刘其中, 2009:204)。笔者认为,新闻编译与新闻写作一样,本质上讲仍然是一种叙事形式,是编译者在自身复杂的认知、移情等心理过程作用下,在选报人、编辑、通讯社等各

---

* 原载于《中国翻译》2013 年第 10 期。

种角色影响之下,对原有新闻故事进行不同强弱程度编码的二次叙事。与汉译外新闻编译相比,外译汉新闻编译的自由度相对较小,但并不等同于传统意义上的翻译。

迈克尔·曼认为,人们往往不能仅凭亲身感受认识世界,需要有在感受之上的关于意义的概念和范畴(Mann,2002:30)。这一观点对于想了解国外信息、了解国外媒体如何看待"我们"的中国受众来说,尤其正确。阅读外译汉的国际新闻是国内受众获得信息的重要渠道。表面上看,这种信息的获得是等值的传递,但由于受众不在新闻现场,且大多数受众在外语使用方面存在障碍,所以国内受众所获得的信息是经过编译者加工、抽象之后的概念和范畴。在满足受众获取信息需要的同时,编译者应当怎样合理抽象概念、建构意义,是新闻编译中的一大难点。这与塑造理性的国民心态息息相关,是外译汉新闻编译实现其社会功能的关键。

本文将以《参考消息》在北京奥运期间对美国媒体奥运报道的几则新闻编译为例,借用莫娜·贝克提出的"参与者重新定位建构"和"加标记建构"两种再叙事策略,分析编译者对原新闻故事的编码差异。

二、"再叙事":新闻编译中的身份建构

莫娜·贝克认为,过去那种将翻译视为"沟通桥梁"的观念是幼稚的。她指出,"译者在翻译过程中总是以某种形式在参与建构和传播叙事及话语——有的是通过叙事积极地促成和平,而有的则是通过叙事挑起冲突。"(Baker,2005:2)

为了区别原文的"叙事",贝克将翻译视作一种"再叙事"(re-narration),并认为这种"再叙事"是充满纷争的世界中各方用以证明自己权力合法化的一个重要途径。叙事理论关注统治与抵制的问题,并认为占统治地位的叙事与抵抗叙事不仅能影响我们的行为和话语选择,而且二者之间总是保持一种张力。除此以外,叙事理论与再叙事视角既能兼顾当下的具体文本和具体事件,又能洞悉翻译策略与社会政治语境的关系。贝克提出了选择性建构、时空框架建构、参与者重新定位建构、加标记建构四种策略,用以指导再叙事中的框架建构(Baker,2006:105—125)。

笔者在对2008～2009年《参考消息》编译的美国媒体北京奥运报道的研究中发现,在多样化的报道中美国媒体仍然持有"例外论"元叙事的视角,美国媒体的叙事依然高密度关注人权等道德评判的话题,客观上影响了新闻的叙事策略(程维,2012)。同时,"中国"这个曾经被建构为对手的"他者",在美国媒体叙事中呈现出多维度形象,出现了一定积极的变化,但依然不难看到美国媒体居高临下的"道德卫道士"姿态。在这样复杂的语境下,美国媒体采用了诸如反讽等混合叙事策略,为具有主观倾向的叙事披上了客观的外衣。

《参考消息》编译新闻的再叙事则体现了中国"家"这一元叙事影响。从新闻材料的把关,到选择性建构、参与者重新定位建构、加标记建构、重构时空框架等再叙事策略的选择和应用上,读者都能看到编译者对原文本的批判性阅读和解构。这与中国人对"家"的文化认同,对"国"与"家"的整体观视角有极大关系。媒体借用转述外媒看中国的平台,与国内受众共享"家"的盛事,强化集体主义意识和文化认同。美国媒体在有关奥运的叙事中强调"他者—自我"的二元对立,以及"中国政府—中国老百姓"的二元对立。《参考消息》在转述美国媒体的叙事时,通过各种灵活的再叙事策略,在不同程度上消弭了以上两种二元对立的关系。

其中使用较多的策略之一就是叙事参与者重新定位。译者通过语言的调整,改变时间、空间、指示词、方言、语域、称谓等表述,重新定义"此时—彼时"、"此处—彼处"、"他们—我们"、"读者—叙事者"等关系。参与者重新定位的方式主要有两种:一是"借用副文本重新定位",二是"文本内的重新定位"。

例1:

原文:Two national paths to Olympic glory

The US's approach looks ad hoc compared with China's centralized system.

By Mark Sappenfield and Peter Ford …

〔《基督教箴言报》*The Christian Science Monitor* 2008 年 7 月 18 日〕

译文:中美相互借鉴运动员培养机制(2008 年 7 月 21 日《参考消息》7 版)

美报文章认为,中美是培养机制的两个极端,两国都意识到要想保持领先就必须作出调整,借鉴彼此的长处。现在美国想引入一定程度的集中化,中国则想让它的运动员流水线更加人性化……

例1是借用副文本重新定位的典型例子。法国结构主义叙事学家热奈特将叙事的跨文性细分为五个种类,即互文性、副文性、元文性、超文性和广文性。其中,副文性(有时又称类文性)是最重要的概念,能引导读者沿着作者以及编辑者和出版者所提示的路径,理解他们的意图。热奈特将叙事的序、跋、标题、封面以及手记等视为副文本,并认为,"副文本可以不依赖文本存在,但是没有副文本的文本是不存在的"(Genette,1997:3)。德国锡根大学教授希丹尼彻克认为,副文本能够"引导读者的注意力,影响读者诠释文本,勾画出文本最初的轮廓,为文本的类别进行定位";"副文本不仅对于文本接受至关重要,同时对于文本的生产也十分关键——因为副文本能够指示文本生产的目的,并为受众的阅读期待搭好文本结构。"(Stanitzek,2005:27—42)

副文本可以细分为"外围文本"(peritext)和"嵌入文本"(epitext)。对于新闻文本而言,"外围文本"可以体现在新闻正副标题、文中注释、新闻来源、发稿人、发稿时间、发稿版面等多方面；"嵌入文本"则体现在正文中词语选择、语域选择以及时态等方面。这两类文本都能在不同程度上建构作者与读者、作者与新闻事件中人物的关系，能够反映参与者与不同类别的叙事之间的关系。

例一的新闻原文摘自《基督教科学箴言报》。《参考消息》的编译者在新闻开头加上了具有导读作用的"前言"，为叙事提供了丰富的生态环境。新闻原文主要采用了对比的叙事策略，比较中美两国不同的体育制度和运动员培养机制。故事以美国参加北京奥运的一名年轻女运动员上生物课开始，将中国的运动员建构为"将体育视为谋生方式而不是爱好的训练机器"，突出了"正面的我者－消极的他者"二元框架，认为中国的成功是以扼杀运动员的个性和前途为代价的，美国的培养机制才是合乎人性的、独一无二的。

《参考消息》编译者在译文前加上了类似于文学作品的序，客观比较了中美两国在运动员培养方面的差异。在这一"导读"中，译者客观陈述了不同制度的利弊，引导读者从实事求是的角度去看待两国体育制度方面的差异。导读不仅减轻了读者的阅读负担，而且引导读者对原文中"冷战期间的奥运重演"等提法作正确的解读。

在新闻编译中，译者的身份有时会陷入两难的困境中：一方面，如果译者在叙事中一味追求对原文的忠实，对原文中带有偏见的话语不进行任何干预，那么译者很容易沦为"异质"声音的传声筒；另一方面，如果译者完全采取本土化策略、大幅改变原文作者的意图，则可能将差异转化为种族中心主义、极端民族主义等对"他者"消极的情感甚至敌意。

新闻自身所带的"外围文本"能够解决编译者在叙事过程中的尴尬。采用"序"或者"美报述评""美报报道""美报文章"等外围文本的标识（如例2的标题翻译），编译者既能比较客观地"转述"美国媒体的故事，又可以在叙事中向受众明示原叙事者与再叙事者的视角差异，并给予受众思辨的空间。

例2：部分新闻标题编译

时间	新闻出处	原文标题	作者	《参考消息》编译标题
4月6日	《华盛顿邮报》(*The Washington Post*)	Go, Teams! Learning The Drill In China: Official Cheerleading Squads Taught Etiquette for Olympics	Maureen Fan	美报报道　中国训练奥运拉拉队

时间	新闻出处	原文标题	作者	《参考消息》编译标题
8月28日	《洛杉矶时报》(Los Angeles Times)	A High Price for Chinese Gold: One Athlete Didn't See Her Toddler for a Year; One Quit Eating Dinner. One Even Missed Her Mother's Funeral.	Barbara Demick	美报文章 中国运动员夺金历尽艰辛
8月4日	《纽约时报》(The New York Times)	As China Girds for Olympics, New Violence	Edwad Wong and Ketth Bradsher	美报述评 喀什发生暴力袭警事件
8月3日	《华盛顿邮报》(The Washington Post)	In Run-Up To Beijing Games, a Gold Rush; China Defines Success By Precious Medals	Amy Shipley and Maureen Fan	外媒点评中国"希望选手"临战状态
8月21日	《纽约时报》(The New York Times)	China's Rise Goes Beyond Gold Medals	Nicholas D. Kristof	美报文章 西方应习惯"中国超越"
8月25日	《纽约时报》(The New York Times)	All That Gold, All Those Sports Heroes	Edward Wong	美报报道 中国人把奥运冠军视为英雄

……

在外围文本中,译者在再叙事中的角色是外显的。相比外围文本,文本内的重新定位,或者"嵌入文本"更能保持叙事文本的连贯性和流畅性,从而较少干扰受众的阅读。新闻文本的"嵌入文本"主要通过词汇、语域以及时态变化来重新定位参与者之间、参与者与叙事之间的关系。

例3：

原文：*Rah-Rah Diplomacy：Win or Lose，Chinese Are a Cheerful Bunch*
BYLINE：Maureen Fan；Washington Post Foreign Service...

The Chinese, it turns out, are going wild over the Games. Through two days of full competition in Beijing, Chinese spectators have displayed just the sort of enthusiasm that officials hoped to see—and virtually none of the ugly nationalism that has characterized other sporting events between China and former foes such as Japan.

［《华盛顿邮报》(*The Washington Post*,2008年8月11日)］

译文:

美报文章　无论输赢,中国观众都热情欢呼(2008 年 08 月 13 日《参考消息》15 版)

【美国《华盛顿邮报》8 月 11 日文章】题:欢呼外交:无论输赢,中国人都兴高采烈

……

事实上,中国人对奥运会比赛充满激情。在过去两天的比赛中,中国观众展现了官员们希望看到的那种热情,……他们也基本没有表现出令人不快的民族主义情绪。

例 3 从内容上看,《参考消息》的译文与《华盛顿邮报》的新闻原文非常接近,但是译文的语域却发生了变化——由原文比较口语化的风格转变为较为正式的叙事风格。通过语域的微妙改变,编译者将《华盛顿邮报》建构的"幼稚的中国民众"以及"老于世故的中国政府"两种框架进行了重构,修正了原叙事者与受众之间的俯就关系,使译文更加符合中国社会文化背景下的叙事规范。

除了叙事参与者的重新定位以外,加标记建构也是再叙事的重要手段。加标记建构主要通过两种途径实现"竞争叙事":一是对同一人或事物的不同命名,二是加标题重构叙事。其中,对事物的重新命名既是社会各种叙事逻辑的产物,也是建构、维系或改变特定叙事逻辑,从而建构自我和他者身份的手段。

例 4:
原文:
China Orders Highest Alert for Olympics
Edward Wong and Keith Bradsher
BEIJING－ Chinese officials have thrown an almost smothering blanket of security across this capital... They warn that terrorism is a constant threat, particularly from Muslim separatist groups in the Xinjiang region of western China...

(《纽约时报》2008 年 8 月 4 日)

译文:
美报评述　喀什发生暴力袭警事件

【美国《纽约时报》网站 8 月 4 日报道】中国官员警告说,恐怖主义是持续的威胁,尤其是来自中国西部新疆的分裂组织的恐怖行动……

(《参考消息》8 月 5 日)

例 4 源自《纽约时报》网站的一篇报道。在原叙事中,作者谈到分裂分子企图

通过恐怖活动威胁北京奥运会的安全时，使用了"Muslim separatist groups"这样的表达。实际上，穆斯林是伊斯兰教信徒的通称；宗教和民族不能混为一谈，宗教和地域更不能混淆。参与暴力活动的分裂分子如果被命名为"穆斯林"，难免让读者产生偏见和负面联想。不是所有分裂分子、恐怖主义都与穆斯林挂钩。美国在经历"9·11"恐怖袭击事件之后，美国社会对"穆斯林"的概念过度敏感，再加上以美国为首的西方文明对伊斯兰文明的傲慢，以至于美国媒体在报道此次发生在中国新疆的暴力事件时混淆概念、随意命名。针对这样的错误标签，编译者使用了加标记建构的再叙事策略，将其译为"分裂组织"。这一命名质疑并改变了原文叙事中不符合事实的叙事要素。通过改变命名这种加标记建构的再叙事策略，能够在一定程度上颠覆原文的霸权叙事，更正过失叙事。

当西方媒体带着偏见对"我者"进行主观建构时，英汉新闻编译不再是简单的文字转换，而是一种后殖民语境下的再叙事和跨文化阐释，引导受众进行关于"我者"和"他者"的理性的身份建构。

三、"再叙事"与理性重构

既然"再叙事"这种跨越文化的语言活动不仅与信息的传递相关，而且与身份建构有紧密关系，那么在英汉新闻编译的过程中，叙事者怎样合理建构"我者"与"他者"的身份，怎样合理解读"我者"与"他者"之间的关系？

在全球化背景下的传播媒介环境中，英语长期处于垄断地位。从后殖民批评的观点来看，霸权不仅仅表现在军事、政治和经济方面的垄断，而且也表现在语言等文化表征的垄断上。在西班牙殖民帝国盛极一时的时候，西班牙卡斯蒂尔女王伊莎贝拉就扬言："语言是帝国最完美的工具。"（Torres-Saillant，1997：125）如今，随着美国等国家的先进传播技术和通俗文化的发展，英语被普及成为一种强势的世界语言，因而具有诠释事件的绝对优势。凤凰卫视董事长刘长乐也说过："从大的宣传格局看，英语媒体占到了世界媒体的80%，许多事情由于英语媒体的先入为主而面目全非。"①

在全球的语言生态呈现一种不均衡的发展状态下，当新闻编译者通过再叙事去解构、批判西方媒体的话语霸权的时候，也应当慎用自己的话语重构的权力。这一点，是莫娜·贝克等学者在研究再叙事的特点和意义时没有详细说明的。

编译者因为参与了建构本族对"他者"的身份建构，以及引导本族民众对"我者"的认知而具有相当大的主动性，甚至在跨文化的道德评判等方面也有一定的话

---

① http://media.people.com.cn/GB/22114/44110/75857/6165544.html.

语权。"再叙事"中的"重构"尤其要注意避免误读和非理性重构。后殖民主义批评理论是对具有种族中心色彩的西方中心主义权威话语的解构，而不是对所有西方话语的颠覆。编译者和所有文化阐释者进行"解构"之前，应当弄清哪些是西方中心主义霸权话语，避免对"后殖民"概念矫枉过正的误读，导致"把婴儿连同洗澡水一起倒掉"的闹剧。编译者在解读文本时应当注意：不是所有迎合国人阅读期待的"正面报道"就不是"西方中心主义话语"；绝非所有"负面报道"就是体现西方中心主义权威话语的偏见。

对于任何一个群体或个人，"他者"和"我者"的区分是不可避免的认知；但这种认知不应当基于情绪化的"对手""排斥""对抗"等假想之上。当新闻编译者在重构文本和意义、通过"再叙事"建构"他者"和"我们"的身份时，要避免一边解构了具有后殖民特征的西方中心主义话语，一边又建立起"我者"的中心主义话语框架。在当今中国自身发展水平和所处的国际环境下，理性建构的任务可能比避免误读更加艰巨。当中国在不那么友好的外界舆论中步上复兴之路，后殖民批判在一定程度上能迎合敏感的国民心态和复杂的民族情绪。在运用后殖民批判理论解读并重构美国等西方国家媒体的新闻报道时，媒介也应当注意以多元的观点和"己所不欲、勿施于人"的胸襟，理性地再叙事、重构文本意义，合理引导本族民众对"我者"和"他者"的认知。

编译类媒体应当在培养理性、包容、自觉的国民心态中发挥更为积极的作用，引导国内受众理性看待和分析国外媒体关于中国的言论。不论针对国外媒体对中国崛起的"恐慌"话语，或是别有用心的贬抑，还是对中国的赞许，编译者应当在再叙事过程中充分了解西方媒体的叙事规则，然后在重构叙事中合理借鉴原文的叙事规则，给予目标语受众更多理性的反思空间，最终实现创造性的转变，做到既不一味刻意回避尖锐的批评，也不能无条件顺从于西方媒体的强势话语。

结语

在当前中国社会转型的语境下，诸多领域都在经历深刻的变化。媒体商业化和娱乐化、新兴媒体崛起后对社会价值多元化的进一步推动，都在不同程度上弱化或分离传统官方媒体的社会功能。《参考消息》等媒体是具有独特魅力的编译媒体，它们能够通过不落窠臼的语言和视角，引导国内受众理性认识"他者"及"我者"；不仅引导受众塑造理性的国际意识，也能在一定程度上使价值观呈现碎片化的社会增强凝聚力，规避潜在的社会风险。我们有理由相信，国内的编译媒体在中外跨文化传播中将发挥更加重要的作用。

参考文献

Baker, Mona, "Narratives in and of Translation," *SKASE Journal of Translation and Interpretation* 1:1(2005): 4—13. http://manchester.academia.edu/documents/0075/2237/Baker_2005.pdf (accessed October 4, 2009).

Bani, Sara. "An Analysis of Press Translation Process". In *Translation in Global News: Proceedings of the Conference Held at the University of Warwick*. Kyle Conway and Susan Bassnett. (ed.). Warwick: University of Warwick, 2006.

Bassnett, Sussan. "The Translation Turn in Cultural Studies". In *Constructing Cultures: Essays on Literary Translation*. S. Bassnett. & A. Lefevere. (ed.). Shanghai: Shanghai Foreign Language Education Press, 2001.

Gambier, Yves. "Transformations in International News". In *Translation in Global News: Proceedings of the Conference Held at the University of Warwick*. Kyle Conway and Susan Bassnett. (ed.). Warwick: University of Warwick, 2006.

Genette, Gerard. *Paratexts: Thresholds of Interpretation*. Trans. Jane E. Lewin. New York: Cambridge University Press, 1997.

Gutierrez, Miren. "Journalism and the Language Divide". In *Translation in Global News: Proceedings of the Conference Held at the University of Warwick*. Kyle Conway and Susan Bassnett. (ed.). Warwick: University of Warwick, 2006.

Ning, Wang. "On Cultural Translation: A Postcolonial Perspective". In *Translation, Globalization and Localisation: A Chinese Perspective*. Wang Ning & Sun Yifeng. (ed.). NY: Multilingual Matters Ltd., 2008.

Stanitzek, Georg. Texts and Paratexts in Media. *Critical Inquiry*. 2005 (1): 27—42.

Stetting, Karen. "Transediting—A New Term for Coping with the Grey Area between Editing and Translating". In *Proceedings from the Fourth Nordic Conference for English Studies*. G. Caie et al. (ed.). Copenhagen: University of Copenhagen, Department of English, 1989.

Torres-Saillant, Silvio. *Caribbean Poetics, toward an Aesthetic of West Indian Literature*. Cambridge: Cambridge University Press, 1997.

程维:《叙事学视阈中的新闻编译》,世界知识出版社 2012 年版。

刘其中:《汉英新闻编译》,清华大学出版社 2009 年版。

〔英〕迈克尔·曼:《社会权力的来源》(第一卷),刘北城等译,上海人民出版社 2002 年版。

[作者简介:程维,北京第二外国语学院翻译学院副教授,研究方向为翻译理论与实践。]

查译《唐璜》：翻译文学中的经典*
——兼论翻译文学的独立价值

刘贵珍

引言

著名诗人翻译家查良铮（笔名穆旦），生前蜚声诗坛，逝世后更是在中国文学界掀起了"穆旦热"。然而，作为翻译家，虽然他贡献卓越、影响深远，曾被誉为"中国诗歌翻译史成就最大的一人"。①其代表性译作《唐璜》，以其无穷的艺术魅力，现已成为翻译文学中的经典，它像一颗明珠镶嵌在中国当代文学史上，和创作文学经典一起，放射着耀眼的光芒。但是，在学术界，查良铮的翻译家身份与他的诗人身份不可同日而语。在普通读者中间，人们通常只记得《唐璜》是英国浪漫主义大诗人拜伦的代表作，却鲜有人知道，这部经典作品在异域东方之所以大放异彩，与翻译家查良铮历时十一年的创造性翻译分不开。本文欲考察查译本《唐璜》的译介背景及艺术价值，同时探讨翻译文学的独立价值，旨在呼吁文学界重视翻译文学的特殊价值，提高文学翻译工作者的学术和社会地位，为中国文学"走出去"推波助澜。

一、查译《唐璜》的背景及动机

我们知道，新中国成立后不久，查良铮热切地从美国留学归来，为了向新中国献礼，他毅然拿起了手中的译笔，踏上了文学理论和文学翻译的征程。1958年受到无端迫害，从此失去了发表诗作和译作的权利，但是，他依然全身心投入到潜在的文学翻译事业之中。1962年，他开始翻译英国浪漫主义诗人拜伦的长篇讽刺诗《唐璜》，1965年完成初稿，1972年8月起又三易其稿。然而，这部浸透着翻译家11年心血的长篇译著，在其逝世三年后（1980年）才得以出版。

---

* 原载于《名作欣赏》2013年第1期。
① 马文通：《谈查良铮的诗歌翻译》，见杜运燮、袁可嘉、周与良：《一个民族已经起来》，江苏人民出版社1987年版，第78页。

查良铮着手翻译《唐璜》之前，朱维基译《唐璜》已经于 1956 年由上海新文艺出版社出版。作为国内第一部全译本，朱译《唐璜》具有不可忽视的先驱性意义。但是，不容忽视的是朱译本中存在诸多翻译上不尽如人意之处。而作为与歌德的《浮士德》享有同等重要地位的《唐璜》，拥有一个更加优秀的中译本，显然具有重要的现实意义。1976 年在给杜运燮的信中，查良铮这样说："我相信中国的新诗如不接受外国影响则弄不出有意思的结果。这种拜伦诗很有用途，可发挥相当影响，不只在形式，尤在内容，即诗思的深度上起作用。我把拜伦和普希金介绍毕，就可以睡大觉了。"①他还说，《唐璜》是他读过的诗中最优美的，许多中国人读不到，实在是一大憾事。② 因此，查良铮翻译拜伦，尤其是他的代表性作品《唐璜》，是出于发展中国新诗的需要，同时希望中国读者能够欣赏到如此优美的经典作品。重译这部长诗便是自然的事情了。

二、查译《唐璜》：翻译文学中的经典

关于查译《唐璜》的翻译艺术成就，不少学者已经给予了高度评价。例如，在分析了《唐璜》原作之后，周珏良先生指出，"《唐璜》是一首好诗，查译《唐璜》也是一部佳译"。③ 认为译本不仅在音律上同原诗很接近，并且"最难得的是传神。在《唐璜》一诗中，拜伦显示了不同的风格，抒情、讽刺是最突出的两种。译本对这两种风格都能曲折传神，丝丝入扣"。④ 下面，就让我们结合查译《唐璜》的部分片段，来欣赏翻译家卓越的译诗成就吧。

首先，从诗体形式上来看，《唐璜》原诗共一万六千余行，几乎完全采用意大利八行体写就，这是拜伦对英国浪漫主义诗歌的巨大贡献。然而，在缺乏格律诗规范的背景下，如何再现原诗整齐的韵律与行，显然是翻译过程中的一大难点。但是，经过反复推敲，几次易稿，查良铮做到了。在译本中，他同样采用了有韵诗，一、三、五行不押韵，二、四、六行一韵，七、八行一韵，同时保留了原诗的八行一诗节。并且整部译著，从始至终，几乎完全保持了这样的韵律，译者精湛的翻译艺术可见一斑。

---

① 穆旦：《穆旦诗文集》(2)，人民文学出版社 2005 年版，第 148 页。
② 英明瑗平：《言传身教，永世不忘——再忆父亲》，见杜运燮等：《丰富和丰富的痛苦：穆旦逝世二十周年纪念文集》，北京师范大学出版社 1997 年版，第 226 页。
③ 周珏良：《读查译本〈唐璜〉》，见《读书》杂志 1981 年第 6 期。
④ 同③。

无论你拿去什么,请暂且留下
　　可怜的美色吧!她是稀世之宝,
固然有时她偷偷地有违闺范,
　　但岂不因此你更该稍存厚道?
瘦骨嶙峋的饕餮者呵!你掠去
　　多少邦国,也该稍稍讲究礼貌:
所以,请压一压女人的一般小病,
尽管抓走英雄吧,随老天高兴。①

上述引文是笔者从查译《唐璜》中信手拈来,摘录下来的。文笔流畅、传神、富于韵律感。

其次,作为长篇讽刺诗,查良铮的确把握住了拜伦的讽刺和抒情风格,并在译文中活灵活现地再现了出来。笔者在阅读译著的过程中,深刻体会到了其中的讽刺风格,令人慨叹。例如,

我的话完了。现在请去用餐吧,
　　巴西的王子正向你献上珍馐;
请别忘记给你那门口的卫兵
　　从你丰盛的餐桌拿一块骨头;
他作过战,最近可吃得不很饱——
　　据说,好像人民也正饿得发愁。
当然啦,你的俸禄是受之无愧,
但请还给国人你的一点余惠。②

上述译文,出自《唐璜》第九章,也是笔者随意摘取。全章通篇讽刺了惠灵吞爵爷,诸如此类的讽刺诗节随处可见。译文自然、顺畅,读起来丝毫没有翻译的痕迹,讽刺的意味跃然纸上。关于原诗中大段大段的抒情,译文同样表现出了非凡的表现力。请欣赏下面描写拜伦和希腊美少女海黛的爱情一节:

呵,一个长长的吻,是爱情、青春
　　和美所赐的,它们都倾力以注,

---

① 〔英〕拜伦:《穆旦(查良铮)译文集·第2卷〈唐璜〉》(下),查良铮译,人民文学出版社2005年版,第325页。
② 同上,第95—96页。

> 好似太阳光集中于一个焦点,
> 　这种吻只有年轻时才吻得出;
> 那时灵魂、心和感官和谐共鸣,
> 　血是熔岩、脉搏是火,每一爱抚、
> 每一吻都震撼心灵:这种力量,
> 我认为必须以其长度来衡量。①

最后,笔者认为,讨论《唐璜》中译者的翻译艺术成就,不能不提及译者所做的大量注释,这些注释同样反映了译者的创造性劳动及其高超的诗歌翻译艺术。原诗涉及各种历史典故和文化背景,对于不了解西方文化的中国读者而言,这些典故和文化背景造成很大的理解障碍,因此详尽的注释显得尤为重要。查先生从普通读者接受的角度出发,倾注了极大的心血,参阅了数种权威的英文版本,搜集撰写了大量注释。其数量之大、注释之详细,在译著中并不多见。借助查先生的注释,即使不了解西方文化与文学背景的普通读者,也能够轻松阅读这部世界名著,同时加深对西方文学和文化的了解。

正是由于翻译家查良铮历经数年、三易其稿、将其诗歌创作的全部才能倾注到了翻译事业中,才创造性地向中国读者奉献了《唐璜》——这部可以与原著媲美的译文。1980 年,译著首次与读者见面,初印 40,000 册,为久经文字饥渴的读者奉献了一道佳肴。

三、论翻译文学的独立价值

纵观中国现当代文学史,像《唐璜》这样的经典译著不胜枚举,如郭沫若译《鲁拜集》、梁实秋译《莎士比亚全集》、傅雷译罗曼·罗兰的《约翰·克利斯朵夫》等。正是翻译家们富有创造性的劳动,才使得这些世界文学经典旅行到了中国,在遥远的东方大国走进千家万户,滋润着一代代读者的心灵,并与创作文学一起,共同书写了中国现当代文学史。而通常情况下,优秀译著在文学史上发挥的作用,并不亚于一部普通的创作作品。例如,王家新曾经指出,翻译对诗人穆旦而言其实具有某种"幸存"的意义。他认为,"幸好穆旦没有以他的诗去努力适应或歌颂那个时代。他的才华没有像众多作家和诗人那样遭到可悲的扭曲和荒废,而是以'翻译的名

---

① 〔英〕拜伦:《穆旦(查良铮)译文集·第 1 卷〈唐璜〉》(上),查良铮译,人民文学出版社 2005 年版,第 172—173 页。

义'侍奉于他所认同的语言与精神价值,并给我们留下了如此宝贵的遗产!"[①]所言极是。可以说,没有翻译家的创造性劳动,优秀的世界文学经典就不可能在中国传播,中国现当代文学史也势必需要重写。

然而,迄今为止,翻译文学的独立价值并没有得到名正言顺的承认。不少人认为,翻译活动非常简单,只要懂得一门外语,谁都可以做,并无创造性可言。甚至在学术界,翻译学也是一门被严重边缘化的学科。翻译文学的地位之低下,与它在文学史上发挥的重要作用极不相称,翻译家在学术和社会上的地位也十分卑微,收入微薄,依靠专职翻译很难维持生活,这一点在建国后尤其明显。并且,译著通常被认为属于外国文学。但在其著作《译介学》中,谢天振认为,如果翻译文学属于外国文学,那将直接导致勾销对翻译家劳动价值的承认,作品的价值就完全由外国作家创造,翻译家的工作则仅限于技术性的语言转换而已。笔者同意这一观点,并坚持认为,任何一部优秀的文学译著,无不是翻译家创造性劳动的结晶。翻译文学并不完全等同于外国文学。谢天振进一步指出,翻译文学应该被视为本国文学的一部分,因为翻译文学是译者以外国文学的原作为基础进行的再创作,译者的国籍、所用的语言、作品发挥的作用和影响等,都决定了翻译文学应该属于本国文学。当然,它也并非完全等同于本国文学。

总之,翻译文学既不同于外国文学,也不完全等同于本国文学,翻译文学具有其自身的独立价值,理应得到承认。

结论:文学翻译——中国文学飞向世界的翅膀

莫言获得诺贝尔文学奖,翻译家功不可没。没有他们的辛勤劳动,莫言甚至无法获得参评诺贝尔文学奖的机会。诺贝尔奖评委马悦然曾在上海接受了记者采访,他的一番话令笔者感触颇深。他认为:"中国有不少世界水平、甚至超过世界水平的作家,中国有很多诗人也值得拿到诺贝尔文学奖。"[②]"中国文学早就该走向世界,但是很无奈,翻译成外文的著作太少。"[②]"世界文学是什么?瑞典学院以前的常务秘书说,世界文学就是翻译。他说得很对,没有翻译就没有世界文学。"[③]

马先生的一席话,令人鼓舞,又使人感到任重道远。我们必须承认,中国文学走向世界,离不开翻译,离不开翻译工作者的创造性劳动。文学翻译,是中国文学飞向世界的翅膀。只有乘上翻译的翅膀,中国文学才能尽早飞向世界。因此,承认

---

① 王家新:《穆旦:翻译作为幸存》,见《江汉大学学报(人文科学版)》2009年第6期。
②③ 孙丽萍:《"莫言获奖唯一标准是文学"》,见《新华每日电讯》2012年10月23日第004版。

翻译文学的独立价值,提高文学翻译在学术上的地位及文学翻译家的社会地位,具有深远的现实意义。

[**作者简介**:刘贵珍,北京第二外国语学院应用英语学院副教授,研究方向为翻译文学、比较文学与世界文学。]

跨文化传播视角下的影视翻译*

王卫红

一、影视文化对外传播的意义

文化的传播离不开媒介。文化无论是与书章典籍相联系,还是与报纸、杂志、电影和电视相联系,都是要以某种媒介方式来呈现自身(蒋原伦,2010)。历史发展到了今天,我们每天都处于大众传媒的包围之中,电影、电视和网络对文化的传播大有铺天盖地之势。在这种新形势下,我们谈中国文化的传播就不能离开大众传媒这个大的语境。

影视文化负载着一个国家的哲学思想、文化精神、价值标准以及情感方式,无异于一张张色彩鲜明的"文化名片",生动形象地展现出本民族的文化气质和精神风貌。随着中国国际地位和影响力的提升,中国影视文化的国际传播也逐渐拓展出越来越广阔的空间,在内容的广度、思想的深度和审美的高度上,都取得了可圈可点的成绩,在世界面前塑造了良好的中国形象。进入新世纪,中国电影更是积极开拓海外市场,中国"第五代"导演在国际影展上频频获奖,不仅为中国电影赢得了关注与荣誉,也加快了中国电影对外传播的步伐。

但在欣慰的同时,我们也应该意识到影视文化的对外传播并不是一件简单易行的事情。无论是语言、故事还是拍摄方式,不同国家制作出的电影电视节目各具特色。在某个国家大受欢迎的电影或电视节目,却未必能在其他国家也获得同样的成功。其中原因当然是多方面的,有文化价值观的原因,有技术限制的因素,还有一个不容忽视的原因就是语言的隔阂。中国广播电影电视节目交易中心副总经理程春丽女士指出,无论是他国的文化想要传向中国,抑或中国的文化想要传向世界,都必须遵循文化的传播规律——进行本土化改造(程春丽,2012)。影视文化的本土化包括眼界视野的本土化、文化内容的本土化、技术标准的本土化以及语言的本土化等等。这其中,语言的本土化,亦即影视的翻译对作品的有效传播发挥至关

---

* 原载于《电影文学》2013年第7期。

重要的作用。语言的差异是文化传播中不可回避的问题,中国的影视节目要走出去,必须先过语言关。语言本土化,才能获得当地人的认同。电视剧《李小龙传奇》在制作了汉语、英语、西语三个语言版本后,成功地在拉美及欧洲主流媒体顺利播出。可以说,突破了语言障碍,大大加快了中国影视节目走出去的步伐。因此加强对影视文化作品的翻译研究是摆在我们面前的一个迫切任务。

二、国内影视翻译研究现状

翻译研究在世界文明史上有悠久的历史,在最近几十年发展尤为迅速。期间,影视翻译作为一个新兴的领域出现,在 1995 年最终被确立为一个独立的研究领域。1995 年电影百年纪念活动举办;此后,一小部分如威尔士和加泰隆语国家等地的学者逐渐意识到研究影视翻译大有可为;同时,科技迅速腾飞带来了电子产品及服务的迅猛发展,客观上形成了研究影视翻译的有利条件。于是,影视翻译进一步蓬勃发展,成为翻译研究的一个分支(刘大燕,2011)。

影视翻译作为独立的研究领域不过短短十几年的历史。因此,不论国内还是国外,研究人员的数量以及相关学术论文数量相对较少。从国内公开发表的论文看,有的是对影视翻译研究的综述,有的是对影视翻译原则和技巧的探讨,而有的则是从跨文化视角下进行的研究。从总体上看,对篇名的翻译研究多围绕翻译的标准和技巧来展开讨论,对字幕和配音的讨论多集中在对译制的作品进行评析或探讨相关翻译原则和技巧上,而在影视翻译对语言政策和社会文化行为可能产生更深远的影响方面却缺乏洞见,可见国内研究的深度方面尚有不足。

我国著名影视翻译家钱绍昌教授深刻体会到国内译界对影视翻译的重视远不如文学翻译,"反映在大学里有关课程之开设、学术刊物上有关论文之发表、学术团体中有关组织之建设等等方面,均与影视翻译的社会作用不相称。"从目前情况来看,国内影视翻译界出现了严重失衡的局面:一方面,影视作品的翻译随着国外影视作品的大量引进而如火如荼,电影翻译对社会的影响日益深远;另一方面国内的影视翻译研究却相对滞后,未能在翻译研究中取得相应的地位。(钱绍昌,2000)

三、影视翻译的特点

影视翻译研究的必要前提在于对影视作品主要特征的理性认识,尤其是与影视翻译研究关系密切的一些特征。在影视翻译研究的视角下,影视作品的主要特征有三点:第一,大众文化娱乐产品的属性。当今社会是消费社会,消费社会典型的文化特点之一就是大众文化。"电影作为一门艺术与其他传统艺术有一个本质性的不同点,那就是它首先是一门工业,其次它才是一门艺术。"影视作品是一种大众文化娱乐产品。这是影视作品的本质特征(徐学萍、朴哲浩,2009)。第二,文学属性。"影视"与"文学"之间的关系密不可分,两者交叉所形成的新的文学样式——"影视文学"也成既定事实。第三,语言的综合性。影视也是一门语言艺术。影视语言较之传统意义上的文学语言相对复杂一些,除了人物语言还包括画面语言。如果将一部影视作品看作一个文本,那么,影视语言是由画面文本与言语文本构成的有机整体。

对影视作品特点客观而科学的描述为影视翻译研究打下良好理论基础。从狭义上讲,翻译是一种语言文字的意义用另外一种语言文字表达出来。按照卡西尔的符号观,人是符号的动物,世界是人造的符号世界,人创造并使用符号进行交流传播。翻译即把意义转化为符号,又把符号还原为意义的双向转化过程。从文化翻译观来看,语言与文化唇齿相依,密不可分。语言是文化的结晶和载体,而文化又是靠语言得以传播。翻译作为文化交流与传播的中介,必然同各种语言打交道,也就不能不同各自所属的文化沟通。翻译的过程是文化与文化之间的对话,是文化的传播。所以翻译不仅仅是做语言的文章,而是在讲文化的故事。影视翻译就是用不同的符号系统把这个故事重新讲述一遍,把文化意义传播给具有不同文化背景的受众人群。在这个文化传播的过程中,翻译工作者要把握好三个方面的问题:

(1)把握作品的语言修辞艺术

当我们把电影视为一门语言时,则必然会涉及电影语言的修辞问题。由于电影语言是一种由画面与声音的流程有机组合而成的视听语言,因此电影修辞的实际含义是如何更好地运用视听技巧和艺术手段去传情达意,以便更形象生动地表达影片的思想内涵。

例如在电影《赤壁》里有这样一句台词:

水陆两军八十万正铺天盖地而来。

A ruthless army of eight hundred thousand is invading from both land and water.

"铺天盖地"是一个比喻兼夸张的词语,传达出一种势不可挡之气魄。而英语里面是没有这样一个词语的,直译成"cover the heaven and smother the land"会让国外受众感到迷惑不解,显然不可取。因此英语里略去了这个修辞,直接翻译成"from both land and water",同时增加了一个"ruthless"词语来体现八十万大军的宏大气势。

影视翻译较之普通文学翻译有更多的限制,如字数要相当,口型要配合,还要考虑语速。由于英汉两种语言在表达习惯、表达方式和语速等方面存在着较大差异,若要取得流畅自然的译文,必须在不影响基本内容的前提下进行形式上的调整。同时还要保证译文在文化功能上与原文达成等值，减少译制语言的夹生感。唯有如此才能做到传播的顺畅无阻。

(2) 把握作品中人物性格特征

影视作品以塑造人物性格为己任，影视翻译的重要任务之一就是做到人物性格的再现。人物性格越鲜明，故事越精彩感人。例如电影《赤壁》里，仁爱待人，礼贤下士的刘备；正气凛然，赤胆忠心的关羽；粗犷暴躁，胆识过人的张飞；奸诈狡猾，自私残暴的曹操等等。一张张个性鲜明的面庞赋予了故事生动的气息，使每一幅画面都那么逼真，给观众留下了难忘的印象。

准确把握人物性格对影视翻译尤为重要，是译制作品保障生动传神的关键。年龄、身份、习性以及社会地位和文化水平不同的人物各有其独特的性格特征，他们的举动、表情和语言都就迥然各异。在翻译时，对人物性格把握得准确、细致，就能做到言如其人，使观众闻其声知其人。

(3) 把握作品中文化意象的传播

文化意象凝聚着各个民族的智慧和历史文化的结晶。在各个民族漫长的历史岁月里，它们不断出现在人们的语言和文艺作品里，慢慢形成一种文化符号，具有相对固定的文化含义。这个符号通常经过各个民族历史文化的积累与传承而形成。这就决定了文化意象深深扎根于每个民族的各个活动领域之中。同一民族成员之间只要一提到某个文化意象，彼此立刻心领神会，很容易达到思想的沟通。但是不同民族之间的情形就大不相同了。文化意象的错位或者缺失一直是翻译中的一个难题。对于影视翻译而言，这种情况还受到影视翻译自身所特有的一些规律的制约。首先，影视作品的存在形态不允许采用注释之类的方法传达文化意象；其次，影视翻译中文化意象的传达受到口型标准的限制，即译文字数与原文音节数量应保持基本一致；另外，影视作品中文化意象的传达还要考虑到影视语言由画面语言与人物语言两部分组成。影视语言的这种特性决定，传达影视作品中文化意象的错位现象时，一方面，应该参照相应的影视画面；另一方面，可采用归化的翻译方法，使译介的文化产品更适应当地人的口味。

例如电影《花样年华》里的一句话：

阿炳：说的是啊，像我这样的人，是个直肠子，哪有心事？

I'm just an average guy. I don't have secrets like you.

"直肠子"是植根于中国文化背景里的一个文化意象，指想法简单，没有心机和顾虑的人。对于这个文化意象，国外观众就无法理解。因此译者采用了意译的方法进行了压缩性处理。

结语

　　电影电视作为大众文化的一个组成部分,在国际交流方面起着十分重要的文化传播的桥梁作用。而电影翻译工作者则是架桥人,任重而道远。我们的电影翻译工作者不仅要有意识引进外国文化,更要有意识把我国优秀的影片译介给外国观众,让更多的外国人通过这些电影作品学习、了解我们的语言文化、风土人情。期待在不久的未来,我国将有更多热爱影视翻译的人士积极投身到这一特殊领域的研究中来。同时,希望我国学者能与国外学者不断加强交流,开拓学术视野,推进我国影视翻译研究。相信随着传播技术的不断发展与更新,影视跨文化交流在规模和深度上会不断增强。

参考文献

程春丽:《中国影视节目走出去的本土化营销策略探讨》,《电视研究》2012 年第 4 期。
蒋原伦:《媒介文化十二讲》,北京大学出版社 2010 年版。
刘大燕:《中国影视翻译研究 14 年发展及现状分析》,《外国语文》2011 年第 1 期。
麻争旗:《翻译二度编码论与心理语言学模式》,《北京第二外国语学院学报》2005 年第 2 期。
钱绍昌:《影视翻译——翻译园地中愈来愈重要的领域》,《中国翻译》2000 年第 1 期。
徐学萍、朴哲浩:《影视作品主要特征探微》,《电影评介》2009 年第 6 期。

　　　　　　　　　　　　［作者简介:王卫红,北京第二外国语学院应用英语学院副教授］

英语专业大学生的翻译学习观念及其发展特点研究*

武光军

引言

随着认知科学和建构主义教学法的兴起,学习者因素成为教学研究的中心。学习者因素中一个重要的因素就是学习观念。根据 Wenden (1999),学习观念指的是学习者所掌握的关于学习的本质、学习的过程,以及学习者(包括其自己)情况的信息。这是一种相对稳定的知识体系,但是随着学习者在认知方面的逐渐成熟,他可能会对原有的观念进行调整或者在此基础上发展新的观念。Nunan (1987,1988,1989) 指出,成人学习者走进课堂时往往带有明确的学习观念,他们对教师该如何组织课堂活动有明确的看法。学习观念会对学习行为产生深刻影响。Bialystok (1981) 和 Wenden (1987) 都发现语言学习观念对学习策略的选择产生影响。文秋芳(2001)对我国英语专业学生的调查也发现,学习观念影响到学习者的学习策略。Horwtiz (1987) 指出,忽视学生的学习观念可能会在学生中造成不满甚至对抗情绪,学生会对教学方法失去信心,进而影响学业成就。Yong(1991:428)发现,学习者的语言学习观念对语言焦虑的产生起主要作用。因此,学习观念的研究对教学具有重要意义。

王树槐、栗长江(2008)曾指出我国传统翻译教学研究的两大不足:一是重视对"物"——翻译产品的研究,轻视对"人"——学生的研究;二是缺乏实证研究。也就是说,我国翻译教学研究中还缺乏对学习者因素的实证研究。林克难(2000)指出当今国外翻译教学的两个最新发展:一是翻译教学从以教师为中心向以学生为中心过渡;二是外语教学与翻译教学的关系更加明确。外语教学已逐渐摆脱了以教师为中心的传统教学法,进而转向培养交际技能的教学环境。外语教学改革的成功意味着翻译教学也必须重视学习者因素的研究,翻译教师必须充分了解和考虑翻译学习者的主体特征。翻译学习观念就是翻译学习者因素中的一个重要因素。

---

* 原载于《外语界》2013 年第 2 期。

本文拟初步描述英语专业大学生的翻译学习观念及其发展特点。

一、研究问题

本研究试图探索和解决以下两个问题：

(1)英语专业大学生普遍具有什么样的翻译学习观念？由何成分构成？

(2)英语专业大学生的翻译学习观念有何发展特点？即英语专业大学生1－4年级在翻译学习观念上是否表现出年级差异？成熟度如何？

二、研究方法

1. 受试

本研究受试随机选自北京第二外国语学院英语学院1－4年级的357名英语专业学生，实验后剔除无效问卷，有效受试为335名，其中1年级90名，2年级98名，3年级85名，4年级62名，男生73名，女生262名，平均年龄20.5岁。1、2年级的学生没有开设过翻译课程，3年级的学生开设过英译汉翻译课程，4年级的学生开设过英译汉翻译课程和汉译英翻译课程。

2. 研究工具

本研究所用的测量工具是《翻译学习观念调查问卷》(*The Beliefs About Translation Learning Inventory*，BATLI)。首先，参考Horwtiz(1987,1988)编制的《语言学习观念调查表》(*The Beliefs About Language Learning Inventory*，BALLI)，并根据笔者多年翻译理论与实践教学经验确定出翻译性质、翻译学习策略、翻译学习动机和翻译学习性质四个维度，在此基础上编制出问卷草稿。然后请担任翻译课的其他教师对该草稿进行进一步的调整，以更好地反映翻译学习的特点。最后用修改后的问卷在两个班进行了预实验，目的是对该问卷的信度和效度进行检验。预实验结果表明，该问卷具有较好的信度，Cronbach $\alpha=0.84$。

该问卷为5级量表，共21道题，每题后有5个选项，采用选择题的形式，1＝完全不同意；2＝基本不同意；3＝既不同意也不反对；4＝基本同意；5＝完全同意。其中第4题为反向计分题，总分为105分。

3. 实验程序

实验采取集体施测方式。由于没有开设翻译课程，1年级与2年级的问卷由担任该年级主干课程——基础英语课的教师在课堂完成。3年级与4年级的问卷由担任该班翻译课的翻译教师在课堂完成。所有受试均在20分钟内完成了整个问卷。所有数据均通过SPSS 11.5进行处理。

三、结果与讨论

研究问题 1

描述性统计

结果显示,英语专业学生较为同意的翻译学习观念(李克特得分平均数大于4)主要集中在翻译学习策略和翻译学习动机两方面,其中翻译学习策略共 6 个题,即第 7 题"我认为词汇翻译在翻译学习中很重要"(M=4.0716,SD=0.74279)、第 8 题"我认为句子翻译在翻译学习中很重要"(M=4.2209,SD=0.59351)、第 9 题"我认为文化差异翻译在翻译学习中很重要"(M=4.4567,SD=0.60715)、第 11 题"我认为双语能力在翻译学习中很重要"(M=4.4149,SD=0.62705)、第 14 题"学好翻译要有真实的翻译社会实践项目"(M=4.0627,SD=0.69576)、第 15 题"我认为翻译练习应包括多种文体"(M=4.2090,SD=0.64598),翻译学习动机共 2 个题,即第 17 题"我认为翻译很有用,比如找工作"(M=4.1254,SD=0.69372)和第 21 题"我认为翻译有重要意义"(M=4.3224,SD=0.67722)。较不同意的翻译学习观念(李克特得分平均数小于 3)主要是关于翻译学习的自我概念及翻译的性质方面,有两项:第 1 题"我擅长翻译,有翻译的天赋"(M=2.8985,SD=0.75134)和第 4 题"翻译是一门杂学,无需专业学习"(M=1.8836,SD=0.88646)。由此可见,学生对翻译学习策略及翻译学习动机多持肯定态度,而对翻译的性质及自我概念多持否定态度。翻译学习策略中除了强调传统的词汇翻译、句子翻译和文化差异翻译外,还特别强调真实的翻译社会实践项目和多种文体的翻译练习。翻译学习动机主要表现出表层动机,深层动机不足(第 19 题"我学翻译是为了向世界介绍中国"与第 20 题"我学翻译是为了为中国引进世界"平均分分别为 3.4269 与 3.4299)。上述结果对翻译教学的启示是:翻译课教师应在翻译及翻译学习的性质、翻译学习的自我概念及翻译学习动机方面加强对学生的指导,同时在翻译教学中要加入真实的翻译社会实践项目和多种文体的翻译练习。

因子分析

为了对英语专业大学生翻译学习观念有更清楚的了解,本研究采用了因子分析的方法,共分四步进行。第一步,考察所观测的变量是否有较强的相关性,是否适合做因子分析。KMO 检验和 Bartlett 球形检验结果表明,KMO 值为 0.780,球形检验中的卡方(153)=1806.043,相伴概率为 0.000,表明适合做因子分析。第二步,确定有统计意义的观测变量,即查看哪些变量的载荷达到了 0.3 或 0.3 以上。一般说来,载荷值为 0.3 或更大的被认为有统计意义(参见秦晓晴 2003:51)。结果表明(见表 1),21 道题的载荷都达到了统计学意义。

表 1　变量载荷

题目	载荷	特征根值	解释方差比率	累计解释方差比率
1	.656	5.330	24.228	24.228
2	.778	2.322	10.552	34.781
3	.695	1.482	6.736	41.516
4	.615	1.402	6.371	47.887
5	.631	1.257	5.715	53.603
6	.608	1.063	4.832	58.435
7	.553	1.004	4.563	62.997
8	.697	.862	3.917	66.914
9	.621	.807	3.668	70.582
10	.508	.666	3.026	77.006
11	.556	.655	2.977	79.982
12	.589	.593	2.695	82.677
13	.491	.561	2.551	85.228
14	.430	.534	2.425	87.653
15	.636	.517	2.351	90.004
16	.605	.489	2.221	92.225
17	.695	.440	1.998	94.223
18	.633	.418	1.900	96.122
19	.896	.387	1.759	97.881
20	.888	.371	1.685	99.566
21	.492	.095	.434	100.000

第三步,因子提取。因子的提取采用主成分分析法,因子旋转采用方差最大旋转法。第一次因子提取共提取出了 7 个因子,但第 6 个因子只包含了 2 个变量(题目 16、18),第 7 个因子只包含了 1 个变量(题目 2)。由于这两个因子变量较少,因此删除这三个变量后进行了第二次因子提取,最后共提取出了 5 个因子。旋转后,5 个因子解释方差的比率分别为 12.487%、12.289%、12.169%、9.828% 和 11.661%,5 个因子累计能够解释方差变异量的 58.434%。方差最大旋转后的因子载荷矩阵如下(见表 2):

表 2　因子载荷矩阵

题目	因子				
	1	2	3	4	5
5	.768				
1	.764				
15	.659				
17	.631				
19		.919			
20		.909			
21		.497			
8			.806		
7			.696		
9			.691		
10			.573		
12				.684	
13				.673	
14				.596	
11				.560	
3					.785
4					.695
6					.618

　　第四步,因子命名。由上表我们可以清楚地看到目前我国英语专业大学生翻译学习观念的 5 个因子。因子命名的结果是:因子 1 共有 4 项变量:题目 5、1、15、17。这些题目都涉及翻译学习中对自我的看法,因此该因子可命名为"翻译学习自我概念"因子。因子 2 共有 3 项变量:题目 19、20、21。这些题目都涉及翻译学习的动机,因此该因子可命名为"翻译学习动机"因子。因子 3 共有 4 项变量:8、7、9、10。这些题目涉及翻译学习语言内的策略,因此该因子可命名为"翻译学习语言内的策略"因子。因子 4 共有 4 项变量:题目 12、13、14、11。这些题目都涉及翻译学习语言外的策略,因此该因子可命名为"翻译学习语言外的策略"因子。因子 5 共有 3 项变量:题目 3、4、6。这些题目都涉及翻译及翻译学习的性质,因此该因子可命名为"翻译及翻译学习的性质"因子。这样,本研究最后修订的翻译学习观念量表共 18 道题。

研究问题 2

为了了解英语专业大学生翻译学习观念的发展特点,我们进行了以"年级"为自变量的 1－4 年级翻译学习观念的单因素方差分析。Levene 方差齐性检验结果显示,相伴概率为 0.720,$p > 0.05$,说明适合做方差分析。单因素方差分析结果表明,翻译学习观念在年级间存在极其显著的组间差异($F_{(3,331)} = 11.126$,$p = 0.000$)。描述性统计结果如表 3 所示。

表 3　1－4 年级翻译学习观念的描述性统计表

	M	SD
1 年级	93.1111	6.94674
2 年级	87.6224	8.68642
3 年级	87.0706	8.29485
4 年级	87.2097	8.68307

Scheffe 事后多重比较检验结果表明,1 年级与 2 年级、1 年级与 3 年级、1 年级与 4 年级间两两比较存在显著性差异,$p < 0.05$。但 2 年级与 3 年级、2 年级与 4 年级、3 年级与 4 年级间均不存在显著性差异,$p > 0.05$。

进一步对 1－4 年级翻译学习观念各年级平均值进行分析(见图 1),由该图可以看出,1 年级的翻译学习观念平均值最高,2 年级、3 年级和 4 年级的翻译学习观念平均值基本相同。从图中的曲线走向也可以直观地看出,在 1－4 年级翻译学习观念呈现出先降后渐趋于稳定的发展特点。结合方差分析和多重比较结果,可以得出这样的结论:翻译学习观念在 1 年级时最为肯定,2 年级时发生了显著性变

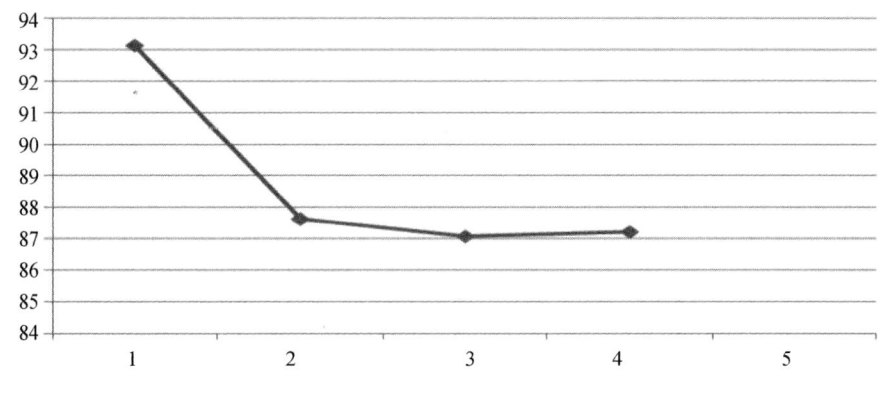

图 1　1－4 年级翻译学习观念的平均值分布图

化,出现了明显下降,此后在 3 年级和 4 年级基本保持稳定。为何 1 年级时翻译学习观念的平均值最高?我们的推测是,因为 1 年级时,学生尚未接触到真正的翻译练习,即语篇的翻译,做的只是句子层面的翻译。实际上,这些翻译练习的真正目的不是练习翻译,而是借助母语练习所提供的英语词汇或短语的准确性,所以 1 年级的学生还不能真正了解翻译。因此,1 年级学生对翻译抱有一些不符合实际的学习观念。2、3、4 年级接触到真正的翻译后学生对翻译的学习观念会更加实际,因此平均值会降下来。下文解释为何 2 年级学生的翻译学习观念发生了显著性变化。

为何是在 2 年级时(尚未开设翻译课程),而不是在 3 年级时(开始开设翻译课程)学生的翻译学习观念发生了显著性变化?我们对受试的学习情况进行了调查,看看有何因素影响了 2 年级学生的翻译学习观念。调查发现,原因在于该校英语专业 1 年级和 2 年级课程中一门骨干课程为"基础英语"中包含了翻译练习。该课程是《高等学校英语专业英语教学大纲》所规定的英语专业低年级必修课程,每周 6 学时。"基础英语"也是该大纲所规定的课程名称,在我国高校英语专业中普遍开设。该校"基础英语"课所选的教材为上海外语教育出版社出版的"新世纪高等院校英语专业本科系列教材"中何兆熊教授主编的"《综合教程》"(1—4 册)。该教材的编写说明中指出,"该教材练习种类较多,目的在于采取不同的方式提高学生的理解能力和应用能力。",与 Text I 相关的练习就有 11 个部分,其中一部分就是"Translation"。翻译又分为汉译英和英译汉两个部分。1 年级时(上学期使用第 1 册,下学期使用第 2 册,每册 16 个单元),翻译练习为句子层面的汉译英练习,目的是检查学生运用所学词汇和短语进行翻译的能力,第 1 册为每单元 10 个句子的翻译,第 2 册为每单元 8 个句子的翻译。例如,第 1 册第 3 单元中两个句子的翻译练习是:

1. 我很快爬上峭壁,以便饱览大海的景色。(scramble)
2. 他向窃贼猛扑过去,为夺取武器与之搏斗。(lunge)

2 年级时(上学期使用第 3 册,下学期使用第 4 册,每册 16 个单元)翻译练习包括两部分:第一部分是汉译英。汉译英是句子翻译练习,检查学生应用所学词汇进行翻译的能力;第二部分是英译汉。英译汉是段落翻译,检查学生的英语理解能力和用汉语连贯表达思想的能力。第 3 册和第 4 册每单元均为 8 个句子的汉译英和 1 篇英译汉(1—4 个段落不等)。例如,第 4 册第 4 单元的语篇翻译是:

Voice messages of the final 102 minutes at the World Trade Center have emerged. They began calls for help, information, guidance. They quickly turned into soundings of desperation, and anger, and love. Now they are the remembered voices of the men and women who were trapped on the high floors of the twin towers.

Collected by reporters fro The New York Times, these last words give human form to an all but invisible strand of this catastrophe: the advancing destruction across the top 19 floors of the north tower and the top 33 of the south, was most severe. Of the 2,823 believed dead in the attack, at least 1,946, or 69 percent, were killed on those upper floors.

Rescue workers did not get near them. Photographers could not record their faces. Yet like messages in an electronic bottle from people marooned in some distant sky, their last words offer not only a broad and chilling view of the devastated zones, but the only window onto acts of bravery, decency and grace at a brutal time.

这种语篇翻译练习形式已基本就是真实的翻译任务。整体来看,该教材中翻译的练习量较大:第1、2册共320个句子的翻译,第3、4册共256个句子的翻译和32个语篇的翻译。我们发现,与1年级"基础英语"教材相比,2年级"基础英语"教材在翻译练习方面的主要差异是增加了语篇翻译练习,句子层面翻译练习的形式和数量与1年级基本相同。该教材1年级和2年级都有翻译练习,为何1年级和2年级间有显著性差异?该校2年级并没有开设任何翻译课程,为何2年级学生的翻译学习观念发生了显著性变化?我们推测,句子翻译练习未能影响到学生的翻译学习观念,语篇翻译练习可能是影响2年级学生翻译学习观念显著性变化的主要原因。由于该教材是英语专业近年来的重要教材,是"普通高等教育"十五"国家级规划教材",使用广泛,我们进一步推测,使用了该教材的其他院校的2年级学生的翻译学习观念也可能会发生显著性变化。从表4还可以看出,虽然2年级与3年级翻译学习观念不存在显著性差异,但平均数仍存在0.55的差距,远大于3年级与4年级0.1的差距,这说明翻译课程的开设对翻译学习观念存在一定的影响。因此,我们推测,对于使用其他不包含语篇翻译练习的教材(如李观仪教授主编的《新编英语教程》)的院校,英语专业学生翻译学习观念的显著性变化应发生在开过翻译课程后,即一般在3年级,这是翻译学习观念形成的关键期。该发现对英语专业"基础英语"教材中翻译练习形式使用的启示是:翻译练习可使用句子翻译的形式,但应尽量避免语篇翻译的形式,因为"基础英语"课的教师毕竟不是翻译课的专业教师,有时可能会形成错误的或不当的翻译学习观念,这可能会对今后3、4年级的翻译教学不利。该发现对翻译专业课教学的启示是:要尽量使用语篇层面的翻译,这样会提高翻译课的教学效果,而句子层面的翻译对学生的翻译学习影响不大。此外,我们看到翻译学习观念在2、3、4年级基本保持稳定状态,这说明翻译学习观念具有一定的稳定性,一旦形成后就很难改变。因此,在翻译学习观念形成的关键期,即一般学校在3年级开设翻译课程时,学校应安排最有翻译教学经验,最懂得如何指导学生翻译学习观念的教师来担任翻译课的教学,以利于学生在该关键期形成正确的翻译学习观念。

对于翻译学习观念,我们认为主要是成熟度的问题,而不是高或低、正确或错误的问题,翻译学习观念的发展应该是成熟度的发展。为了进一步考查英语专业大学生在各年级翻译学习观念的成熟度,我们就需要一个衡量翻译学习观念成熟度的效标。为此,我们请全国范围内5所大学中既有丰富的翻译实践经验又有至少3年翻译教学经验的19位翻译课教师做了同一份问卷,作为翻译学习观念的效标。问卷调查采取通信方式进行,收回有效问卷16份。我们又进行了一次翻译学习观念在专家、1年级、2年级、3年级、4年级间的单因素方差分析。

单因素方差分析结果表明,翻译学习观念在专家、1年级、2年级、3年级、4年级间存在极其显著的组间差异($F_{(4,346)}=29.353, p=0.000$)。描述性统计结果如表4所示。

表4　1—4年级与专家翻译学习观念的描述统计表

	M	SD
1年级	93.1111	6.94674
2年级	87.6224	8.68642
3年级	87.0706	8.29485
4年级	87.2097	8.68307
专家	69.9375	6.79675

Scheffe事后多重比较检验结果表明,专家与1年级、专家与2年级、专家与3年级、专家与4年级间两两比较均存在显著性差异,p<0.05。

进一步对1—4年级与专家翻译学习观念的平均值进行分析(见图2)可以看出,1年级与专家的翻译学习观念差距最大,2年级次之,3年级和4年级进一步靠近,但仍与成熟效标存在显著性差异。综合来看,1—4年级英语专业大学生的翻译学习观念是一个不断成熟的过程,其成熟度在很大程度上体现着学生对翻译及翻译学习的基本认识水平。

本研究还存在一定的局限性。本研究所制定的量表尚未做验证性因子分析,且受试量还足够大,因此该量表的信度和效度还有待进一步检验。此外,本研究只

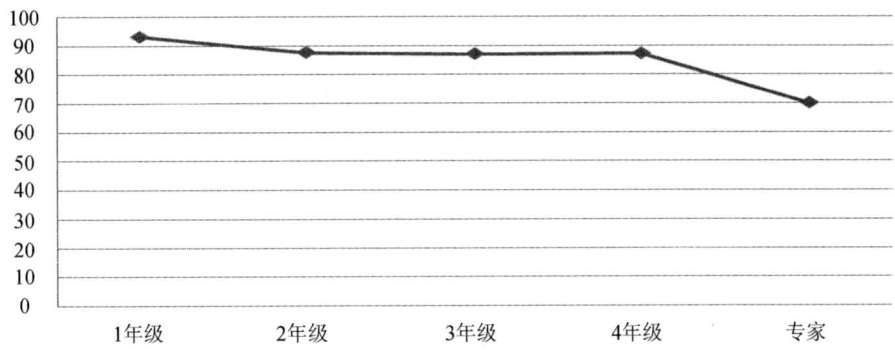

图 2　1—4 年级与专家翻译学习观念的平均值分布图

调查了一所院校英语专业学生的翻译学习观念,其结论还有待其他院校的考证。未来笔者计划考察更多院校的学生的翻译学习观念情况。

结论

本研究得出以下结论:(1)我国英语专业大学生较为同意的翻译学习观念主要集中在翻译学习策略和翻译学习动机两方面,较不同意的翻译学习观念主要是关于翻译学习的自我概念及翻译的性质方面。翻译学习策略中除了强调传统的词汇翻译、句子翻译和文化差异翻译外,还特别强调真实的翻译社会实践项目和多种文体的翻译练习。翻译学习动机主要表现出表层动机,深层动机不足;(2)我国英语专业大学生翻译学习观念有 5 个共同因子:翻译学习自我概念、翻译学习动机、翻译学习语言内的策略、翻译学习语言外的策略、翻译及翻译学习的性质;(3)我国英语专业大学生 1—4 年级翻译学习观念的发展特点是:先有显著性变化,后趋于稳定,并且逐渐成熟;(4)存在一个翻译学习观念形成的关键期。在 2 年级时课程中使用大量语篇翻译练习的学生翻译学习观念形成的关键期是 2 年级,否则会是在 3 年级开设翻译课程后;(5)语篇层面的翻译可能是影响学生翻译学习观念的重要形式之一,句子层面的翻译对学生翻译学习观念的影响不大。

参考文献

Barcelos, A. 2003. "Researching beliefs about SLA: A Critical Review". In P. Kalaja and A. Barcelos (eds.). *Beliefs about SLA: New research Approaches*. Dordrecht: Kluwer: 7—33.

Bialystok, E. 1981. "The Role of Conscious Strategies in Second Language Proficiency". *The Modern Language Journal*, 65:24—35.

Dörnyei, Z., 2005. *The Psychology of the Language Learner, Individual Differences in*

Second Language Acquisition. Lawrence Erlbaum Associates, Mahwah, NJ.

Ellis, R. 2008. "Learner Beliefs and Language Learning". *Asian EFL Journal* 10: 7—25.

Horwitz, E. K. 1987. "Surveying Student Beliefs about Language Learning". In A. Wenden & J. Rubin (eds.). *Learning Strategies in Language Learning*. Englewood Cliffs, NJ: Prentice-Hall, 119—129.

Horwitz, E. K. 1988. "The Beliefs about Language Learning of Beginning University Foreign Language Students". *The Modern Language Journal* 72: 283—294.

Nikitina, L. & Furuoka, F. 2006. "Re-examining Horwitz's Beliefs about Language Learning Inventory (BALLI) in the Malaysian Context". *Electronic Journal of Foreign Language Teaching*, 3(2), 209—219.

Nunan, D. 1987. "Communicative Language Teaching: Making It Work". *English Language Teaching Journal* 41: 136—145.

Nunan, D. 1988. *The Learner-Centered Curriculum*. Cambridge: Cambridge University Press.

Nunan, D. 1989. "A Client-Centered Approach to Teacher Development". *English Language Teaching Journal* 43: 111—118.

Rieger, B. 2009. "Hungarian University Students' Beliefs about Language Learning: A Questionnaire Study". WoPaLP Vol3, http://langped.elte.hu.

Wenden, A. 1999. "An Introduction to Metacognitive Knowledge and Beliefs in Language Learning: Beyond the Basics". *System* 27: 435—441.

Wenden, A. 1987. "How to Be a Successful Language Learner: Insights and Prescriptions from L2 Learners". In A. Wenden & J. Rubin (eds.). *Learner Strategies in Language Learning*. Englewood Cliffs, NJ: Prentice-Hall, 103—117.

Young, S. J. 1991. "Creating a Low 2 Anxiety Classroom Environment: What Does Language Anxiety Research Suggest. *The Modern Language Journal* 75: 426—437.

高等学校外语教学指导委员会英语组:《高等学校英语专业英语教学大纲》,上海外语教育出版社2000年版。

何兆熊主编:《综合英语教程》(1—4册),上海外语教育出版社2005年版。

胡志军:《论外语学习的观念体系及其构建》,《外语界》2007年第2期。

林克难:《翻译教学在国外》,《中国翻译》2000年第2期。

秦晓晴:《外语教学中的定量数据分析》,华中科技大学出版社2003年版。

王树槐、栗长江:《中国翻译教学研究:发展、问题、对策》,《外语界》2008年第2期。

文秋芳:《英语学习者动机、观念、策略的变化规律与特点》,《外语教学与研究》2001年第2期。

[作者简介:武光军,北京第二外国语学院英语学院教授,研究方向为翻译理论与实践。]

翻译专业学生译作语料库中的词频与词汇搭配分析实例

魏子杭　廖崇骏

引言

20世纪90年代中期以来,Mona Baker、Miriam Shlesinger、Kirsten Malmkjaer等一批翻译研究者率先运用语料库的相关研究成果进行翻译研究。利用语料分析对翻译的性质和特征进行描述,这种研究方法迅速在翻译研究和翻译教学领域得以应用。"语料库分析"作为一种实验手段帮助研究者观察和把握语言的事实,为研究成果提供较为客观的依据。

作为一种资源,语料库不仅可以作为翻译实践的一个辅助,还可以用于翻译教学中的各个环节。本文以教师自建小型学生翻译练习语料库为样本空间,利用WordSmith软件对语料进行检索,归纳分析发现数据异常,根据数据异常演绎得出学生翻译中的普遍错误。本文所用数据全部为学生真实数据,旨在演示一种利用软件在小型特殊语料库中进行数据分析的方法。至于如何使用分析结果指导教学,以及如何通过新数据验证教学改革结果,将在其他文章中予以讨论。

一、学生翻译作业双语平行语料库

北京第二外国语学院翻译学院自建双语平行语料库是一个存储学生真实译作的小型语料库,目前已积累6万余条单向句子对(其中,英译中一万余条,中译英五万余条)。语料管理系统可以按照语料属性自由选取数据。例如,软件可以按照班级、年级、用户(单个学生)、语料行业、入库时间、原文例句内容等属性进行筛选。研究筛选出的数据,可以发现其中的共性问题。即,学生译文中较普遍的不当之处。

在翻译评估方面,语料库方法的引入可以极大提高研究的科学性,通过采集真实客观的语料进行分析和评估,发现翻译的潜在规律,以便更好地指导翻译教学和翻译实践(钱多秀,2008)。

---

[*] 原载于《山东外语教学》2013年第8期。

在双语平行语料库中进行词频统计,可以掌握学生用词的习惯。在一些特殊语法结构的句式里词频也可以反映出学生的语言习惯。研究者可以指定以某关键词为中心对左右相邻的词数进行横向和纵向搭配对比分析,从而总结出该词的语法和篇章功能,研究学生的翻译习惯。

二、语料分析实例

本文案例把研究对象定义为北京第二外国语学院翻译专业的 2 届学生,研究粒度为句子。在语料库中筛选出具有代表性的原文例句及其对照的多种译文版本,使用 WordSmith 软件对这些译本进行词频统计和搭配分析,得到下列结论。

1. 译文语用对等不足

当今翻译界越来越重视译文在功能上与原文的对等。如奈达在对功能对等理论的阐释中指出"意义是最重要的,形式其次";纽马克强调"语义翻译"和"交际翻译"的有机结合,其中的"交际翻译"要求译文流畅、地道、符合语境;以及德国功能派(Skopos)指出翻译应为"目的语情景中为某种目的及目标受众而生产的语篇"。根据数据分析显示,这种翻译思想在学生中的接受程度尚不高。如,在学生练习例句 1 的语料中,使用 WordSmith 软件中的词组(字符串)词频统计工具 Clusters,得出 2 种比较典型的"询问"语境的翻译方式。

学生练习例句 1

原文:"贵校安排的 20 小时参观见习,具体是什么内容?"(学生翻译语料库中总例句数为 85 句)

学生译文一:用类似于"What does…"的方式表示询问。主要集中在 6 种表述形式(见下表),共 53 个句子,占例句总数(85 句)的 62.3%。

N	cluster	Freq.
1	what is the	28
2	what does the	9
3	what are the	4
4	what's the concrete	4
5	what's the content	4
6	what's the specific	4

学生译文二:用类似于"please tell…"的方式表示询问。主要集中在 3 种表述

形式(见下表),共 24 个句子,占例句总数(85 句)的 28.2%。

N	cluster	Freq.
1	could you please	8
2	please tell me	8
3	you please tell	8

在汉译英中,必须对两种语言的语用功能进行对比并达到对等。原文传递的信息为:到访者向所访问学校的接待人员咨询参观内容,用语应是正式、合乎礼节的。大多数译文(62.3%)选择了特殊疑问句(what),译文显得生硬、较粗鲁。仅有少数译文使用恰当的虚拟语气形式(Could you please tell me…),更委婉、更礼貌,实现了和原文的语用对等。本例句 85 个学生练习语料样本中还包括少量其他译法,不具代表性,在此不予分析。

2. 对原文一词多义把握不准确

在汉译英中,汉语的"一词多义"往往给译者带来障碍,一个词在不同的语句中的意义往往不同,首先应根据不同的语境确定词在句子中的意义再翻译。若对原文理解得不透彻,则容易出现"望文生义",甚至漏译、错译。如"问题"一词既可指需要解答的疑惑(回答问题:answer the question),也可指困难(解决困难 solve a problem),或笼统指一类事件(外交问题 diplomatic issues)等。学生翻译作品中的"望文生义"现象,体现的深层次原因是对原文的理解不足。在学生练习例句 2 的语料中做词频统计,得出两种对"问题"一词的翻译方式。

学生练习例句 2

原文:"这些问题可能是在学习过程中产生的……"(学生翻译语料库中总例句数为 28 句)

学生译文一:将"问题"译为 Question。共 10 个句子,占例句总数的 35.7%(见下表)。

N	cluster	Freq.
1	these question may	6
2	question may be	4

学生译文二:将"问题"译为 Problem。共 16 个句子,占例句总数的 57.1%(见下表)。

N	cluster	Freq.
1	problem may be	8
2	these problem may	8

经统计,学生对"问题"的译文选择分为 question(35.7%)和 problem(57.1%)两类。联系上下文阅读,原文的"问题"指学生在学习翻译的过程中产生的疑问,并需要教师进行解答,故 question 为恰当选择。较多学生选择了不恰当的翻译。本例句 28 个学生练习语料样本中还包含少量其他译法,不具代表性,在此不予分析。

3. 逐字翻译造成的译文冗余

初学笔译者一个常见错误就是过于忠实原文,以至于习惯性建立"字对字"或"词与词"之间的对应,无法实现语义对等。这种逐字翻译的实质是语际迁移现象。由于它造成了译文的冗余,因此也是一种负迁移,应该避免。在学生练习例句 3 的语料中,使用 WordSmith 软件中的工具 Concord,统计出某一个单词的搭配用法规律。观察统计结果发现,学生翻译中译文冗余现象时有发生。

学生练习例句 3

原文:"常用分析角度有……"(学生翻译语料库中总例句数为 65 句)

学生译文例句:"The commonly used analysis angles are… "

这是非常明显的"逐字翻译":常—commonly 用—used 分析—analysis 角度—angles 有—are。译文中 commonly 有"普遍的"、"常见的"意思,可以对应翻译"常用"一词,而 used,属于冗余成分可以删除掉。学生译文中 commonly 与 used 连用的现象共出现 15 次。学生如此字对字的翻译造成修饰中心词 angle 的成分太多,容易出现译文句子"头重脚轻"的问题。本例句的数据统计结果反映了这一现象。

使用 WordSmith 软件中的 Concord 工具生成的词汇搭配统计表(见下表)。

N	Word	Total	Left	Right	L5	L4	L3	L2	L1	*	R1	R2	R3	R4	R5
1	Analysis	34	11	23	1	1	6	3	0	0	0	5	2	12	4
2	The	24	19	5	3	0	3	13	0	0	0	0	1	1	3
3	Used	23	0	0	0	0	0	0	0	23	0	0	0	0	0
4	Include	14	3	11	1	1	1	0	0	0	2	7	2	0	0
5	Commonly	11	11	0	0	0	0	0	11	0	0	0	0	0	0
6	Angles	10	2	8	1	0	1	0	0	0	7	0	0	0	1
7	Are	9	3	6	2	1	0	0	0	0	5	1	0	0	0
8	Common	5	5	0	0	0	1	4	0	0	0	0	0	0	0
9	Angle	6	2	4	1	0	1	0	0	3	0	0	0	1	

在所有65个例句中单词used被使用23次,而与used搭配出现频率比较高的单词共有9个(软件在表中所列包括used本身)。这些单词当中commonly作为used左边相邻第一个词出现过11次。即,单词组合commonly used被使用过11次。common作为used左边相邻第一个词出现过4次。即,单词组合common used被使用过4次。由此得出在used被使用的23次里共有15次是和commonly或common连用,占65.2%。样本空间扩展到整个例句语料的65个句子(即,所有学生的译法,包括没有使用used的句子),这个比例为23.1%,也占可观的比例。由此,我们可以推断出这种词汇搭配的不当用法在学生译文中时有发生,需要在接下来的教学工作中加以特殊训练。

当然,我们也可以继续分析上表中其他单词与used的搭配位置和出现次数,或者在软件中选取其他关键词,做词汇搭配统计。根据统计数据可以分析出更多学生语言规律。

结语

基于语料库的翻译教学研究打破了传统教学法研究的束缚。通过研究学生作业语料,教师可以高效率地获取教学材料、明确教学目的。语料库研究方法与翻译教学法结合,达到教学中的有的放矢。实践证明,在翻译教学过程中求证语料库,可以使翻译教学取得更好的成效。

参考文献

黎土旺:《语料库与翻译教学》,《中国科技翻译》2007年第8期。

倪传斌、刘治:《语料库数据驱动技术在科技翻译教学中的应用》,《中国科技翻译》2005年第11期。

王克非:《双语平行语料库在翻译教学上的用途》,《外语电化教学》2004年第6期。

王克非、秦洪武、王海霞:《双语对应语料库翻译教学平台的应用初探》,《外语电化教学》2007年第6期。

肖维青:《平行语料库与应用翻译研究》,《中国科技翻译》2007年第3期。

[作者简介:魏子杭,北京第二外国语学院翻译学院工程师,研究方向为计算机辅助翻译、语料库、数据挖掘、翻译项目管理。廖崇骏,北京第二外国语学院翻译学院讲师,研究方向为口笔译实践、翻译教学。]

图书在版编目(CIP)数据

外国语言文学研究. 第4辑/邱鸣,谢立群主编. —4版. —北京:中国传媒大学出版社,2015.5
ISBN 978－7－5657－1296－8

Ⅰ.①外… Ⅱ.①邱… ②谢… Ⅲ.①语言学－研究－外国 ②外国文学－文学研究 Ⅳ.①H0②I106

中国版本图书馆CIP数据核字(2015)第037813号

外国语言文学研究(第4辑)

主　　编	邱　鸣
副 主 编	谢立群
策划编辑	冬　妮
责任编辑	张　旭
	吴　磊
封面设计	飞　翔
责任印制	阳金洲
出 版 人	王巧林
出版发行	中国传媒大学出版社(原北京广播学院出版社)
社　　址	北京市朝阳区定福庄东街1号　　邮编:100024
电　　话	86－10－65450532 或 65450528　传真:010－65779405
网　　址	http://www.cucp.com.cn
经　　销	全国新华书店
印　　刷	北京中科印刷有限公司
开　　本	730 mm×988 mm　　1/16
印　　张	18.75
版　　次	2015年5月第1版　2015年5月第1次印刷
书　　号	ISBN 978－7－5657－1296－8/I·1296　　定价　68.00元

版权所有　　翻印必究　　印装错误　　负责调换